O Python é uma linguagem de programação incrível, útil para a realização de tarefas de data science com o mínimo de esforço. A grande quantidade de bibliotecas que existe significa que o código de baixo nível que geralmente precisa ser escrito provavelmente já está disponível em alguma outra fonte. Você só precisa se concentrar na realização do trabalho. Com isso em mente, esta folha de cola o ajudará a acessar os lembretes necessários para que sua experiência com a programação seja rápida e fácil.

OS OITO ERROS MAIS COMUNS DE PROGRAMAÇÃO COM O PYTHON

Todo desenvolvedor do planeta comete erros. Contudo, conhecer erros comuns ajuda a poupar tempo e esforço mais tarde. A lista a seguir trata dos erros mais comuns que os desenvolvedores experienciam ao trabalhar com o Python:

- **Uso incorreto de indentação:** Muitos recursos do Python dependem da indentação. Por exemplo, ao criar uma classe, tudo o que há nela é indentado sob a declaração de classe. O mesmo é verdadeiro para decisões, loops e outras declarações estruturais. Se achar que seu código está executando uma tarefa que não deveria, revise a indentação usada.

- **Depender do operador de atribuição, em vez do operador de igualdade:** Ao realizar uma comparação entre dois objetos ou valores, use o operador de igualdade (==), não o operador de atribuição (=). O operador de atribuição posiciona um objeto ou valor dentro de uma variável e não compara nada.

- **Posicionar chamadas de funções na ordem incorreta ao criar declarações complexas:** O Python sempre executa as funções da esquerda para a direita. Então a declaração `MyString.strip().center(21, "*")` produz um resultado diferente de `MyString.center(21, "*").strip()`. Ao encontrar uma situação em que a saída de uma série de funções concatenadas é diferente da esperada, é preciso conferir a ordem das funções para garantir que cada uma delas esteja posicionada corretamente.

- **Pontuação incorreta:** É possível usar a pontuação no lugar errado e criar um resultado totalmente diferente. Lembre-se de que você deve incluir dois pontos no fim de cada declaração estrutural. Além disso, o posicionamento dos parênteses é crucial. Por exemplo, `(1 + 2) * (3 + 4)`, `1 + ((2 * 3) + 4)` e `1 + (2 * (3 + 4))` produzem resultados diferentes.

- **Uso do operador lógico incorreto:** Os desenvolvedores não têm muitos problemas com a maioria dos operadores, exceto pelos operadores lógicos. Lembre-se de usar `and` para determinar quando ambos os operandos devem ser `True` e `or` quando qualquer um deles puder ser `True`.

Python® para Data Science Para leigos

- **Criação de erros count-by-one em loops:** Lembre-se de que um loop não conta o último número especificado em um intervalo. Então, ao especificar o intervalo `[1:11]`, você obtém a saída para valores entre 1 e 10.
- **Uso incorreto de letras maiúsculas e minúsculas:** O Python diferencia letras maiúsculas de minúsculas, então MinhaVar é diferente de minhavar e de MINHAVAR. Sempre confira a escrita quando não conseguir acessar um valor que esperava acessar.
- **Erros de digitação:** Até os desenvolvedores mais experientes sofrem com erros de digitação de vez em quando. O uso de uma abordagem comum para nomear variáveis, classes e funções ajuda. No entanto, mesmo um esquema coerente de nomeação nem sempre evita que se digite MinhaVer quando se deveria ter digitado MinhaVar.

ESTILOS DE LINHAS DE DIAGRAMAS

Sempre que criar um diagrama, é preciso identificar as fontes de informação usando mais do que linhas. A criação de um diagrama que utiliza diferentes tipos de linhas e símbolos de pontos de dados facilita muito sua utilização por outras pessoas. A tabela a seguir lista os estilos de linhas de diagramas.

Cor		Marcador		Estilo	
Código	**Cor da Linha**	**Código**	**Estilo do Marcador**	**Código**	**Estilo da Linha**
b	azul	.	ponto	–	sólida
g	verde	o	círculo	:	pontilhada
r	vermelha	x	xis	-.	tracejada e pontilhada
c	ciano	+	mais	—	tracejada
m	magenta	*	estrela	(none)	sem linha
y	amarela	s	quadrado		
k	preta	d	diamante		
w	branca	v	triângulo invertido		
		^	triângulo para cima		
		<	triângulo para a esquerda		
		>	triângulo para a direita		
		p	estrela de 5 pontas		
		h	estrela de 6 pontas		

Python® para Data Science

para leigos

Python® para Data Science

Para leigos

Tradução da 2ª Edição

John Paul Mueller
e Luca Massaron

ALTA BOOKS
E D I T O R A
Rio de Janeiro, 2020

Python® para Data Science Para Leigos® — Tradução da 2ª Edição
Copyright © 2020 da Starlin Alta Editora e Consultoria Eireli. ISBN: 978-85-508-1578-7

Translated from original Python® for Data Science For Dummies®, 2nd Edition. Copyright ©2019 by John Wiley & Sons. ISBN 9781119547624. This translation is published and sold by permission of John Wiley & Sons, Inc., the owner of all rights to publish and sell the same. PORTUGUESE language edition published by Starlin Alta Editora e Consultoria Eireli, Copyright ©2020 by Starlin Alta Editora e Consultoria Eireli.

Todos os direitos estão reservados e protegidos por Lei. Nenhuma parte deste livro, sem autorização prévia por escrito da editora, poderá ser reproduzida ou transmitida. A violação dos Direitos Autorais é crime estabelecido na Lei nº 9.610/98 e com punição de acordo com o artigo 184 do Código Penal.

A editora não se responsabiliza pelo conteúdo da obra, formulada exclusivamente pelo(s) autor(es).

Marcas Registradas: Todos os termos mencionados e reconhecidos como Marca Registrada e/ou Comercial são de responsabilidade de seus proprietários. A editora informa não estar associada a nenhum produto e/ou fornecedor apresentado no livro.

Impresso no Brasil — 1ª Edição, 2020 — Edição revisada conforme o Acordo Ortográfico da Língua Portuguesa de 2009.

Produção Editorial Editora Alta Books	**Produtor Editorial** Thiê Alves	**Marketing Editorial** Lívia Carvalho marketing@altabooks.com.br	**Editor de Aquisição** José Rugeri j.rugeri@altabooks.com.br
Gerência Editorial Anderson Vieira		**Coordenação de Eventos** Viviane Paiva eventos@altabooks.com.br	
Gerência Comercial Daniele Fonseca			

Equipe Editorial Adriano Barros Ian Verçosa Illysabelle Trajano Juliana de Oliveira Keyciane Botelho Laryssa Gomes	Leandro Lacerda Maria de Lourdes Borges Raquel Porto Rodrigo Dutra Thales Silva	**Equipe de Design** Ana Carla Fernandes Larissa Lima Paulo Gomes Thais Dumit Thauan Gomes	

Tradução Samantha Batista	**Revisão Gramatical** Alessandro Thomé Thamiris Leiroza	**Revisão Técnica** Ronaldo Roenick Especialista em Data Mining e ferramentas aplicadas em IA	**Diagramação** Luisa Maria Gomes
Copidesque Carolina Gaio			

Publique seu livro com a Alta Books. Para mais informações envie um e-mail para autoria@altabooks.com.br

Obra disponível para venda corporativa e/ou personalizada. Para mais informações, fale com projetos@altabooks.com.br

Erratas e arquivos de apoio: No site da editora relatamos, com a devida correção, qualquer erro encontrado em nossos livros, bem como disponibilizamos arquivos de apoio se aplicáveis à obra em questão.

Acesse o site www.altabooks.com.br e procure pelo título do livro desejado para ter acesso às erratas, aos arquivos de apoio e/ou a outros conteúdos aplicáveis à obra.

Suporte Técnico: A obra é comercializada na forma em que está, sem direito a suporte técnico ou orientação pessoal/exclusiva ao leitor.

A editora não se responsabiliza pela manutenção, atualização e idioma dos sites referidos pelos autores nesta obra.

Ouvidoria: ouvidoria@altabooks.com.br

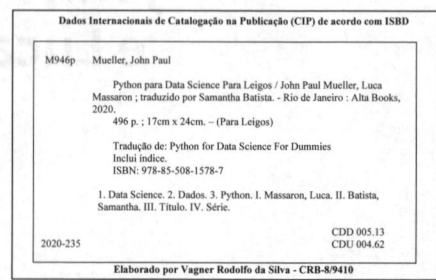

Dados Internacionais de Catalogação na Publicação (CIP) de acordo com ISBD

M946p   Mueller, John Paul
           Python para Data Science Para Leigos / John Paul Mueller, Luca Massaron ; traduzido por Samantha Batista. - Rio de Janeiro : Alta Books, 2020.
           496 p. ; 17cm x 24cm. – (Para Leigos)

           Tradução de: Python for Data Science For Dummies
           Inclui índice.
           ISBN: 978-85-508-1578-7

           1. Data Science. 2. Dados. 3. Python. I. Massaron, Luca. II. Batista, Samantha. III. Título. IV. Série.

2020-235   CDD 005.13
                                               CDU 004.62

Elaborado por Vagner Rodolfo da Silva - CRB-8/9410

Rua Viúva Cláudio, 291 – Bairro Industrial do Jacaré
CEP: 20.970-031 – Rio de Janeiro (RJ)
Tels.: (21) 3278-8069 / 3278-8419
www.altabooks.com.br — altabooks@altabooks.com.br
www.facebook.com/altabooks — www.instagram.com/altabooks

Sobre os Autores

Luca Massaron é cientista de dados e diretor de pesquisa de marketing especializado em análise estatística multivariada, aprendizado de máquina e percepção do cliente (customer insight), com mais de uma década de experiência em solução de problemas reais e geração de valor para investidores por meio da aplicação de raciocínio, estatística, mineração de dados e algoritmos. De pioneiro de análise de público web na Itália a classificado entre os top 10 Kagglers na kaggle.com, sempre foi apaixonado por tudo o que é relacionado a dados e análises e pela demonstração da potencialidade da descoberta do conhecimento gerido por dados para especialistas e não especialistas. Favorecendo a simplicidade em detrimento da sofisticação desnecessária, ele acredita que muito será alcançado no data science por meio da compreensão e aplicação prática do básico.

John Mueller é autor freelancer e editor técnico. Tem a escrita na veia, tendo produzido 111 livros e mais de 600 artigos até hoje. Os assuntos variam de networking a inteligência artificial e de gestão de banco de dados a programação direta. Alguns de seus livros atuais incluem discussões sobre data science, aprendizado de máquina e algoritmos. Suas habilidades de edição técnica ajudaram mais de 70 autores a refinar o conteúdo de seus manuscritos. John forneceu serviços de edição técnica a várias revistas, realizou vários tipos de consultorias e escreve testes de certificação. Leia seu blog em `http://blog.johnmuellerbooks.com/`. Entre em contato com ele pelo e-mail `John@JohnMuellerBooks.com` e pelo site `http://www.johnmuellerbooks.com/`. E siga-o na Amazon, em `https://www.amazon.com/John-Mueller/` [todos os conteúdos em inglês].

Dedicatória de Luca

Gostaria de dedicar este livro aos meus pais, Renzo e Licia, que amam ideias simples e bem explicadas, e que, agora, lendo o livro que escrevemos, entenderão mais sobre meu trabalho diário com data science e como essa nova disciplina mudará o modo como entendemos o mundo e atuamos nele.

Dedicatória de John

Este livro é dedicado às pessoas verdadeiramente criativas do mundo — aquelas que não precisam pensar fora da caixa, pois, para elas, a caixa não existe.

Agradecimentos de Luca

Meu muito obrigado a minha família, Yukiko e Amelia, por seu apoio e paciência.

Também agradeço a meus colegas Kagglers por sua ajuda e troca ininterrupta de ideias e opiniões. Em particular, meu muito obrigado a Alberto Boschetti, Giuliano Janson, Bastiaan Sjardin e Zacharias Voulgaris.

Agradecimentos de John

Obrigado a minha esposa, Rebecca. Mesmo já falecida, seu espírito está em cada livro que escrevo, em cada palavra que aparece nas páginas. Ela acreditou em mim quando ninguém mais o fez.

Russ Mullen merece um agradecimento por sua edição técnica deste livro. Ele agregou muita precisão e profundidade ao material visto aqui. Russ trabalhou excepcionalmente bem, ajudando com a pesquisa para o livro ao localizar URLs difíceis de encontrar e também oferecendo muitas sugestões.

Matt Wagner, meu agente, merece créditos por ter me ajudado a, antes de tudo, conseguir o contrato e por ter cuidado de todos os detalhes que a maioria dos autores não se lembra de considerar. Sempre valorizo sua assistência. É bom saber que alguém quer ajudar.

Várias pessoas leram todo este livro ou parte dele para me ajudar a refinar a abordagem, os scripts de teste e, no geral, contribuir com ideias que todos os leitores gostariam de ter. Esses voluntários ajudaram de maneiras tão variadas, que é impossível mencioná-los aqui. Agradeço especialmente pelos esforços de Eva Beattie, Glenn A. Russell e Matteo Malosetti, que deram um feedback geral, leram o livro todo e se dedicaram de maneira altruísta a este projeto.

Finalmente, gostaria de agradecer a Katie Mohr, Susan Christophersen e ao restante da equipe editorial e de produção.

Sumário Resumido

Introdução 1

Parte 1: Começando com Data Science e Python 7
- **CAPÍTULO 1:** Combinando Data Science e Python 9
- **CAPÍTULO 2:** Apresentando as Capacidades e as Maravilhas do Python 23
- **CAPÍTULO 3:** Configurando Python para Data Science 43
- **CAPÍTULO 4:** Trabalhando com o Google Colab 63

Parte 2: Colocando as Mãos na Massa com os Dados 87
- **CAPÍTULO 5:** Compreendendo as Ferramentas 89
- **CAPÍTULO 6:** Trabalhando com Dados Reais 107
- **CAPÍTULO 7:** Condicionando os Dados 129
- **CAPÍTULO 8:** Modelando Dados 157
- **CAPÍTULO 9:** Colocando em Prática o que Você Sabe 177

Parte 3: Visualizando Informações 191
- **CAPÍTULO 10:** Fazendo um Curso Intensivo de MatPlotLib 193
- **CAPÍTULO 11:** Visualizando os Dados 209

Parte 4: Manipulando Dados 235
- **CAPÍTULO 12:** Ampliando as Capacidades do Python 237
- **CAPÍTULO 13:** Explorando a Análise de Dados 261
- **CAPÍTULO 14:** Reduzindo a Dimensionalidade 285
- **CAPÍTULO 15:** Agrupamento 307
- **CAPÍTULO 16:** Detectando Outliers nos Dados 325

Parte 5: Aprendendo com os Dados 341
- **CAPÍTULO 17:** Explorando Quatro Algoritmos Simples e Eficazes 343
- **CAPÍTULO 18:** Fazendo Validação Cruzada, Seleção e Otimização 361
- **CAPÍTULO 19:** Complicando com Truques Lineares e Não Lineares 385
- **CAPÍTULO 20:** Entendendo o Poder da Multidão 427

Parte 6: A Parte dos Dez 447
- **CAPÍTULO 21:** Dez Recursos de Dados Essenciais 449
- **CAPÍTULO 22:** Dez Desafios de Dados que Você Deve Topar 457

Índice 467

Sumário

INTRODUÇÃO 1
  Sobre Este Livro.. 1
  Penso que... 3
  Ícones Usados Neste Livro 3
  Além Deste Livro 4
  De Lá para Cá, Daqui para Lá 5

PARTE 1: COMEÇANDO COM DATA SCIENCE E PYTHON 7

CAPÍTULO 1: Combinando Data Science e Python 9
  Definindo o Trabalho Mais Atraente do Século XXI.............. 12
    Considerando a emergência do data science 12
    Esboçando as competências centrais
      de um cientista de dados 13
    Conectando data science, big data e IA 13
    Entendendo o papel da programação 14
  Criando o Pipeline do Data Science............................ 15
    Preparando os dados.. 15
    Realizando análise de dados exploratória 15
    Aprendendo com os dados.................................... 15
    Visualizando... 16
    Obtendo insights e produtos de dados 16
  Entendendo o Papel do Python no Data Science.................. 16
    Considerando a transformação do perfil
      dos cientistas de dados.................................. 17
    Trabalhando com uma linguagem multiúso,
      simples e eficiente 17
  Aprendendo Rapidamente a Usar o Python........................ 18
    Carregando dados 19
    Treinando um modelo 20
    Visualizando um resultado 20

CAPÍTULO 2: Apresentando as Capacidades e as Maravilhas do Python 23
  Por que o Python?... 24
    Entendendo a filosofia central do Python 25
    Contribuindo com o data science 25

Sumário   xiii

Descobrindo metas de desenvolvimento
presentes e futuras 26
Trabalhando com o Python 27
Provando um gostinho da linguagem 27
Entendendo a necessidade da indentação 28
Trabalhando na linha de comando ou no IDE 29
Realizando Prototipagem Rápida e Experimentação 34
Considerando a Velocidade da Execução 35
Visualizando a Potência 37
Usando o Ecossistema do Python para o Data Science 38
Acessando ferramentas científicas com SciPy 39
Realizando cálculo científico básico com NumPy 39
Realizando análise de dados com pandas 39
Implementando o aprendizado de máquina com Scikit-learn .. 40
Avançando no aprendizado profundo com
Keras e TensorFlow 40
Diagramando dados com matplotlib 41
Criando gráficos com NetworkX 41
Analisando documentos HTML com Beautiful Soup 42

CAPÍTULO 3: Configurando Python para Data Science 43

Considerando as Distribuições Científicas Prontas
de Plataformas Cruzadas 44
Obtendo o Anaconda 44
Obtendo o Enthought Canopy Express 45
Obtendo o WinPython 46
Instalando o Anaconda no Windows 46
Instalando o Anaconda no Linux 50
Instalando o Anaconda no Mac OS X 51
Baixando os Conjuntos de Dados e o Código de Exemplo 52
Usando o Jupyter Notebook 53
Definindo o repositório do código 54
Entendendo os conjuntos de dados usados neste livro 61

CAPÍTULO 4: Trabalhando com o Google Colab 63

Definindo o Google Colab 64
Entendendo o que o Google Colab faz 64
Considerando a diferença da programação online 66
Usando o suporte de runtime local 67
Criando uma Conta do Google 68
Criando a conta 68
Fazendo login 69

Trabalhando com Notebooks 69
    Criando um notebook 70
    Abrindo notebooks...................................... 70
    Salvando notebooks..................................... 73
    Baixando notebooks..................................... 75
Realizando Tarefas Comuns 75
    Criando células de código 76
    Criando células de texto 77
    Criando células especiais............................... 78
    Editando células 79
    Movendo células.. 79
Usando a Aceleração de Hardware 80
Executando o Código 81
Visualizando o Notebook................................... 81
        Exibindo o sumário................................. 82
        Obtendo informações do notebook 82
        Conferindo a execução do código.................... 83
Compartilhando o Notebook 84
Obtendo Ajuda... 85

PARTE 2: COLOCANDO AS MÃOS NA MASSA COM OS DADOS 87

CAPÍTULO 5: **Compreendendo as Ferramentas**................... 89

Usando o Console Jupyter 90
    Interagindo com o texto na tela 90
    Mudando a aparência da janela.......................... 92
    Obtendo ajuda com Python 94
    Obtendo ajuda do IPython 96
    Usando funções mágicas................................. 97
    Descobrindo objetos 98
Usando o Jupyter Notebook 99
    Trabalhando com estilos 100
    Reiniciando o kernel.................................. 101
    Restaurando um checkpoint............................. 102
Realizando Integração Gráfica e Multimídia................ 103
    Incorporando gráficos e outras imagens 103
    Carregando exemplos de sites online................... 103
    Obtendo gráficos e multimídia online.................. 104

CAPÍTULO 6: **Trabalhando com Dados Reais** 107

Fazendo Upload, Streaming e Amostragem de Dados. 108
    Carregando pequenas quantidades de dados na memória . . . 109
    Fazendo streaming de grandes quantidades
      de dados na memória 110
    Gerando variações em dados de imagens. 111
    Fazendo amostragem de dados de maneiras diferentes 112
Acessando Dados em Formato de Arquivo Flat Estruturado 114
    Lendo a partir de um arquivo de texto. 114
    Lendo o formato delimitado CSV. 115
    Lendo arquivos do Excel e outros do Microsoft Office 117
Enviando Dados em um Formato Desestruturado de Arquivo. . . . 119
Administrando Dados de Bancos de Dados Relacionais 121
Interagindo com Dados de Bancos de Dados NoSQL 123
Acessando Dados da Web. 124

CAPÍTULO 7: **Condicionando os Dados**. 129

Conciliando NumPy e pandas. 130
    Sabendo quando usar NumPy 130
    Sabendo quando usar pandas. 131
Validando os Dados 132
    Descobrindo o que existe nos dados 132
    Removendo duplicatas. 134
    Criando um mapa e um plano de dados 134
Manipulando Variáveis Categóricas. 137
    Criando variáveis categóricas 138
    Renomeando níveis 139
    Combinando níveis. 140
Lidando com Datas nos Dados. 141
    Formatando valores de datas e horas 142
    Usando a transformação certa de tempo 143
Lidando com Dados Ausentes 144
    Encontrando os dados ausentes 144
    Codificando a ausência 145
    Inserindo os dados ausentes 146
Fatiando e Picando: Filtrando e Selecionando Dados 147
    Fatiando linhas 148
    Fatiando colunas. 148
    Picando 149

Concatenando e Transformando 150
    Adicionando novos casos e variáveis 150
    Removendo dados 152
    Classificando e misturando. 153
Agregando Dados em Qualquer Nível. 154

CAPÍTULO 8: Modelando Dados 157

Trabalhando com Páginas HTML 158
    Analisando XML e HTML 158
    Usando o XPath para extração de dados. 159
Trabalhando com Texto Puro 161
    Lidando com Unicode 161
    Stemizando e removendo palavras vazias 162
    Apresentando as expressões regulares 164
Usando o Modelo Saco de Palavras e Mais 166
    Entendendo o modelo saco de palavras 167
    Trabalhando com n-gramas 169
    Implementando transformações TF-IDF. 170
Trabalhando com Dados Grafos. 173
    Entendendo a matriz de adjacência 173
    Usando o básico do NetworkX 174

CAPÍTULO 9: Colocando em Prática o que Você Sabe 177

Contextualizando Problemas e Dados 178
    Avaliando um problema de data science 179
    Pesquisando soluções 182
    Formulando uma hipótese 182
    Preparando os dados. 183
Considerando a Arte da Criação de Atributos 183
    Definindo a criação de atributos 183
    Combinando variáveis 184
    Entendendo a compartimentalização e a discretização 185
    Usando variáveis indicadoras 186
    Transformando as distribuições. 186
Realizando Operações em Arrays 187
    Usando a vetorização. 187
    Realizando aritmética simples em vetores e matrizes 188
    Multiplicando vetores por matrizes 188
    Multiplicando matrizes. 189

PARTE 3: VISUALIZANDO INFORMAÇÕES 191

CAPÍTULO 10: Fazendo um Curso Intensivo de MatPlotLib ... 193

Começando com um Gráfico 194
    Definindo o diagrama.............................. 194
    Desenhando várias linhas e diagramas 195
    Salvando o trabalho no disco...................... 196

Estabelecendo os Eixos, as Marcas e as Grades 197
    Obtendo os eixos 197
    Formatando os eixos 198
    Acrescentando as grades 199

Definindo a Aparência da Linha 200
    Trabalhando com estilos de linhas 201
    Usando cores..................................... 202
    Adicionando marcadores 203

Usando Rótulos, Anotações e Legendas..................... 205
    Adicionando rótulos 205
    Fazendo anotações................................ 206
    Criando uma legenda.............................. 207

CAPÍTULO 11: Visualizando os Dados 209

Escolhendo o Gráfico Certo................................ 210
    Exibindo partes com gráficos de pizza 210
    Comparando com gráficos de barra 211
    Exibindo distribuições usando histogramas 213
    Representando grupos com diagramas de caixa 214
    Vendo padrões de dados usando diagramas de dispersão ... 216

Criando Diagramas de Dispersão Avançados 217
    Representando grupos 218
    Exibindo correlações 219

Diagramando Séries Temporais 221
    Representando o tempo nos eixos 221
    Diagramando tendências ao longo do tempo.......... 222

Diagramando Dados Geográficos 224
    Usando um ambiente no Notebook 225
    Obtendo o Cartopy................................ 226
    Lidando com questões de biblioteca deprecated...... 226
    Usando o Cartopy para diagramar dados geográficos ... 228

Visualizando Grafos 229
    Desenvolvendo grafos não direcionados 230
    Desenvolvendo grafos direcionados 231

PARTE 4: MANIPULANDO DADOS 235

CAPÍTULO 12: **Ampliando as Capacidades do Python** 237

Brincando com o Scikit-learn. 238
    Entendendo as classes no Scikit-learn 238
    Definindo aplicações para o data science 239
Realizando o Truque do Hashing 243
    Usando funções hash. 243
    Demonstrando o truque do hashing. 244
    Trabalhando com seleção determinística. 247
Considerando o Tempo e o Desempenho 249
    Benchmarking com timeit 250
    Trabalhando com o memory profiler 253
Executando em Paralelo em Múltiplos Cores 256
    Realizando o paralelismo multicore. 257
    Demonstrando o multiprocessamento. 257

CAPÍTULO 13: **Explorando a Análise de Dados** 261

A Abordagem AED. 262
Definindo a Estatística Descritiva para Dados Numéricos 263
    Medindo a tendência central 264
    Medindo a variância e o intervalo 265
    Trabalhando com percentis 266
    Definindo as medidas de normalidade. 267
Contando Dados Categóricos 269
    Entendendo as frequências 270
    Criando tabelas de contingência 271
Criando Visualização Aplicada para AED. 272
    Inspecionando diagramas de caixa 272
    Realizando testes-t depois dos diagramas de caixa 273
    Observando coordenadas paralelas 275
    Diagramando distribuições 275
    Diagramando diagramas de dispersão. 276
Entendendo a Correlação 278
    Usando covariância e correlação. 278
    Usando a correlação não paramétrica 280
    Considerando o teste qui-quadrado para tabelas 281
Modificando Distribuições de Dados. 282
    Usando diferentes distribuições estatísticas 282
    Criando uma padronização de escore-Z 283
    Transformando outras distribuições notáveis. 283

CAPÍTULO 14: Reduzindo a Dimensionalidade 285
    Entendendo a SVD 286
        Buscando a redução da dimensionalidade 287
        Usando a SVD para medir o invisível 289
    Realizando Análise Fatorial e ACP 290
        Considerando o modelo psicométrico 291
        Procurando fatores ocultos 291
        Usando componentes, e não fatores 292
        Alcançando a redução da dimensionalidade 293
        Comprimindo informações com t-SNE 294
    Entendendo Algumas Aplicações 296
        Reconhecendo faces com a ACP 296
        Extraindo tópicos com NMF 299
        Recomendando filmes 302

CAPÍTULO 15: Agrupamento 307
    Agrupando com K-means 309
        Entendendo algoritmos baseados em centroides 310
        Criando um exemplo com imagem 312
        Procurando soluções ideais 313
        Agrupando big data 316
    Realizando Agrupamento Hierárquico 317
        Usando uma solução de agrupamento hierárquico 319
        Usando uma solução de agrupamento em duas fases 320
    Descobrindo Novos Grupos com DBScan 322

CAPÍTULO 16: Detectando Outliers nos Dados 325
    Considerando a Detecção de Outliers 326
        Descobrindo mais coisas que podem dar errado 327
        Entendendo anomalias e dados novos 328
    Examinando um Método Univariado Simples 329
        Aproveitando a distribuição gaussiana 331
        Fazendo suposições e as conferindo 333
    Desenvolvendo uma Abordagem Multivariada 334
        Usando a análise de componentes principais 334
        Usando a análise de grupos para identificar outliers 337
        Automatizando a detecção com Isolation Forests 338

PARTE 5: APRENDENDO COM OS DADOS..............341

CAPÍTULO 17: Explorando Quatro Algoritmos Simples e Eficazes........................343

Adivinhando com a Regressão Linear.........................344
    Definindo a família de modelos lineares.....................344
    Usando mais variáveis................................345
    Entendendo as limitações e os problemas 347
Passando para a Regressão Logística 348
    Aplicando a regressão logística 349
    Considerando quando são mais classes....................350
Simplificando com Naïve Bayes 351
    Descobrindo que o Naïve Bayes não é muito ingênuo 353
    Prevendo classificações de texto.........................354
Aprendendo Preguiçosamente com os Vizinhos Mais Próximos..357
    Fazendo previsões depois de observar os vizinhos..........358
    Escolhendo o parâmetro k com sabedoria 359

CAPÍTULO 18: Fazendo Validação Cruzada, Seleção e Otimização...................361

Ponderando o Problema do Ajuste de um Modelo 362
    Entendendo o viés e a variância..........................363
    Definindo uma estratégia para escolher modelos 364
    Dividindo entre conjuntos de treinamento e de teste........367
Fazendo uma Validação Cruzada 370
    Usando a validação cruzada em k folds 371
    Amostrando estratificações para dados complexos 372
Selecionando Variáveis como um Especialista..................374
    Selecionando por meio de métricas univariadas............374
    Usando uma busca gulosa 376
Aumentando os Hiperparâmetros............................377
    Implementando uma busca na matriz 378
    Testando a busca aleatória..............................383

CAPÍTULO 19: Complicando com Truques Lineares e Não Lineares..........................385

Usando Transformações Não Lineares........................386
    Fazendo transformações de variáveis......................387
    Criando interações entre variáveis 389

Regularizando Modelos Lineares 393
    Dependendo da regressão de Ridge (L2) 394
    Usando Lasso (L1) 395
    Aproveitando a regularização 396
    Combinando L1 & L2: Elasticnet 396
Lutando com Big Data Parte a Parte 397
    Determinando quando há dados demais 397
    Implementando a Descida do Gradiente Estocástico 398
Entendendo Máquinas de Vetor de Suporte 401
    Dependendo de um método computacional 402
    Corrigindo muitos parâmetros novos 405
    Classificando com SVC 407
    É fácil ser não linear 413
    Realizando regressão com SVR 414
    Criando uma solução estocástica com SVM 416
Brincando com as Redes Neurais 421
    Entendendo as redes neurais 422
    Classificando e regredindo com neurônios 423

CAPÍTULO 20: Entendendo o Poder da Multidão 427
Começando com uma Árvore de Decisão Simples 428
    Entendendo uma árvore de decisão 428
    Criando árvores para objetivos diferentes 432
Facilitando o Aprendizado de Máquina 435
    Trabalhando com um classificador Random Forest 437
    Trabalhando com um regressor Random Forest 439
    Otimizando um Random Forest 440
Melhorando as Previsões 441
    Sabendo que muitos previsores fracos vencem 442
    Estabelecendo um classificador gradient boosting 443
    Rodando um regressor gradient boosting 444
    Usando hiperparâmetros GBM 445

PARTE 6: A PARTE DOS DEZ 447

CAPÍTULO 21: Dez Recursos de Dados Essenciais 449
Descobrindo as Notícias com o Subreddit 450
Começando Bem com o KDnuggets 450
Localizando Recursos Gratuitos de Aprendizado com o Quora ... 450
Conseguindo Insights com o Data Science Blog, da Oracle 451

Acessando Listas Enormes de Recursos
  no Data Science Central 451
Aprendendo Novos Truques com o Aspirational
  Data Scientist 452
Obtendo as Fontes Valorosas no Udacity 453
Recebendo Ajuda com Tópicos Avançados no Conductrics 453
Obtendo os Fatos com um Mestrado em
  Open Source Data Science 454
Visando Recursos para Desenvolvedores com Jonathan Bower .. 454

CAPÍTULO 22: **Dez Desafios de Dados que Você Deve Topar** 457

Conhecendo o Data Science London + Scikit-learn Challenge 458
Prevendo a Sobrevivência no Titanic 458
Encontrando uma Competição Kaggle que Atenda
  a Suas Necessidades 459
Aperfeiçoando as Estratégias de Sobreajuste 460
Batalhando com o Conjunto de Dados MovieLens 460
Livrando-se de E-mails de Spam 461
Trabalhando com Informações Manuscritas 462
Trabalhando com Fotos 463
Analisando Críticas da Amazon.com 464
Interagindo com um Grafo Gigante 464

ÍNDICE 467

Introdução

Os dados são cada vez mais usados para todo tipo de propósito, e muitos desses propósitos escapam à atenção. Mas, sempre que você acessa a internet, gera ainda mais dados. E não é só você. O crescimento da internet tem sido fenomenal, de acordo com o Internet World Stats (https://www.internetworldstats.com/emarketing.htm) [conteúdo em inglês]. O data science transforma essa quantidade enorme de dados em algo útil — algo que você usa todos os dias para realizar uma variedade espantosa de tarefas ou para obter serviços de outra pessoa.

Na verdade, você provavelmente já usou data science de modos inesperados. Por exemplo, quando usou seu mecanismo de busca favorito pela manhã para pesquisar alguma coisa, ele fez sugestões sobre termos de busca alternativos. Esses termos são fornecidos por data science. Quando você foi ao médico na semana passada e descobriu que o caroço que você tem não é câncer, o médico provavelmente fez seu prognóstico com a ajuda de data science. Na verdade, você deve trabalhar com data science todos os dias e nem sabe. *Python para Data Science Para Leigos*, tradução da 2ª edição, não só inicia você no uso de data science para realizar um monte de tarefas práticas, mas também o ajuda a perceber a quantidade de situações em que o data science é usado. Ao saber como responder a problemas de data science e como empregá-lo, você ganha uma vantagem significativa em relação às outras pessoas, aumentando suas chances de conseguir uma promoção ou aquele novo emprego que tanto quer.

Sobre Este Livro

O principal objetivo de *Python para Data Science Para Leigos*, tradução da 2ª edição, é afastar o medo do data science mostrando que ele não é apenas muito interessante, mas também muito viável usando-se o Python. Você poderia supor que precisa ser um gênio da computação para realizar as tarefas complexas que geralmente são associadas ao data science, mas isso está bem longe da verdade. O Python vem com uma grande quantidade de bibliotecas úteis que fazem todo o trabalho pesado para você nos bastidores. Não dá para perceber o que está acontecendo e nem é preciso se preocupar. Tudo o que precisa saber é que o Python simplifica todas as tarefas que você quer realizar.

Parte da ênfase deste livro está em usar as ferramentas corretas. Comece com o Anaconda, um produto que inclui IPython e Jupyter Notebook — duas ferramentas que facilitam o trabalho com Python. Você experimenta IPython em um ambiente completamente interativo. O código colocado no Jupyter Notebook (também chamado apenas de Notebook no decorrer deste livro) tem qualidade de apresentação, e você pode misturar vários elementos de apresentação diretamente em seu documento. Não é nada parecido com um ambiente de desenvolvimento. Para facilitar o uso deste livro em plataformas alternativas, você também descobre uma aplicação de Ambiente de Desenvolvimento Interativo (IDE) online chamado de Google Colab, que possibilita sua interação com a maioria, mas nem todos, os exemplos do livro usando seu tablet ou (supondo que você consiga enxergar bem) seu smartphone favoritos.

Você também descobre algumas técnicas interessantes neste livro. Por exemplo, é possível criar diagramas de todos seus experimentos de data science usando o MatPlotLib, e este livro fornece todos os detalhes para fazer isso. Ele também apresenta os recursos disponíveis (como pacotes) e lhe ensina a usar Scikit-learn para realizar alguns cálculos muito interessantes. Várias pessoas gostariam de saber como realizar reconhecimento de manuscrito, e, se você é uma delas, use este livro para dar um passo à frente nesse processo.

É claro que você ainda deve estar preocupado com toda a questão do ambiente de programação, e este livro não o deixará perdido. No começo, você encontrará instruções completas de instalação do Anaconda, seguidas pelos métodos necessários para começar com data science usando o Jupyter Notebook ou o Google Colab. A ênfase está em fazê-lo começar o mais rápido possível usando exemplos diretos e simples para que o código não se torne um empecilho para seu aprendizado.

Esta segunda edição do livro fornece exemplos atualizados usando Python 3.x, para que você use a versão mais moderna do Python enquanto lê. Além disso, você verá que nos esforçamos para simplificar os exemplos e para tornar o ambiente mais inclusivo com a adição de materiais sobre aprendizado profundo [deep learning]. Consequentemente, você aproveitará mais esta edição do livro como resultado dos feedbacks de centenas de leitores que vieram antes de você.

Para facilitar ainda mais a absorção dos conceitos, este livro usa as seguintes convenções:

» O texto que você deve digitar exatamente como está no livro aparece em **negrito**. Exceto quando você passa por uma lista de passos: pois cada passo está em negrito, e o texto a ser digitado não.

» Quando vir palavras em *itálico* como parte de uma sequência de digitação, é preciso substituir esse valor por algo que se aplique a você. Por exemplo, se vir "Digite **Seu Nome** e pressione Enter", você precisa substituir *Seu Nome* pelo seu nome de verdade.

» Endereços da web e códigos de programação aparecem em `fonte monoespaçada`.

» Quando precisar digitar sequências de comandos, verá que estão separados por uma seta especial, assim: Arquivo ➪ Novo. Nesse exemplo, você vai primeiro ao menu Arquivo e depois seleciona a entrada Novo nesse menu.

Penso que...

Talvez seja difícil de acreditar que fizemos suposições sobre você — afinal de contas, nós nem nos conhecemos ainda! Embora a maioria das suposições seja realmente boba, nós as fizemos para ter um ponto de partida para o livro.

Você precisa estar familiarizado com a plataforma que quer usar, pois o livro não oferece nenhuma orientação quanto a isso. (O Capítulo 3, no entanto, fornece instruções de instalação do Anaconda, e o Capítulo 4 o inicia no uso do Google Colab.) Para dar a você o máximo de informações sobre o Python, relacionadas a sua aplicação ao data science, este livro não discute questões específicas das plataformas. Você realmente precisa saber como instalar as aplicações, usá-las e trabalhar com sua plataforma escolhida antes de começar a trabalhar com este livro.

Você deve saber como trabalhar com o Python. Esta edição do livro não contém mais uma introdução ao Python, pois é possível encontrar isso aos montes em tutoriais online (veja `https://www.w3schools.com/python/` e `https://www.tutorialspoint.com/python/` [conteúdos em inglês] como exemplos).

Este livro também não é uma introdução à matemática. Sim, há vários exemplos de cálculos complexos, mas a ênfase é ajudá-lo a usar Python e data science para realizar tarefas de análise, em vez de lhe ensinar a teoria da matemática. Os Capítulos 1 e 2 o permitem entender precisamente o que você precisa saber para usar este livro da maneira correta.

Também supomos que você acessa itens na internet com facilidade. Há várias referências a material online que melhorarão sua experiência de aprendizado no decorrer do livro. No entanto, esses recursos extras são úteis apenas se você os encontrar e utilizar.

Ícones Usados Neste Livro

Ao ler este livro, você verá ícones nas margens que indicam material de interesse (ou não, outra possibilidade). Esta seção descreve brevemente cada ícone do livro.

DICA

Dicas são legais porque o ajudam a poupar tempo ou realizar uma tarefa sem muito trabalho extra. As dicas neste livro são técnicas de economia de tempo ou indicações para recursos que você deveria experimentar para obter o máximo de benefícios do Python ou na realização de tarefas relacionadas ao data science.

CUIDADO

Não queremos parecer pais bravos nem maníacos, mas você deve evitar tudo o que estiver sinalizado pelo ícone Cuidado. Caso contrário, verá que sua aplicação não funciona como o esperado, você obtém respostas incorretas de equações aparentemente certas ou (na pior das hipóteses) você perde dados.

PAPO DE ESPECIALISTA

Sempre que vir este ícone, pense em uma dica ou técnica avançada. Você pode achar essas informações úteis chatas demais para ler, ou elas podem conter a solução de que você precisa para fazer seu programa funcionar. Pule essas informações sempre que quiser.

LEMBRE-SE

Se não aproveitar mais nada de um capítulo ou de uma seção específica, lembre-se do material marcado por este ícone. Esse texto geralmente contém um processo essencial ou uma informação que você deve saber para trabalhar com o Python ou para realizar com sucesso tarefas relacionadas ao data science.

Além Deste Livro

Este livro não é o fim de sua experiência com Python ou data science — na verdade, é apenas o começo. Nós fornecemos conteúdo online para tornar este livro mais flexível e para melhor atender a suas necessidades. Na verdade, você tem acesso a todo este material online:

» **Folha de cola:** Você se lembra de usar resumos na escola para tirar uma nota melhor em uma prova? Sim? Bem, uma folha de cola é tipo isso. Ela elenca tópicos especiais sobre tarefas realizáveis com Python, IPython, IPython Notebook e data science que nem todas as pessoas conhecem. Você encontra a folha de cola em www.altabooks.com, procure pelo título/ISBN do livro. Ela contém informações muito boas, como os erros de programação comuns que dão desgosto às pessoas ao usar Python.

» **Arquivos de acompanhamento:** Ei! Quem é que quer digitar todo o código que tem no livro e reconstruir todos aqueles gráficos manualmente? A maioria dos leitores prefere passar o tempo trabalhando com o Python, realizando tarefas de data science e pensando nas maravilhas que podem fazer, em vez de ficar digitando. Felizmente, os exemplos usados neste livro estão disponíveis para download, então tudo o que você precisa fazer é ler o livro para aprender o uso de técnicas do Python aplicadas ao data science. Você encontra os arquivos em www.altabooks.com.br. Procure pelo título/ISBN do livro.

De Lá para Cá, Daqui para Lá

Chegou a hora de começar sua aventura em Python para data science! Se o Python e seu uso para tarefas de data science for algo totalmente novo para você, comece pelo Capítulo 1 e progrida pelo livro a um ritmo que possibilite a absorção do máximo de conteúdo possível.

Se você for um novato com muita pressa para começar com Python para data science o mais rápido possível, pule para o Capítulo 3, mas entenda que pode achar alguns tópicos um pouco confusos mais adiante. Não há problema em pular para o Capítulo 5 se você já tiver o Anaconda (o produto de programação usado neste livro) instalado, mas certifique-se de, pelo menos, dar uma lida rápida no Capítulo 3 para que saiba quais suposições fizemos ao escrever este livro. Se você planeja usar o tablet para trabalhar com este livro, dê uma revisada no Capítulo 4 para entender as limitações apresentadas pelo Google Colab ao executar o código de exemplo; nem todos eles funcionam nesse IDE. Não se esqueça de instalar o Anaconda com a versão 3.6.5 do Python para obter os melhores resultados com o código-fonte do livro.

Os leitores que já têm um pouco de familiaridade com o Python e têm o Anaconda instalado podem poupar um pouco de leitura indo diretamente ao Capítulo 5. Você sempre poderá voltar para os primeiros capítulos quando for necessário, se tiver dúvidas. Entretanto, entenda como cada técnica funciona antes de passar para o próximo. Cada técnica, exemplo de código e procedimento tem lições importantes, e você poderá perder conteúdos vitais se pular informações demais.

1
Começando com Data Science e Python

NESTA PARTE...

Entenda como o Python facilita o data science.

Defina os atributos do Python comumente usados no data science.

Crie uma configuração própria do Python.

Trabalhe com o Google Colab em dispositivos alternativos.

> **NESTE CAPÍTULO**
>
> » Descobrindo as maravilhas do data science
>
> » Explorando o funcionamento do data science
>
> » Criando a conexão entre Python e data science
>
> » Começando com o Python

Capítulo 1
Combinando Data Science e Python

O data science pode parecer uma daquelas tecnologias que você nunca usaria, mas isso está errado. Sim, data science envolve o uso de técnicas avançadas de matemática, estatística e big data, mas ajuda a tomar decisões melhores, a criar sugestões para opções baseadas em escolhas anteriores e a fazer com que robôs vejam objetos. Na verdade, as pessoas usam data science de tantas formas diferentes que não se pode olhar para lugar nenhum ou fazer o que quer que seja sem sentir os efeitos do data science em sua vida. Resumindo: é o data science que está por trás das cortinas na experiência das maravilhas da tecnologia. Sem data science, muito do que aceitamos como comum e esperado hoje não seria possível. É por isso que cientista de dados é a profissão mais atraente do século XXI.

LEMBRE-SE

Para que o data science seja viável para alguém que não é um gênio da matemática, são necessárias ferramentas. Você pode usar qualquer quantidade de ferramentas para realizar tarefas de data science, mas o Python é especialmente adequado para facilitar o trabalho com data science. Por um lado, o Python fornece um número incrível de bibliotecas relacionadas à matemática que ajudam na realização de tarefas com uma compreensão quase perfeita do que acontece exatamente. Contudo, a função do Python vai além de suportar vários estilos de código (paradigmas de programação) e facilitar seu trabalho. Portanto, sim, você pode usar outras linguagens para escrever aplicações de data science, mas o Python reduz a carga de trabalho, então é uma escolha natural para quem não quer trabalhar demais, mas quer trabalhar bem.

Este capítulo o apresenta ao Python. Embora o objetivo deste livro não seja fornecer um tutorial completo sobre o Python, explorar algumas questões básicas sobre ele permitirá que você pegue o ritmo. (Se precisar de um bom tutorial introdutório, adquira o livro *Começando a Programar em Python Para Leigos* [Alta Books]. Ele oferece indicações de tutoriais e outros recursos necessário para preencher as lacunas que você possa ter em seu aprendizado do Python.)

ESCOLHENDO UMA LINGUAGEM DE DATA SCIENCE

Há muitas linguagens de programação no mundo, e a maioria foi criada para realizar tarefas específicas ou até para facilitar o trabalho de determinadas profissões. Escolher a ferramenta correta facilita sua vida. É como usar um martelo para apertar um parafuso em vez de uma chave de fenda. Sim, o martelo funciona, mas, definitivamente, a chave de fenda é muito mais fácil de usar e faz um trabalho melhor. Os cientistas de dados usam apenas algumas linguagens, pois elas facilitam o trabalho com os dados. Com isso em mente, aqui estão as principais linguagens para o trabalho com data science, em ordem de preferência:

- **Python (uso geral):** Muitos cientistas de dados preferem usar o Python porque ele fornece muitas bibliotecas, como NumPy, SciPy, MatPlotLib, pandas e Scikit-learn, para facilitar significativamente as tarefas com data science. O Python também é uma linguagem precisa, que facilita o uso de multiprocessamento em grandes conjuntos de dados — reduzindo o tempo exigido para analisá-los. A comunidade de data science também evoluiu com IDEs especializados, como o Anaconda, que implementam o conceito Jupyter Notebook, que facilita muito o trabalho com cálculos de data science (o Capítulo 3 ensina a usar o Jupyter Notebook, então não se preocupe com isso agora). Além de tudo isso a favor do Python, ele também é uma linguagem excelente para se criar glue code com linguagens como C/C++ e Fortran. A documentação do Python mostra como criar as extensões necessárias. A maioria dos usuários do Python depende da linguagem para ver padrões, como dar permissão para que um robô veja um grupo de pixels como um objeto. Ele também é aplicável a todos os tipos de tarefas científicas.

- **R (uso especial estatístico):** Em muitos aspectos, o Python e o R compartilham os mesmos tipos de funcionalidade, mas as implementam de modo diferente. Dependendo de qual fonte é visualizada, o Python e o R têm mais ou menos o mesmo número de proponentes, e algumas pessoas usam ambas de modo intercambiável (ou, às vezes, em dupla). Diferentemente do Python, o R fornece um ambiente próprio, então você não precisa de produtos de terceiros, como o Anaconda. No entanto, o R não se mistura com outras linguagens com a mesma facilidade que o Python.

- **SQL (gestão de banco de dados):** O mais importante a ser lembrado sobre a Structured Query Language (SQL) é que ela foca os dados, e não as tarefas. Os negócios não podem operar sem uma boa gestão de dados — eles são o negócio. Grandes organizações usam algum tipo de banco de dados relacional, normalmente acessível com SQL, para armazenar os dados. A maioria dos produtos de Sistemas de Gerenciamento de Banco de Dados (SGBD) depende de SQL como linguagem principal, e os SGBD geralmente têm um grande número de atributos de análises de dados e de data science incorporados. Como você acessa os dados nativamente, muitas vezes há um ganho de velocidade significativo ao realizar tarefas de data science dessa forma. Os Administradores de Bancos de Dados (DBAs) normalmente usam SQL para gerenciar ou manipular os dados, em vez de necessariamente realizar análises detalhadas deles. No entanto, o cientista de dados também pode usar SQL para várias tarefas de data science e disponibilizar os scripts resultantes para as necessidades dos DBAs.

- **Java (uso geral):** Alguns cientistas de dados realizam outros tipos de programação que exigem uma linguagem popular, amplamente adaptada e de uso mais geral. Além de fornecer acesso a um grande número de bibliotecas (cuja maioria não é tão útil para data science, mas funciona para outras necessidades), o Java suporta a orientação a objetos melhor do que qualquer outra linguagem desta lista. Além disso, é fortemente tipado e tende a ser executado com mais rapidez. Consequentemente, algumas pessoas o preferem para o código finalizado. O Java não é uma boa opção para experimentação nem para consultas ad hoc.

- **Scala (uso geral):** Como o Scala usa a Máquina Virtual Java (JVM), tem algumas vantagens e desvantagens em relação ao Java. Contudo, como o Python, o Scala é compatível com o paradigma da programação funcional, que usa cálculos lambda como base (veja detalhes em *Programação Funcional Para Leigos*). Além disso, o Apache Spark é escrito em Scala, o que significa que você tem um bom suporte para grupo ao usar essa linguagem — pense no suporte de um conjunto de dados gigantesco. Algumas armadilhas do uso do Scala são a dificuldade de configurá-lo corretamente, a dificuldade de aprendizado e a falta de um conjunto abrangente de bibliotecas específicas de data science.

Definindo o Trabalho Mais Atraente do Século XXI

A certa altura, o mundo via todos os que trabalhavam com estatística como um tipo de contador, ou talvez um cientista louco. Muitas pessoas consideram a estatística e a análise de dados algo chato. Entretanto, o data science é uma dessas profissões em que quanto mais você aprende, mais quer aprender. Responder a uma pergunta muitas vezes gera mais perguntas ainda mais interessantes do que a que acabou de ser respondida. Contudo, o que torna o data science tão atraente é que ele é visto em todas as situações e usado de infinitas maneiras. As próximas seções fornecem mais detalhes sobre o porquê de o data science ser um campo de estudos tão incrível.

Considerando a emergência do data science

Data science é um termo relativamente novo. William S. Cleveland o cunhou em 2001 como parte de um artigo intitulado "Data Science: An Action Plan for Expanding the Technical Areas of the Field of Statistics" [Data Science: Um Plano de Ação para Expandir as Áreas Técnicas do Campo da Estatística, em tradução livre]. Foi apenas um ano mais tarde que o Conselho Internacional de Ciência realmente reconheceu o data science e criou um comitê para ele. A Universidade de Columbia entrou em cena em 2003 ao iniciar a publicação do *Journal of Data Science*.

LEMBRE-SE

No entanto, a base matemática por trás do data science tem muitos séculos, pois ele é praticamente um método para ver e analisar estatística e probabilidade. O primeiro uso relevante do termo "estatística" data de 1749, mas ela certamente é muito mais antiga. As pessoas usaram estatística para reconhecer padrões por milhares de anos. Por exemplo, o historiador Tucídides (em seu *História da Guerra do Peloponeso*) descreve como os atenienses calcularam a altura do muro de Plateias no século V a.C. por meio da contagem de tijolos em uma seção sem reboco do muro. Como a contagem precisava ser exata, os atenienses tiraram a média da contagem feita por vários soldados.

O processo de quantificar e entender a estatística é relativamente novo, mas a ciência em si é antiga. Uma tentativa anterior de registrar a importância da estatística aparece no século IX, quando Alcindi escreveu o *Manuscrito para Decifrar Mensagens Criptográficas*. Nele, Alcindi descreve como usar uma combinação de análises estatísticas e de frequência para decifrar mensagens criptografadas. Mesmo no começo, a estatística já era aplicável à ciência para tarefas aparentemente impossíveis de completar. O data science continua esse processo, e para algumas pessoas, realmente parece mágica.

Esboçando as competências centrais de um cientista de dados

Como é válido para qualquer um que tenha as atribuições mais complexas hoje em dia, o cientista de dados necessita de uma ampla gama de habilidades para realizar as tarefas necessárias. Na verdade, são tantas as habilidades diferentes exigidas, que os cientistas de dados geralmente trabalham em equipe. Alguém bom em reunir dados pode se juntar a um analista e a alguém com o dom de apresentar informações. Seria difícil encontrar uma única pessoa com todas as habilidades necessárias. Com isso em mente, a lista a seguir descreve áreas em que um cientista de dados se destaca (sendo que, quanto mais competências tiver, melhor):

- » **Captura de dados:** Não importa o tipo de habilidade matemática que você tenha se, primeiro, não conseguir dados para analisar. A coleta de dados começa com a administração da fonte de dados por meio de habilidades de gestão de banco de dados. Contudo, os dados brutos não são particularmente úteis em muitas situações — você também deve entender o domínio dos dados para que possa observá-los e formular as perguntas que devem ser feitas. Por fim, você deve ter habilidades de modelagem de dados para compreender como os dados se conectam e se eles são estruturados.
- » **Análise:** Depois de obter os dados com os quais trabalhará e entender suas complexidades, pode começar a analisá-los. Isso é feito utilizando-se habilidades básicas de ferramentas estatísticas, como aquelas que praticamente todo o mundo aprende na escola. Entretanto, o uso de truques matemáticos e algoritmos especializados torna os padrões nos dados mais óbvios ou os ajuda a chegar a conclusões que não seriam possíveis apenas por meio da revisão dos dados.
- » **Apresentação:** A maioria das pessoas não entende muito bem os números. Elas não conseguem ver os padrões que os cientistas de dados veem. É importante apresentar graficamente esses padrões para ajudar os outros a visualizar o significado dos números e como aplicá-los de modo significativo. Mais importante ainda, a apresentação deve contar uma história específica, para que o impacto dos dados não seja perdido.

Conectando data science, big data e IA

Curiosamente, o ato de mover dados para que alguém realize análises é uma especialidade chamada de Extração, Transformação e Carregamento (da sigla em inglês, ETL). O especialista em ETL usa linguagens de programação como o Python para extrair os dados de várias fontes. As corporações tendem a não manter os dados em um local facilmente acessível, então encontrar os dados requeridos para realizar análises leva tempo. Depois que o especialista em ETL encontra os dados, uma linguagem de programação ou outra ferramenta os transforma em um formato comum para propósitos de análise. O processo de carregamento é diversificado, mas este livro conta com o Python para realizar a tarefa. Em uma grande operação real, você pode usar ferramentas como Informatica, MS SSIS ou Teradata para realizá-la.

LEMBRE-SE

O data science não é necessariamente um meio para um fim. Ele pode, na verdade, ser apenas um passo no caminho. À medida que um cientista de dados trabalha com vários conjuntos de dados e descobre fatos interessantes, esses fatos podem agir como ideias para outros tipos de análises e aplicações de IA. Por exemplo, considere que seus hábitos de compra sugiram de quais livros você pode gostar ou onde gostaria de passar as férias. Hábitos, como os de compra, também ajudam a entender outras atividades, às vezes menos inofensivas. Os livros *Aprendizado de Máquina Para Leigos* e *IA Para Leigos* (Alta Books), ambos de John Mueller e Luca Massaron, explicam esses e outros usos do data science. No momento, considere que o que aprender com este livro poderá ter um efeito definitivo em um plano de carreira que pode seguir diversas outras direções.

Entendendo o papel da programação

Um cientista de dados precisa conhecer várias linguagens de programação para alcançar objetivos específicos. Por exemplo, você pode precisar de conhecimentos de SQL para extrair dados de bancos de dados relacionais. O Python pode ajudá-lo a realizar as tarefas de carregamento, transformação e análise de dados. Contudo, você pode escolher um produto como o MATLAB (que tem a própria linguagem de programação) ou o PowerPoint (que conta com VBA) para apresentar as informações para outras pessoas. (Adquira o livro *MATLAB Para Leigos* (Alta Books) se tiver interesse em comparar o uso do MATLAB com o do Python.) Os conjuntos de dados imensos com que os cientistas de dados contam muitas vezes requerem vários níveis de processamento redundante para transformá-los em dados processados úteis. Realizar essas tarefas manualmente consome muito tempo e propicia erros, então a programação é o melhor método para alcançar o objetivo de uma fonte de dados útil e coerente.

Dada a quantidade de produtos que a maioria dos cientistas de dados usa, não é possível utilizar apenas uma linguagem de programação. Sim, o Python pode carregar, transformar e analisar dados, e até apresentá-los ao usuário final, mas funciona somente quando a linguagem fornece a funcionalidade requerida. Você pode precisar escolher outras linguagens para a tarefa, e essa escolha depende de diversos critérios. Considere o seguinte:

» Como você pretende usar o data science em seu código (há várias tarefas a serem consideradas, como análise de dados, classificação e regressão).

» Sua familiaridade com a linguagem.

> » A necessidade de interação com outras linguagens.
> » A disponibilidade de ferramentas para a melhoria do ambiente de desenvolvimento.
> » A disponibilidade de APIs e bibliotecas para facilitar a realização de tarefas.

Criando o Pipeline do Data Science

O data science é metade arte e metade engenharia. Reconhecer padrões em dados, considerar quais perguntas fazer e determinar quais algoritmos funcionam melhor são partes do lado artístico do data science. No entanto, para que esse lado se concretize, a parte da engenharia se apoia em um processo especial para alcançar objetivos específicos. Esse processo é o pipeline de data science, que requer que o cientista de dados siga determinados passos na preparação, análise e apresentação dos dados. As próximas seções o ajudam a entender melhor o pipeline do data science, para que você compreenda como o livro o emprega durante a apresentação dos exemplos.

Preparando os dados

Os dados acessados de várias fontes não vêm em um pacote bonito, pronto para a análise — é bem pelo contrário. Os dados brutos não só podem variar consideravelmente no formato, como você também pode ter que transformá--los para que todas as fontes de dados sejam coesas e favoráveis à análise. A transformação pode exigir mudança nos tipos de dados, na ordem em que aparecem e até na criação de entradas de dados com base nas informações fornecidas pelas entradas existentes.

Realizando análise de dados exploratória

A matemática por trás da análise de dados depende dos princípios de engenharia em que os resultados são comprováveis e coerentes. Contudo, o data science fornece acesso a uma grande variedade de métodos estatísticos e algoritmos que o ajudam a descobrir padrões nos dados. Uma única abordagem normalmente não funciona. É preciso usar um processo iterativo para retrabalhar os dados a partir de diversas perspectivas. O uso de tentativa e erro faz parte da arte do data science.

Aprendendo com os dados

Ao iterar com vários métodos de análises estatísticas e aplicar algoritmos para detectar padrões, você começa a aprender com os dados. Eles podem não contar a história que você achava que contariam originalmente, ou podem ter muitas histórias para contar. A descoberta faz parte da vida do cientista de dados. Na verdade, é a parte divertida do data science, pois não é possível saber com antecedência o que exatamente os dados revelarão.

LEMBRE-SE

É claro que a natureza imprecisa dos dados e a descoberta de padrões aparentemente aleatórios significa que devemos manter a mente aberta. Se você tiver ideias preconcebidas do que os dados contêm, não encontrará as informações que realmente estão neles. Você perde a fase de descoberta do processo, que se traduz em oportunidades perdidas para você e para as pessoas que dependem de você.

Visualizando

Visualizar significa ver os padrões nos dados e ser capaz de reagir a eles. Também significa ser capaz de ver quando os dados não fazem parte do padrão. Pense em você mesmo como um escultor de dados — removendo os que estão fora do padrão (os outliers) para que os outros vejam a obra-prima das informações escondida. Sim, você consegue vê-la, mas até que os outros também consigam, ela permanece apenas em seu campo de visão.

Obtendo insights e produtos de dados

Pode parecer que o cientista de dados simplesmente procura métodos únicos para visualizar os dados. Contudo, o processo não acaba até que se tenha uma compreensão clara do significado desses dados. Os insights obtidos a partir da manipulação e da análise de dados o ajudam a realizar tarefas reais. Por exemplo, os resultados de uma análise podem ser utilizados para tomar decisões de negócios.

Em certos casos, o resultado de uma análise cria uma resposta automatizada. Por exemplo, quando um robô vê uma série de pixels obtidos de uma câmera, os pixels que formam um objeto têm um significado especial, e a programação do robô dita algum tipo de interação com esse objeto. Mas, até que o cientista de dados crie uma aplicação que carregue, analise e visualize os pixels da câmera, o robô não vê nada.

Entendendo o Papel do Python no Data Science

Dadas as fontes de dados certas, as exigências de análise e as necessidades de apresentação, o Python se aplica a todas as partes do pipeline de data science. Na verdade, é exatamente isso o que você fará neste livro. Cada exemplo usa o Python para lhe explicar outra parte da equação do data science. De todas as linguagens disponíveis para realizar tarefas de data science, o Python é a mais flexível e capaz, pois suporta muitas bibliotecas de terceiros dedicadas à tarefa. As próximas seções detalham por que o Python é uma escolha tão boa para tantas (se não para a maioria) necessidades de data science.

Considerando a transformação do perfil dos cientistas de dados

Algumas pessoas veem o cientista de dados como um nerd inacessível que usa a matemática para fazer milagres. É ele quem está por trás da cortina em uma experiência parecida com a do *Mágico de Oz*. No entanto, essa perspectiva está mudando. Em muitos aspectos, o mundo agora vê o cientista de dados como um assistente de desenvolvedor ou como um novo tipo de desenvolvedor. A ascensão de aplicações que aprendem, de todos os tipos, é a essência dessa mudança. Para que uma aplicação aprenda, ela precisa ser capaz de manipular grandes bancos de dados e descobrir padrões deles. Além disso, deve ser capaz de criar dados com base nos antigos — fazendo uma espécie de previsão embasada. Os novos tipos de aplicações afetam as pessoas de maneiras que pareceriam ficção científica poucos anos atrás, e é claro que as mais notáveis dessas aplicações definem os comportamentos de robôs que no futuro interagirão muito mais próximos das pessoas do que fazem atualmente.

A partir de uma perspectiva de negócios, a necessidade de combinar o data science e o desenvolvimento de aplicações é óbvia: os negócios devem realizar vários tipos de análises nos bancos gigantescos de dados que coletam — para interpretar as informações e usá-las para prever o futuro. Mas, na verdade, o impacto maior da junção desses dois ramos da ciência — o data science e o desenvolvimento de aplicações — será sentido em termos da criação de tipos totalmente novos de aplicações, alguns que nem conseguimos imaginar com clareza atualmente. Por exemplo, novas aplicações que auxiliem alunos a aprenderem com maior precisão ao analisar suas tendências de aprendizado e criar métodos instrucionais que funcionem para esse aluno específico. Essa combinação de ciências também resolveria uma grande variedade de problemas médicos que parecem impossíveis de solucionar hoje — não apenas mantendo as doenças afastadas, mas também resolvendo problemas; por exemplo, como criar dispositivos protéticos verdadeiramente utilizáveis que se apresentam e atuam como a coisa real.

Trabalhando com uma linguagem multiúso, simples e eficiente

Há muitas maneiras de realizar tarefas de data science. Este livro trata apenas de um dos diversos métodos à disposição. Entretanto, o Python é uma das poucas soluções que, de forma isolada, resolve problemas complexos de data science.

Em vez de ter de usar várias ferramentas para realizar uma tarefa, pode-se usar apenas uma única linguagem, o Python, para fazer o trabalho. A diferença de Python é o grande número de bibliotecas científicas e matemáticas criadas por terceiros. A inserção dessas bibliotecas amplia o Python e lhe possibilita realizar facilmente tarefas que outras linguagens teriam problemas para dar conta.

DICA

As bibliotecas do Python são seu principal atrativo; mas ele oferece mais do que um código reutilizável. O mais importante a ser considerado é que o Python é compatível com quatro estilos de programação:

» **Funcional:** Trata cada declaração como uma equação matemática e evita qualquer forma de estado ou dados mutáveis. A principal vantagem desta abordagem é que não tem nenhum efeito colateral. Além disso, este estilo de programação é mais adequado para o processamento paralelo, pois não há estado a ser considerado. Muitos desenvolvedores preferem este tipo de programação para recursão e para cálculo lambda.

» **Imperativa:** Realiza cálculos como uma mudança direta ao estado do programa. Este estilo é particularmente útil ao manipular estruturas de dados e produz um código elegante, mas ainda simples.

» **Orientada a objetos:** Depende de campos de dados tratados como objetos e manipulados apenas por métodos prescritos. O Python não suporta totalmente esta forma de programação, pois não consegue implementar atributos como a ocultação de dados. No entanto, este é um estilo de programação útil para aplicações complexas, pois suporta o encapsulamento e o polimorfismo, e também favorece a reutilização do código.

» **Procedural:** Trata de tarefas como iterações passo a passo, em que as tarefas comuns são colocadas em funções que são chamadas quando necessário. Este estilo de programação favorece a iteração, o sequenciamento, a seleção e a modularização.

Aprendendo Rapidamente a Usar o Python

É hora de tentar usar o Python para ver o pipeline de data science em ação. As próximas seções fornecem um panorama breve do processo que será explorado detalhadamente no restante do livro. Você não realizará as tarefas das próximas seções. Na verdade, só instalará o Python no Capítulo 3, então, por enquanto, apenas siga o texto. Este livro usa uma versão específica do Python e um IDE chamado de Jupyter Notebook, portanto, aguarde até o Capítulo 3 para instalá-los (ou, se preferir, pule e instale-os já). Não se preocupe em entender todos os aspectos do processo agora. O objetivo destas seções é explicar o fluxo do uso do Python para realizar tarefas de data science. Muitos dos detalhes podem parecer difíceis de entender agora, mas o restante do livro o ajudará.

LEMBRE-SE

Os exemplos deste livro dependem de uma aplicação baseada na web chamada de Jupyter Notebook. As capturas de telas que verá aqui e nos próximos capítulos refletem a aparência do Jupyter Notebook no Firefox em um sistema com Windows 7. Sua visualização conterá os mesmos dados, mas a interface pode ser diferente, dependendo da plataforma (como o uso de um notebook, em vez de um desktop), do sistema operacional e do navegador usados. Não se preocupe se vir pequenas diferenças entre sua exibição e as capturas de tela no livro.

DICA

Você não precisa digitar o código-fonte deste capítulo. Na verdade, é muito mais fácil fazer o download dos arquivos (veja detalhes sobre o download do código-fonte na Introdução). O código-fonte deste capítulo está no arquivo P4DS4D2_01_Quick_Overview.ipynb, uma referência ao título original *Python for Data Science For Dummies*, 2a edição.

Carregando dados

Antes de começar, carregue alguns dados. O livro mostra vários tipos de métodos para realizar essa tarefa. Neste caso, a Figura 1-1 mostra como carregar um conjunto de dados chamado de Boston, que contém os preços de moradias e outros fatos sobre as casas na área de Boston. O código posiciona todo o conjunto de dados na variável boston e depois posiciona partes desses dados nas variáveis X e y. Pense nas variáveis como se fossem caixas. Elas são importantes, pois possibilitam o trabalho com os dados.

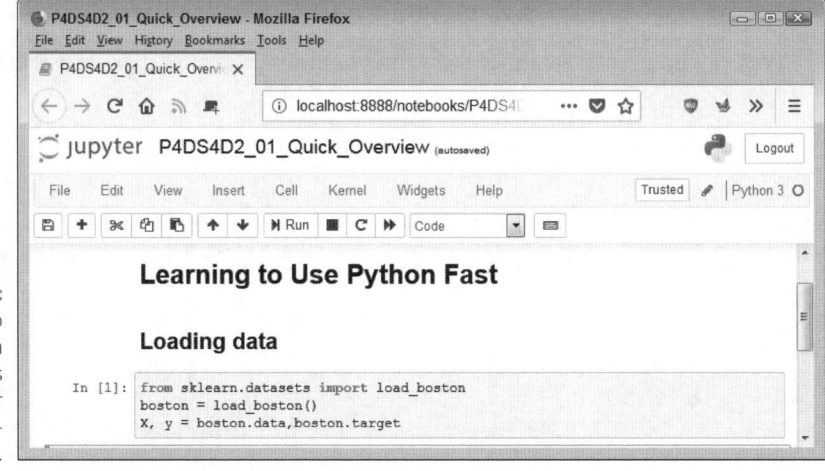

FIGURA 1-1:
Carregando dados em variáveis para poder manipulá-los.

Treinando um modelo

Agora que temos dados para trabalhar, podemos fazer algo com eles. Há diversos tipos de algoritmos incorporados no Python. A Figura 1-2 mostra um modelo de regressão linear. Repito: não se preocupe com o funcionamento exato, os capítulos posteriores abordarão os detalhes da regressão linear. O importante a ser notado na Figura 1-2 é que o Python possibilita a realização da regressão linear usando apenas duas declarações e posiciona o resultado em uma variável chamada de `hypothesis`.

Visualizando um resultado

Não vale a pena realizar nenhum tipo de análise a não ser que você obtenha benefícios como resultado. Este livro mostra várias maneiras de visualizar a saída, mas a Figura 1-3 começa com algo simples. Neste caso, você vê o coeficiente resultante da análise de regressão linear.

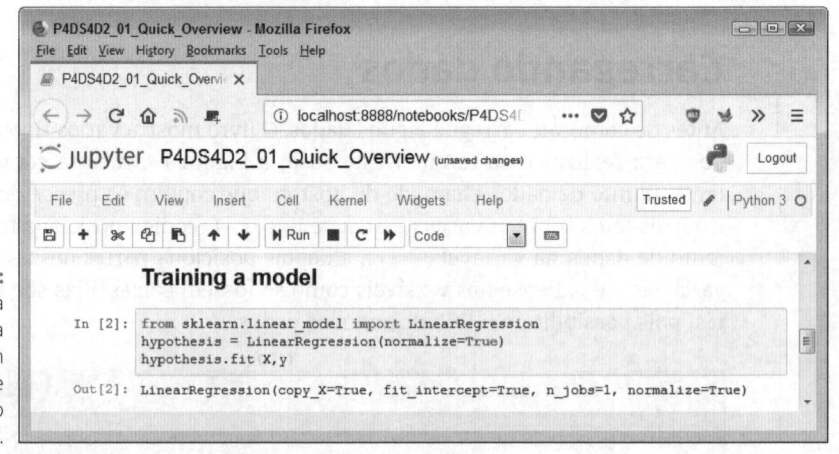

FIGURA 1-2: Usando a variável para treinar um modelo de regressão linear.

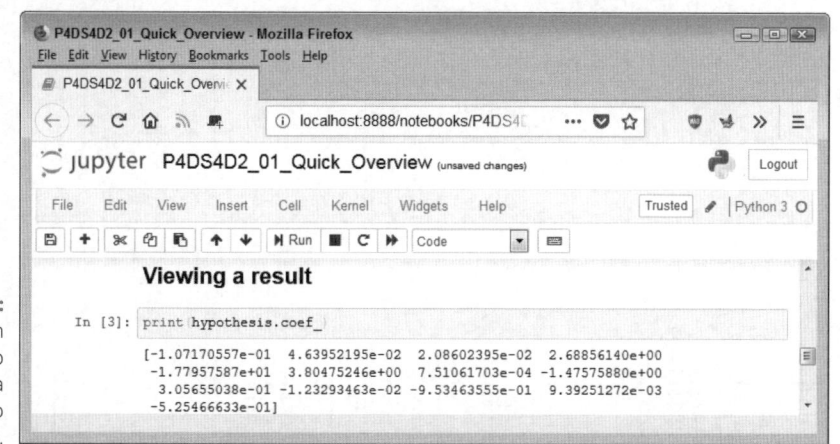

FIGURA 1-3:
Exibindo um resultado como uma resposta ao modelo.

```
In [3]: print hypothesis.coef_
[-1.07170557e-01  4.63952195e-02  2.08602395e-02  2.68856140e+00
 -1.77957587e+01  3.80475246e+00  7.51061703e-04 -1.47575880e+00
  3.05655038e-01 -1.23293463e-02 -9.53463555e-01  9.39251272e-03
 -5.25466633e-01]
```

DICA

Uma das razões para o uso do Jupyter Notebook neste livro é que o produto ajuda a criar saídas bem formatadas como parte da criação da aplicação. Observe novamente a Figura 1-3 e verá um relatório que poderia ser simplesmente impresso e oferecido a um colega. A saída não é adequada para muitas pessoas, mas aqueles com experiência com Python e data science a acharão útil e muito informativa.

> **NESTE CAPÍTULO**
> » Investigando o surgimento do Python
> » Começando rápido com o Python
> » Considerando os atributos especiais do Python
> » Definindo e explorando o poder do Python para o cientista de dados

Capítulo **2**

Apresentando as Capacidades e as Maravilhas do Python

Todos os computadores rodam em apenas uma linguagem: o código de máquina. Porém, a não ser que queira aprender a falar como um computador, em zeros e uns, o código de máquina não é particularmente útil. Você nunca deve tentar definir problemas de data science com código de máquina. Levaria a vida toda (ou mais) só para definir um problema. Linguagens de nível mais alto possibilitam a escrita rápida de muito código compreensível a seres humanos, e as ferramentas usadas nessas linguagens possibilitam a tradução do código legível por seres humanos em código de máquina, para que a máquina o entenda. Portanto, a escolha das linguagens depende da necessidade humana, não da necessidade da máquina. Com isso em mente, este capítulo apresenta as capacidades do Python que o tornam uma escolha prática para o cientista de dados. Afinal de contas, você quer saber por que este livro usa o Python e não outra linguagem, como Java ou C++. Essas outras linguagens são ótimas escolhas para algumas tarefas, mas não são tão adequadas para atender às necessidades do data science.

O capítulo começa com uma breve história do Python para que, primeiro, você entenda sua criação. Você também verá alguns exemplos simples de Python para ter um gostinho da linguagem. Como parte da exploração deste capítulo, mostraremos todos os atributos interessantes que ele oferece. O Python dá acesso a uma variedade de bibliotecas criadas especialmente para atender às necessidades do cientista de dados. Na verdade, você as usará em todo o livro ao trabalhar com os exemplos de código. Conhecer essas bibliotecas com antecedência o ajudará a entender os exemplos de programação e por que o livro mostra como realizar tarefas de uma determinada maneira.

LEMBRE-SE

Embora este capítulo mostre exemplos do trabalho com o Python, não o usaremos de fato até o Capítulo 6. Este capítulo é um panorama das funcionalidades do Python. O Capítulo 3 mostra como instalar a versão específica do Python usada neste livro. Os Capítulos 4 e 5 abordam algumas ferramentas associáveis, com ênfase no Google Colab, no Capítulo 4, um ambiente alternativo de programação. Resumindo, se você não entender bem um exemplo deste capítulo, não se preocupe, pois os próximos trarão muito mais informações.

Por que o Python?

O Python foi ideia de uma única pessoa, Guido van Rossum. Talvez surpreenda o fato de que ele existe há bastante tempo — Guido o criou em dezembro de 1989 como substituto para a linguagem ABC. Não há informações sobre os objetivos precisos de sua criação, mas ele mantém a habilidade da ABC de criar aplicações de todos os tipos e, diferentemente de ABC, conta com quatro estilos de programação. Em resumo, Guido usou a ABC como ponto de partida, ele a achou limitada e criou uma linguagem sem tais limitações. É um exemplo de criação de linguagem que é realmente melhor que sua predecessora.

O Python passou por diversas iterações e tem hoje duas linhas de desenvolvimento. A 2.x é compatível com as versões anteriores do Python, enquanto a 3.x não é. A questão da compatibilidade aparece no uso do Python pelo data science, porque algumas das bibliotecas não funcionam com a 3.x. Entretanto, é um problema que tem sido resolvido aos poucos, e você deve utilizar a 3.x para qualquer novo desenvolvimento, pois as versões 2.x estão chegando ao fim da linha (veja detalhes em `https://pythonclock.org/` [conteúdo em inglês]). Consequentemente, esta edição do livro usa o código 3.x. Além disso, algumas versões usam licenças diferentes, pois Guido trabalhou em várias empresas enquanto desenvolvia o Python. É possível ver uma listagem das versões e suas respectivas licenças em `https://docs.python.org/3/license.html` [conteúdo em inglês]. A Python Software Foundation (PSF) detém os direitos de todas as versões atuais do Python, então, a não ser que você use uma versão mais antiga, não precisa se preocupar com o licenciamento.

> ## TRABALHANDO COM A LINGUAGEM CERTA
>
> As linguagens de programação são um meio para as pessoas escreverem instruções de maneira sistemática e compreensível. Na verdade, os computadores não entendem as linguagens de programação; eles dependem do código de máquina para receber instruções. O motivo de as linguagens serem tão importantes é que os seres humanos normalmente não entendem a linguagem de máquina, então a conversão de algo compreensível para os seres humanos em algo compreensível para as máquinas é essencial. O Python tem um conjunto específico de atributos que facilitam a escrita de aplicações de data science. Como acontece com qualquer outra linguagem, ele disponibiliza o conjunto certo de ferramentas para algumas situações, mas não para outras. Use o Python (ou qualquer outra linguagem) quando ele viabilizar a funcionalidade necessária para realizar uma tarefa. Se você perceber que a linguagem está começando a atrapalhar, é hora de escolher outra, pois, no fim, o computador não se importa com a linguagem usada. As linguagens de programação foram feitas para as pessoas, e não o contrário.

Entendendo a filosofia central do Python

Guido idealizou o Python como um projeto skunkworks [um grupo de pessoas que trabalha em um projeto inovador de forma livre e não convencional dentro de uma empresa]. O conceito principal era criá-lo o mais rápido possível, mas que ainda fosse uma linguagem flexível, que rodasse em qualquer plataforma e tivesse um potencial significativo para extensões. O Python tem todos esses recursos e muito mais. É claro que sempre há pedras no caminho, como descobrir o quanto do sistema de base expor. Você lê mais sobre a filosofia do projeto do Python em `http://python-history.blogspot.com/2009/01/pythons-design-philosophy.html` e sobre sua história em `http://python-history.blogspot.com/2009/01/introduction-and-overview.html`, que também elenca informações úteis [ambos os sites têm conteúdo em inglês].

Contribuindo com o data science

Como este é um livro sobre data science, você provavelmente está se perguntando como o Python contribui para a melhoria do data science e o que a palavra *melhoria* realmente significa nesse caso. Saber que muitas organizações usam o Python não esclarece muito, pois isso não revela como o Python é usado, o que é muito importante caso queira que a linguagem atenda a uma necessidade específica.

Há um exemplo em `https://www.datasciencegraduateprograms.com/python/`. Nesse caso, o artigo fala sobre o Forecastwatch.com (`https://forecastwatch.com/` [conteúdo em inglês]), que observa o clima e tenta melhorar as previsões.

Todos os dias, o Forecastwatch.com compara 36 mil previsões com o clima real experienciado pelas pessoas e então usa os resultados para criar previsões melhores. Reunir e interpretar os dados sobre o clima de 800 cidades norte-americanas é assustador, então o Forecastwatch.com precisava de uma linguagem que fizesse o necessário com o mínimo transtorno. Estas são as razões de o Forecastwatch.com ter escolhido o Python:

» **Suporte a bibliotecas:** O Python suporta uma grande quantidade de bibliotecas, mais do que qualquer organização precisa. De acordo com `https://www.python.org/about/success/forecastwatch/` [conteúdo em inglês], o Forecastwatch.com achou as bibliotecas de expressões regulares, de threads, de serialização de objetos e de compressão de dados gzip especialmente úteis.

» **Processamento paralelo:** Cada previsão é processada como uma thread separada, então o sistema trabalha rapidamente com elas. Os dados de thread incluem o URL do site que contém a previsão requerida junto a uma informação de categoria, como o nome da cidade.

» **Acesso aos dados:** Não dá para a enorme quantidade de dados ficar na memória, então o Forecastwatch.com depende de uma base de dados MySQL acessada por meio da biblioteca MySQLdb (`https://sourceforge.net/projects/mysql-python/` [conteúdo em inglês]), uma daquelas poucas que ainda não foram para a versão 3.*x* do Python. Mas o site associado promete que o suporte requerido será disponibilizado em breve.

» **Exibição de dados:** Originalmente, utilizava-se PHP para produzir a exibição das saídas de Forecastwatch.com. No entanto, ao usar Quixote (`https://www.mems-exchange.org/software/quixote/` [conteúdo em inglês]), que é um framework de exibição, o Forecastwatch.com conseguiu mover tudo para o Python.

Descobrindo metas de desenvolvimento presentes e futuras

As metas originais de desenvolvimento (ou design) do Python não correspondem muito bem ao que aconteceu com a linguagem desde que Guido a formulou. Sua intenção original era que o Python fosse uma segunda linguagem para os desenvolvedores que precisavam criar códigos originais, mas não conseguiam atingir seus objetivos usando uma linguagem de script. O público-alvo original do Python era o desenvolvedor C. Leia mais sobre essas metas originais na entrevista no site `http://www.artima.com/intv/pyscale.html` [conteúdo em inglês].

Atualmente, há muitas aplicações escritas em Python, então a ideia de usá-lo somente para scripts não se concretizou. Na verdade, é possível encontrar listagens de aplicações do Python em https://www.python.org/about/apps/ e em https://www.python.org/about/success/ [ambos com conteúdo em inglês]. Enquanto escrevo isto, o Python é a quarta linguagem mais usada do mundo (acesse https://www.tiobe.com/tiobe-index/ [conteúdo em inglês]). E continua a melhorar na classificação, pois os desenvolvedores o veem como uma das melhores formas de criar aplicações modernas, muitas das quais dependem do data science.

Naturalmente, com todas essas histórias de sucesso, as pessoas ficam entusiasmadas para contribuir com o Python. Você encontra listas de PEPs (sigla em inglês para Propostas de Melhoria do Python) em http://legacy.python.org/dev/peps/ [conteúdo em inglês]. Esses PEPs podem ou não ser aplicados, mas provam que o Python é uma linguagem viva e em crescimento, que continuará a conceder atributos realmente necessários para os desenvolvedores criarem ótimas aplicações de todos os tipos, não apenas para o data science.

Trabalhando com o Python

Este livro não apresenta um tutorial completo do Python. (Mas há um no livro *Começando a Programar em Python Para Leigos* — Alta Books.) Por enquanto, vale a pena dar uma olhada rápida em qual é a aparência de Python e como interagimos com ele, nas próximas seções.

DICA Não é preciso digitar o código-fonte deste capítulo. É muito mais fácil baixar o arquivo online (veja detalhes sobre o download do código-fonte na Introdução). O código-fonte para este capítulo está no arquivo P4DS4D2_02_Using_Python.ipynb.

Provando um gostinho da linguagem

O Python foi projetado para fornecer declarações claras em um espaço incrivelmente pequeno. Uma única linha de código Python realiza tarefas que outra linguagem normalmente precisaria de várias linhas para executar. Por exemplo, se quiser exibir algo na tela, diga assim ao Python para exibi-lo:

```
print("Hello There!")
```

DICA

Esse é um exemplo da função `print()` 3.x. (A versão 2.x do Python inclui uma forma de função de `print`, que requer parênteses, e uma forma de declaração de `print`, que os omite.) A seção "Por que o Python?", deste capítulo, menciona algumas diferenças entre as linhas 2.x e 3.x. Se usarmos a função `print()` sem os parênteses em 3.x, recebemos uma mensagem de erro:

```
File "<Jupyter-input-1-fe18535d9681>", line 1
    print "Hello There!"
                       ^
SyntaxError: Missing parentheses in call to 'print'. Did you
    mean print("Hello There!")?
```

O ponto é que você pode simplesmente dizer ao Python para exibir o texto, um objeto ou qualquer outra coisa usando uma declaração simples. Não é preciso ter habilidades muito avançadas de programação. Quando quiser finalizar a sessão usando um ambiente de linha de comando como o IDLE, é só digitar `quit()` e pressionar Enter. Este livro conta com um ambiente muito melhor, o Jupyter Notebook, que faz com que o código pareça ter saído do caderno de alguém.

Entendendo a necessidade da indentação

O Python depende da indentação para criar vários atributos de linguagem, como as declarações condicionais. Um dos erros mais comuns encontrados pelos desenvolvedores é não oferecer a indentação adequada ao código. Vemos esse princípio em ação mais adiante no livro, mas, por ora, sempre preste atenção à indentação ao trabalhar com os exemplos do livro. Por exemplo, esta é uma declaração `if` (uma condicional que diz que se algo atender a determinada condição, o código que vem a seguir deve ser executado) com a indentação adequada.

```
if 1 < 2:
    print("1 is less than 2")
```

CUIDADO

A declaração `print` deve aparecer indentada abaixo da declaração condicional. Caso contrário, a condição não funcionará como o esperado, e uma mensagem de erro será exibida.

> ## ENTENDENDO O PACOTE ANACONDA
>
> O livro aborda o Anaconda como um produto. Você instala e interage com o Anaconda como faria com qualquer outro produto. Mas, na verdade, ele é uma compilação de várias aplicações de código aberto, que podem ser usadas de forma isolada ou em conjunto para atingir objetivos específicos de programação. Na maior parte do livro, usamos uma única aplicação, o Jupyter Notebook, para realizar tarefas. Mas é bom conhecer as outras aplicações do pacote Anaconda para aproveitar o produto todo ao máximo.
>
> Muitos cientistas de dados contam com o pacote de produtos Anaconda, e é por isso que o utilizamos aqui. Contudo, talvez você ache que alguns dos produtos de código aberto têm uma forma diferente quando baixados separadamente. Por exemplo, o Jupyter Notebook realmente tem um formato mais recente do que o que está no pacote Anaconda (`http://jupyter.org/` [conteúdo em inglês]). Devido às diferenças de versões do Jupyter Notebook, é preciso instalar a versão especificada neste livro, o que significa usar o pacote Anaconda em vez de o arquivo baixado separadamente.

Trabalhando na linha de comando ou no IDE

O Anaconda é um produto que facilita ainda mais o uso do Python. Ele vem com várias vantagens que o ajudarão a trabalhar com o Python de diversas formas. A maior parte deste livro depende do Jupyter Notebook, que faz parte da instalação do Anaconda feita no Capítulo 3. Já vimos sua utilização no Capítulo 1 e veremos novamente adiante. Na realidade, este livro não usa muito nenhum outro utilitário do Anaconda, mas eles existem e às vezes são úteis para trabalhar com o Python. As próximas seções são um breve panorama dos outros utilitários do Anaconda para criar código Python, e você deve experimentá-los ao trabalhar com as diversas técnicas de programação do livro.

Criando novas sessões com o prompt de comando do Anaconda

Apenas um dos utilitários do Anaconda dá acesso direto à linha de comando, o Anaconda Prompt. Ao iniciar esse utilitário, você verá um prompt de comando no qual os comandos devem ser digitados. A principal vantagem desse utilitário é que lhe permite inicializar um utilitário do Anaconda com qualquer um dos parâmetros opcionais fornecidos para modificar o ambiente padrão do utilitário. É claro que muitos dos utilitários são inicializados utilizando-se o interpretador Python acessado por meio do comando python.exe. (Se você tiver o Python 3.6 e o Python 2.7 instalados no seu sistema e abrir um prompt de comando ou janela terminal comum, perceberá que a versão 2.7 é inicializada, então é sempre melhor abrir o Anaconda Command Prompt para garantir o uso da versão correta do Python.) Então é possível simplesmente digitar **python** e pressionar Enter para iniciar uma cópia do interpretador Python, caso queira. A Figura 2-1 exibe a aparência normal do interpretador Python.

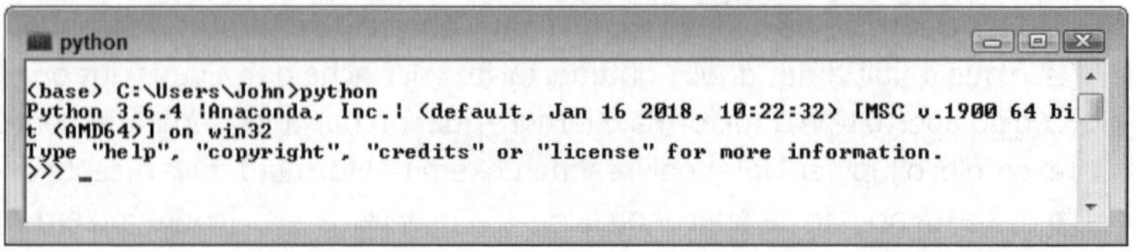

FIGURA 2-1:
Uma visualização do interpretador Python padrão.

Para sair do interpretador, digite **quit()** e pressione Enter. De volta à linha de comando, você pode descobrir a lista de parâmetros opcionais da linha de comando python.exe digitando **python -?** e pressionando Enter. A Figura 2-2 mostra algumas das maneiras possíveis de mudar o ambiente do interpretador Python.

FIGURA 2-2:
O interpretador Python inclui vários parâmetros opcionais para a linha de comando.

Se quiser, crie uma forma modificada de qualquer utilitário fornecido pelo Anaconda iniciando o interpretador com o script correto. Os scripts aparecem no subdiretório `scripts`. Por exemplo, digite **python Anaconda3/scripts/Jupyter-script.py** e pressione Enter para iniciar o ambiente Jupyter sem usar o comando gráfico da plataforma. Para modificar ainda mais o comportamento do script, adicione argumentos de linha de comando. Ao trabalhar com ele, obtenha informações sobre Jupyter usando os argumentos de linha de comando a seguir:

> » `--version`: Obtém a versão do Jupyter Notebook sendo usado.
>
> » `--config-dir`: Exibe o diretório de configuração do Jupyter Notebook (onde as informações de configuração estão armazenadas).
>
> » `--data-dir`: Exibe o local de armazenamento dos dados da aplicação Jupyter e não dos projetos. Os projetos geralmente aparecem na pasta do usuário.
>
> » `--runtime-dir`: Exibe a localização dos arquivos de runtime Jupyter, que geralmente estão em um subdiretório do diretório data.
>
> » `--paths`: Cria uma lista de caminhos que Jupyter é configurado a usar.

Se quiser obter uma lista dos caminhos de Jupyter, digite **python Anaconda3/scripts/Jupyter-script.py --paths** e pressione Enter. O subdiretório `scripts` também contém muitos arquivos executáveis. Muitas vezes, eles são versões compiladas dos scripts e, consequentemente, são executados mais rapidamente. Se quiser iniciar o ambiente de navegação do Jupyter Notebook, digite **python Anaconda3/scripts/Jupyter-notebook-script.py** e pressione Enter para usar a versão script ou executar `Jupyter-notebook.exe`. O resultado será o mesmo.

Entrando no ambiente IPython

O ambiente IPython (Interactive Python) oferece melhorias ao interpretador Python padrão. Para começar nesse ambiente, use o comando `IPython`, em vez do comando `Python` padrão, no Anaconda Prompt. O objetivo principal do ambiente mostrado na Figura 2-3 é ajudá-lo a usar Python com mais facilidade. Note que a versão do Python é a mesma com o uso do comando `Python`, mas que a versão de IPython é diferente, e o prompt exibido é outro. Para ver essas melhorias (como na figura), digite **%quickref** e pressione Enter.

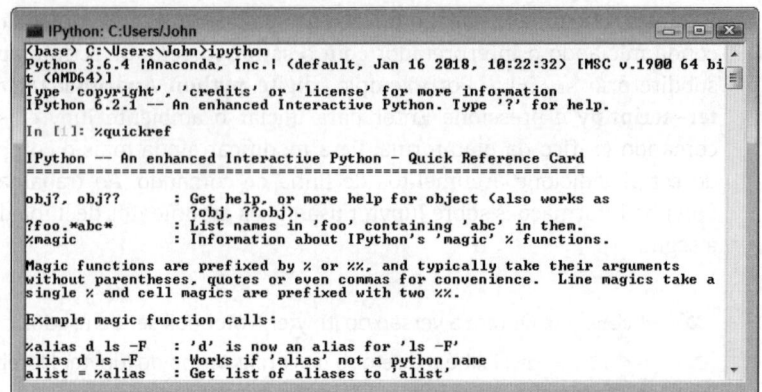

FIGURA 2-3:
O ambiente Jupyter é mais fácil de usar do que o interpretador Python padrão.

```
IPython: C:Users/John
(base) C:\Users\John>ipython
Python 3.6.4 |Anaconda, Inc.| (default, Jan 16 2018, 10:22:32) [MSC v.1900 64 bi
t (AMD64)]
Type 'copyright', 'credits' or 'license' for more information
IPython 6.2.1 -- An enhanced Interactive Python. Type '?' for help.

In [1]: %quickref

IPython -- An enhanced Interactive Python - Quick Reference Card
================================================================

obj?, obj??       : Get help, or more help for object (also works as
                    ?obj, ??obj).
?foo.*abc*        : List names in 'foo' containing 'abc' in them.
%magic            : Information about IPython's 'magic' % functions.

Magic functions are prefixed by % or %%, and typically take their arguments
without parentheses, quotes or even commas for convenience.  Line magics take a
single % and cell magics are prefixed with two %%.

Example magic function calls:

%alias d ls -F    : 'd' is now an alias for 'ls -F'
alias d ls -F     : Works if 'alias' not a python name
alist = %alias    : Get list of aliases to 'alist'
```

Um dos acréscimos mais interessantes ao IPython é um comando para limpar a tela (`cls`) totalmente funcional. Não há como limpar a tela facilmente ao trabalhar com o interpretador do Python, o que significa que as coisas tendem a ficar um pouco bagunçadas depois de um tempo. Também é possível realizar tarefas como buscar variáveis usando combinações curinga. Mais adiante, veremos como usar as funções mágicas para realizar tarefas como mensurar quanto tempo leva para realizar uma tarefa para fins de otimização.

Entrando no ambiente Jupyter QTConsole

Tentar memorizar comandos e funções Python é difícil — e tentar memorizar as adições de melhoria a Jupiter é ainda pior. Algumas pessoas de fato diriam que é algo impossível de se fazer (e talvez estejam certas). É aí que entra em jogo o Jupyter QTConsole. Ele acrescenta uma interface gráfica do usuário (GUI) no Jupyter, o que facilita muito o uso das melhorias que ele fornece.

DICA

Você pode achar que o QTConsole não existe se utilizou versões anteriores do Anaconda, mas ele está lá. Apenas o método de acesso direto é inexistente. Para iniciar o QTConsole, abra um Anaconda Prompt, digite **Jupyter QTConsole** e pressione Enter. A inicialização do QTConsole começará, como mostra a Figura 2-4. É claro que esse recurso ocupa um pouco do espaço da tela, e alguns programadores hardcore não gostam da ideia de usar uma GUI, então é preciso escolher que tipo de ambiente usar ao programar.

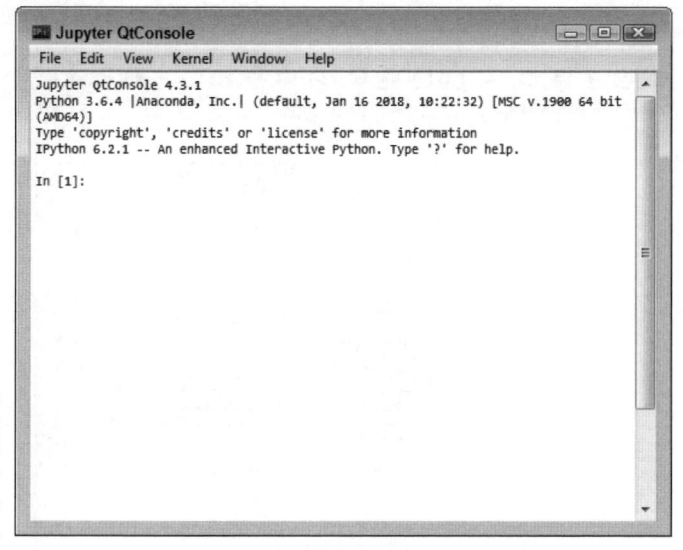

FIGURA 2-4:
Use o QTConsole para facilitar o trabalho no Jupyter.

Alguns dos comandos melhorados aparecem em menus no topo da janela. Basta escolher o comando que deseja usar. Por exemplo, para reiniciar o kernel, selecione Kernel ⇨ Restart Current Kernel. O acesso aos comandos IPython é similar. Por exemplo, digite **%magic** e pressione Enter para ver uma lista de comandos mágicos.

Editando scripts usando Spyder

Spyder é um IDE (Ambiente de Desenvolvimento Integrado) totalmente funcional. Ele é usado para carregar scripts, editá-los, executá-los e realizar tarefas de depuração. A Figura 2-5 mostra o ambiente padrão de janelas.

O IDE Spyder é muito parecido com qualquer outro IDE que já tenha usado. O lado esquerdo contém um editor para digitar o código. Qualquer código criado é colocado em um arquivo script, e você deve salvá-lo antes de executá-lo. A janela do canto superior direito contém várias guias para inspecionar objetos, explorar variáveis e interagir com arquivos. A do canto inferior direito contém o console Python, um registro de histórico e o console Jupyter. No topo, há opções de menu para realizar todas as tarefas normalmente associadas ao uso de um IDE.

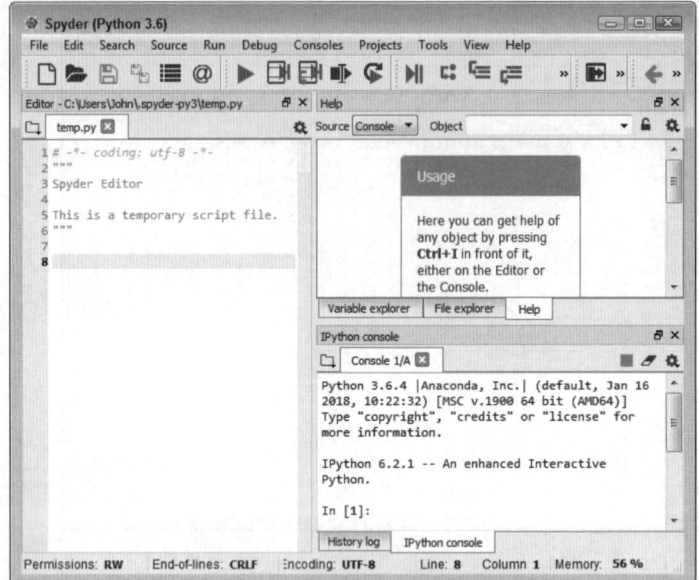

FIGURA 2-5: Spyder é um estilo de IDE tradicional para desenvolvedores que precisam de um.

Realizando Prototipagem Rápida e Experimentação

O Python serve para criar aplicações rapidamente e, então, experimentá-las para ver como funcionam. O ato de criar um design de aplicação em código sem necessariamente preencher todos os detalhes é chamado de *prototipagem*. O Python usa menos código do que outras linguagens para realizar tarefas, então a prototipagem é mais rápida. O fato de que muitas das ações que precisa realizar já estejam definidas como parte das bibliotecas carregadas na memória faz tudo andar ainda mais rápido.

O data science não depende de soluções estáticas. Às vezes é necessário testar várias soluções para encontrar uma específica que funcione melhor. É aí que entra a experimentação. Depois de criar um protótipo, use-o para experimentar vários algoritmos a fim de determinar qual deles funciona melhor em uma determinada situação. O algoritmo usado varia dependendo das respostas vistas e dos dados usados, então há variáveis demais para considerar para qualquer tipo de solução padrão.

PAPO DE ESPECIALISTA

Os processos de prototipagem e experimentação ocorrem em várias fases. No decorrer do livro, mostraremos que eles têm usos distintos e aparecem em uma ordem específica. A lista a seguir mostra as fases na ordem em que normalmente são realizadas.

1. **Construção de um pipeline de dados.** Para trabalhar com os dados, deve-se criar um pipeline. É possível carregar alguns dados na memória. Mas quando o conjunto de dados chega a um certo tamanho, é preciso começar a trabalhar com ele no disco ou usando outros meios de interação. A técnica usada para acessar os dados é importante, pois afeta a velocidade de obtenção de um resultado.

2. **Realização da modelagem necessária.** O formato dos dados — como aparecem e suas características (como o tipo dos dados) — é importante ao se realizar análises. Para fazer a comparação de objetos parecidos, dados similares precisam ter o mesmo formato. Contudo, deixá-los com a mesma forma não é o suficiente. A forma precisa ser ideal para os algoritmos usados na análise. Capítulos posteriores (começando pelo Capítulo 7) o ajudam a entender a necessidade de modelar dados de diversas formas.

3. **Análise dos dados.** Ao analisar dados, raramente um único algoritmo empregado será o bastante. É impossível saber, de início, qual algoritmo produzirá os mesmos resultados. Para encontrar o melhor resultado no conjunto de dados, é preciso testar vários algoritmos nele. Essa prática será enfatizada em capítulos posteriores do livro, quando começarmos a realizar análises de dados importantes.

4. **Apresentando um resultado.** Uma imagem vale mais do que mil palavras, pelo menos é o que dizem por aí. Entretanto, a imagem tem de dizer as palavras corretas, ou a mensagem se perderá. Usando a funcionalidade de diagramação parecida com MATLAB da biblioteca `matplotlib`, você pode criar várias apresentações dos mesmos dados, cada qual descrevendo-os graficamente de maneiras diferentes. Para garantir que seu significado não se perca, experimente vários métodos de apresentação e determine qual funciona melhor.

Considerando a Velocidade da Execução

Os computadores são reconhecidos por sua proeza em cálculo. Mesmo assim, as análises exigem um poder de processamento considerável. Os conjuntos de dados são tão grandes, que às vezes travam até mesmo um sistema incrivelmente poderoso. Em geral, os seguintes fatores controlam a velocidade da execução de sua aplicação de data science:

> **Tamanho do conjunto de dados:** Em muitos casos, o data science depende de conjuntos de dados enormes. Sim, dá para fazer um robô ver objetos usando um conjunto de dados de tamanho modesto, mas quando se tratam

de decisões de negócios, maior é melhor na maioria das situações. O tipo da aplicação determina, em parte, o tamanho do conjunto de dados, mas ele também depende do tamanho dos dados de origem. Subestimar o efeito do tamanho do conjunto de dados é mortal em aplicações de data science, especialmente aquelas que precisam operar em tempo real (como veículos autônomos).

- » **Técnica de carregamento:** O método usado para carregar dados para análise é crucial, e o meio mais rápido à disposição deve ser usado, mesmo que isso signifique fazer um upgrade no hardware. Trabalhar com dados na memória é sempre mais rápido do que com eles armazenados no disco, e acessar os dados localmente é sempre mais rápido do que acessá-los por uma rede. O método mais lento de todos provavelmente é realizar tarefas de data science que dependem de acesso à internet por serviços web. O Capítulo 6 o ajuda a entender mais detalhadamente técnicas de carregamento. Você também verá os efeitos dessas técnicas posteriormente no livro.

- » **Estilo de programação:** Algumas pessoas provavelmente tentarão lhe dizer que os paradigmas de programação Python tornam praticamente impossível escrever uma aplicação lenta. Elas estão erradas. Qualquer um pode criar uma aplicação lenta usando qualquer linguagem ao empregar técnicas de programação que não usam a funcionalidade da linguagem da melhor maneira. Para criar aplicações rápidas de data science, você deve usar as práticas recomendadas das técnicas de programação. As técnicas demonstradas neste livro são um ótimo ponto de partida.

- » **Capacidade da máquina:** Executar aplicações de data science em um sistema de memória limitada com um processador lento é impossível. O sistema utilizado precisa ter o melhor hardware possível. Dado que as aplicações de data science têm o seu desempenho determinado pelo processador e pelo disco, não há como pegar atalhos esperando ótimos resultados.

- » **Algoritmo de análise:** O algoritmo usado determina o tipo de resultado obtido e controla a velocidade da execução. Muitos dos capítulos nas últimas partes deste livro demonstram diversos métodos para alcançar um objetivo usando algoritmos diferentes. No entanto, você ainda deve experimentá-los para encontrar o melhor especificamente para seu conjunto de dados.

LEMBRE-SE Alguns capítulos deste livro enfatizam o desempenho, especialmente a velocidade e a confiabilidade, pois são dois fatores cruciais para aplicações de data science. Mesmo que as aplicações de base de dados tendam a enfatizar a necessidade da velocidade e da confiabilidade até certo ponto, a combinação de acesso de conjuntos de dados gigantescos (questões ligadas ao disco) e análise de dados (questões ligadas ao processador) em aplicações de data science tornam ainda mais importante a necessidade de fazer boas escolhas.

Visualizando a Potência

O Python possibilita a exploração do ambiente de data science sem recorrer ao uso de um depurador de código, como seria necessário em muitas outras linguagens. A declaração `print` (ou função, dependendo da versão do Python usada) e a função `dir()` permitem examinar qualquer objeto interativamente. Resumindo: você pode carregar e brincar com alguma coisa por um tempo só para ver como foi desenvolvida. Brincar com os dados, visualizando o que significam para você, gera novos conhecimentos e novas ideias. Julgando por muitas conversas online, brincar com os dados é a parte do data science que os profissionais acham mais divertida.

Você pode brincar com os dados usando qualquer uma das ferramentas encontradas no Anaconda, mas uma das melhores para se fazer isso é o IPython (veja mais detalhes na seção "Entrando no ambiente IPython", anteriormente neste capítulo), pois não é necessário se preocupar muito com o ambiente, e nada criado é permanente. Afinal de contas, você está brincando com os dados. Portanto, pode carregar um conjunto de dados só para ver o que ele tem a oferecer, como mostra a Figura 2-6. Não se preocupe se o código parece grego e difícil de entender agora. No Capítulo 4 você começará a brincar mais com o código, e as seções seguintes darão mais detalhes. Você também pode obter o livro *Começando a Programar em Python Para Leigos* (Alta Books), se quiser um tutorial mais detalhado. Por ora, basta seguir o conceito de brincar com os dados.

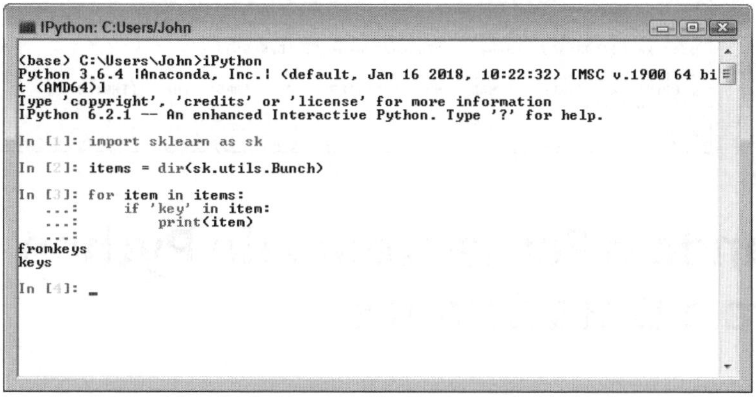

FIGURA 2-6: Carregue um conjunto de dados e brinque um pouco com ele.

Os conjuntos de dados do scikit-learn aparecem como um *bunch* (um tipo de estrutura de dados). Ao importar um conjunto de dados, você poderá usar certas funções determinadas pelo código utilizado para definir a estrutura de dados — um bunch. Esse código mostra quais funções lidam com *chaves* — os identificadores de dados para os *valores* (uma ou mais colunas de informações) no conjunto de dados. Cada linha dele tem uma chave única, mesmo se os valores da linha se repetirem em outra no mesmo conjunto de dados. Você pode usar essas funções para realizar um trabalho útil com o conjunto de dados como parte da construção da aplicação.

Antes de conseguir trabalhar com um conjunto de dados, devemos providenciar o acesso a ele no ambiente local. A Figura 2-7 mostra o processo de importação e demonstra como usar a função `keys()` para exibir uma lista de chaves que podem ser usadas para acessar os dados de um conjunto.

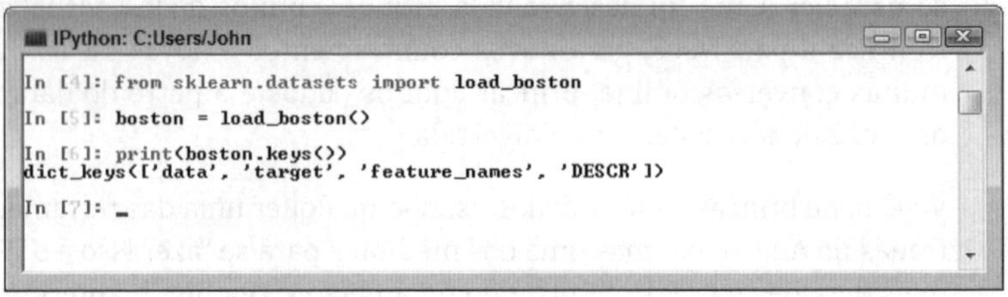

FIGURA 2-7: Use uma função para aprender mais informações.

Quando tiver uma lista de chaves possíveis, acesse os itens de dados. Por exemplo, a Figura 2-8 mostra uma lista de todos os nomes de recursos contidos no conjunto de dados Boston. O Python realmente possibilita que conheçamos muito sobre um conjunto de dados antes de trabalhar com ele de modo mais detalhado.

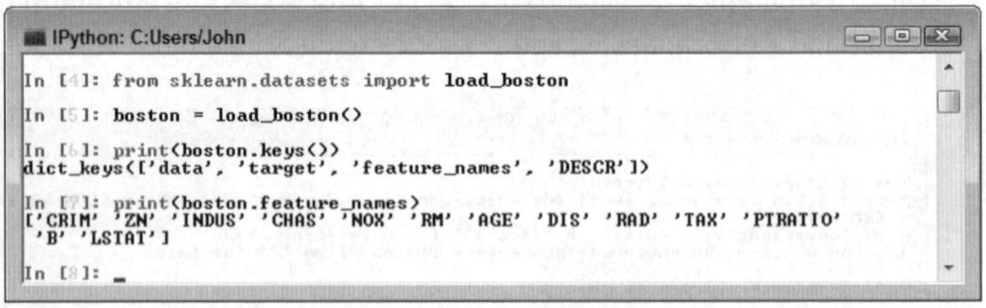

FIGURA 2-8: Acesse dados específicos usando uma chave.

Usando o Ecossistema do Python para o Data Science

Você já viu a necessidade de carregar bibliotecas para realizar tarefas de data science no Python. As próximas seções fornecem um panorama das bibliotecas usadas para os exemplos de data science deste livro, e vários exemplos mostram as bibliotecas em ação.

Acessando ferramentas científicas com SciPy

A pilha SciPy (http://www.scipy.org/ [conteúdo em inglês]) contém muitas outras bibliotecas que também podem ser baixadas separadamente e fornecem suporte para matemática, ciência e engenharia. Com SciPy, você obtém um conjunto de bibliotecas projetadas para trabalhar juntas na criação de aplicações de diversos tipos. São elas:

- NumPy
- SciPy
- matplotlib
- Jupyter
- Sympy
- pandas

A biblioteca SciPy em si foca rotinas numéricas, como as rotinas para integração e otimização numérica e é uma biblioteca de uso geral que fornece funcionalidade para várias áreas de problemas. Ela também oferece suporte para bibliotecas de domínio específico, como Scikit-learn, Scikit-image e statsmodels.

Realizando cálculo científico básico com NumPy

A biblioteca NumPy (http://www.numpy.org/ [conteúdo em inglês]) oferece meios de realizar manipulação de vetores (arrays) e matrizes multidimensionais, algo muito importante no trabalho de data science. O conjunto de dados Boston usado nos exemplos dos Capítulos 1 e 2 é um exemplo de matriz multidimensional, e você não conseguiria acessá-lo facilmente sem as funções NumPy que incluem suporte para álgebra linear, transformada de Fourier e geração de números aleatórios (veja a lista de funções em http://docs.scipy.org/doc/numpy/reference/routines.html [conteúdo em inglês]).

Realizando análise de dados com pandas

A biblioteca pandas (http://pandas.pydata.org/ [conteúdo em inglês]) oferece suporte para estruturas de dados e ferramentas de análise de dados e é otimizada para realizar tarefas de data science de modo rápido e eficiente. O princípio básico por trás do pandas é fornecer análise de dados e modelar o suporte para o Python de maneira similar a outras linguagens, como R.

Implementando o aprendizado de máquina com Scikit-learn

A biblioteca Scikit-learn (http://scikit-learn.org/stable/ [conteúdo em inglês]) é uma das várias bibliotecas Scikit que se baseiam nas capacidades fornecidas por NumPy e SciPy para que os desenvolvedores Python possam realizar tarefas de domínio específico. Neste caso, a biblioteca se concentra em mineração e análise de dados. Ela fornece acesso aos tipos de funcionalidades a seguir:

- Classificação
- Regressão
- Clustering (agrupamento)
- Redução de dimensionalidade
- Seleção de modelo
- Processamento

Várias dessas funções aparecem como título de capítulo neste livro. Consequentemente, você já sabe que o Scikit-learn é a biblioteca mais importante para o livro (mesmo que dependa de outras para realizar seu trabalho).

Avançando no aprendizado profundo com Keras e TensorFlow

O Keras (https://keras.io/ [conteúdo em inglês]) é uma interface de programação de aplicações (API) usada para treinar modelos de aprendizado profundo [deep learning]. Uma *API* geralmente especifica um modelo para fazer determinada tarefa, mas não fornece uma implementação. Portanto, é preciso uma implementação do Keras para realizar um trabalho útil, e é aí que o TensorFlow (https://www.tensorflow.org/ [conteúdo em inglês]) entra em jogo. Você também pode usar o Cognitive Toolkit, CNTK (https://www.microsoft.com/en-us/cognitive-toolkit/ [conteúdo em inglês]) da Microsoft, ou o Theano (https://github.com/Theano [conteúdo em inglês]), para implementar o Keras, mas este livro utiliza o TensorFlow.

Ao trabalhar com uma API, buscamos modos de simplificar as tarefas. O Keras as facilita das seguintes maneiras:

- » **Interface consistente:** A interface Keras é otimizada para casos de uso comuns com ênfase no feedback acionável para corrigir erros do usuário.
- » **Abordagem lego:** Usar uma abordagem de caixa-preta facilita a criação de modelos por meio da conexão de blocos de construção configuráveis com apenas algumas restrições em relação a como podem ser conectados.
- » **Extensível:** Você pode acrescentar blocos facilmente para expressar ideias novas para pesquisa que incluem novas camadas, funções de perda e modelos.
- » **Processamento paralelo:** Para rodar aplicações rapidamente, você precisa de um bom suporte de processamento paralelo. O Keras roda tanto em CPUs quanto em GPUs.
- » **Suporte Python direto:** Não é preciso fazer nada de especial para que a implementação do Keras pelo TensorFlow trabalhe com o Python, o que se torna um grande obstáculo ao trabalhar com outros tipos de APIs.

Diagramando dados com matplotlib

A biblioteca matplotlib (http://matplotlib.org/ [conteúdo em inglês]) fornece uma interface parecida com a do MATLAB para criar apresentações de dados das análises realizadas. Atualmente, ela é limitada a exibições 2D, mas ainda oferece meios de expressar graficamente os padrões de dados vistos nos dados analisados. Sem essa biblioteca, você não poderia criar uma exibição compreensível para pessoas fora da comunidade do data science.

Criando gráficos com NetworkX

Para estudar adequadamente as relações entre os dados complexos em um sistema inter-relacionado (como o usado na configuração do GPS para descobrir rotas nas ruas da cidade), você precisa de uma biblioteca para criar, manipular e estudar a estrutura dos dados da rede de diversas maneiras. Além disso, a biblioteca deve fornecer os meios para exibir as análises resultantes de forma compreensível para seres humanos, como dados gráficos. A NetworkX (https://networkx.github.io/ [conteúdo em inglês]) possibilita a realização desse tipo de análise. A vantagem da NetworkX é que ela suporta qualquer tipo de nodo (inclusive imagens), e as bordas podem conter dados aleatórios. Esses recursos lhe permitem realizar uma gama de análises muito maior do que faria com um código personalizado (que seria muito mais demorado de criar).

Analisando documentos HTML com Beautiful Soup

O download da biblioteca Beautiful Soup (`http://www.crummy.com/software/BeautifulSoup/` [conteúdo em inglês]) é feito pelo site `https://pypi.python.org/pypi/beautifulsoup4/4.3.2`. Ela disponibiliza modos de analisar dados HTML ou XML de maneiras que Python consegue entender e possibilita o trabalho com dados baseados em árvores.

PAPO DE ESPECIALISTA

Além de fornecer meios para trabalhar com dados baseados em árvores, a Beautiful Soup facilita muito o trabalho com documentos HTML. Por exemplo, ela converte automaticamente a *codificação* (o modo como os caracteres são armazenados em um documento) de documentos HTML de UTF-8 para Unicode. Um desenvolvedor Python normalmente precisaria se preocupar com tarefas como a codificação, mas, com o Beautiful Soup, você só se concentra no código.

> **NESTE CAPÍTULO**
>
> » Obtendo soluções prontas
>
> » Criando uma instalação do Anaconda em Linux, Mac OS e Windows
>
> » Baixando e instalando os conjuntos de dados e exemplos de código

Capítulo 3
Configurando Python para Data Science

Antes de utilizar o Python, ou aplicá-lo a problemas de data science, é preciso instalá-lo. Além disso, os conjuntos de dados e códigos usados neste livro devem ser acessados. Fazer o download das amostras de código e instalá-las em seu sistema é o melhor caminho para uma boa experiência de aprendizado com o livro. Este capítulo lhe ensina a configurar o sistema para que acompanhe os exemplos no restante do livro com facilidade.

Este livro conta com a versão 5.5.0 do Jupyter Notebook, fornecida pelo ambiente Anaconda 3 (versão 5.2.0), que suporta a versão 3.6.5 de Python para criar os exemplos de código. Para que eles funcionem, use o Python 3.6.5 e a versão dos pacotes presentes na versão 5.2.0 do Anaconda 3. Versões anteriores de Python e seus pacotes têm recursos necessários ausentes, e as novas versões tendem a corromper os códigos devido a mudanças. Se utilizar alguma outra versão do Python, os exemplos provavelmente não funcionarão como deveriam. No entanto, é possível encontrar outras ferramentas de desenvolvimento para usar no lugar do Jupyter Notebook, se preferir. Como parte da procura por ferramentas usadas para escrever código Python, este capítulo também fala sobre algumas outras disponíveis. Se escolher uma dessas outras, a exibição em sua tela não será igual às fornecidas pelo livro, e você não conseguirá seguir os procedimentos. Mas se o pacote escolhido suportar o Python 3.6.5, o código deve rodar como descrito no livro.

LEMBRE-SE

Usar o código-fonte baixável não o impede de digitar os exemplos, segui-los usando um depurador, expandi-los ou trabalhar com o código de todas as maneiras possíveis. O código-fonte baixável existe para ajudá-lo a começar bem a experiência de aprendizado de data science e Python. Depois de ver como o código funciona quando estiver digitado e configurado corretamente, crie os próprios exemplos. Se cometer um erro, compare o que digitou com o código-fonte baixado para descobrir precisamente onde está o erro. Encontre os códigos-fonte para este capítulo nos arquivos `P4DS4D2_03_Sample.ipynb` e `P4DS4D2_03_Dataset_Load.ipynb`. (A Introdução diz onde obter o código-fonte para este livro.)

Considerando as Distribuições Científicas Prontas de Plataformas Cruzadas

É completamente possível obter uma cópia genérica do Python e adicionar a ela todas as bibliotecas de data science necessárias. O processo é difícil, pois todas elas devem estar nas versões corretas para garantir o sucesso. Além do mais, é preciso configurá-lo adequadamente para que as bibliotecas sejam acessíveis quando forem necessárias. Felizmente, não precisamos ter esse trabalho, pois há inúmeros produtos de data science para o Python. Eles fornecem tudo o que precisamos para começar projetos de data science.

LEMBRE-SE

Qualquer um dos pacotes mencionados nas próximas seções funcionam com os exemplos deste livro, mas o código-fonte gerado e o baixável dependem do Anaconda, pois seu pacote específico funciona em todas as plataformas compatíveis com este livro: Linux, Mac OS X e Windows. Não mencionamos um pacote específico nos capítulos a seguir, mas os screenshots retratam o uso do Anaconda no Windows. Para usar outro pacote, o código precisará de ajuste, e as telas serão diferentes se o Anaconda for usado em qualquer outra plataforma.

Obtendo o Anaconda

O pacote básico do Anaconda está disponível para download gratuito em `https://www.anaconda.com/download/` [conteúdo em inglês] (acesse `https://repo.anaconda.com/archive/` [conteúdo em inglês] para obter a versão 5.2.0 usada neste livro se houver uma versão mais nova disponível no site principal). Basta clicar em um dos links da versão 3.6 de Python para ter acesso ao produto gratuito. O nome do arquivo que você quer começa com `Anaconda3-5.2.0-` seguido pela plataforma e versão 32 ou 64 bits, como `Anaconda3-5.2.0-Windows-x86_64.exe` para a versão 64 bits do Windows. O Anaconda suporta as seguintes plataformas:

- Windows 32 e 64 bits (dependendo da versão de Windows detectada, o instalador oferece apenas uma das duas versões).
- Linux 32 e 64 bits.
- Mac OS X 64 bits.

O download padrão instala o Python 3.6, que é a versão usada neste livro. Você também pode escolher instalar o Python 2.7 clicando em um dos links da versão 2.7. Tanto o Windows quanto o Mac OS X oferecem instaladores gráficos. Ao usar Linux, você depende do utilitário `bash`.

DICA — É possível obter o Anaconda com versões mais antigas do Python. Se quiser usar versões anteriores, clique no link do arquivo do instalador que está mais ou menos no meio da página. Mas só as utilize se houver necessidade.

O produto gratuito atende a este livro. No entanto, no site há muitos outros disponíveis. Eles o ajudam a criar aplicações robustas. Por exemplo, acrescentar o Accelerate lhe possibilita realizar operações em múltiplos núcleos e compatíveis com GPU. O uso desses produtos está fora do escopo deste livro, mas o site do Anaconda o detalha.

Obtendo o Enthought Canopy Express

Enthought Canopy Express é um produto gratuito para produzir aplicações técnicas e científicas usando Python. Ele é encontrado em `https://www.enthought.com/canopy-express/` [conteúdo em inglês]. Na página principal, clique em Download para ver uma lista de versões disponíveis para baixar. Apenas o Canopy Express é gratuito, o Canopy completo deve ser comprado. O Canopy Express suporta as seguintes plataformas:

- Windows 32 e 64 bits
- Linux 32 e 64 bits
- Mac OS X 32 e 64 bits

CUIDADO — No momento em que escrevo, o Canopy suporta o Python 3.5. Para que os exemplos executem como o esperado, é necessário o Python 3.6. Certifique-se de baixar uma versão do Canopy compatível com o Python 3.6, caso contrário, saiba que alguns exemplos do livro não funcionarão. A página em `https://www.`

enthought.com/product/canopy/#/package-index [conteúdo em inglês] lista os pacotes que funcionam com o Python 3.6.

Escolha a plataforma e a versão que quer baixar. Ao clicar em Download Canopy Express, você verá uma forma opcional para fornecer informações sobre si mesmo. O download começa automaticamente, mesmo sem as informações para a empresa.

Uma das vantagens do Canopy Express é que o Enthought é muito envolvido no fornecimento de suporte para alunos e professores. As pessoas também fazem aulas, inclusive online, que ensinam a usar o Canopy Express de várias formas (acesse https://training.enthought.com/courses [conteúdo em inglês]). Também há treinamento presencial especificamente criado para o cientista de dados; leia sobre isso em https://www.enthought.com/services/training/data-science [conteúdo em inglês].

Obtendo o WinPython

O nome indica que WinPython é um produto apenas para Windows, encontrado em http://winpython.github.io/ [conteúdo em inglês]. Esse site oferece suporte para o Python 3.5, 3.6 e 3.7, e esse produto é uma melhoria do Python(x,y) (um IDE que ficou inativo em 2015 e deixou de ser desenvolvido; veja http://python-xy.github.io/ [conteúdo em inglês]) e não foi criado apenas para substituí-lo. Bem pelo contrário, o WinPython fornece uma maneira mais flexível de trabalhar com o Python(x,y). Leia sobre o que motivou a criação de WinPython em http://sourceforge.net/p/winpython/wiki/Roadmap/ e sobre sua linha de desenvolvimento mais recente em https://github.com/winpython/winpython/wiki/Roadmap [ambos os sites com conteúdo em inglês].

O ponto principal desse produto é a flexibilidade com o custo da facilidade de uso e um pouco de integração de plataforma. Contudo, o WinPython faz uma diferença significativa para os desenvolvedores que precisam manter várias versões de um IDE. Ao usar WinPython com este livro, certifique-se de prestar atenção especial às questões de configuração, ou até mesmo o código baixado terá poucas chances de funcionar.

Instalando o Anaconda no Windows

O Anaconda vem com uma aplicação gráfica de instalação para o Windows, o que significa que é feita por meio de um assistente, como qualquer outra instalação. É claro que você precisa de uma cópia do arquivo de instalação antes de começar, e as informações necessárias para o download estão na seção "Obtendo o Anaconda", deste capítulo. O procedimento a seguir funciona bem em qualquer sistema Windows, independentemente de ser a versão 32 ou 64 bits do Anaconda.

1. **Localize a cópia baixada do Anaconda no sistema.**

   O nome desse arquivo varia, mas geralmente aparece como `Anaconda3-5.2.0-Windows-x86.exe` para sistemas 32 bits e `Anaconda3-5.2.0-Windows-x86_64.exe` para sistemas 64 bits. O número da versão está incluso no nome do arquivo. Nesse caso, ele se refere à versão 5.2.0, usada neste livro. Se utilizar outra versão, o código-fonte pode ter problemas e precisar de ajustes.

2. **Dê um clique duplo no arquivo de instalação.**

   (Talvez apareça uma caixa de diálogo Open File — Security Warning [Abrir Arquivo — Aviso de Segurança] perguntando se deseja abri-lo. Clique em Run [Executar] se isso acontecer.) A caixa de diálogo do Anaconda 5.2.0 Setup, parecida com a da Figura 3-1, será exibida. A aparência depende da versão do programa de instalação do Anaconda baixado. Se tiver um sistema operacional de 64 bits, é sempre melhor usar a versão de 64 bits do Anaconda para conseguir o melhor desempenho possível. A primeira caixa de diálogo informa a versão.

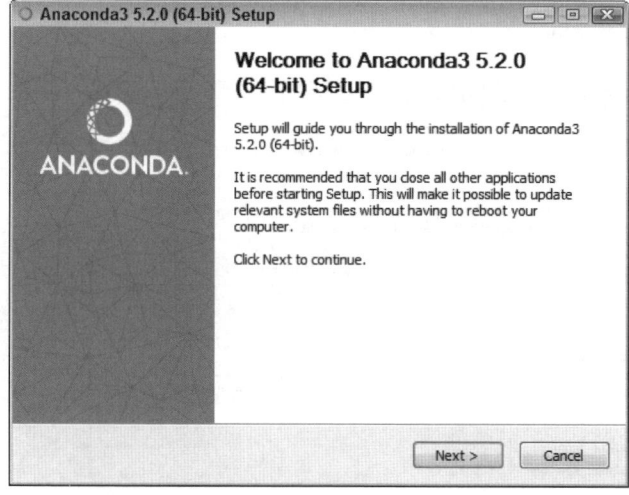

FIGURA 3-1: O processo de instalação começa informando se a versão é a de 64 bits.

3. **Clique em Next [Próximo].**

   O assistente exibe o acordo de licença. Leia-o completamente para ficar ciente dos termos de uso.

4. **Clique em I Agree [Concordo] se concordar com os termos.**

   Como mostrado na Figura 3-2, a caixa de diálogo pergunta qual é o tipo de instalação desejado. Na maioria dos casos, a instalação é somente para você. Mas há a exceção caso várias pessoas usem o sistema e todas precisem acessar o Anaconda.

CAPÍTULO 3 **Configurando Python para Data Science** 47

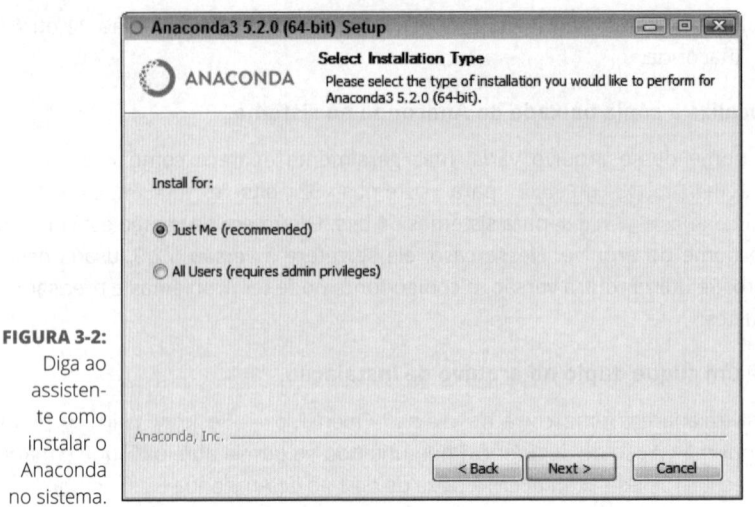

FIGURA 3-2:
Diga ao assistente como instalar o Anaconda no sistema.

5. **Escolha um dos tipos de instalação e clique em Next.**

   O assistente pergunta onde instalar o Anaconda no disco, como mostra a Figura 3-3. Supomos que você use o local padrão. Se escolher outro, talvez tenha que modificar alguns procedimentos mais adiante no livro para trabalhar com a configuração.

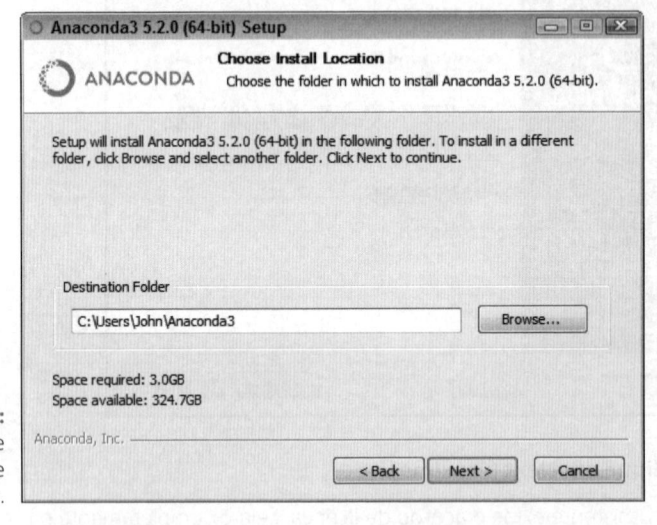

FIGURA 3-3:
Especifique um local de instalação.

6. **Escolha um local de instalação (se necessário) e clique em Next.**

   A caixa de diálogo Advanced Installation Options (Opções Avançadas de Instalação), mostrada na Figura 3-4, será exibida. Essas opções têm um padrão de seleção, e não há uma boa razão para mudá-la, na maioria dos casos. Será preciso fazer modificações se o Anaconda não disponibilizar a configuração padrão do Python 3.6. No entanto, supomos que o Anaconda seja configurado usando as opções padrões.

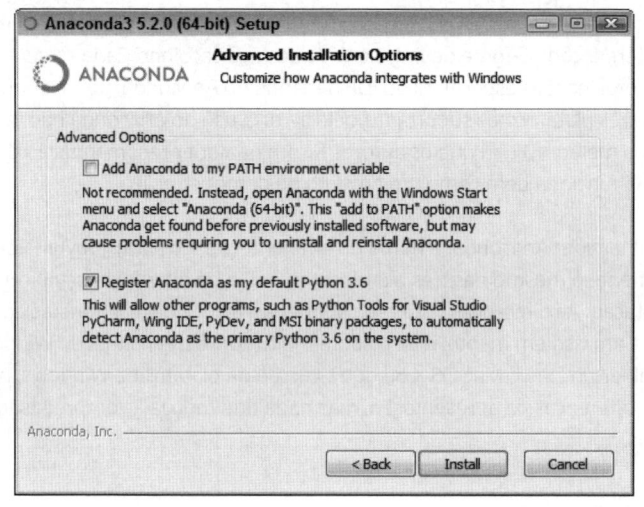

FIGURA 3-4: Configure as opções de instalação avançadas.

> Por padrão, a opção Add Anaconda to My PATH Environment Variable [Adicionar Anaconda à Variável do Ambiente My PATH] não é selecionada, e você deve mantê-la assim. Adicioná-lo à variável do ambiente PATH lhe permite localizar os arquivos Anaconda ao usar um prompt de comando padrão, mas se tiver várias versões instaladas do Anaconda, apenas a primeira fica acessível. Abrir um Anaconda Promp é muito melhor para conseguir acessar a versão esperada.

DICA

7. **Mude as opções de instalação avançadas (se necessário) e clique em Install [Instalar].**

   A caixa de diálogo Installing [Instalando] será exibida, com uma barra de progresso. O processo de instalação leva alguns minutos, então tome um café e leia uma revista por um tempo. Quando a instalação terminar, um botão Next será habilitado.

8. **Clique em Next.**

   O assistente diz que a instalação foi finalizada.

9. **Clique em Next.**

   O Anaconda oferece a chance de integrar o suporte Visual Studio ao código. Esse suporte não é necessário para este livro, e adicioná-lo tem o potencial de mudar a maneira de funcionamento das ferramentas Anaconda. A não ser que realmente precise do suporte Visual Studio, mantenha o ambiente do Anaconda limpo.

> ## FALANDO SOBRE SCREENSHOTS
>
> No decorrer do livro, o IDE usado para abrir arquivos Python e Jupyter Notebook que contêm o código-fonte do livro será o que você escolher. Cada screenshot que contém informações específicas do IDE depende do Anaconda, pois ele roda em todas as três plataformas suportadas pelo livro. O uso do Anaconda não implica que seja o melhor IDE ou que os autores façam qualquer recomendação dele — o Anaconda funciona bem como um produto de demonstração.
>
> Ao trabalhar com Anaconda, o nome do ambiente gráfico (GUI), Jupyter Notebook, é exatamente o mesmo nas três plataformas, e não há diferenças significativas na apresentação. As diferenças vistas são pequenas, e você deve ignorá-las ao longo do livro. Com isso em mente, o livro conta muito com screenshots do Windows 7. Ao trabalhar no Linux, Mac OS X ou outra versão da plataforma Windows, haverá algumas diferenças na apresentação, mas nada que reduza a compreensão dos exemplos.

10. Clique em Skip [Pular].

A tela de conclusão será exibida. Ela contém opções para descobrir mais sobre o Anaconda Cloud e obter informações sobre como começar o primeiro projeto Anaconda. Selecionar (ou desabilitar) essas opções depende do que desejar fazer em seguida; elas não afetam a configuração do Anaconda.

11. Selecione quaisquer opções requeridas. Clique em Finish [Finalizar].

O Anaconda está pronto para ser usado.

Instalando o Anaconda no Linux

Use a linha de comando para instalar o Anaconda no Linux — não há opção gráfica de instalação. Antes, baixe o software para Linux no site Anaconda. As informações para download estão na seção "Obtendo o Anaconda", deste capítulo. O procedimento a seguir funciona bem em qualquer sistema Linux, com a versão 32 ou a 64 bits do Anaconda.

1. Abra uma cópia do Terminal.

A janela Terminal será exibida.

2. Mude os diretórios para a cópia baixada do Anaconda no sistema.

O nome deste arquivo varia, mas geralmente é `Anaconda3-5.2.0-Linux-x86.sh` para sistemas 32 bits, e `Anaconda3-5.2.0-Linux-x86_64` sh para sistemas 64 bits. O número da versão faz parte do nome do arquivo. Neste caso, o arquivo se refere à versão 5.2.0, que é usada neste livro. Se utilizar alguma outra versão, o código-fonte pode ter problemas e precisar de ajustes.

3. **Digite** bash Anaconda3-5.2.0-Linux-x86 **(para a versão 32 bits) ou** Anaconda-3-5.2.0-Linux-x86_64.sh **(para a versão 64 bits) e pressione Enter.**

    Um assistente de instalação é inicializado e pergunta se você aceita os termos de licenciamento para usar o Anaconda.

4. **Leia o acordo de licenciamento e aceite os termos usando o método requerido para a versão do Linux.**

    O assistente pede um local de instalação para o Anaconda. Suponhamos que use o local padrão: ~/anaconda. Se escolher outro, terá de modificar alguns procedimentos posteriores para trabalhar com a configuração.

5. **Forneça o local de instalação (se necessário) e pressione Enter (ou clique em Next).**

    O processo de extração da aplicação será iniciado. Depois que estiver completo, uma mensagem será exibida.

6. **Adicione o caminho da instalação à declaração** PATH **usando o método requerido para a versão do Linux.**

    O Anaconda está pronto para ser usado.

Instalando o Anaconda no Mac OS X

A instalação para o Mac OS X tem apenas um formato: 64 bits. Antes de fazer a instalação, baixe uma cópia do software para Mac no site Anaconda. As informações necessárias para fazer o download estão na seção "Obtendo o Anaconda", deste capítulo. Os passos a seguir o ajudam a instalar o Anaconda 64 bits em um sistema Mac.

1. **Localize a cópia baixada do Anaconda no sistema.**

    O nome deste arquivo varia, mas geralmente é Anaconda3-5.2.0-MacOSX-x86_64.pkg. O número da versão faz parte do nome do arquivo. Nesse caso, o arquivo se refere à versão 5.2.0, que é usada neste livro. Se você usar outra, talvez tenha problemas com o código-fonte e precise ajustá-lo.

2. **Dê um clique duplo no arquivo de instalação.**

    Uma caixa de diálogo de introdução será exibida.

3. **Clique em Continue [Continuar].**

   O assistente pergunta se deseja ver os materiais do Read Me [Leia-me]. Esse material permanecerá disponível. Por ora, pule essas informações.

4. **Clique em Continue.**

   O assistente exibe um acordo de licenciamento. Certifique-se de ler o acordo completamente, para que conheça os termos de uso.

5. **Clique em I Agree [Concordo] se concordar com os termos.**

   O assistente pede um destino para a instalação. Esse destino controla se a instalação será para um usuário só ou para um grupo.

   ⚠️ CUIDADO

   Talvez seja exibida ma mensagem de erro afirmando que o Anaconda não pode ser instalado. Ela ocorre devido a um bug no instalador e não tem nada a ver com o sistema. Para se livrar dela, escolha a opção Install Only for Me [Instalar Apenas para Mim]. Não é possível instalar o Anaconda para um grupo de usuários em um sistema Mac.

6. **Clique em Continue.**

   O instalador exibe uma caixa de diálogo contendo opções para mudar o tipo de instalação. Clique em Change Install Location [Mudar Local de Instalação] caso queira modificar onde o Anaconda será instalado no sistema (supomos que use o caminho padrão: ~/anaconda). Clique em Customize [Personalizar] se quiser modificar o funcionamento do instalador. Por exemplo, você pode escolher não adicionar o Anaconda à declaração `PATH`. Contudo, supomos que tenha escolhido as opções padrões de instalação e que não haja razão para mudá-las, a não ser que tenha outra cópia do Python 2.7 instalada.

7. **Clique em Install [Instalar].**

   A instalação começa. Uma barra de progresso informa como a instalação está sendo feita. Quando terminar, uma caixa de diálogo será exibida.

8. **Clique em Continue.**

   O Anaconda está pronto para ser usado.

Baixando os Conjuntos de Dados e o Código de Exemplo

Este livro aborda o uso do Python para realizar tarefas de data science. É claro que você pode passar todo seu tempo criando o código de exemplo do zero, depurando-o para só então descobrir como ele se relaciona com o data science, ou pode pegar um atalho e baixar o código pré-escrito para ir direto ao trabalho.

Da mesma forma, criar conjuntos de dados grandes o bastante para os propósitos do data science demoraria um pouco. Felizmente, há conjuntos de dados padronizados criados com antecedência nos recursos fornecidos em algumas bibliotecas de data science. As próximas seções o ajudam a baixar e usar o código de exemplo e os conjuntos de dados, para que poupe tempo e ponha as mãos na massa nas tarefas específicas de data science.

Usando o Jupyter Notebook

Para facilitar o trabalho com o código relativamente complexo deste livro, use o Jupyter Notebook. Essa interface facilita a criação de arquivos Python notebook que contêm inúmeros exemplos, e cada um pode ser executado individualmente. Os programas rodam em seu navegador, então a plataforma utilizada para o desenvolvimento não é importante; desde que você tenha um navegador, tudo dará certo.

Inicializando o Jupyter Notebook

A maioria das plataformas contém um ícone para acessar o Jupyter Notebook. Basta clicar nele. Por exemplo, em um sistema Windows, selecione Start ⇨ All Programs ⇨ Anaconda3 ⇨ Jupyter Notebook. A Figura 3-5 mostra a interface em um navegador Firefox. Essa aparência depende do navegador usado e do tipo de plataforma instalada.

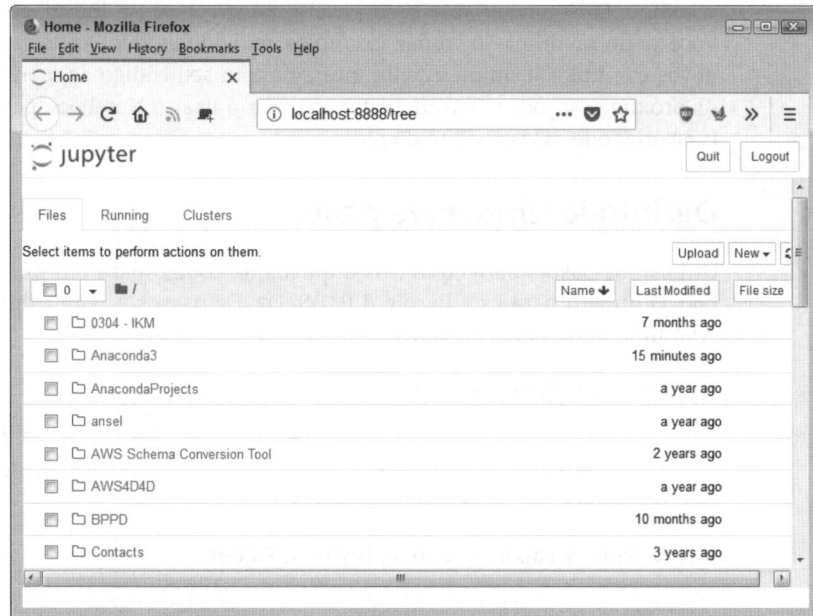

FIGURA 3-5: O Jupyter Notebook é um método fácil para criar exemplos de data science.

Se a plataforma não exibe um ícone para acesso fácil, use os passos a seguir para acessar o Jupyter Notebook:

1. **Abra um Anaconda Prompt, Prompt de Comando ou Janela Terminal no sistema.**

   A janela será aberta para que os comandos sejam digitados.

2. **Mude os diretórios para `\Anaconda3\Scripts` em sua máquina.**

   A maioria dos sistemas permite o uso do comando CD para esta tarefa.

3. **Digite ..\python Jupyter-script.py notebook e pressione Enter.**

   A página do Jupyter Notebook será aberta no navegador.

Interrompendo o servidor Jupyter Notebook

Não importa como o Jupyter Notebook (ou apenas Notebook, como aparecerá no restante do livro) será inicializado, o sistema geralmente usa um prompt de comando ou uma janela terminal para alojar o Notebook. Essa janela contém um servidor que faz a aplicação funcionar. Depois de fechar a janela do navegador quando a sessão estiver completa, selecione a janela do servidor e pressione Ctrl+C ou Ctrl+Break para interromper o servidor.

Definindo o repositório do código

O código criado e usado neste livro ficará em um repositório do HD. Pense em um *repositório* como um tipo de armário de arquivamento em que se guarda o código. O Notebook abre uma gaveta, pega a pasta e lhe mostra o código. Você pode modificá-lo, rodar exemplos individuais dentro dele, acrescentar novos exemplos e simplesmente interagir com seu código de maneira natural. As próximas seções mostram como começar a usar o Notebook para ver como funciona todo esse conceito do repositório.

Definindo uma nova pasta

Utilizamos pastas para conter os arquivos de código para um projeto específico. O projeto para este livro é o P4DS4D2. Os passos a seguir lhe ensinam a criar uma pasta para este livro.

1. **Selecione New ⇨ Folder.**

   O Notebook cria uma pasta. O nome varia, mas, para usuários do Windows, é simplesmente uma pasta sem nome chamada de Untitled Folder. É preciso procurá-la na lista de pastas disponíveis.

2. **Marque a caixa ao lado de Untitled Folder.**

3. **Clique em Rename no topo da página.**

   A caixa de diálogo Rename Derectory, mostrada na Figura 3-6, é exibida.

4. **Digite P4DS4D2 e pressione Enter.**

   O Notebook renomeia a pasta.

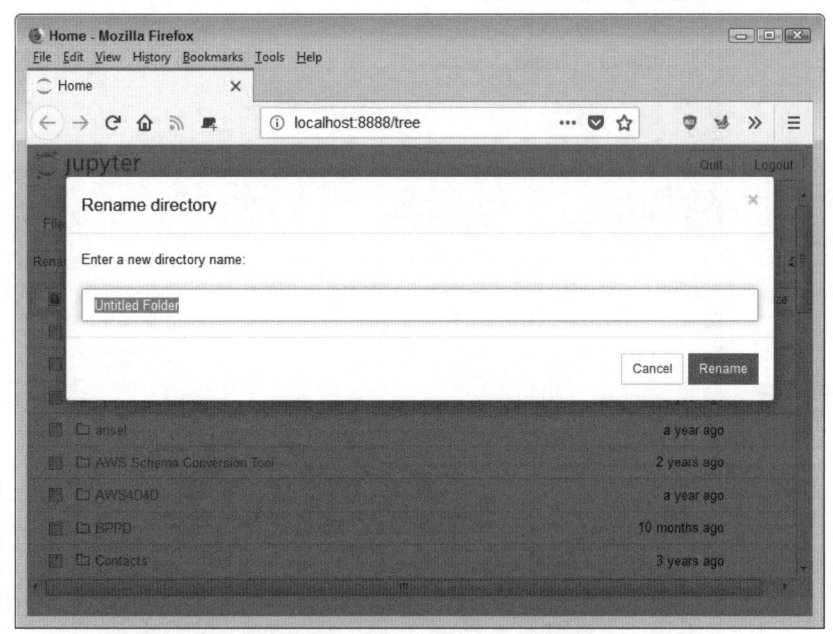

FIGURA 3-6: Crie uma pasta para conter o código do livro.

Criando um notebook

Cada novo notebook é como uma pasta de arquivo. Você pode colocar exemplos individuais dentro dela, como faria com folhas de papel em uma pasta física de arquivo. Cada exemplo aparece em uma célula. Você pode colocar várias coisas nessa pasta de arquivo, mas veremos isso no decorrer do livro. Use estes passos para criar um notebook.

1. **Clique em P4DS4D2 na Home page.**

   O conteúdo da pasta de projeto para este livro será exibido, em branco, se o exercício for realizado do zero.

2. **Selecione New ⇨ Python 3.**

   Uma nova guia se abrirá no navegador com o novo notebook, como mostra a Figura 3-7. Note que o notebook contém uma célula e que a destacou para que o código seja digitado nela. O título do notebook, por enquanto, é Untitled, o que não é muito útil, então é preciso mudá-lo.

3. **Clique em Untitled na página.**

   O Notebook pergunta se deseja usar um novo nome, como mostra a Figura 3-8.

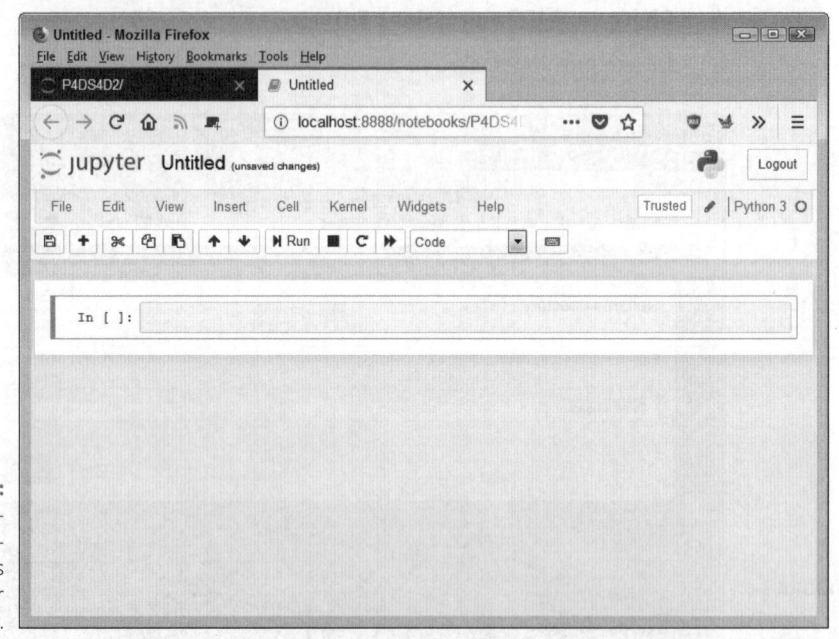

FIGURA 3-7: Um notebook contém células para manter o código.

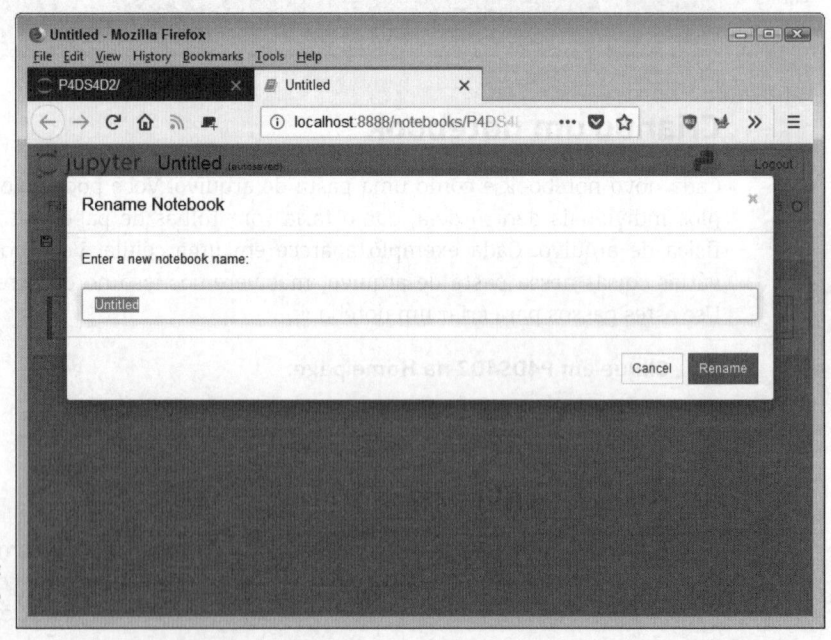

FIGURA 3-8: Nomeie o notebook.

4. **Digite** P4DS4D2_03_Sample **e pressione Enter.**

   O novo nome diz que este é um arquivo P4DS4D2, Capítulo 3, Sample.ipynb. Essa convenção para nomear arquivos o fará diferenciar facilmente um do outro no repositório.

Adicionando conteúdo ao notebook

É claro que o notebook Sample ainda não contém nada. Este livro segue uma convenção para reunir os arquivos de código-fonte a fim de facilitar o uso. Os passos a seguir falam sobre a convenção:

1. **Selecione Markdown da lista flutuante que contém atualmente a palavra** *Code*.

   Uma célula Markdown contém texto de documentação. Você pode colocar qualquer coisa em uma célula Markdown, pois o Notebook não a interpreta. Ao utilizar essas células, você poderá documentar com facilidade o que o código significa ao escrevê-lo.

2. **Digite** # Downloading the Datasets and Example Code **e clique em Run (o botão com a seta apontando para a direita na barra de ferramentas).**

   A cerquilha (#) cria um título. Uma única # cria um título de primeiro nível. O texto depois disso contém a informação do título. O texto é formatado em um título depois que se clica em Run, como mostra a Figura 3-9. Note que o Notebook cria automaticamente uma célula pronta para ser utilizada.

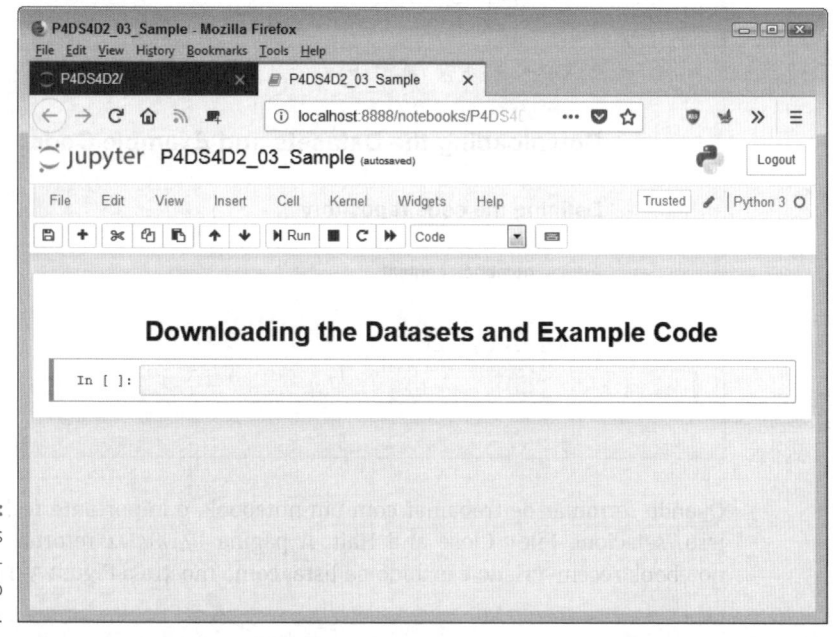

FIGURA 3-9: Crie títulos para documentar o código.

3. **Selecione Markdown, digite** ## Defining the code repository **e clique em Run.**

   O Notebook cria um título de segundo nível, que parece menor do que o de primeiro nível.

4. **Selecione Markdown, digite** ### Adding notebook content **e clique em Run.**

   O Notebook cria um título de terceiro nível. Os títulos agora têm uma hierarquia que começa com o de primeiro nível para esta seção. Usar essa abordagem o ajuda a localizar facilmente um pedaço de código na fonte baixada. Como sempre, o Notebook cria uma célula, e o tipo muda automaticamente para Code, então agora estamos prontos para digitar código para este exemplo.

5. **Digite** print('Python is really cool!') **e clique em Run.**

   Note que o código é codificado por cores, para destacar a diferença entre uma função (print) e os dados a ela associados ('Python is really cool!'). A saída está na Figura 3-10. Ela faz parte da mesma célula que o código, mas o Notebook separa visualmente a saída do código para os diferenciar. E depois cria uma célula automaticamente.

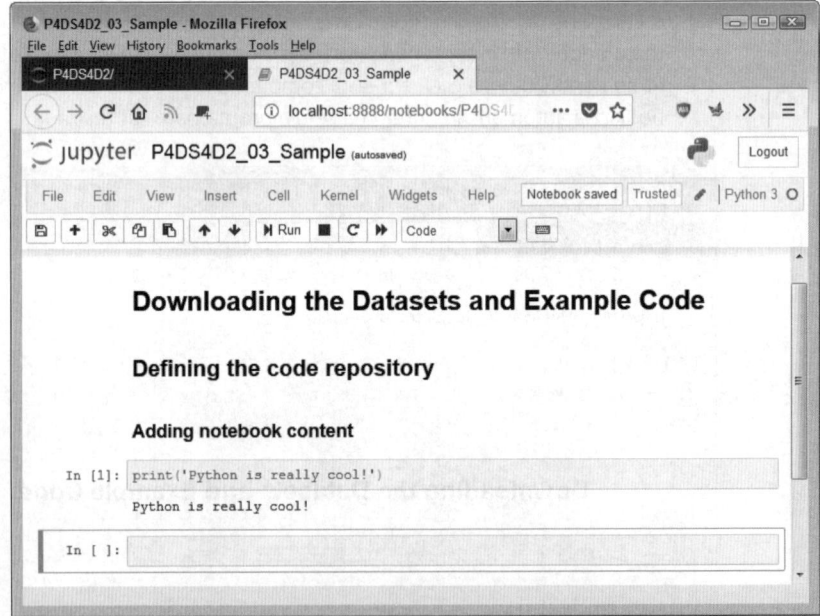

FIGURA 3-10: O Notebook usa células para armazenar o código.

Quando terminar de trabalhar com um notebook, é importante fechá-lo. Para isso, selecione File ⇨ Close and Halt. A página P4DS4D2 retorna, em que o notebook recém-criado é exibido na lista, como mostra a Figura 3-11.

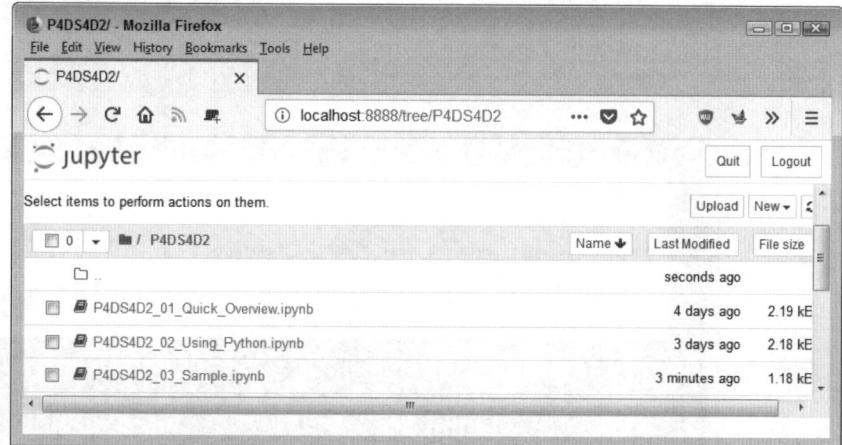

FIGURA 3-11:
Qualquer notebook criado aparece na lista do repositório.

Exportando um notebook

Não é muito divertido criar notebooks e mantê-los somente para si mesmo. Quando quiser, compartilhe-os com outras pessoas. Para realizar essa tarefa, exporte o notebook do repositório para um arquivo. É possível enviar o arquivo para alguém que o importará para o próprio repositório.

A seção anterior mostra como criar um notebook chamado P4DS4D2_03_Sample. Ele é aberto clicando-se na entrada na lista do repositório. O arquivo reabre para exibir o código novamente. Para exportar esse código, selecione File ⇨ Download As ⇨ Notebook (.ipynb). O que verá em seguida depende do navegador, mas geralmente é um tipo de caixa de diálogo para salvar o notebook como um arquivo. Use o mesmo método para salvar o arquivo Notebook, como faria para qualquer outro arquivo salvo usando o navegador.

Removendo um notebook

Às vezes os notebooks ficam ultrapassados ou simplesmente inúteis. Em vez de deixar o repositório abarrotado de arquivos desnecessários, remova-os da lista. Observe a caixa de verificação ao lado da entrada de P4DS4D2_03_Sample.ipynb na Figura 3-11. Use estes passos para remover o arquivo:

1. **Selecione a caixa de verificação ao lado da entrada de** `P4DS4D2_03_Sample.ipynb`.

2. **Clique no ícone Delete (lata de lixo).**

   Uma mensagem de aviso de exclusão, como a mostrada na Figura 3-12, será exibida.

3. **Clique em Delete.**

   O Notebook remove o arquivo notebook da lista.

CAPÍTULO 3 **Configurando Python para Data Science** 59

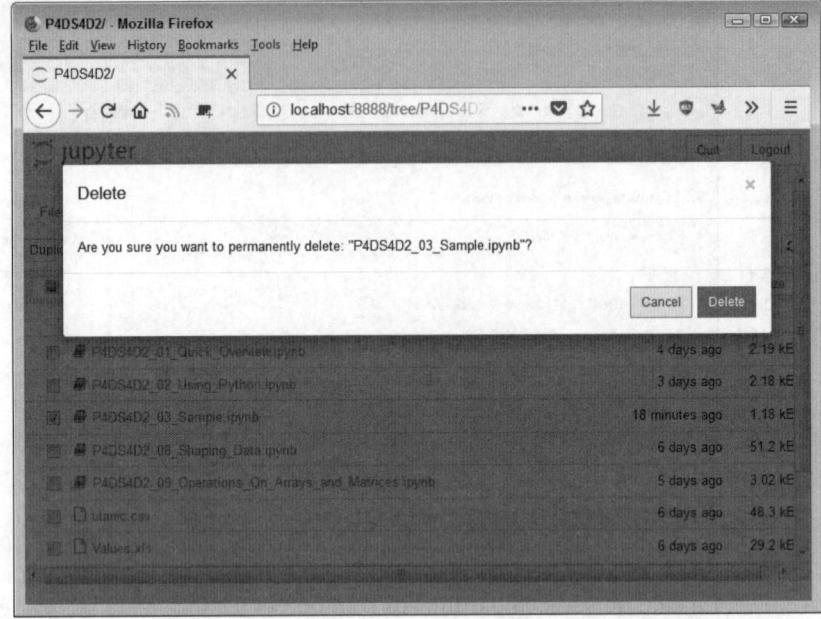

FIGURA 3-12:
O Notebook avisa antes de remover qualquer arquivo do repositório.

Importando um notebook

Para usar o código-fonte deste livro, importe os arquivos baixados para o repositório. O código-fonte vem em um arquivo que deve ser extraído para um local do HD. Ele contém uma lista de arquivos .ipynb (IPython Notebook) contendo o código-fonte deste livro (veja na Introdução detalhes sobre o download do código-fonte). Os passos a seguir mostram como importar esses arquivos para o repositório.

1. Clique em Upload na página Notebook P4DS4D2.

O que aparece depende do navegador. Na maioria dos casos, será um tipo de caixa de diálogo File Upload que dá acesso aos arquivos no HD.

2. Vá até o diretório que contém os arquivos que deseja importar para o Notebook.

3. Destaque um ou mais arquivos para importar e clique no botão Open (ou outro parecido) para começar o processo de upload.

Você verá o arquivo adicionado a uma lista de upload, como mostra a Figura 13-3. Ele ainda não faz parte do repositório — só está selecionado para upload.

4. Clique em Upload.

O Notebook coloca o arquivo no repositório para que possa começar a utilizá-lo.

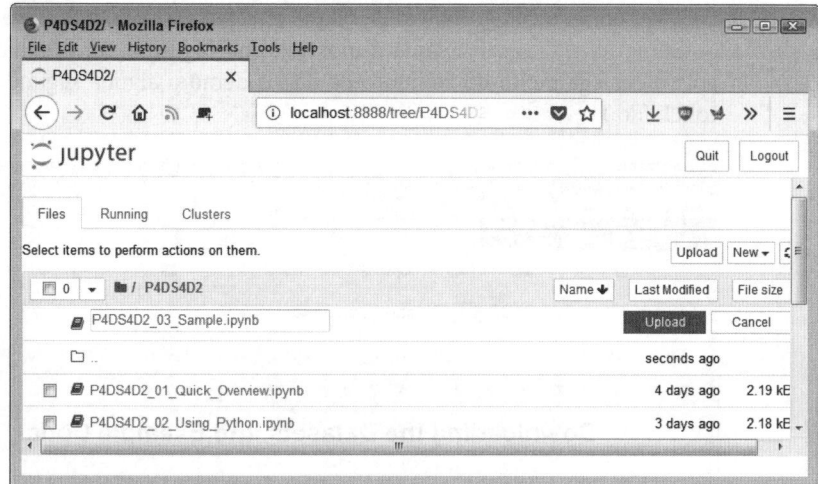

FIGURA 3-13:
Os arquivos que deseja adicionar ao repositório aparecem como parte de uma lista de upload.

Entendendo os conjuntos de dados usados neste livro

Este livro usa vários conjuntos de dados que aparecem na biblioteca Scikit-learn. Eles demonstram inúmeras maneiras de interagir com os dados e são utilizados nos exemplos para realizar diversas tarefas. A lista a seguir é um breve panorama da função usada para importar cada um dos conjuntos de dados para o código Python:

- » `load_boston()`: **Análise de regressão com o conjunto de dados de preços de moradia em Boston.**
- » `load_iris()`: **Classificação com o conjunto de dados Iris.**
- » `load_diabetes()`: **Regressão com o conjunto de dados diabetes.**
- » `load_digits([n_class])`: **Classificação com o conjunto de dados digits.**
- » `fetch_20newsgroups(subset='train')`: **Dados de 20 grupos de discussões.**
- » `fetch_olivetti_faces()`: **Conjunto de dados olivetti faces da AT&T.**

A técnica para carregar cada um desses conjuntos de dados é a mesma. O exemplo a seguir mostra como carregar o conjunto de preços de moradias de Boston. O código está no notebook `P4DS4D2_03_Dataset_Load.ipynb`.

```
from sklearn.datasets import load_boston
Boston = load_boston()
print(Boston.data.shape)
```

CAPÍTULO 3 Configurando Python para Data Science 61

Para ver como o código funciona, clique em Run Cell. O resultado da chamada print é (506L, 13L). A saída é mostrada na Figura 3-14. (Tenha paciência, pois o carregamento do conjunto de dados demora alguns segundos para ser concluído.)

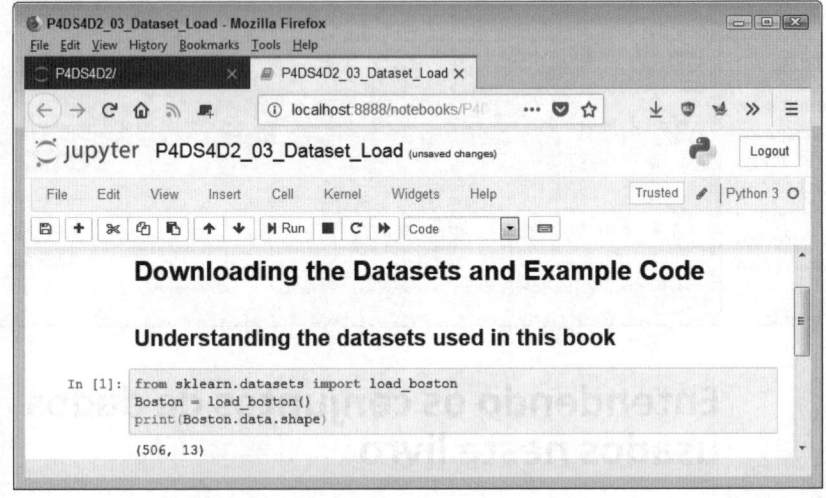

FIGURA 3-14: O objeto Boston contém o conjunto de dados carregado.

> **NESTE CAPÍTULO**
>
> » Entendendo o Google Colab
>
> » Acessando Google Colab
>
> » Realizando tarefas essenciais do Colab
>
> » Obtendo mais informações

Capítulo 4
Trabalhando com o Google Colab

O Colaboratory (https://colab.research.google.com/notebooks/welcome.ipynb), ou Colab, para abreviar, é um serviço baseado em nuvem do Google que replica o Jupyter Notebook na nuvem. Não é preciso instalar nada no sistema para usá-lo. Na maioria dos aspectos, o Colab é utilizado como uma instalação do Jupyter Notebook (também chamado apenas de Notebook ao longo do livro) no computador. Este livro inclui este capítulo principalmente para aqueles leitores que usam algo diferente de um computador padrão para trabalhar com os exemplos.

LEMBRE-SE Como você pode não usar as mesmas versões dos produtos que aparecem neste livro, o código-fonte de exemplo talvez não funcione exatamente como descrito ao utilizar o Colab. Além disso, as saídas podem não ser exibidas como neste livro, por causa das diferenças de hardware entre as plataformas. As seções introdutórias deste capítulo detalham o Colab e lhe contam o que esperar dele. No entanto, o que deve ser lembrado é que o Colab não é um substituto do Jupyter Notebook, e os exemplos não foram testados para funcionar especificamente nele, mas você pode tentar com um dispositivo alternativo se quiser acompanhá-los.

Para usar o Colab, é preciso ter uma conta do Google. Caso contrário, a maioria dos recursos do Colab não funcionará. A próxima seção do capítulo o ensina a começar com o Google e a acessar o Colab.

Assim como o Notebook, o Colab realiza tarefas específicas em um paradigma orientado a células. As próximas seções do capítulo cobrem vários tópicos relacionados a tarefas que começam com o uso dos notebooks. Se usou o Notebook nos capítulos anteriores, perceberá uma semelhança enorme entre este e o Colab. É claro que ele também realiza vários outros tipos de tarefas, como criar diversos tipos de células e usá-las para criar notebooks que se pareçam com os criados no Notebook.

Por fim, este capítulo não consegue abordar todos os aspectos do Colab, então a seção final serve como um recurso útil para localizar as informações mais confiáveis sobre ele.

Definindo o Google Colab

O Google Colab é a versão na nuvem do Notebook. Na verdade, a página de boas-vindas deixa isso bem aparente. Ela até usa arquivos IPython (o nome anterior do Jupyter) Notebook (.ipynb) para o site. É isso mesmo, o Notebook é exibido diretamente no navegador. Mesmo que as duas aplicações sejam similares e ambas usem arquivos .ipynb, têm algumas diferenças importantes. As próximas seções as explicam.

Entendendo o que o Google Colab faz

O Colab realiza muitas tarefas, mas neste livro vamos utilizá-lo para escrever e executar código, criar a documentação associada e exibir gráficos, assim como faríamos com o Notebook. As técnicas usadas são similares, de fato, às usadas com o Notebook, mas posteriormente, no capítulo, mostramos as pequenas diferenças entre as duas. Mesmo assim, o código-fonte baixado para este livro deve rodar sem precisar de muito esforço.

O Notebook é uma aplicação localizada, pois utilizamos recursos locais nele. Outros recursos são compatíveis, mas isso se mostraria inconveniente ou impraticável em alguns casos. Por exemplo, de acordo com o site https://help.github.com/articles/working-with-jupyter-notebook-files-on-github/ [conteúdo em inglês], os arquivos Notebook aparecerão como páginas HTML estáticas ao se usar um repositório GitHub. Na verdade, alguns recursos nem funcionarão. O Colab possibilita uma interação total com os arquivos Notebook usando o GitHub como repositório. Ele também suporta várias opções de armazenamento online, então considere o Colab como um parceiro online para criar código Python.

ALGUMAS SINGULARIDADES DO FIREFOX

Mesmo com ajuda online, às vezes o Firefox exibe esta mensagem de erro: `SecurityError: The operation is insecure`. A caixa de diálogo inicial apontará alguma questão não relacionada, como cookies, mas ela aparecerá ao se clicar em Details. Dispensar essa caixa de diálogo clicando em OK fará parecer que o Colab está funcionando, pois ele exibirá o código, mas as saídas não serão exibidas.

Como um primeiro passo para corrigir esse problema, certifique-se de que o Firefox está atualizado, pois versões antigas não fornecem o suporte necessário. Depois de atualizá-lo, configurar a preferência `network.websocket.allowInsecureFromHTTPS` usando `About:Config` como `True` deve resolver o problema, mas às vezes não funciona. Nesse caso, verifique se o Firefox realmente permite cookies de terceiros selecionando a opção Always for the Accept Third Party Cookies and Site Data e selecionando Remember History na seção History na guia Privacy & Security da caixa de diálogo Options. Reinicie o Firefox a cada mudança feita e teste novamente o Colab. Se nada disso resolver, utilize o Chrome para trabalhar com o Colab em seu sistema.

O Colab também é compatível com dispositivos alternativos. Durante o processo de escrita, parte do código de exemplo foi testado em um tablet com Android (um ASUS ZenPad 3S 10). Esse tablet tem o Chrome instalado e executa o código suficientemente bem para seguir os exemplos. Com todas essas informações, escrever código usando um tablet desse tamanho não parece conveniente — o texto é pequeno demais, para começar, e a falta de um teclado também é um problema. O ponto é que, para testar o código, não é imprescindível ter um sistema Windows, Linux ou OS X, mas as alternativas nem sempre têm o desempenho esperado.

LEMBRE-SE O Google Colab geralmente não funciona com navegadores diferentes do Chrome e do Firefox. Na maioria dos casos, apenas uma mensagem de erro será exibida, e mais nada, se tentar iniciar o Colab em um navegador que não o suporta. O Firefox também precisa ser configurado para funcionar corretamente (veja mais detalhes na seção "Usando o suporte de runtime local", mais adiante neste capítulo). O tipo de configuração depende de quais recursos do Colab serão usados. Muitos exemplos funcionam bem no Firefox sem nenhuma modificação.

Considerando a diferença da programação online

Na maior parte do tempo, o Colab é utilizado da mesma forma que o Notebook. No entanto, alguns recursos funcionam de maneira diferente. Por exemplo, para executar o código dentro de uma célula, selecionamos essa célula e clicamos no botão de execução (uma seta para a direita) dessa célula, que permanece selecionada. Isso significa que devemos realmente iniciar a seleção da próxima célula como uma ação separada. Um bloco próximo da saída permite apagar apenas essa saída sem afetar nenhuma outra célula. Passar o mouse por cima desse bloco informa quando alguém executou o conteúdo. Do lado direito da célula, vemos uma elipse vertical que, ao ser clicada, exibe um menu de opções para a célula. A saída é a mesma quando usamos o Notebook, mas o processo é diferente.

LEMBRE-SE

O processo para trabalhar com o código também difere do Notebook. Sim, você ainda digita o código como sempre fez, e ele é executado sem problemas no Notebook. A diferença está no modo como o código é gerenciado. Carregue o código no drive local como quiser e, então, salve-o no Google Drive ou no GitHub. Ele fica acessível em qualquer dispositivo e é acessado pelas mesmas fontes. Basta carregar o Colab para acessá-lo.

Se escolher o Chrome para trabalhar com o Colab e quiser sincronizar o Chrome com outros dispositivos, todo o código ficará disponível em qualquer dispositivo escolhido. A sincronização transfere suas configurações para todos os dispositivos, desde que também estejam programados para sincronizá-las. Com a saída, você pode escrever código no desktop, testá-lo no tablet e revisá-lo no smartphone. É o mesmo código, o mesmo repositório e a mesma configuração do Chrome, apenas em um dispositivo diferente.

No entanto, toda essa flexibilidade tem um preço: velocidade e ergonomia. Ao ver as várias opções, uma cópia local do Notebook executa o código deste livro bem mais rápido do que uma cópia do Colab usando qualquer configuração disponível (mesmo com uma cópia local do arquivo `.ipynb`). Então você troca a velocidade pela flexibilidade ao trabalhar com o Colab. Além disso, é difícil ver o código-fonte em um tablet; em um smartphone, então, é praticamente impossível. Se ampliarmos o texto o bastante, não será possível ver o suficiente do código para que se faça qualquer tipo de edição razoável. No máximo conseguimos revisar o código uma linha por vez para determinar como ele funciona.

DICA

Há outros benefícios no uso do Notebook. Por exemplo, ao trabalhar com o Colab, temos opções para baixar os arquivos-fonte apenas como arquivos `.ipynb` ou `.py`. O Colab não inclui todas as outras opções de download, incluindo (mas não limitado a) HTML, LaTeX e PDF. Consequentemente, as opções para criar apresentações do conteúdo online também são limitadas até certo ponto.

Ou seja, o uso do Colab e do Notebook oferece experiências diferentes de programação. Mas elas não são mutuamente exclusivas, pois compartilham formatos de arquivos. Teoricamente, a alternância entre as duas é possível quando necessário.

Um ponto a ser considerado ao usar o Notebook e o Colab é que os dois produtos usam praticamente a mesma terminologia e muitos dos mesmos recursos, mas não são idênticos. Os métodos usados para realizar tarefas são diferentes, e algumas das terminologias também. Por exemplo, uma célula Markdown no Notebook é uma célula Text no Colab. A seção "Realizando Tarefas Comuns" deste capítulo trata de outras diferenças que devem ser consideradas.

Usando o suporte de runtime local

O suporte de runtime local só é necessário para trabalhar dentro de um ambiente de equipe, quando se precisa das vantagens de velocidade ou acesso a recursos oferecidas por um runtime local. O uso do runtime local produz mais velocidade do que na nuvem. Além disso, ele possibilita acessar os arquivos em sua máquina. Um runtime local também oferece controle sobre a versão do Notebook usado para executar o código. Leia mais sobre suporte runtime local em `https://research.google.com/colaboratory/local-runtimes.html` [conteúdo em inglês].

Considere várias questões ao determinar a necessidade de um suporte de runtime local. O mais óbvio é precisar dele, o que significa que essa opção não funcionará no laptop ou tablet, a não ser que tenha o Windows, o Linux ou o OS X e a versão adequada do Notebook instalados. O laptop ou tablet também precisa de um navegador adequado, pois é quase certo que o Internet Explorer causará problemas, se funcionar.

A consideração mais importante ao se usar um runtime local, no entanto, é que sua máquina fica propensa a uma possível infecção do código do Notebook. É preciso confiar no fornecedor do código. A opção de runtime local abre sua máquina para outros com quem o código seja compartilhado, mas eles devem usar os próprios runtimes locais ou depender da nuvem para executar o código.

Ao trabalhar com o Colab usando o suporte de runtime local e o Firefox, as configurações precisam ser ajustadas. Certifique-se de ler a seção Browser Specific Setups na página Local Runtimes para que o Firefox seja configurado corretamente. Sempre verifique a configuração. Às vezes o Firefox parece funcionar adequadamente com o Colab, mas surgem problemas de configuração ao realizar tarefas, e o Colab exibe mensagens de erro que dizem que o código não foi executado (ou alguma outra informação, que não é particularmente útil).

Criando uma Conta do Google

Antes de realizar qualquer tarefa significativa usando o Colab, é preciso ter uma conta do Google. É possível usar a mesma conta para tudo, não apenas para o desenvolvimento. Por exemplo, uma conta Google dá acesso ao Google Docs (https://www.google.com/docs/about/), um sistema de gestão de documentos online parecido com o Office 365.

Criando a conta

Para criar uma conta do Google, acesse https://account.google.com/ e clique no link Criar uma conta do Google. Essa página também contém muitas informações sobre o que a conta oferece. Ao clicar no link, a página mostrada na Figura 4-1 é exibida. O processo de criação da conta tem várias páginas. Basta fornecer as informações requisitadas em cada página e clicar em Próxima.

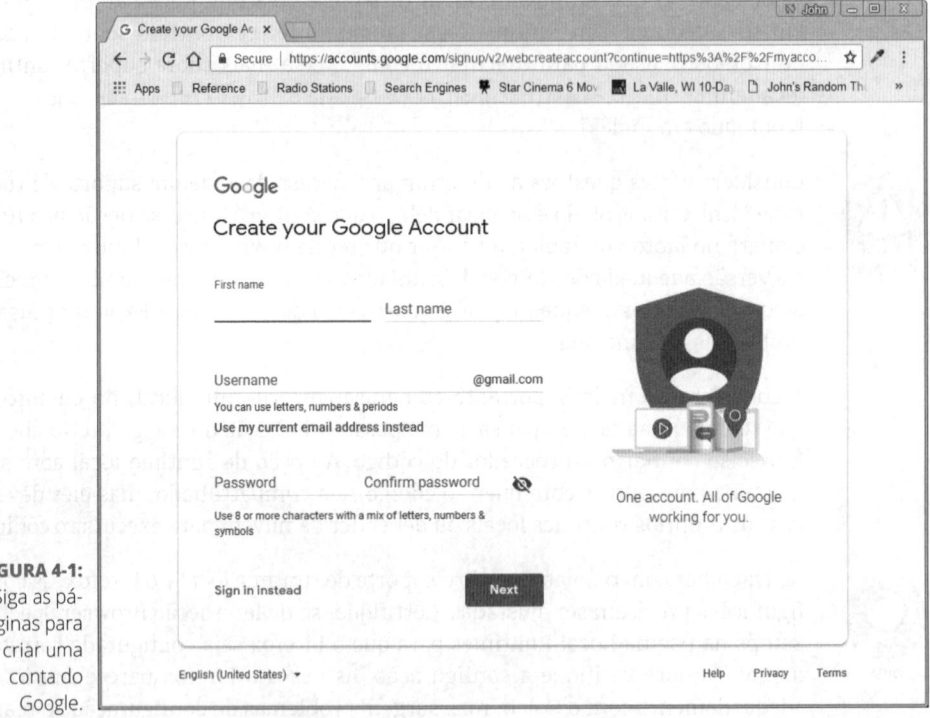

FIGURA 4-1: Siga as páginas para criar uma conta do Google.

Fazendo login

Depois de criar e verificar sua conta, faça login. Antes de usar o Colab, entre na conta. Isso porque o Colab depende do Google Drive para certas tarefas. Você também pode armazenar os notebooks em outros lugares, como o GitHub, mas a conta do Google garante que tudo funcione como o planejado. Para fazer login, acesse `https://accounts.google.com/`, forneça seu e-mail e senha, e clique em Próxima. A página de login é exibida na Figura 4-2.

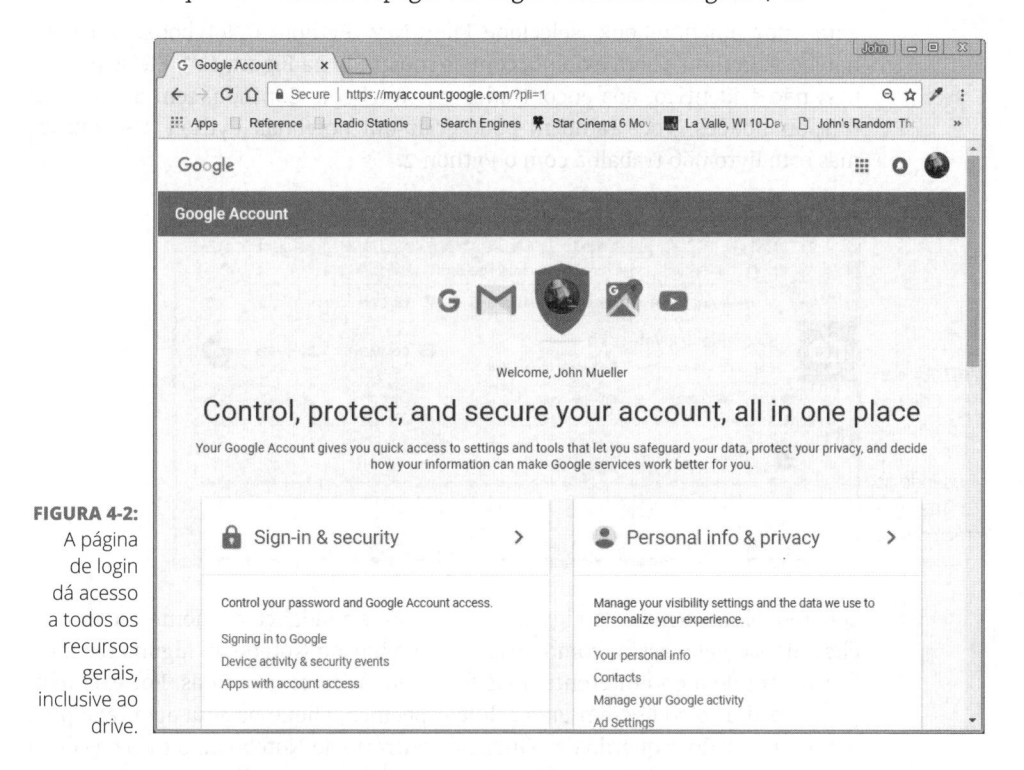

FIGURA 4-2: A página de login dá acesso a todos os recursos gerais, inclusive ao drive.

Trabalhando com Notebooks

Como com o Jupyter Notebook, o notebook forma a base das interações com o Colab. Na verdade, o Colab é baseado nos notebooks, como já foi mencionado. Ao colocar o mouse em certas partes da página de boas-vindas em `https://colab.research.google.com/notebooks/welcome.ipynb`, são exibidas oportunidades para interagir com a página adicionando-se entradas de código ou texto (que, quando necessário, servem como notas). Essas entradas são ativas, portanto, interativas, e também é possível mover células e copiar o material resultante para o Google Drive. É claro que a interação com a página de boas-vindas é inesperada e divertida, mas o objetivo real deste capítulo é demonstrar como interagir com os notebooks do Colab. As próximas seções descrevem como realizar tarefas básicas relacionadas aos notebooks com o Colab.

Criando um notebook

Para criar um notebook, selecione File➪New Python 3 Notebook. Um novo notebook Python 3 será exibido, como o mostrado na Figura 4-3. Ele se parece, mas não é idêntico, aos encontrados no Notebook. Contudo, tem as mesmas funcionalidades. Você também pode criar um notebook Python 2 se quiser, mas este livro não trabalha com o Python 2.

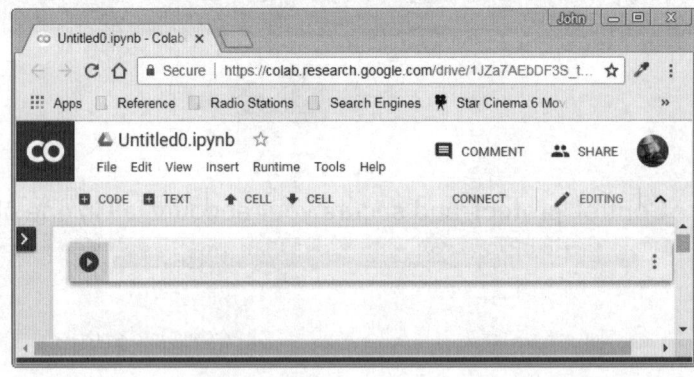

FIGURA 4-3: Crie um notebook Python 3 usando as mesmas técnicas de sempre.

O notebook mostrado na Figura 4-3 permite a mudança do nome do arquivo clicando-se nele, assim como faria ao trabalhar no Notebook. Alguns recursos funcionam de modo diferente, mas fornecem as mesmas saídas. Por exemplo, para executar o código em uma célula específica, clique na seta apontada para a direita no lado esquerdo da célula. Ao contrário do Notebook, o foco da célula não muda para a próxima, então escolha a próxima célula diretamente, clicando nos botões Next Cell ou Previous Cell, na barra de ferramentas.

Abrindo notebooks

Podemos abrir notebooks existentes no armazenamento local, no Google Drive ou no GitHub. Também podemos abrir qualquer exemplo do Colab ou fazer upload de arquivos de fontes acessíveis, como um drive de rede no sistema. Em todos os casos, comece selecionando File➪Open Notebook. A caixa de diálogo mostrada na Figura 4-4 será exibida.

A visualização padrão mostra todos os arquivos abertos recentemente, independente da localização. Eles aparecem em ordem alfabética. Podemos filtrar o número de itens exibidos digitando uma string no campo Filter Notebooks. No topo há outras opções para abrir notebooks.

> **DICA**
>
> Mesmo que não esteja logado, os exemplos de projetos do Colab ficam acessíveis. Esses projetos o ajudam a entender o Colab, mas não permitem que faça nada com os próprios projetos. Mesmo assim, ainda é possível experimentar o Colab sem fazer login no Google. As próximas seções discutem essas informações mais detalhadamente.

Usando o Google Drive para notebooks existentes

O Google Drive é uma localização padrão para muitas operações no Colab, e sempre é possível escolhê-lo como destino. Ao trabalhar com o Drive, vemos uma lista de arquivos similar à mostrada na Figura 4-4. Para abrir um arquivo específico, clique no link na caixa de diálogo. O arquivo se abre na guia atual do navegador.

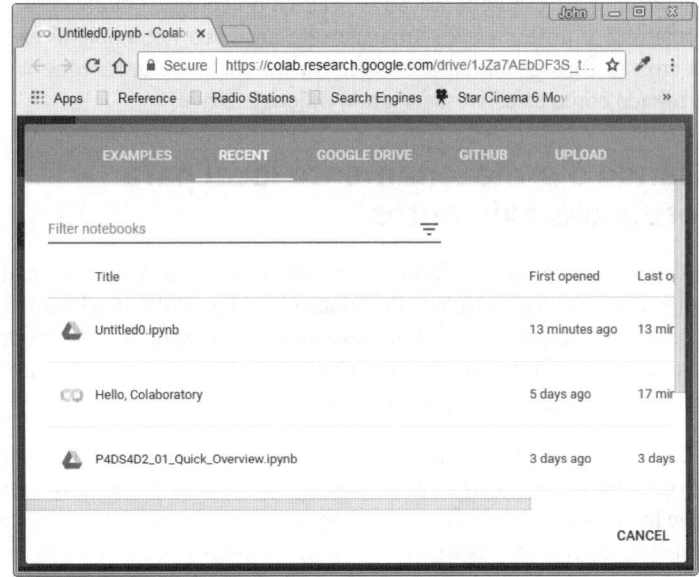

FIGURA 4-4: Use esta caixa de diálogo para abrir os notebooks.

Usando o GitHub para notebooks existentes

Ao trabalhar com o GitHub, primeiro deve-se fornecer a localização online do código-fonte, como mostrado na Figura 4-5. A localização deve indicar um projeto público. Não é possível acessar projetos privados usando o Colab.

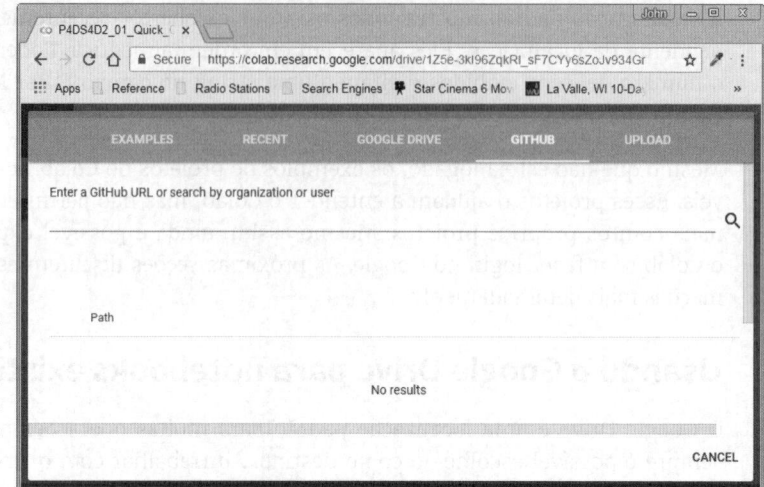

FIGURA 4-5:
Ao usar o GitHub, forneça a localização do código-fonte.

Depois de fazer a conexão ao GitHub, vemos duas listas: repositories (repositórios), que armazenam o código relacionado a um projeto específico; e branches (divisões), uma implementação específica do código. Depois de selecionar um repositório e uma divisão, uma lista de arquivos notebooks é exibida, e eles podem ser carregados para o Colab. Basta clicar no link requerido e ele será carregado como se estivesse usando o Google Drive.

Usando o armazenamento local para notebooks existentes

Se quiser usar o código-fonte para download deste livro, ou qualquer outra fonte, selecione a guia Upload da caixa de diálogo. No centro há um único botão, Choose File. Clique nesse botão para abrir uma caixa de diálogo Open File no navegador. Localize o arquivo do qual deseja fazer o upload, assim como faria normalmente para abrir qualquer arquivo.

LEMBRE-SE

Selecionar um arquivo e clicar em Open faz o upload do arquivo para o Google Drive. Se fizer modificações no arquivo, elas aparecerão no Google Drive, não no drive local. Dependendo do navegador, uma nova janela com o código carregado se abrirá. Entretanto, às vezes uma simples mensagem de sucesso é exibida. De qualquer forma, agora abra o arquivo usando a mesma técnica que usaria com o Google Drive. Em alguns casos, o navegador lhe pergunta se realmente quer sair da página atual. Diga que sim.

DICA

O comando File⇨Upload Notebook também carrega um arquivo para o Google Drive. Na verdade, fazer o upload de um notebook é igual a fazer o upload de qualquer outro tipo de arquivo, e a mesma caixa de diálogo é mostrada. Se quiser carregar outros tipos de arquivos, provavelmente será mais rápido usar o comando File⇨Upload Notebook.

Salvando notebooks

O Colab oferece várias opções significativas para salvar o notebook, mas nenhuma delas funciona com o drive local. Depois de fazer o upload do conteúdo do drive local para o Google Drive ou o GitHub, o Colab gerencia o conteúdo na nuvem. Para salvar as atualizações no drive local, baixe o arquivo usando as técnicas descritas na seção "Baixando notebooks", mais adiante neste capítulo. As próximas seções falam sobre as opções baseadas em nuvem para salvar notebooks.

Usando o Drive para salvar notebooks

O local padrão para armazenar os dados é o Google Drive. Ao selecionar File➪Save, o conteúdo criado vai para o diretório raiz do Google Drive. Se quiser salvar o conteúdo em uma pasta diferente, é preciso selecioná-lo no Google Drive (`https://drive.google.com/`).

LEMBRE-SE

O Colab acompanha as versões do projeto à medida que são salvas, mas também as remove com o passar do tempo. Para salvar uma versão que não ficará ultrapassada, use o comando File➪Save and Pin Revision. Para ver as revisões do projeto, selecione File➪Revision History. A saída, mostrada na Figura 4-6, será exibida. Note que a primeira entrada está fixada (pinned). As entradas podem ser fixadas verificando-as na lista do histórico (History). O histórico de revisão também mostra a data de modificação, quem fez a revisão e o tamanho do arquivo resultante. Essa lista é útil para restaurar uma revisão anterior ou baixá-la para o drive local.

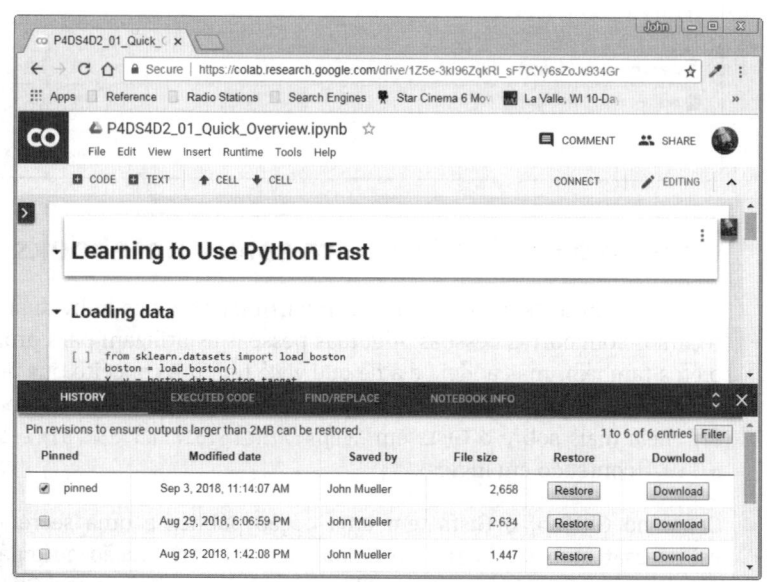

FIGURA 4-6: O Colab mantém um histórico das revisões do projeto.

CAPÍTULO 4 **Trabalhando com o Google Colab** 73

Uma cópia do projeto também pode ser salva selecionando-se File ⇨ Save a Copy In Drive. A cópia recebe a palavra *Copy* como parte do nome. É claro que é possível renomeá-la mais tarde. O Colab armazena a cópia na pasta atual do Google Drive.

Usando o GitHub para salvar notebooks

O GitHub é uma alternativa ao Google Drive para salvar conteúdo, um método de compartilhar código com o propósito de discuti-lo, revisá-lo e distribui-lo. Acesse o GitHub em `https://github.com/` [conteúdo em inglês].

LEMBRE-SE Use os repositórios públicos a partir do Colab ao trabalhar com o GitHub, mesmo que ele suporte repositórios privados. Para salvar um arquivo no GitHub, selecione File ⇨ Save a Copy in GitHub. Se ainda não estiver logado no GitHub, o Colab exibirá uma janela pedindo as informações de login. Depois, uma caixa de diálogo parecida com a da Figura 4-7 será exibida.

Note que essa conta não tem um repositório atual. Crie ou escolha um existente para armazenar os dados. Depois de salvar o arquivo, ele aparecerá no repositório GitHub escolhido. Ele incluirá um link para abrir os dados no Colab como padrão, a não ser que escolha não incluir esse recurso.

FIGURA 4-7: Usar o GitHub significa armazenar os dados em um repositório.

Usando o GitHubGist para salvar notebooks

Use o GitHub Gists como meio de compartilhar arquivos individuais ou outros recursos com outras pessoas. Algumas pessoas as utilizam para projetos completos também, mas a ideia é a de que você tem um conceito que deseja compartilhar — algo que não está completo ainda e não representa uma aplicação útil. Leia mais sobre o Gists em `https://help.github.com/articles/about-gists/` [conteúdo em inglês].

Como no GitHub, o Gists tem uma opção pública e uma secreta. É possível acessar ambas a partir do Colab, mas a configuração automática mantém os arquivos privados. Para salvar o projeto atual como um Gist, selecione

File➪Save a Copy as a GitHub Gist. Diferente do GitHub, não é preciso criar um repositório nem fazer nada neste caso. Os arquivos são salvos como Gist sem qualquer esforço extra. A entrada resultante sempre contém um link View in Colabolatory, como mostrado na Figura 4-8.

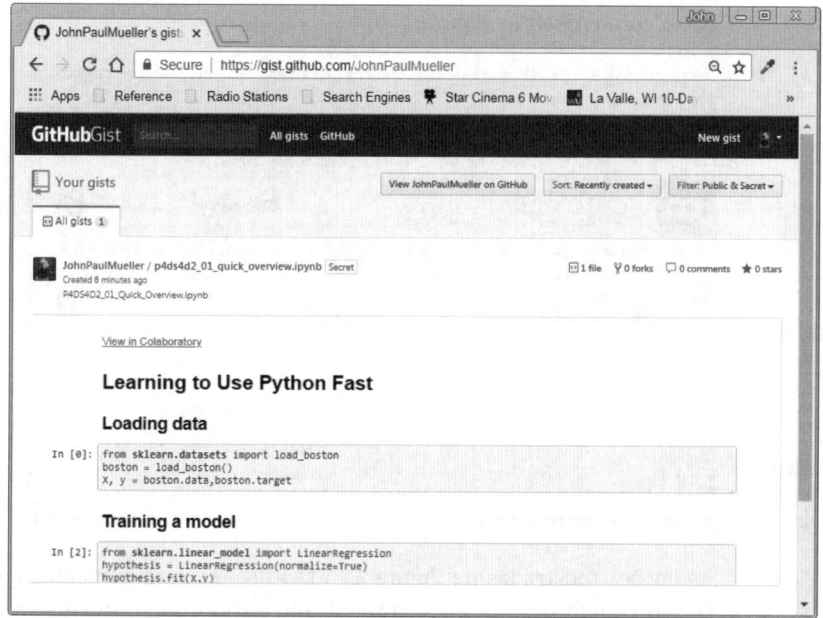

FIGURA 4-8: Use o Gists para armazenar arquivos ou outros recursos.

Baixando notebooks

O Colab suporta dois métodos para baixar notebooks para o drive local: arquivos .ipynb (usando File➪Download .ipynb) e arquivos .py (usando File➪Download .py). Em ambos os casos, o arquivo aparece no diretório de download padrão do navegador. O Colab não permite baixar os arquivos para um diretório específico.

Realizando Tarefas Comuns

A maior parte das tarefas funciona de modo similar no Colab e no Notebook. Por exemplo, a criação de células de código é igual. As células Markdown têm três formas: texto, título e sumário. Elas funcionam um pouco diferente das Markdown do Notebook, mas a ideia é a mesma. Também podemos editar e mover células como no Notebook. Uma diferença importante é que o tipo de uma célula não é alterável. Se for criada como título, não pode ser transformada em célula de código. As próximas seções fornecem um panorama dos vários recursos.

Criando células de código

A primeira célula criada pelo Colab é uma célula de código. O código criado usa todos os mesmos recursos encontrados no Notebook, mas ao lado da célula há um menu de extras que podem ser usados com o Colab, e não existem no Notebook, como mostra a Figura 4-9.

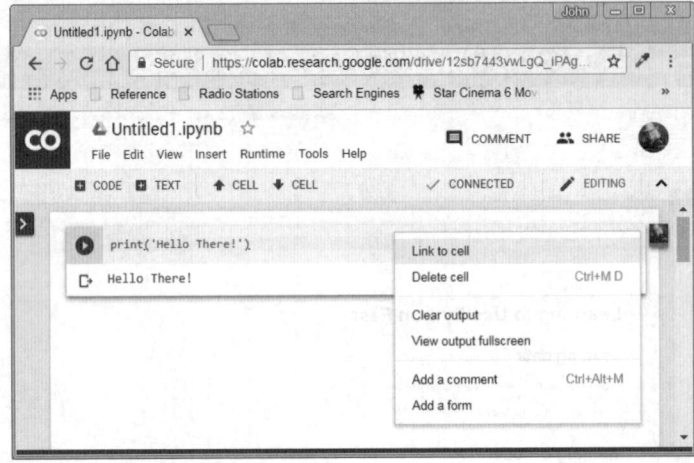

FIGURA 4-9:
As células de código do Colab contêm extras inexistentes no Notebook.

As opções mostradas na Figura 4-9 são usadas para aumentar a experiência com o código no Colab. A lista a seguir fornece uma breve descrição desses recursos:

» **Link to Cell:** Exibe uma caixa de diálogo contendo um link de acesso a uma célula específica dentro do notebook. Ele pode ser incorporado a qualquer lugar de uma página web ou dentro de um notebook para que alguém possa acessar essa célula específica. A pessoa ainda vê todo o notebook, mas não precisa procurar a célula abordada.

» **Delete Cell:** Remove a célula do notebook.

» **Clear Output:** Remove a saída da célula. O código deve ser executado novamente para gerar a saída mais uma vez.

» **View Output Fullscreen:** Exibe a saída (não a célula toda ou qualquer outra parte do notebook) em modo de tela cheia no dispositivo. Essa opção é útil ao exibir uma quantidade significativa de conteúdo ou quando uma visualização detalhada dos gráficos explica um tópico. Pressione Esc para sair do modo de tela cheia.

- » **Add a Comment:** Cria um balão de comentário à direita da célula. Isso não é igual a um comentário de código, que fica na linha do código, mas afeta a célula inteira. Você pode editar, deletar ou resolver comentários. Um comentário é dito resolvido quando recebe atenção e não é mais aplicável.
- » **Add a Form:** Insere um formulário na célula à direita do código. Usamos formas para fornecer entrada gráfica a parâmetros. Elas não aparecem no Notebook, mas devido ao modo como são criadas, não evitam que o código seja rodado no Notebook. Leia mais sobre formas em `https://colab.research.google.com/notebooks/forms.ipynb` [conteúdo em inglês].

As células de código também falam sobre o código e sua execução. Um pequeno ícone ao lado da saída exibe informações sobre a execução ao passarmos o mouse sobre ele, como mostra a Figura 4-10. Clicar no ícone exclui a saída. Rode o código novamente para gerar a saída outra vez.

Criando células de texto

As células de texto funcionam como células Markup no Notebook. Contudo, a Figura 4-11 mostra que recebemos ajuda adicional para formatar o texto usando uma interface gráfica. O markup é o mesmo, mas há a opção de permitir que a GUI o ajude a criar o markup. Por exemplo, neste caso, para criar o símbolo # para um título, clicamos no ícone de T duplo que aparece em primeiro lugar na lista. Clicar nesse ícone de novo aumentaria o nível do título. À direita, vemos como o texto aparecerá no notebook.

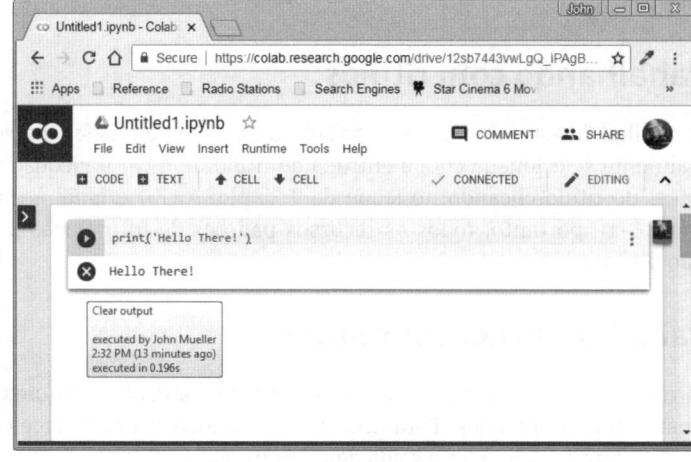

FIGURA 4-10: As células de código do Colab contêm extras inexistentes no Notebook.

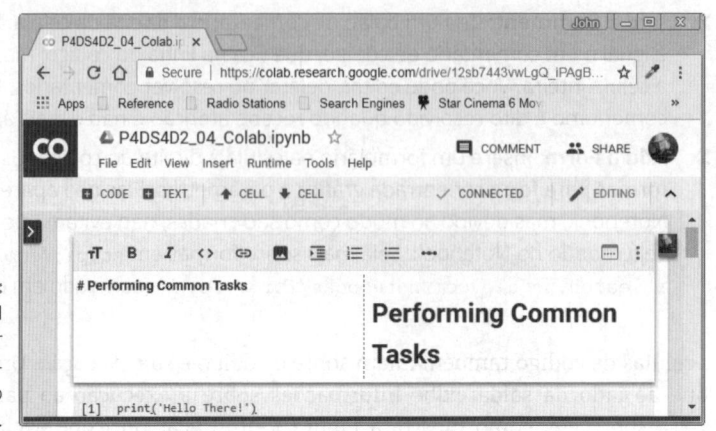

FIGURA 4-11:
Use a GUI para facilitar a formatação do texto.

Observe o menu à direita da célula de texto. Ele contém muitas opções iguais às das células de código. Por exemplo, podemos criar uma lista de links para facilitar para as pessoas o acesso a partes específicas do notebook por meio de um índice. Diferentemente do Notebook, não podemos executar células de texto para resolver o markup contido nelas.

Criando células especiais

As células especiais fornecidas pelo Colab são variações de células de texto. Elas são acessadas pela opção Insert do menu e aceleram a criação das células exigidas. As próximas seções descrevem cada um desses tipos de células especiais.

Trabalhando com títulos

Ao escolher Insert ⇨ Section Header Cell, uma célula é criada, abaixo da célula atualmente selecionada com a entrada de título de nível 1 adequado. Aumente o nível do título clicando no ícone de T duplo. A GUI é igual à mostrada na Figura 4-11, portanto, todos os recursos padrões de formatação para o texto estão disponíveis.

Trabalhando com sumários

Um recurso interessante acrescentado ao Colab é a geração automática de um sumário para o notebook. Para utilizá-lo, selecione Insert ⇨ Table of Contents Cell. A Figura 4-12 mostra a saída desse exemplo.

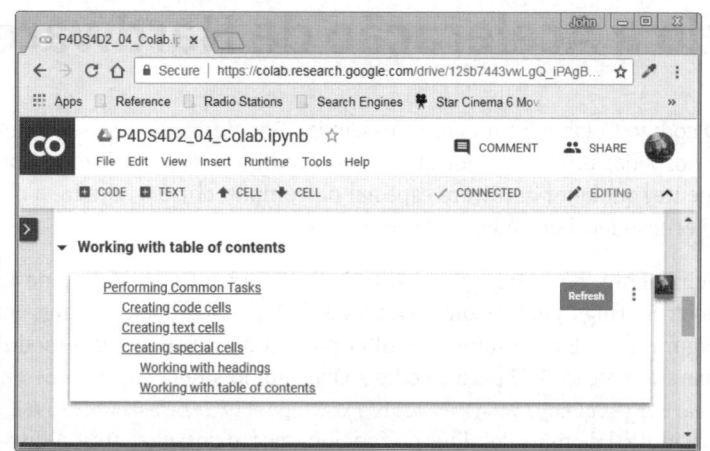

FIGURA 4-12:
As informações ficam acessíveis ao se adicionar um sumário ao notebook.

A célula Table of Contents contém um título modificável, da mesma forma que se faz com qualquer outro título no notebook. O sumário aparece na saída da célula. Para atualizá-lo, clique em Refresh, à direita da saída. Ao trabalhar com uma célula Table of Contents, todos os recursos normais de célula de texto estão disponíveis.

CUIDADO

O recurso do sumário aparece no Notebook, mas não é aproveitável. Se planeja compartilhar o notebook com pessoas que usam o Notebook, remova o sumário para evitar confusões.

Editando células

Tanto o Colab quanto o Notebook têm menus de edição (Edit) que contêm opções como cortar, copiar e colar células. Os dois produtos têm algumas diferenças interessantes. Por exemplo, o Notebook possibilita dividir e combinar células. O Colab contém uma opção de alternância para exibir ou esconder código. Essas diferenças tornam cada produto característico, mas não influenciam seu uso para criar e modificar código Python.

Movendo células

A mesma técnica usada para mover células no Notebook também funciona com o Colab. A única diferença é que o Colab depende exclusivamente de botões da barra de ferramentas, enquanto o Notebook também tem opções de movimento de células no menu de edição.

Usando a Aceleração de Hardware

O código Colab executa em um servidor Google. Tudo o que o computador faz é hospedar um navegador que exibe o código e seus resultados. Consequentemente, qualquer hardware especial no computador é ignorado, a não ser que a execução local do código seja selecionada.

DICA

Felizmente, há outra opção ao trabalhar com o Colab. Selecione Edit⇨Notebook Settings para exibir a caixa de diálogo Notebook Settings mostrada na Figura 4-13. Ela permite a escolha do Python runtime e um modo de adicionar a execução GPU para o código. O artigo no site `https://medium.com/deep-learning-turkey/google-colab-free-gpu-tutorial-e113627b9f5d` [conteúdo em inglês] dá mais detalhes do funcionamento desse recurso. A disponibilidade de um GPU não é um convite para executar grandes computações usando o Colab. O conteúdo no site `https://research.google.com/colaboratory/faq.html#gpu-availability` [conteúdo em inglês] fala sobre as limitações da aceleração de hardware do Colab (inclusive que pode não estar disponível quando se precisa dela).

FIGURA 4-13: A aceleração de hardware melhora a execução do código.

A caixa de diálogo Notebook Settings também pede para escolher incluir ou não a saída da célula ao salvar o notebook. Dado que o notebook é armazenado na nuvem na maioria dos casos e que carregar arquivos grandes para o navegador demora, esse recurso possibilita que a sessão seja reiniciada com mais rapidez. É claro que isso significa gerar novamente todas as saídas necessárias.

Executando o Código

Para que o código seja útil, é preciso rodá-lo. As seções anteriores mencionaram a seta apontada para a direita que aparece na célula atual. Quando clicada, ela roda apenas a célula. É claro que há outras opções além de clicar nessa seta, e todas aparecem no menu Runtime. A lista a seguir resume as opções:

> » **Rodar a célula atual:** Além de clicar na seta apontada para a direita, selecione Runtime ⇨ Run the Focused Cell para executar o código da célula atual.
> » **Rodar outras células:** O Colab fornece opções no menu Runtime para executar o código na célula seguinte, na anterior ou em uma seleção de células. Basta escolher a opção correspondente à célula ou conjunto delas que deseja executar.
> » **Rodar todas as células:** Em alguns casos, é preciso executar todo o código de um notebook. Basta selecionar Runtime ⇨ Run All. A execução começa no início do notebook, na primeira célula que contém código, e continua até a última célula que contém código do notebook. A execução é interrompida a qualquer momento selecionando-se Runtime ⇨ Interrupt Execution.

DICA

Selecionar Runtime ⇨ Manage Sessions exibe uma caixa de diálogo contendo uma lista de todas as sessões que estão em execução em sua conta do Colab. Use essa caixa de diálogo para determinar quando o código do notebook foi executado pela última vez e quanta memória ele consome. Clique em Terminate para finalizar a execução de um notebook específico. Clique em Close para fechar a caixa de diálogo e retornar ao notebook atual.

Visualizando o Notebook

Um notebook tem uma seta apontada para a direita em sua margem esquerda. Clicar nesse ícone exibe um painel contendo guias que mostram vários tipos de informações sobre o notebook. Escolha ver as diferentes informações no menu View. Para fechar o painel, clique no X no canto direito superior do painel. As próximas seções descrevem cada uma dessas informações.

Exibindo o sumário

Selecione View➪Table of Contents para ver um sumário do notebook, como mostra a Figura 4-14. Ao clicar em uma das entradas, a seção correspondente do notebook é exibida.

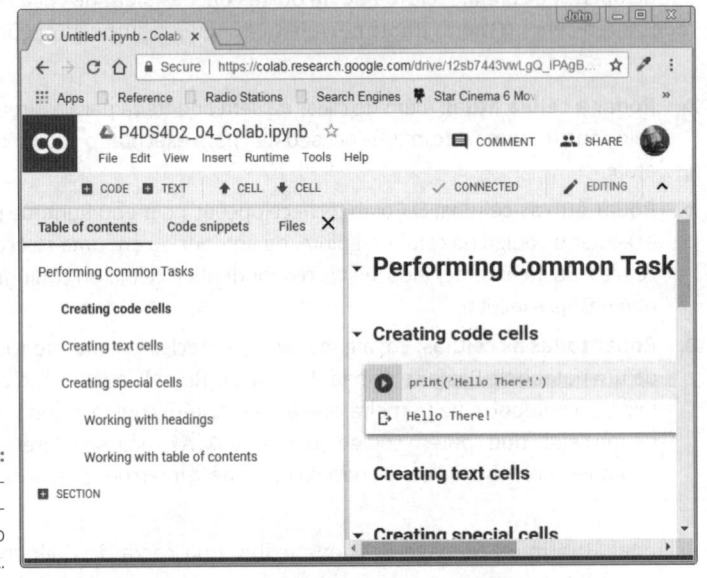

FIGURA 4-14: Use o sumário para navegar pelo notebook.

No fim do painel há um botão + Section. Clique nele para criar uma célula título abaixo da célula atualmente selecionada.

Obtendo informações do notebook

Ao selecionar View➪Notebook Information, um painel se abrirá na parte inferior do navegador, como mostra a Figura 4-15. Ele contém o tamanho, as configurações e o proprietário do notebook. Note que a exibição também informa o tamanho máximo do notebook.

A guia Notebook Info também inclui dois links Modify. Ambos exibem a caixa de diálogo Notebook Settings, para escolher o tipo de runtime e se o notebook depende da aceleração de hardware, como descrito na seção "Usando a Aceleração de Hardware", anteriormente neste capítulo.

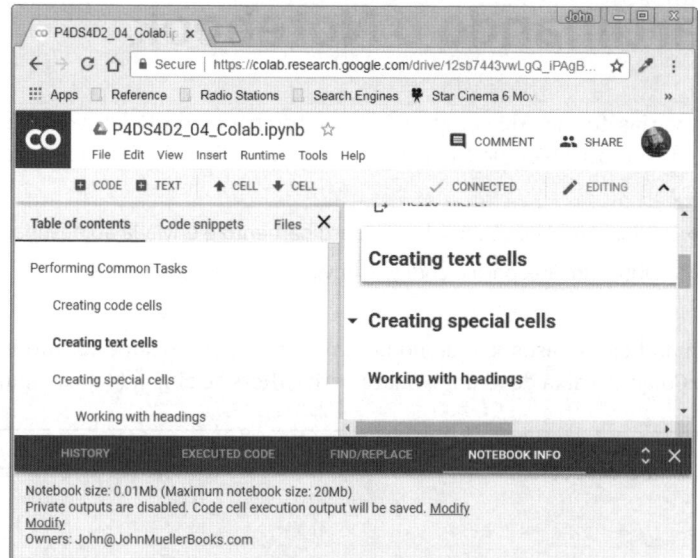

FIGURA 4-15: As informações do notebook incluem o tamanho e as configurações.

Conferindo a execução do código

O Colab acompanha o código enquanto é executado. Selecione View➪Executed Code History para exibir a guia Executed Code, o painel inferior da janela, como mostra a Figura 4-16. Note que o número associado às entradas na guia Executed Code não necessariamente corresponde aos números associados às células. Além disso, cada execução específica do código recebe um número separado.

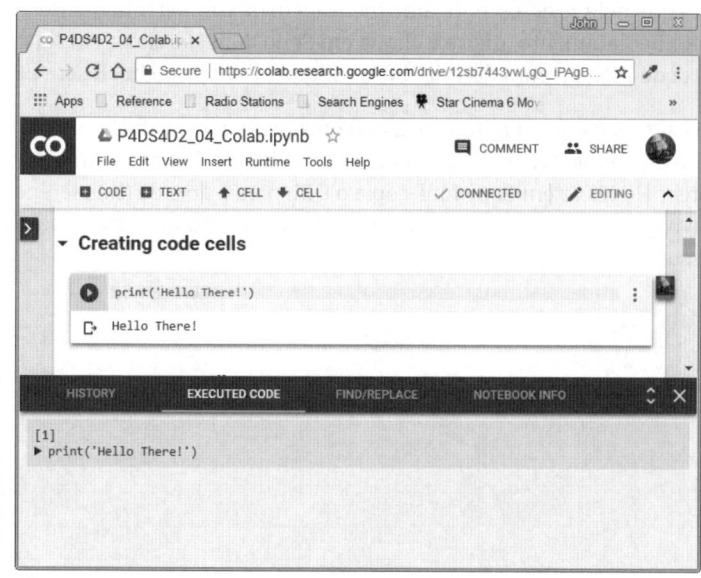

FIGURA 4-16: O Colab acompanha qual código foi executado e em qual ordem.

Compartilhando o Notebook

Há várias formas de compartilhar os notebooks do Colab. Por exemplo, salve-os no GitHub ou no GitHub Gists. Mas os dois métodos mais diretos são:

» Criar uma mensagem de compartilhamento e enviá-la ao destinatário.
» Obter um link para o código e enviá-lo para o destinatário.

Em ambos os casos, clique no botão Share no canto superior direito na janela do Colab. A caixa de diálogo Share with Others se abrirá (veja a Figura 4-17).

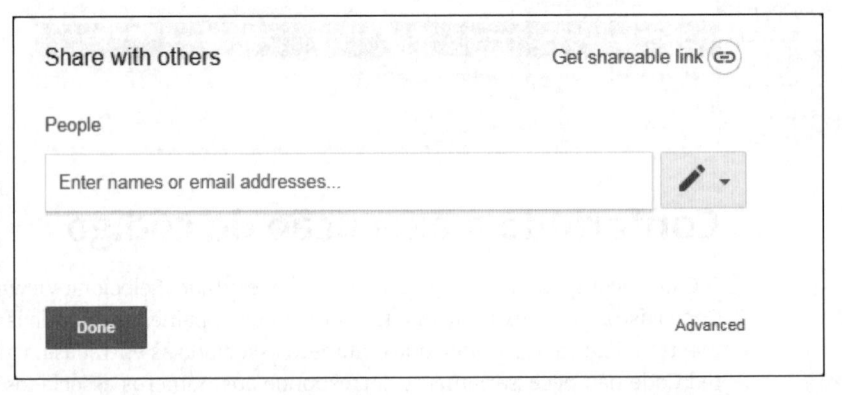

FIGURA 4-17: Envie uma mensagem ou obtenha um link para compartilhar o notebook.

Ao inserir um ou mais nomes no campo People, um campo adicional é aberto, para que nele se acrescente uma mensagem de compartilhamento. Para enviar o link imediatamente, digite e clique em Send. Mas, se clicar em Advanced, outra caixa de diálogo para definir como compartilhar o notebook será exibida.

No canto superior direito da caixa de diálogo Share with Others, há o botão Get Shareable Link. Clique nele para exibir a caixa de diálogo contendo o link para o notebook. Clicar em Copy Link copia o URL para a área de transferência do dispositivo, então cole-o em mensagens ou outros meios de comunicação com outras pessoas.

Obtendo Ajuda

O local mais óbvio para conseguir ajuda com o Colab é o menu Help. Ele contém todas as entradas usuais para acessar as páginas de perguntas frequentes (FAQ). O menu não tem um link para ajuda geral, mas ela está em `https://colab.research.google.com/notebooks/welcome.ipynb` [conteúdo em inglês] (requer login no site do Colab). O menu também fornece opções para submeter um bug e enviar feedback.

Uma das entradas mais interessantes do menu Help é Search Code Snippets. Ela abre o painel mostrado na Figura 4-18, em que se encontram, por exemplo, códigos para atender a necessidades específicas, com o mínimo de modificação. Clicar no botão Insert insere o código na localização atual do cursor na célula que tem o foco. Cada entrada também mostra um exemplo do código.

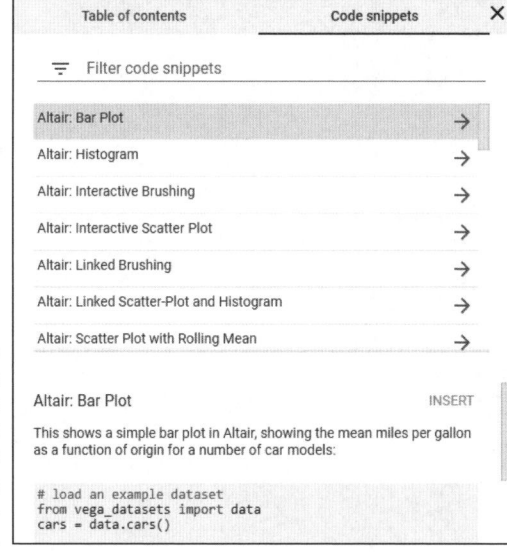

FIGURA 4-18: Use o code snippets para escrever as aplicações mais rapidamente.

O Colab desfruta de um grande suporte da comunidade. Selecionar Help⇨Ask a Question on Stack Overflow abre uma nova guia no navegador na qual fazer perguntas para os outros usuários. Se ainda não estiver logado no Stack Overflow, uma tela de login será exibida.

2 Colocando as Mãos na Massa com os Dados

NESTA PARTE...

Considere as ferramentas disponibilizadas pelo Jupyter Notebook.

Acesse e interaja com dados de várias fontes.

Realize o condicionamento essencial de dados.

Execute a modelagem de dados.

Desenvolva uma solução geral de dados.

NESTE CAPÍTULO

» Trabalhando com o console Jupyter
» Trabalhando com o Jupyter Notebook
» Interagindo com gráficos e multimídia

Capítulo **5**

Compreendendo as Ferramentas

Até agora, passamos muito tempo trabalhando com Python para realizar tarefas de data science sem realmente usar as ferramentas fornecidas pelo Anaconda. Sim, muito do que fazemos envolve digitar código e ver o que acontece, mas se não soubermos exatamente como usar bem as ferramentas, perderemos oportunidades de realizar as tarefas com mais facilidade e rapidez. A automação é uma parte essencial da realização de tarefas de data science em Python.

Este capítulo aborda o trabalho de duas ferramentas principais do Anaconda: o console Jupyter e o Jupyter Notebook. Os capítulos anteriores falam delas, mas não as exploram detalhadamente, e é preciso conhecê-las muito melhor para seguir para os próximos capítulos. As habilidades desenvolvidas neste capítulo o ajudarão a realizar tarefas nos próximos com maior velocidade e muito menos esforço.

Este capítulo também observa tarefas nas quais aplicar as habilidades que acabou de desenvolver. No decorrer do livro, muitas mais serão trabalhadas, mas essas tarefas as avaliam e explicam como usá-las para facilitar ainda mais o trabalho com o Python.

LEMBRE-SE Você não precisa digitar o código-fonte deste capítulo. É muito mais fácil usar o arquivo para download. O código-fonte deste capítulo aparece no arquivo `P4DS4D2_05_Understanding the Tools.ipynb`. (As informações detalhadas sobre onde localizar este arquivo estão na Introdução.)

Usando o Console Jupyter

É no console Python (acessível pelo Anaconda Prompt) que se utiliza data science de modo interativo. Você pode testar coisas e ver os resultados imediatamente. Se cometer um erro, é só fechar o console e criar outro. Ele serve para brincar e considerar as possibilidades, e as próximas seções explicam como melhorar a experiência com o console Jupyter.

LEMBRE-SE O console Python padrão que vem com a cópia baixada do Python e a versão Anaconda do console Python (acessada com o comando IPython) são parecidos, e, juntos, propiciam a realização de muitas tarefas. (Daqui em diante, no texto, chamaremos a versão Anaconda do console Python apenas de console IPython, para simplificar). Se já sabe como usar o console Python padrão, tem certa vantagem ao trabalhar com o console IPython. Mas eles têm diferenças. O console IPython fez melhorias em relação ao console Python padrão. Além disso, há diferença na realização de certas tarefas entre os dois consoles, como colar quantidades grandes de texto, então, mesmo que saiba usar o padrão, é bom ler as próximas seções.

Interagindo com o texto na tela

Quando o console IPython é iniciado, digitando-se **ipython** no Anaconda Prompt e pressionando-se Enter, uma tela similar à mostrada na Figura 5-1 é exibida. Essa tela parece cheia de texto sem sentido, mas todas as informações são úteis. A primeira linha informa a versão do Python e do Anaconda. Abaixo há três termos de ajuda (copyright, credits e license). Digite-os para obter mais informações sobre a versão dos dois produtos. Por exemplo, ao digitar **credits** e pressionar Enter, é mostrada uma listagem dos contribuidores dessa versão do produto.

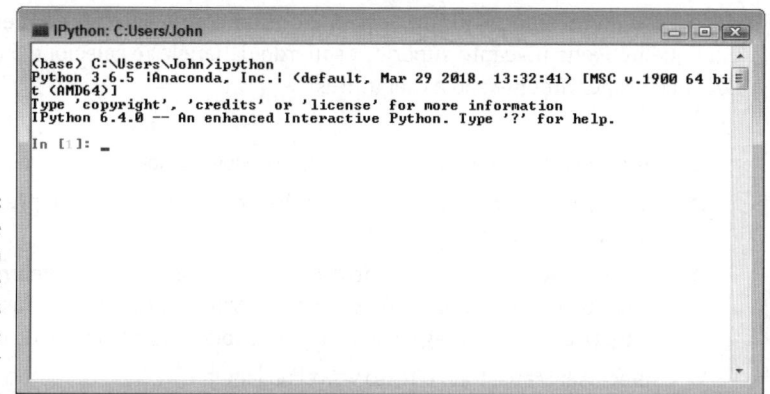

FIGURA 5-1: A tela de abertura fornece informações sobre onde conseguir mais ajuda.

Observe a linha que fala sobre ajuda aprimorada (enhanced help). Se digitar ? e pressionar Enter, verá cinco comandos, utilizados para as seguintes tarefas:

» ?: Usar o Jupyter para realizar trabalho útil.

» object?: Descobrir fatos sobre pacotes, objetos e métodos usados em Python para interagir com os dados.

» object??: Obter informações por escrito sobre pacotes, objetos e métodos (geralmente muitas páginas difíceis de ler).

» %quickref: Obter informações sobre as funções mágicas que o Jupyter disponibiliza.

» help: Aprender sobre a linguagem de programação Python (help e ? não são iguais — o primeiro é para o Python, e o segundo, para os recursos do IPython).

Dependendo do sistema operacional, clicar com o botão direito na janela do Anaconda Prompt exibe um menu de contexto com opções para trabalhar com o texto na janela. A Figura 5-2 mostra o menu de contexto no Windows. Ele é importante, pois permite interagir com o texto e copiar os resultados da experimentação de forma permanente.

FIGURA 5-2: Corte, copie e cole texto usando este menu de contexto.

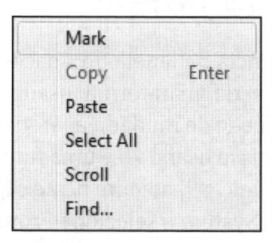

CAPÍTULO 5 **Compreendendo as Ferramentas** 91

O acesso ao mesmo menu de opções é obtido com a seleção do menu System (clique no ícone no canto superior esquerdo da janela) e selecione o menu Edit. As opções geralmente são as seguintes:

LEMBRE-SE

» **Mark:** Seleciona o texto específico que deseja copiar.

» **Copy:** Coloca o texto selecionado na área de transferência (ou pressione Enter depois de marcar o texto, para copiá-lo).

» **Paste:** Move o texto da área de transferência para a janela. Infelizmente, este comando não funciona bem no console IPython para copiar várias linhas de texto. Use a função mágica %paste para copiar diversas linhas de texto.

» **Select All:** Marca todo o texto visível na janela.

» **Scroll:** Possibilita rolar a tela ao usar as setas do teclado. Pressione Enter para interromper a rolagem.

» **Find:** Exibe uma caixa de diálogo Find para localizar texto em qualquer parte do buffer da tela. É um comando extremamente útil, pois serve para localizar texto inserido anteriormente se quisermos reutilizá-lo de alguma forma.

DICA

Um recurso fornecido pelo console IPython, e inexistente no console Python padrão, é cls, ou clear screen (limpar a tela). Para limpar a tela e facilitar a digitação de novos comandos, simplesmente digite **cls** e pressione Enter. Também use o código a seguir para reiniciar a shell, algo similar a reiniciar o kernel no Notebook:

```
import IPython
app = IPython.Application.instance()
app.shell.reset()
```

Nesse caso, a numeração recomeça, fazendo com que você veja melhor a sequência de execução. Para limpar as variáveis da memória, use a função mágica %reset.

Mudando a aparência da janela

O console Windows permite mudar a aparência da janela do Anaconda Prompt com facilidade. Dependendo do console e da plataforma usada, há outras opções. Se a plataforma não tiver a flexibilidade de mudar a aparência da janela do Anaconda Prompt, ainda é possível fazer isso usando-se uma função mágica, como descrito na seção "Usando funções mágicas", adiante neste capítulo. Para mudar o console Windows, clique no menu System e selecione Properties. Uma caixa de diálogo será exibida, como mostra a Figura 5-3.

Cada guia controla um aspecto diferente da aparência da janela. Mesmo trabalhando com o IPython, o console por trás dele ainda afeta o que é exibido. Aqui estão os objetivos de cada uma das guias mostradas na Figura 5-3:

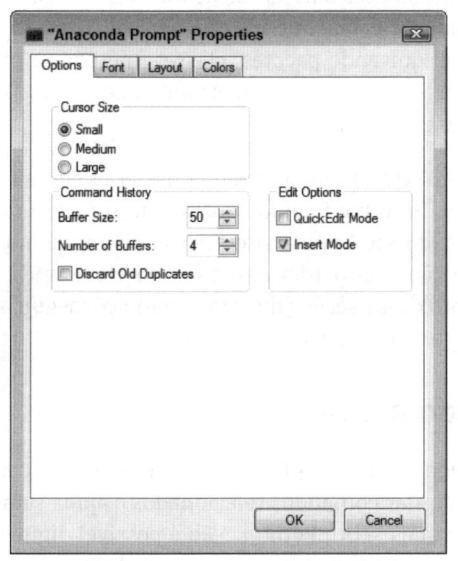

FIGURA 5-3: A caixa de diálogo Properties possibilita controlar a aparência da janela.

» **Options:** Determina o tamanho do cursor (um cursor grande é bom para configurações mais claras), a quantidade de comandos lembrada pela janela e como funciona a edição (por exemplo, quando o modo Insert está ativado).

» **Font:** Define a fonte usada para exibir texto na janela. A opção Raster Fonts parece ser a melhor para a maioria das pessoas, mas teste outras opções de fonte para visualizar melhor o texto em condições diferentes.

» **Layout:** Especifica o tamanho da janela, a posição dela na tela e o tamanho do buffer usado para conter informações que saem do campo de visão. Se achar que esses comandos antigos somem muito rápido, aumente o tamanho da janela. Da mesma forma, se não conseguir localizar comandos antigos, aumente o tamanho do buffer.

» **Colors:** Determina a configuração básica de cores da janela. Muitas pessoas acham difícil de usar a configuração padrão de fundo preto com texto cinza. Um fundo branco com texto preto é muito mais agradável. Mas escolha as configurações de cores que funcionam melhor para o seu caso. A quantidade de cores é ampliada com as cores usadas pela função mágica `%colors`.

Obtendo ajuda com Python

Ninguém consegue lembrar de tudo sobre uma linguagem de programação. Mesmo os melhores programadores têm lapsos de memória. É por isso que uma ajuda específica da linguagem é tão importante. Sem ela, os programadores passariam muito tempo pesquisando pacotes, classes, métodos e propriedades online. Sim, eles já usaram isso no passado, mas não conseguem se lembrar das informações requeridas hoje.

LEMBRE-SE

A parte Python do console IPython tem dois métodos para pedir ajuda: o modo ajuda e a ajuda interativa. Use o modo ajuda quando quiser explorar a linguagem e tiver tempo para fazer isso. A ajuda interativa é melhor quando você quer saber de algo específico e não quer perder muito tempo procurando no meio de muitas informações. As próximas seções mostram como conseguir ajuda sobre a linguagem Python sempre que precisar.

Entrando no modo ajuda

Para entrar no modo ajuda, digite **help( )** e pressione Enter. O console entra em um novo modo, para digitar comandos relacionados à ajuda sempre que for necessário para descobrir mais sobre Python. Não é possível digitar comandos Python nesse modo. O prompt muda para um prompt help>, como mostra a Figura 5-4, para lembrá-lo de que o modo ajuda está ativado.

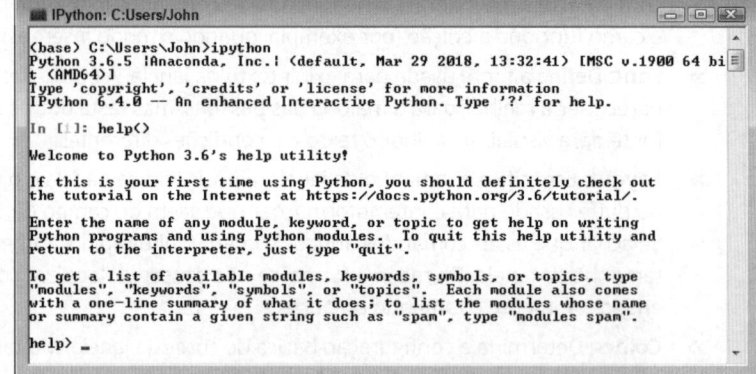

FIGURA 5-4: O modo ajuda depende de um prompt especial help>.

Para obter ajuda sobre qualquer objeto ou comando, simplesmente digite o nome e pressione Enter. Ou digite qualquer um dos comandos a seguir para obter uma lista de outros tópicos de discussão.

- » `modules`: Compila uma lista de módulos carregados. A lista varia conforme a configuração da cópia do Python (a linguagem subjacente), então não é sempre a mesma ao utilizar esse comando. Ela demora um pouco para ser executada, e a saída geralmente é bem grande.
- » `keywords`: Apresenta uma lista de palavras-chave relacionadas ao Python para dar mais informações sobre elas. Por exemplo, digite **assert** e aprenda mais sobre a palavra-chave `assert`.
- » `symbols`: Exibe a lista de símbolos que têm significado especial em Python, como * para multiplicação e << para deslocamento à esquerda.
- » `topics`: Exibe uma lista de tópicos gerais de Python, como CONVERSIONS. O tópico aparece em letras maiúsculas.

Pedindo ajuda no modo ajuda

Para obter ajuda no modo ajuda, basta digitar o nome do módulo, palavra-chave, símbolo ou tópico sobre o qual quer aprender e pressionar Enter. O modo ajuda é específico do Python, o que significa que é possível perguntar sobre uma `list`, mas não sobre um objeto baseado em uma lista chamado `mylist`. Também não é possível perguntar sobre recursos específicos de IPython, como o comando `cls`.

Ao trabalhar com recursos que fazem parte de um módulo, é preciso incluir o nome do módulo. Por exemplo, se quiser saber mais sobre o método `version()` dentro do módulo `sys`, digite **sys.version** e pressione Enter no prompt de ajuda, em vez de digitar apenas **version**.

Se um tópico de ajuda for grande demais para ser apresentado em apenas uma tela, `-- More --` aparecerá na parte inferior da exibição. Pressione Enter para prosseguir pela informação de ajuda uma linha de cada vez, ou a barra de espaço para avançá-la uma tela de cada vez. Não se pode voltar na listagem de ajuda. Pressionar Q (ou q) finaliza as informações de ajuda imediatamente.

Saindo do modo ajuda

Depois de terminar de explorar a ajuda, volte para o prompt do Python para digitar mais comandos. Basta pressionar Enter sem inserir nada no prompt de ajuda ou digitar **quit** (sem parênteses) e pressionar Enter no prompt de ajuda.

Obtendo ajuda interativa

Às vezes você não quer sair do prompt do Python para obter ajuda. Nesse caso, digite `help('<topic>')` e pressione Enter para obter informações de ajuda. Por exemplo, para receber ajuda sobre o comando print, digite **help('print')** e pressione Enter. Note que o tópico da ajuda está entre apóstrofos. Se tentar pedir ajuda sem colocar o tópico entre apóstrofos, verá uma mensagem de erro.

DICA

A ajuda interativa funciona como qualquer módulo, palavra-chave ou tópico suportado por Python. Por exemplo, digite **help('CONVERSIONS')** e pressione Enter para receber ajuda sobre o tópico CONVERSIONS. É importante ver que as letras maiúsculas e minúsculas ainda são importantes ao usar a ajuda interativa. Digitar **help('conversions')** e pressionar Enter exibe uma mensagem dizendo que a ajuda não está disponível.

Obtendo ajuda do IPython

Obter ajuda com o IPython é diferente de obter ajuda com o Python. Quando você usa a ajuda do IPython, trabalha com o ambiente de desenvolvimento, e não com a linguagem de programação. Para obter ajuda do IPython, digite **?** e pressione Enter. Uma longa lista das várias formas de usar a ajuda do IPython aparecerá.

Algumas formas mais essenciais dependem da digitação da palavra-chave com um ponto de interrogação. Por exemplo, se quiser aprender mais sobre o comando `cls`, digite `cls?` ou `?cls` e pressione Enter. Não importa se o ponto de interrogação aparece antes ou depois do comando.

DICA

Curiosamente, a ajuda do IPython pode ficar ainda mais interessante. Se quiser obter mais detalhes sobre um comando ou outro recurso do IPython, use dois pontos de interrogação. Por exemplo, `??cls` exibe o código-fonte para o comando `cls`. Mas saiba que nem sempre há mais informações para retornar.

Se quiser interromper a exibição de informações do IPython antes do tempo, pressione Q para sair. Caso contrário, pressione a barra de espaço ou Enter para exibir cada tela de informação até que o sistema de ajuda tenha exibido tudo o que estiver disponível.

Usando funções mágicas

Por incrível que pareça, seu computador faz mágica! O Jupyter fornece um recurso especial chamado de funções mágicas, que possibilitam a realização de tarefas incríveis com o console Jupyter. As próximas seções são um panorama das funções mágicas. Algumas delas serão usadas posteriormente no livro, e vale a pena reservar um tempo para conferi-las.

Obtendo a lista de funções mágicas

A melhor maneira de começar a trabalhar com funções mágicas é obter uma lista delas digitando **%quickref** e pressionando Enter. Uma tela de ajuda, parecida com a mostrada na Figura 5-5, será exibida. A listagem é um pouco difícil de ler, então certifique-se de lê-la com calma.

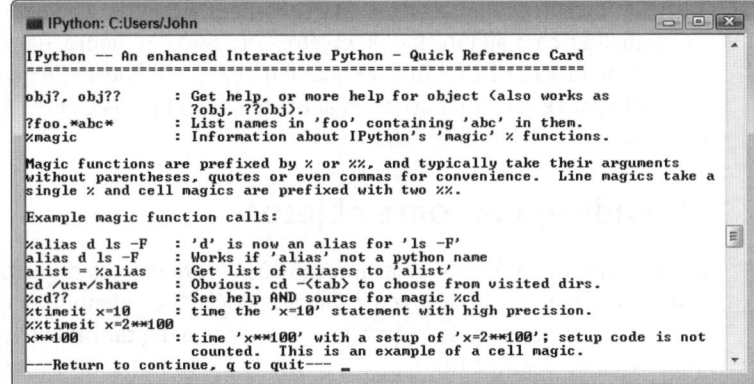

FIGURA 5-5:
Leia a ajuda das funções mágicas com calma. Há bastante informação.

Trabalhando com funções mágicas

A maioria das funções mágicas começa com um ou dois sinais de porcentagem (% ou %%). As que têm um único sinal de porcentagem funcionam no nível da linha de comando, enquanto as com dois funcionam no nível da célula. A discussão sobre o Jupyter Notebook mais adiante neste capítulo fala mais sobre as células. Por ora, basta saber que geralmente usamos funções mágicas com um único sinal de porcentagem no console IPython.

LEMBRE-SE

A maioria das funções mágicas exibe informações de status quando as utilizamos sozinhas. Por exemplo, ao digitar **%cd** e pressionar Enter, o diretório atual aparecerá. Para mudar de diretórios, digite `%cd` mais a localização do novo diretório no sistema. Há algumas exceções para essa regra. Por exemplo, `%cls` limpa a tela quando usada sozinha, pois não recebe nenhum parâmetro.

Uma das funções mágicas mais interessantes é `%colors`. Ela muda as cores usadas para exibir informações na tela, o que é útil quando se usam vários dispositivos. As opções disponíveis são `NoColor` (tudo em preto e branco), `Linux` (a configuração padrão) e `LightBG` (que usa um esquema de cores azul e verde). Essa função específica é outra exceção à regra. Digitar apenas `%colors` não exibe o esquema de cores atual, mas sim uma mensagem de erro.

Descobrindo objetos

O Python é centrado em objetos. Na verdade, não se faz nada com o Python sem trabalhar com algum tipo de objeto. Com isso em mente, é uma boa ideia saber como descobrir exatamente qual é o objeto em questão e quais recursos disponibiliza. As próximas seções o ajudam a descobrir os objetos Python usados no decorrer da programação.

Obtendo ajuda sobre objetos

Com o IPython, você pode pedir informações sobre objetos específicos usando o nome do objeto e um ponto de interrogação (?). Por exemplo, se quiser saber mais sobre um objeto `list` chamado `mylist`, basta digitar **mylist?** e pressionar Enter. A saída exibirá o tipo `mylist`, o conteúdo em forma de string, o comprimento e um documento string, fornecendo uma visão geral rápida de `mylist`.

Quando precisar de ajuda detalhada sobre `mylist`, digite **help(mylist)** e pressione Enter. É exibida a mesma ajuda de quando se pede informações sobre `list` de Python. No entanto, as informações são específicas do objeto sobre o qual pediu ajuda. Não é preciso descobrir o tipo do objeto e, então, requisitar suas informações.

Obtendo as especificidades do objeto

A função `dir()` é muito menosprezada, mas é um modo essencial de aprender sobre as especificidades do objeto. Para ver uma lista de propriedades e métodos associados a qualquer objeto, use `dir(<object name>)`. Por exemplo, se criar uma lista chamada `mylist` e quiser saber o que fazer com ela, digite **dir(mylist)** e pressione Enter. O console IPython exibe uma lista de métodos e propriedades específicos de `mylist`.

Usando a ajuda de objeto IPython

O Python inclui um nível de ajuda sobre seus objetos — e o IPython, outro. Quando quiser saber mais a respeito do que Python lhe disser sobre um objeto, use o ponto de interrogação com ele. Por exemplo, ao trabalhar com um `list` chamado `mylist`, digite **mylist?** e pressione Enter para descobrir o tipo do objeto, seu conteúdo, comprimento e `docstring` associado. O `docstring` confere uma breve visão geral das informações de uso para o tipo — o bastante para completar as lacunas das informações sobre o objeto.

Usar um único ponto de interrogação faz o IPython cortar conteúdos longos. Se quiser obter o conteúdo total de qualquer objeto, use dois pontos de interrogação (??). Por exemplo digite **mylist??** e pressione Enter para ver qualquer detalhe excluído (embora possa não haver detalhes adicionais). Sempre que possível, o IPython fornece o código-fonte completo do objeto (supondo que esteja disponível).

As funções mágicas também são aplicáveis aos objetos. Elas simplificam a saída da ajuda e fornecem apenas as informações necessárias, como aqui:

» `%pdoc`: Exibe o `docstring` do objeto.
» `%pdef`: Mostra como chamar o objeto (supondo que seja chamável).
» `%source`: Exibe o código-fonte do objeto (supondo que esteja disponível).
» `%file`: Exibe o nome do arquivo que contém o código-fonte do objeto.
» `%pinfo`: Exibe informações detalhadas sobre o objeto (geralmente mais do que o fornecido apenas pela ajuda).
» `%pinfo2`: Exibe informações extras detalhadas sobre o objeto (quando disponível).

Usando o Jupyter Notebook

Geralmente usamos o console IPython descrito nas seções anteriores para brincar com o código, e nada mais. É claro que ele funciona bem para esse objetivo, mas o IDE Jupyter Notebook, outra parte do conjunto de ferramentas Anaconda, faz mais por você. As próximas seções o ajudam a entender algumas tarefas interessantes que o Jupyter Notebook (chamado apenas de Notebook) realiza.

Trabalhando com estilos

Aqui está o motivo de o Notebook ser melhor do que praticamente qualquer outro IDE: ele cria uma saída bonita. Em vez de ter uma tela cheia de código normal, use o Notebook para criar seções e adicionar estilos para que a saída fique bem formatada. Você acaba com um relatório bonito que contém um código executável. O aprimoramento dessa saída se deve ao uso de estilos.

O código digitado no Notebook fica em uma célula. Cada seção do código criado vai para uma célula separada. Quando precisar criar uma célula, basta clicar em Insert Cell Below (o botão com um sinal de mais) na barra de ferramentas. Da mesma forma, quando decidir que não precisa mais de uma célula, é só selecioná-la e clicar em Cut Cell (o botão com a tesoura) para colocar a célula deletada na área de transferência, ou selecionar Edit⇨Delete Cell para removê-la completamente.

O estilo padrão para uma célula é Code. Entretanto, ao clicar na seta para baixo ao lado da entrada Code, uma listagem de estilos é exibida, como mostra a Figura 5-6.

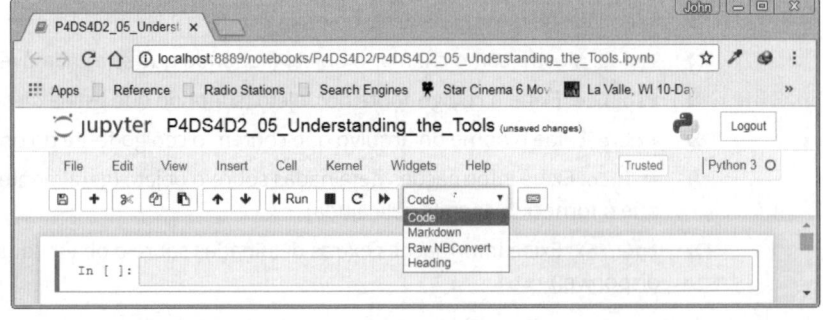

FIGURA 5-6: O Notebook facilita a adição de estilos ao trabalho.

Os vários estilos mostrados o ajudam a formatar o conteúdo de diversas formas. O estilo Markdown é definitivamente usado para separar várias entradas. Tente você mesmo: selecione Markdown da lista suspensa, digite o título para essa seção principal do capítulo, **# Usando o Jupyter Notebook**, na primeira célula, e em seguida clique em Run. O conteúdo muda para um título. A cerquilha única (#) informa ao Notebook que esse é um título de primeiro nível. Note que clicar em Run adiciona uma nova célula automaticamente e coloca o cursor nela. Para acrescentar um título de segundo nível, selecione Markdown na lista suspensa, digite **## Trabalhando com estilos** e clique em Run. A Figura 5-7 mostra que as duas entradas são realmente títulos e que a segunda é menor do que a primeira.

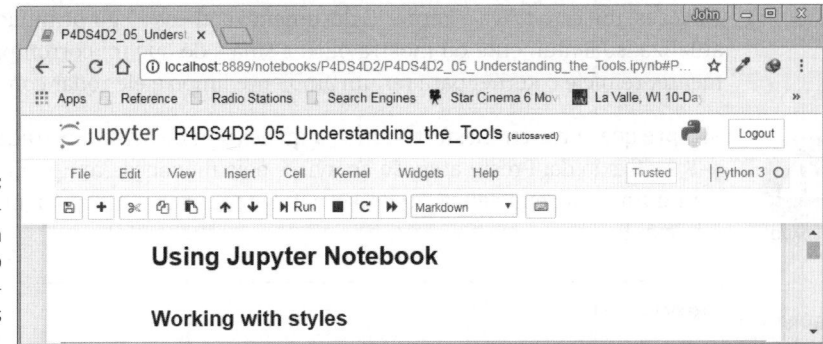

FIGURA 5-7:
Adicionar títulos facilita a separação do conteúdo nos notebooks.

[Captura de tela do Jupyter Notebook mostrando o arquivo P4DS4D2_05_Understanding_the_Tools com os títulos "Using Jupyter Notebook" e "Working with styles".]

O estilo Markdown também permite a adição de conteúdo HTML, que contém qualquer informação presente em uma página web em relação a tags HTML padrões. Outro modo de criar um título de primeiro nível é definir o tipo de célula como Markdown, digitar **<h1>Usando o Jupyter Notebook</h1>** e clicar em Run. Em geral, usamos o HTML para fornecer documentação e links para material externo. Depender de tags HTML possibilita incluir listas ou até imagens. Resumindo: você pode realmente incluir um fragmento de um documento HTML como parte do notebook, o que torna o Notebook mais do que um simples meio de escrever código.

O uso da opção de formatação Raw NBConvert está fora do escopo deste livro. No entanto, ela fornece os meios para incluir informações que não devem ser modificadas pelo conversor de notebook (NBConvert). É possível exibir notebooks em muitos formatos, e o NBConvert realiza essa tarefa para você. Leia mais sobre esse recurso em `https://nbconvert.readthedocs.io/en/latest/` [conteúdo em inglês]. O objetivo do estilo Raw NBConvert é possibilitar a inclusão de conteúdo especial, como o Lamport TeX (LaTeX). O sistema de documento LaTeX não é ligado a um editor específico — ele é simplesmente um meio de codificar documentos científicos.

Reiniciando o kernel

Sempre que realiza uma tarefa no notebook, você cria variáveis, importa módulos e faz uma enorme variedade de outras tarefas que corrompem o ambiente. A certa altura, não conseguirá ter certeza de se algo está funcionando como deveria. Para superar esse problema, clique em Restart Kernel (o botão com um círculo aberto com uma seta em uma extremidade) depois de salvar o documento clicando em Save and Checkpoint (o botão que contém um símbolo de disquete). Então rode o código novamente para garantir que funciona como o esperado.

Às vezes, um erro trava o kernel. O documento começa a agir de modo estranho, atualiza-se lentamente ou mostra outros sinais de que foi corrompido. Novamente, reinicie o kernel para ter um ambiente limpo e ele rodar como deve.

CUIDADO Sempre que clicar em Restart Kernel, a mensagem de aviso mostrada na Figura 5-8 será exibida. Preste atenção ao aviso, pois mudanças temporárias se perdem durante a reinicialização do kernel. Sempre salve o documento antes de reiniciá-lo.

FIGURA 5-8: Salve o documento antes de reiniciar o kernel.

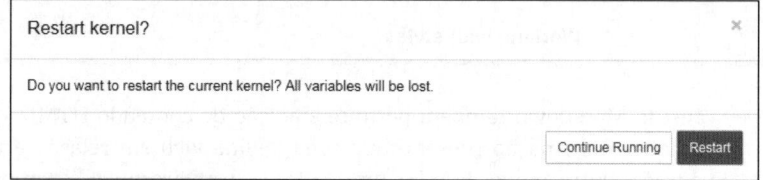

Restaurando um checkpoint

A certa altura, um erro pode ser descoberto. É perceptível que o Notebook não tem um botão Undo (Desfazer): você não consegue encontrá-lo. Em vez disso, criamos checkpoints sempre que finalizamos uma tarefa. A criação de checkpoints quando o documento está estável e funcionando adequadamente ajuda na recuperação rápida quando cometemos erros.

CUIDADO Para restaurar as configurações para a condição contida em um checkpoint, selecione File⇨Revert to Checkpoint. A lista dos checkpoints disponíveis se abrirá. Basta selecionar o que deseja usar. Ao selecioná-lo, uma mensagem de aviso será exibida, como a mostrada na Figura 5-9. Quando clicar em Revert, qualquer informação anterior se perderá, e a informação do checkpoint será a informação atual.

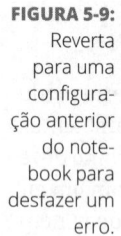

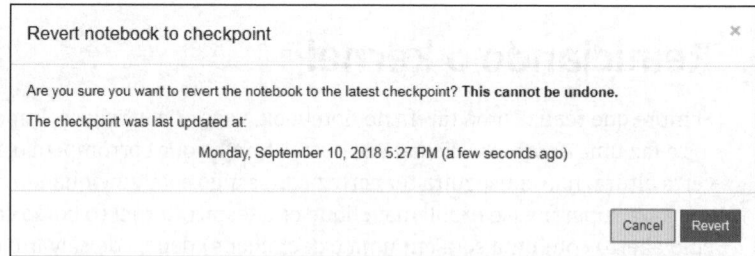

FIGURA 5-9: Reverta para uma configuração anterior do notebook para desfazer um erro.

Realizando Integração Gráfica e Multimídia

Uma imagem vale mais do que mil palavras (ou, pelo menos, transmite ideias com muito menos esforço). O Notebook é tanto uma plataforma de programação quanto de apresentação, e você pode se surpreender com tudo o que consegue realizar com ele. As próximas seções fornecem um panorama de mais alguns recursos interessantes.

Incorporando gráficos e outras imagens

Em algum momento, você pode ter visto um notebook com multimídia ou gráficos incorporados e ter se perguntado por que não viu os mesmos efeitos no próprio arquivo. Na verdade, todos os exemplos gráficos do livro aparecem como parte do código. Felizmente, a função mágica `%matplotlib` realiza algumas mágicas. Os valores possíveis para essa função são: `'gtk'`, `'gtk3'`, `'inline'`, `'nbagg'`, `'osx'`, `'qt'`, `'qt4'`, `'qt5'`, `'tk'` e `'wx'`, e cada um deles define um backend de diagramação diferente (o código usado para realmente reproduzir o diagrama) usado para apresentar informações na tela.

Ao executar `%matplotlib inline`, qualquer gráfico criado aparece como parte do documento. É assim que a Figura 8-1 (veja a seção sobre usar o básico do NetworkX no Capítulo 8) mostra o diagrama criado imediatamente abaixo do código afetado.

Carregando exemplos de sites online

Como alguns exemplos online são difíceis de entender a não ser que sejam carregados para seu sistema, recorra à função mágica `%load`. Basta ter o URL do exemplo que deseja no sistema. Por exemplo, experimente `%load https://matplotlib.org/_downloads/pyplot_text.py`. Quando clicar em Run Cell, o Notebook carregará o exemplo diretamente na célula e excluirá a chamada de `%load` com um comentário. Você pode rodar o exemplo e ver sua saída no próprio sistema.

Obtendo gráficos e multimídia online

Muito da funcionalidade exigida para realizar processamento especial de multimídia e gráficos aparece no `Jupyter.display`. Importar a classe requerida permite realizar tarefas como a incorporação de imagens ao notebook. Este é um exemplo de incorporação de uma das imagens do blog do autor para o notebook deste capítulo:

```
from IPython.display import Image
Embed = Image(
'http://blog.johnmuellerbooks.com/' +
'wp-content/uploads/2015/04/Layer-Hens.jpg')
Embed
```

O código começa importando a classe exigida, Image, e depois usa recursos dela para primeiro definir o que incorporar, e depois realmente incorporando a imagem. A saída deste exemplo está na Figura 5-10.

FIGURA 5-10: Incorporar imagens deixa a apresentação do notebook mais bonita.

DICA

Se espera que uma imagem mude com o tempo, crie um link para ela, em vez de incorporá-lo. Você deve atualizar um link, pois o conteúdo do notebook é apenas uma referência, não a imagem em si. Contudo, como a imagem muda, o notebook a retrata. Para realizar essa tarefa, use `SoftLinked = Image(url='http://blog.johnmuellerbooks.com/wp-content/uploads/2015/04/Layer-Hens.jpg')`, em vez de `Embed`.

Ao trabalhar com imagens incorporadas regularmente, estabeleça a forma como as imagens são incorporadas. Por exemplo, você pode preferir incorporá-las como um PDF. Para isso, use um código parecido com este:

```
from IPython.display import set_matplotlib_formats
set_matplotlib_formats('pdf', 'svg')
```

Você tem acesso a um grande número de formatos quando trabalha com um notebook. Os formatos comumente suportados são `'png'`, `'retina'`, `'jpeg'`, `'svg'` e `'pdf'`.

O sistema de exibição IPython não é nada menos do que incrível, e esta seção mal tocou no assunto. Por exemplo, importe um vídeo do YouTube e coloque-o diretamente no notebook como parte da apresentação. Veja a demonstração de muitos outros recursos de exibição em `http://nbviewer.jupyter.org/github/ipython/ipython/blob/1.x/examples/notebooks/Part%205%20-%20Rich%20Display%20System.ipynb` [conteúdo em inglês].

> **NESTE CAPÍTULO**
>
> » Manipulando fluxos de dados
>
> » Trabalhando com arquivos flat e desestruturados
>
> » Interagindo com bancos de dados relacionais
>
> » Usando NoSQL como fonte de dados
>
> » Interagindo com dados baseados na web

Capítulo **6**

Trabalhando com Dados Reais

Por definição, as aplicações de data science requerem dados. Seria ótimo se pudéssemos simplesmente ir a uma loja de dados, comprar os dados necessários em um pacote com sistema abre fácil e, então, escrever uma aplicação para acessá-los. Mas os dados são uma bagunça. Aparecem em todos os tipos de lugares, têm diversos formatos, e podem ser interpretados de várias formas. Cada organização tem um método diferente de visualizar dados e também os armazena de modos variados. Mesmo quando o sistema de gestão de dados usado por uma empresa é o mesmo de outra, há pouca probabilidade de que os dados tenham o mesmo formato ou até de que sejam os mesmos. Resumindo: antes que qualquer tipo de data science funcione, descubra como acessar os dados em todas suas formas variadas. Dados reais requerem muito trabalho para usar, e, felizmente, o Python está pronto para o trabalho de manipulação quando necessário.

Este capítulo explica as técnicas necessárias para acessar dados de diversas formas e localizações. Por exemplo, os fluxos de memória representam uma forma de armazenamento de dados que o computador suporta nativamente; existem arquivos flat no disco rígido; os bancos de dados relacionais geralmente aparecem em sistemas remotos, em rede (embora os menores, como os encontrados no Access, também apareçam no disco rígido); e dados baseados na web normalmente aparecem na internet. As formas de armazenamento de dados não ficam todas disponíveis (como os de sistemas de ponto de vendas, ou PDV). Muito possivelmente, um livro inteiro sobre o assunto não seria o suficiente para tratar sobre o tópico de formatos de dados detalhadamente. Entretanto, as técnicas deste capítulo demonstram como acessar os dados nos formatos comumente encontrados ao trabalhar com dados reais.

DICA

A biblioteca Scikit-learn inclui vários conjuntos de dados de *brinquedo* (pequenos conjuntos de dados destinados a serem experimentados). Esses conjuntos de dados são complexos o bastante para realizar várias tarefas, como experimentar Python para tarefas de data science. Como esses dados estão prontamente disponíveis, e fazer exemplos complicados demais é uma ideia ruim, este livro depende deles como entrada para muitos dos exemplos. Mesmo usando esses conjuntos de dados de brinquedo para reduzir a complexidade e deixar os exemplos mais claros, as técnicas demonstradas no livro funcionam igualmente bem em dados reais acessados por meio das técnicas demonstradas neste capítulo.

Você não precisa digitar o código-fonte para este capítulo. É muito mais fácil usar a fonte para download (veja as instruções para download na Introdução). O código-fonte deste capítulo aparece no arquivo `P4DS4D2_06_Dataset_Load.ipynb`.

CUIDADO

É essencial que os arquivos `Colors.txt`, `Titanic.csv`, `Values.xls`, `Colorblk.jpg` e `XMLData.xml` que estão no código-fonte para download estejam na mesma pasta (diretório) dos arquivos Notebook. Caso contrário, os exemplos das próximas seções terão um erro de entrada/saída (input/output, IO). A localização do arquivo varia de acordo com a plataforma usada. Por exemplo, em um sistema Windows, os notebooks são armazenados na pasta `C:\Users\`*Username*`\P4DS4D2`, em que *Username* é seu nome de usuário. (Supomos que use a localização da pasta prescrita de P4DS4D2, como descrito na seção "Definindo o repositório do código", do Capítulo 3.) Para que os exemplos funcionem, simplesmente copie os quatro arquivos da pasta da fonte de download para a pasta do Notebook.

Fazendo Upload, Streaming e Amostragem de Dados

Armazenar dados na memória local do computador é o meio mais rápido e confiável de acessá-los. Eles podem ficar em qualquer lugar, mas não é preciso interagir com eles no local de armazenamento. Carregue os dados para a memória a partir do local de armazenamento e, então, interaja com eles na memória. Essa é a técnica usada neste livro para acessar todos os conjuntos de dados brinquedo da biblioteca Scikit-learn, então você a verá com frequência no decorrer do livro.

LEMBRE-SE

Os cientistas de dados chamam as colunas em um banco de dados de *atributos* ou *variáveis*. As linhas são os *casos*. Cada linha representa uma coleção de variáveis passíveis de análise.

Carregando pequenas quantidades de dados na memória

O método mais conveniente usado para trabalhar com dados é carregá-los diretamente na memória. Essa técnica já apareceu algumas vezes no livro, mas usa o conjunto de dados brinquedo da biblioteca Scikit-learn. Esta seção usa o arquivo Colors.txt, mostrado na Figura 6-1, como entrada.

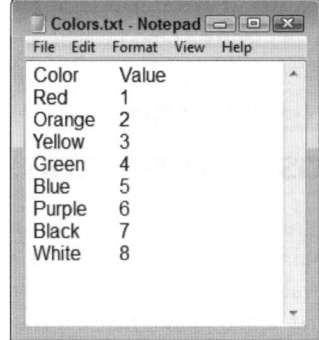

FIGURA 6-1: Formato do arquivo Colors.txt.

O exemplo também depende da funcionalidade nativa de Python para executar a tarefa. Ao carregar um arquivo (de qualquer tipo), o conjunto inteiro de dados fica disponível a qualquer momento, e o processo de carregamento é bem curto. Veja um exemplo de como a técnica funciona.

```
with open("Colors.txt", 'r') as open_file:
    print('Colors.txt content:\n' + open_file.read())
```

O exemplo começa usando o método open() para obter um objeto file. A função open() aceita o nome do arquivo e o modo de acesso. Neste caso, o modo de acesso é read (r). Ele usa o método read() do objeto file para ler todos os dados no arquivo. Se especificássemos um argumento de tamanho (size) como parte de read(), como read(15), Python leria apenas o número de caracteres especificado ou pararia ao chegar no Fim do Arquivo (EOF). Ao executar esse exemplo, a saída seguinte será:

```
Colors.txt content:
Color      Value
Red        1
Orange     2
Yellow     3
Green      4
Blue       5
Purple     6
Black      7
White      8
```

> **CUIDADO**
>
> Todo o conjunto de dados é carregado na memória livre. É claro que o processo de carregamento falhará se o sistema não tiver memória suficiente para armazenar o conjunto de dados. Quando isso ocorre, é preciso considerar outras técnicas para trabalhar com o conjunto de dados, como fazer streaming ou amostragem. Resumindo: antes de usar essa técnica, certifique-se de que o conjunto de dados caberá na memória. Geralmente, não há problemas ao se trabalhar com os conjuntos de dados brinquedo da biblioteca Scikit-learn.

Fazendo streaming de grandes quantidades de dados na memória

Alguns conjuntos de dados serão tão grandes, que não caberão totalmente na memória de uma vez só. Além disso, alguns conjuntos de dados se carregam mais lentamente, pois estão em um local remoto. O streaming atende a ambas as necessidades, possibilitando trabalhar com os dados pouco a pouco. O download é feito em partes individuais, possibilitando trabalhar com parte dos dados e depois trabalhá-los à medida que os receber, em vez de esperar que todo o conjunto de dados seja baixado. Veja um exemplo de como fazer streaming de dados usando o Python:

```
with open("Colors.txt", 'r') as open_file:
    for observation in open_file:
        print('Reading Data: ' + observation)
```

Esse exemplo depende do arquivo Colors.txt, que contém um título e vários registros que associam um nome de cor a um valor. O objeto de arquivo open_file contém um ponteiro ao arquivo aberto.

À medida que o código faz a leitura de dados no loop for, o ponteiro do arquivo se move para o próximo registro. Os registros aparecem um de cada vez em observation. O código exibe o valor em observation usando uma declaração print. A saída é esta:

```
Reading Data: Color    Value

Reading Data: Red      1

Reading Data: Orange   2

Reading Data: Yellow   3

Reading Data: Green    4

Reading Data: Blue     5

Reading Data: Purple   6

Reading Data: Black    7

Reading Data: White    8
```

O Python faz streaming de cada registro da fonte. Isso significa que você deve realizar uma leitura para cada registro desejado.

Gerando variações em dados de imagens

Às vezes é preciso importar e analisar dados de imagens, e a fonte e o tipo de imagem fazem diferença. Há vários exemplos de trabalho com imagens no decorrer do livro. Um bom ponto de partida é ler uma imagem no local, obter suas estatísticas e exibi-la na tela, como mostra o código a seguir:

```
import matplotlib.image as img
import matplotlib.pyplot as plt
%matplotlib inline

image = img.imread("Colorblk.jpg")
print(image.shape)
print(image.size)
plt.imshow(image)
plt.show()
```

O exemplo começa importando duas bibliotecas matplotlib, image e pyplot. A biblioteca image lê a imagem na memória, enquanto pyplot a exibe na tela.

Depois que o código lê o arquivo, começa a exibir a propriedade shape da imagem — o número de pixels horizontais, verticais e a profundidade. A Figura 6-2 mostra que a imagem tem 100 x 100 x 3 pixels. A propriedade size da memória é a combinação desses três elementos, ou 30 mil bytes.

O próximo passo é carregar a imagem para a diagramação usando `imshow()`. A chamada final, `plt.show()`, exibe a imagem na tela, como mostra a Figura 6-2. Essa técnica representa apenas um dos diversos métodos para interagir com imagens usando Python, a fim de analisá-las, de alguma forma.

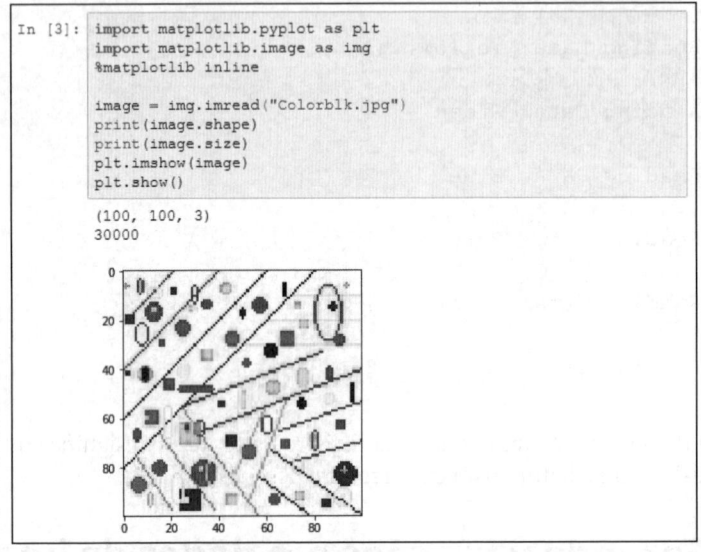

```
In [3]: import matplotlib.pyplot as plt
        import matplotlib.image as img
        %matplotlib inline

        image = img.imread("Colorblk.jpg")
        print(image.shape)
        print(image.size)
        plt.imshow(image)
        plt.show()

(100, 100, 3)
30000
```

FIGURA 6-2: A imagem de teste tem 100 pixels de altura e 100 pixels de comprimento.

Fazendo amostragem de dados de maneiras diferentes

O streaming de dados obtém todos os registros de uma fonte de dados, mas nem todos são necessários. É possível poupar tempo e recursos simplesmente fazendo amostragem dos dados. Isso significa extrair alguns registros, como a cada cinco registros ou fazendo amostragem aleatória. O código a seguir mostra como resgatar registros alternados no arquivo `Colors.txt`:

```
n = 2
with open("Colors.txt", 'r') as open_file:
    for j, observation in enumerate(open_file):
        if j % n==0:
            print('Reading Line: ' + str(j) +
            ' Content: ' + observation)
```

A ideia básica da amostragem é a mesma do streaming. No entanto, nesse caso, a aplicação usa `enumerate()` para resgatar um número de linha. Quando `j % n == 0`, a linha deve ser mantida, e a aplicação exibe a informação. Nesse caso, a saída é:

```
Reading Line: 0 Content: Color Value

Reading Line: 2 Content: Orange 2

Reading Line: 4 Content: Green 4

Reading Line: 6 Content: Purple 6

Reading Line: 8 Content: White 8
```

O valor de n é importante para determinar quais registros aparecem como parte do conjunto de dados. Tente mudar n para 3. A saída mudará, fazendo a amostragem apenas do título e das linhas 3 e 6.

DICA

Outra possibilidade é uma amostragem aleatória. Basta randomizar o seletor da seguinte forma:

```
from random import random
sample_size = 0.25
with open("Colors.txt", 'r') as open_file:
    for j, observation in enumerate(open_file):
        if random()<=sample_size:
            print('Reading Line: ' + str(j) +
                ' Content: ' + observation)
```

Para que essa forma de seleção funcione, importe a classe random. O método `random()` exibe um valor entre 0 e 1. Contudo, o Python randomiza a saída, então o valor que será recebido é imprevisível. A variável `sample_size` contém um número entre 0 e 1 para determinar o tamanho da amostra. Por exemplo, 0.25 seleciona 25% dos itens no arquivo.

A saída ainda aparecerá em ordem numérica. Por exemplo, Green não estará antes de Orange. No entanto, os itens selecionados são aleatórios, e nem sempre o número de valores de retorno será exatamente o mesmo. Os espaços entre eles também diferem. Veja um exemplo de saída (embora a sua provavelmente seja diferente):

```
Reading Line: 1 Content: Red 1

Reading Line: 4 Content: Green 4

Reading Line: 8 Content: White 8
```

Acessando Dados em Formato de Arquivo Flat Estruturado

Em muitos casos, os dados necessários para trabalhar não aparecerão dentro de uma biblioteca, como os conjuntos de dados brinquedo na biblioteca Scikit-learn. Dados reais aparecem em arquivos de algum tipo. Um arquivo flat apresenta o tipo mais fácil de arquivo para se trabalhar. Os dados aparecem como uma lista simples de entradas que podem ser lidas uma de cada vez, se desejado, dentro da memória. Dependendo das exigências do projeto, você pode ler todo o arquivo ou parte dele.

Um problema de usar técnicas nativas do Python é que a entrada não é inteligente. Por exemplo, quando um arquivo contém um título, o Python simplesmente o lê como mais dados para processar, em vez de apenas um título. Você não consegue selecionar facilmente uma coluna específica de dados. A biblioteca pandas, usada nas próximas seções, facilita muito a leitura e a compreensão de dados de arquivos flat. Suas classes e métodos interpretam (analisam) os dados do arquivo flat para facilitar sua manipulação.

LEMBRE-SE

O formato menos formatado de arquivo flat e, portanto, o mais fácil de ler é o arquivo de texto. No entanto, um arquivo de texto também trata todos os dados como strings, então muitas vezes é preciso converter os dados numéricos para outros formatos. Um arquivo CSV (comma-separated value) fornece mais formatação e mais informações, mas requer mais esforço para ler. Na extremidade superior da formatação de arquivos flat estão os formatos de dados personalizados, como um arquivo Excel, que contém muita formatação e inclui diversos conjuntos de dados em um único arquivo.

As próximas seções descrevem esses três níveis de conjuntos de dados de arquivos flat e mostram como usá-los. Supomos que o arquivo estruture os dados de alguma forma. Por exemplo, o arquivo CSV usa vírgulas para separar os campos de dados. Um arquivo de texto depende de tabulações para separar os campos de dados. Um arquivo Excel usa um método complexo para fazer essa separação e para fornecer uma variedade de informações sobre cada campo. Você também pode trabalhar com dados desestruturados, mas é muito mais fácil trabalhar com os estruturados, pois o início e o fim de cada campo são conhecidos.

Lendo a partir de um arquivo de texto

Arquivos de texto usam diversos formatos de armazenamento. Contudo, um formato comum é ter uma linha de título que documenta o propósito de cada campo, seguida por outra linha para cada registro no arquivo. Os campos do arquivo são separados usando-se tabulações. Veja a Figura 6-1 para um exemplo do arquivo `Colors.txt` usado no exemplo desta seção.

O Python nativo oferece vários métodos para ler tais arquivos. Entretanto, é muito mais fácil deixar que os outros façam esse trabalho. Nesse caso, usamos a biblioteca pandas para realizar a tarefa. Dentro dela, encontramos um conjunto de *parsers*, código usado para ler partes individuais de dados e determinar o propósito de cada uma de acordo com o formado do arquivo todo. Usar o parser correto é essencial para entender o conteúdo do arquivo. Nesse caso, o método `read_table()` realiza a tarefa, como mostrado no código a seguir:

```
import pandas as pd
color_table = pd.io.parsers.read_table("Colors.txt")
print(color_table)
```

O código importa a biblioteca pandas, usa o método `read_table()` para ler `Colors.txt` dentro de uma variável chamada `color_table`, e então exibe os dados de memória resultantes na tela usando a função `print`. Esta é a saída esperada para este exemplo.

```
     Color  Value
0      Red      1
1   Orange      2
2   Yellow      3
3    Green      4
4     Blue      5
5   Purple      6
6    Black      7
7    White      8
```

Note que o parser interpreta corretamente a primeira linha como contendo nomes de campos. Ele numera os registros de 0 a 7. Os argumentos do método `read_table()` ajustam o modo como o parser interpreta o arquivo de entrada, mas as configurações padrões geralmente funcionam melhor. Leia mais sobre os argumentos em `read_table()` em http://pandas.pydata.org/pandas-docs/version/0.23.0/generated/pandas.read_table.html [conteúdo em inglês].

Lendo o formato delimitado CSV

Um arquivo CSV fornece mais formatação do que um arquivo de texto simples. Na verdade, os arquivos CSV são bem complicados. Há um padrão que define o formato de arquivos CSV, veja-os em https://tools.ietf.org/html/rfc4180 [conteúdo em inglês]. O arquivo CSV usado para este exemplo é bem simples:

» Um título define cada um dos campos.
» Os campos são separados por vírgulas.
» Os registros são separados por quebras de linha.

» As strings estão entre aspas.

» Números inteiros e reais aparecem sem aspas.

A Figura 6-3 mostra o formato bruto do arquivo Titanic.csv usado neste exemplo. O formato bruto é acessado por meio de qualquer editor de texto.

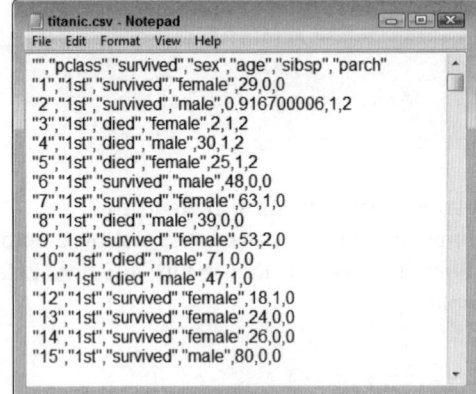

FIGURA 6-3: Um arquivo bruto de CSV é composto de muito texto.

Aplicações como o Excel importam e formatam arquivos CSV para que sejam mais fáceis de ler. A Figura 6-4 mostra o mesmo arquivo no Excel.

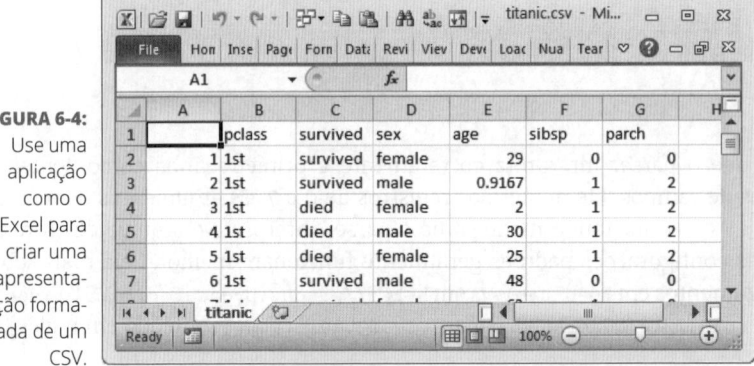

FIGURA 6-4: Use uma aplicação como o Excel para criar uma apresentação formatada de um CSV.

O Excel reconhece o título como tal. Se utilizar recursos como a classificação de dados, selecione as colunas de título para obter o resultado desejado. Felizmente, o pandas também possibilita trabalhar com o arquivo CSV como dado formatado, como no exemplo a seguir:

```
import pandas as pd
titanic = pd.io.parsers.read_csv("Titanic.csv")
X = titanic[['age']]
print(X)
```

Note que o parser escolhido desta vez é o `read_csv()`, que entende arquivos CSV e fornece novas opções para trabalhá-los. (Leia mais sobre esse parser em http://pandas.pydata.org/pandas-docs/version/0.23.0/generated/pandas.read_csv.html [conteúdo em inglês].) É muito fácil selecionar um campo específico — é só fornecer o nome do campo. A saída desse exemplo é assim (alguns valores foram omitidos para não ocupar espaço):

```
           age
0      29.0000
1       0.9167
2       2.0000
3      30.0000
4      25.0000
5      48.0000
...
1304   14.5000
1305 9999.0000
1306   26.5000
1307   27.0000
1308   29.0000
[1309 rows x 1 columns]
```

DICA

É claro que uma saída legível para seres humanos, como essa, é algo ótimo quando se trabalha em um exemplo, mas você pode também precisar dela em forma de lista. Para criar a saída como uma lista, basta mudar a terceira linha do código para que leia `X = titanic[['age']].values`. Perceba a adição da propriedade `values`. A saída muda para algo parecido com isto (alguns valores foram omitidos para não ocupar espaço):

```
[[ 29. ]
 [  0.91670001]
 [  2. ]
 ...,
 [ 26.5 ]
 [ 27. ]
 [ 29. ]]
```

Lendo arquivos do Excel e outros do Microsoft Office

O Excel e outras aplicações do Microsoft Office oferecem conteúdo altamente formatado. É possível especificar cada aspecto das informações contidas nesses arquivos. O arquivo `Values.xls` usado neste exemplo fornece uma listagem de valores de senos, cossenos e tangentes para uma lista aleatória de ângulos. Veja o arquivo na Figura 6-5.

FIGURA 6-5: Um arquivo Excel é altamente formatado e contém informações de vários tipos.

Trabalhar com o Excel, ou com outros produtos do Microsoft Office, acarreta certa complexidade. Por exemplo, um arquivo Excel pode conter mais de uma planilha, então é preciso dizer ao pandas qual delas processar. Na verdade, é possível processar múltiplas planilhas. Ao trabalhar com outros produtos do Office, especifique o que deve ser processado. Não basta dizer ao pandas o que processar. Veja um exemplo de trabalho com o arquivo `Values.xls`.

```
import pandas as pd
xls = pd.ExcelFile("Values.xls")
trig_values = xls.parse('Sheet1', index_col=None,
                        na_values=['NA'])
print(trig_values)
```

O código começa importando a biblioteca pandas como de costume. Depois cria um ponteiro para o arquivo Excel usando o construtor `ExcelFile()`. Esse ponteiro, `xls`, permite acessar uma planilha, definir uma coluna index e especificar como apresentar valores vazios. A coluna index é a usada pela planilha para indexar os registros. Usar um valor `None` significa que o pandas deve gerar um índice. O método `parse()` obtém os valores requisitados. Leia mais sobre as opções de parser do Excel em https://pandas.pydata.org/pandas-docs/stable/generated/pandas.ExcelFile.parse.html [conteúdo em inglês].

DICA Não é preciso usar o processo de dois passos de obtenção do ponteiro do arquivo e análise de conteúdo. Também podemos realizar a tarefa usando um único passo como este: `trig_values = pd.read_excel("Values.xls", 'Sheet1', index_col=None, na_values=['NA'])`. Como os arquivos Excel são mais complexos, usar o processo de dois passos geralmente é mais conveniente e eficiente, pois não precisamos reabrir o arquivo para cada leitura dos dados.

Enviando Dados em um Formato Desestruturado de Arquivo

Os arquivos de dados desestruturados consistem em uma série de bits. Eles não separam os bits uns dos outros. Não há como observar o arquivo e ver uma estrutura, pois não há nada para ver. Os formatos desestruturados de arquivos dependem do conhecimento do usuário para interpretar os dados. Por exemplo, cada pixel de um arquivo de imagem poderia consistir em três campos de 32 bits. Saber que cada campo tem 32 bits é sua responsabilidade. Um título no início do arquivo apresenta dicas sobre a interpretação do arquivo, mas, mesmo assim, é sua responsabilidade saber como interagir com ele.

O exemplo nesta seção mostra como trabalhar com uma imagem como arquivo desestruturado. A imagem de exemplo é pública e está em `http://commons.wikimedia.org/wiki/Main_Page` [conteúdo em inglês]. Para trabalhar com imagens, acesse a biblioteca Scikit-image (`http://scikit-image.org/` [conteúdo em inglês]), uma coleção grátis de algoritmos usados para processamento de imagens. Encontre um tutorial para essa biblioteca em `http://scipy-lectures.github.io/packages/scikit-image/` [conteúdo em inglês]. A primeira tarefa é ser capaz de exibir a imagem na tela usando o código a seguir. (Este código demora um pouco para rodar. A imagem estará pronta quando o indicador busy [ocupado] desaparecer da guia do Notebook.)

```
from skimage.io import imread
from skimage.transform import resize
from matplotlib import pyplot as plt
import matplotlib.cm as cm

example_file = ("http://upload.wikimedia.org/" +
    "wikipedia/commons/7/7d/Dog_face.png")
image = imread(example_file, as_grey=True)
plt.imshow(image, cmap=cm.gray)
plt.show()
```

O código começa importando várias bibliotecas. Depois ele cria uma string que aponta para o arquivo de exemplo online e o coloca em `example_file`. Essa string faz parte da chamada do método `imread()`, junto a `as_grey`, configurado como `True`. O argumento `as_grey` informa ao Python para transformar qualquer imagem colorida em escala de cinza. Qualquer imagem já nessa escala permanece igual.

Agora que carregou a imagem, é hora de reproduzi-la (deixá-la pronta para exibição) na tela. A função `imshow()` realiza a reprodução e usa um mapa de cores de escala de cinza. A função `show()` exibe `image`, como mostra a Figura 6-6.

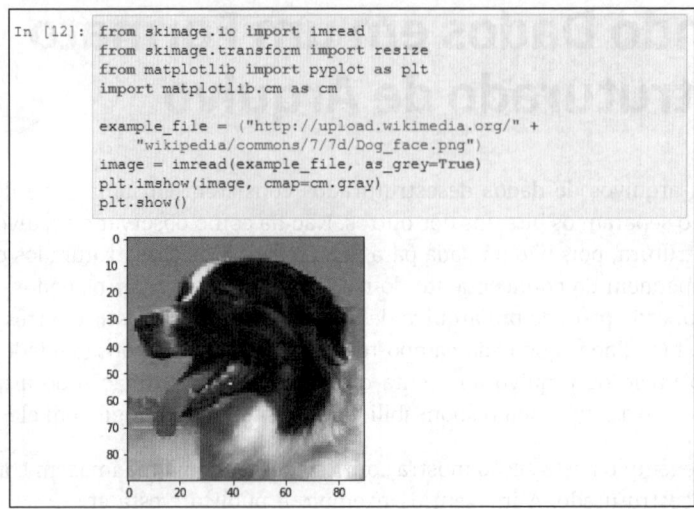

```
In [12]: from skimage.io import imread
         from skimage.transform import resize
         from matplotlib import pyplot as plt
         import matplotlib.cm as cm

         example_file = ("http://upload.wikimedia.org/" +
             "wikipedia/commons/7/7d/Dog_face.png")
         image = imread(example_file, as_grey=True)
         plt.imshow(image, cmap=cm.gray)
         plt.show()
```

FIGURA 6-6:
A imagem aparece na tela depois de reproduzida e exibida.

Agora você tem uma imagem na memória e pode querer descobrir mais sobre ela. Executar o código a seguir revela o tipo e o tamanho da imagem:

```
print("data type: %s, shape: %s" %
     (type(image), image.shape))
```

A saída dessa chamada diz que o tipo da imagem é `numpy.ndarray` e seu tamanho é de 90 x 90 pixels. A imagem é, na verdade, uma matriz de pixels, manipulável de várias formas. Por exemplo, se quiser cortar a imagem, use o código a seguir para manipular sua matriz:

```
image2 = image[5:70,0:70]
plt.imshow(image2, cmap=cm.gray)
plt.show()
```

O `numpy.ndarray` em `image2` é menor do que aquele em `image`, então a saída também será menor. A Figura 6-7 mostra resultados típicos. O propósito de cortar a imagem é deixá-la de um tamanho específico. Ambas devem ter o mesmo tamanho para que sejam analisadas. Cortar é um modo de garantir que as imagens tenham o tamanho correto para a análise.

Outro método para mudar o tamanho da imagem é o redimensionamento. O código a seguir redimensiona a imagem para um tamanho específico para a análise:

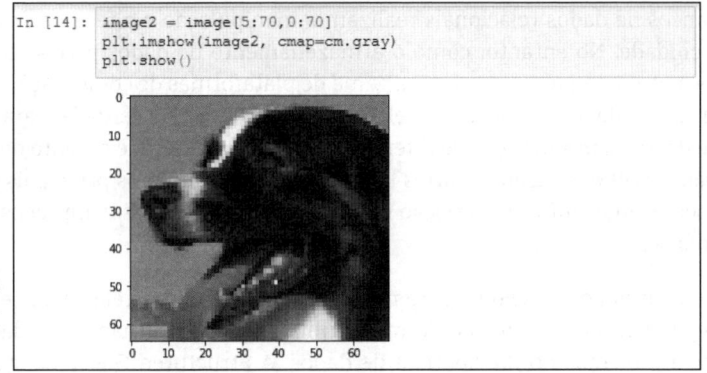

```
image3 = resize(image2, (30, 30), mode='symmetric')
plt.imshow(image3, cmap=cm.gray)
print("data type: %s, shape: %s" %
      (type(image3), image3.shape))
```

FIGURA 6-7: Deixe a imagem menor cortando-a.

A saída da função `print()` informa que, agora, o tamanho da imagem é de 30 x 30 pixels. Compare-a a qualquer imagem com as mesmas dimensões.

Depois que todas as imagens tiverem o tamanho certo, achate-as. Uma linha de um conjunto de dados sempre tem uma única dimensão, não duas. A imagem é, no momento, uma matriz de 30 x 30 pixels, então não será parte de um conjunto de dados. O código a seguir achata `image3` para que se transforme em uma matriz de 900 elementos, armazenada em `image_row`.

```
image_row = image3.flatten()
print("data type: %s, shape: %s" %
      (type(image_row), image_row.shape))
```

Note que o tipo ainda é `numpy.ndarray`. Você poderá adicioná-la a um conjunto de dados e usá-lo para fins de análise. O tamanho é de 900 elementos, como previsto.

Administrando Dados de Bancos de Dados Relacionais

Há bancos de dados de todas as formas. Por exemplo, o AskSam (http://asksam.en.softonic.com/ [conteúdo em inglês]) é um tipo de banco de dados textual de formato livre. Entretanto, a grande maioria dos dados usados pela organização depende de bancos de dados relacionais, pois eles fornecem o meio para organizar quantidades enormes de dados complexos, o que facilita sua manipulação. O objetivo de um gestor de banco de dados é facilitar a manipulação dos dados. O foco da maioria dos armazenamentos de dados é facilitar o resgate dos dados.

LEMBRE-SE

Bancos de dados relacionais realizam a manipulação e o resgate de dados com facilidade. No entanto, como o armazenamento de dados precisa ter todos os formatos e tamanhos para uma gama de plataformas de computação, há muitos produtos de bancos de dados relacionais diferentes. Na verdade, para o cientista de dados, a proliferação de diferentes Sistemas de Gerenciamento de Bancos de Dados (DBMSs) usando vários layouts de dados é um dos principais problemas encontrados durante a criação de um conjunto de dados compreensível para a análise.

O denominador comum entre muitos bancos de dados relacionais é que todos dependem de uma forma da mesma linguagem para manipular dados, o que facilita o trabalho do cientista de dados. A Structured Query Language (SQL) possibilita realizar todos os tipos de tarefas de gestão em um banco de dados relacional, recuperar dados quando necessário e até moldá-los de modo específico para que a necessidade de realizar mais modelagem seja desnecessária.

Criar uma conexão com um banco de dados é um empreendimento complexo. Para começar, é preciso saber como se conectar a esse banco de dados específico, um processo que pode ser dividido em pequenas etapas. O primeiro passo é conseguir acesso ao mecanismo de armazenamento. Use duas linhas do código, como a seguir (o código aqui apresentado não foi criado para executar e realizar uma tarefa):

```
from sqlalchemy import create_engine
engine = create_engine('sqlite:///:memory:')
```

Depois de conseguir acesso a um mecanismo, use-o para realizar tarefas específicas para esse DBMS. A saída de um método de leitura é sempre um objeto DataFrame que contém os dados requisitados. Para escrever dados, crie um objeto DataFrame ou utilize um existente. Normalmente usamos estes métodos para realizar a maioria das tarefas:

» read_sql_table(): Lê dados de uma tabela SQL para um objeto DataFrame.
» read_sql_query(): Lê dados de um banco de dados usando um SQL query para um objeto DataFrame.
» read_sql(): Lê dados de uma tabela ou query SQL para um objeto DataFrame.

> `DataFrame.to_sql()`: Escreve o conteúdo de um objeto `DataFrame` a tabelas especificadas no banco de dados.

A biblioteca sqlalchemy oferece suporte para muitos bancos de dados SQL. A lista a seguir contém apenas alguns deles:

- SQLite.
- MySQL.
- PostgreSQL.
- SQL Server.
- Outros bancos de dados relacionais, passíveis de conexão usando-se Open Database Connectivity (ODBC).

Descubra mais sobre trabalhar com bancos de dados em `https://docs.sqlalchemy.org/en/latest/core/engines.html` [conteúdo em inglês]. As técnicas descobertas neste livro usando bancos de dados brinquedo também funcionam para bancos de dados relacionais.

Interagindo com Dados de Bancos de Dados NoSQL

Além dos bancos de dados relacionais padrões que dependem de SQL, há uma variedade de tipos de bancos de dados que não dependem de SQL. Chamados de NoSQL (Not Only SQL), esses bancos de dados são usados em grandes cenários de armazenamentos de dados em que o modelo relacional é complexo demais ou que, de outra forma, falharia. Os bancos de dados geralmente não usam o modelo relacional. É claro que você encontrará menos DBMSs desse tipo usados no ambiente corporativo, pois requerem manuseio e treinamento especiais. Ainda assim, alguns DBMSs comuns são usados porque fornecem funcionalidades especiais ou atendem a exigências únicas. O processo é basicamente o mesmo para bancos de dados NoSQL e relacionais:

1. Importar a funcionalidade de mecanismo de armazenamento exigido.

2. Criar um mecanismo de armazenamento.

3. Fazer qualquer query exigido usando o mecanismo de armazenamento e a funcionalidade suportados pelo DBMS.

Os detalhes variam bastante, e é preciso saber qual biblioteca usar com o produto específico de banco de dados. Por exemplo, ao trabalhar com o MongoDB (https://www.mongodb.org/ [conteúdo em inglês]), obtenha uma cópia da biblioteca PyMongo (https://api.mongodb.org/python/current/ [conteúdo em inglês]) e use a classe `MongoClient` para criar o mecanismo exigido. O mecanismo MongoDB depende muito da função `find()` para localizar dados. A seguir há um exemplo de pseudocódigo de uma sessão do MongoDB. (Este código não é executável no Notebook, ele está aqui apenas como exemplo.)

```
import pymongo
import pandas as pd
from pymongo import Connection
connection = Connection()
db = connection.database_name
input_data = db.collection_name
data = pd.DataFrame(list(input_data.find()))
```

Acessando Dados da Web

Seria incrivelmente difícil (talvez impossível) de encontrar uma organização hoje que não dependa de algum tipo de dado baseado na web. A maioria das organizações usa algum tipo de serviço web. Um *serviço web* é um tipo de aplicação web que fornece um meio de fazer perguntas e receber respostas. Eles geralmente armazenam vários tipos de entradas. Na verdade, um serviço web específico pode armazenar grupos completos de consultas (queries).

Outro tipo de sistema de consulta é o microsserviço. Diferente do serviço web, os *microsserviços* têm um foco específico e fornecem apenas entradas e saídas específicas de consultas. Os benefícios específicos do uso de microsserviços está fora do escopo deste livro, mas basicamente funcionam como pequenos serviços web, então é assim que falaremos deles.

APIS E OUTRAS ENTIDADES WEB

Um cientista de dados pode ter motivos para depender de várias Interfaces de Programação de Aplicações (APIs) para acessar e manipular dados. Na verdade, o foco de uma análise pode ser a própria API. Não abordamos as APIs detalhadamente, pois cada uma delas é única, e elas operam fora do escopo normal de um cientista de dados. Por exemplo, um produto como o jQuery (http://jquery.com/ [conteúdo em inglês]) permite acessar e manipular dados de várias formas quando trabalha com uma aplicação web. Contudo, as técnicas para fazer isso são mais próximas da escrita de uma aplicação do que no emprego de técnicas de data science.

É importante saber que as APIs são fontes de dados e que são usadas para alcançar objetivos de entrada e modelagem de dados. Na verdade, há muitas entidades de dados que lembram APIs mas não aparecem neste livro. Os desenvolvedores Windows podem criar aplicações Component Object Model (COM) que exibem dados na web para fins de análise. De fato, o número de fontes em potencial é quase infinito. Este livro foca as fontes usadas com mais frequência e de maneira mais convencional. Mas é sempre uma boa ideia manter os olhos abertos para outras possibilidades.

Uma das melhores técnicas de acesso a dados ao trabalhar com dados web é o XML. Todos os tipos de conteúdo dependem de XML, até algumas páginas. Trabalhar com serviços web e microsserviços significa usar XML (na maioria dos casos). Assim, o exemplo desta seção trabalha com os dados XML do arquivo XMLData.xml, mostrado na Figura 6-8. Neste caso, o arquivo é simples e usa apenas alguns níveis. O XML é hierárquico, englobando vários níveis.

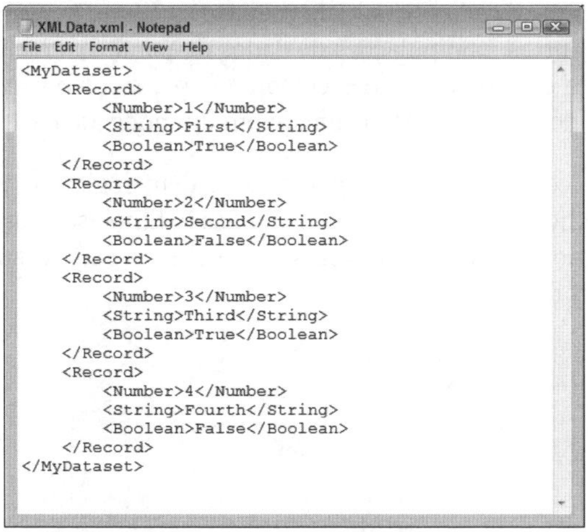

```
<MyDataset>
    <Record>
        <Number>1</Number>
        <String>First</String>
        <Boolean>True</Boolean>
    </Record>
    <Record>
        <Number>2</Number>
        <String>Second</String>
        <Boolean>False</Boolean>
    </Record>
    <Record>
        <Number>3</Number>
        <String>Third</String>
        <Boolean>True</Boolean>
    </Record>
    <Record>
        <Number>4</Number>
        <String>Fourth</String>
        <Boolean>False</Boolean>
    </Record>
</MyDataset>
```

FIGURA 6-8: O XML é um formato hierárquico que fica muito complexo.

A técnica para trabalhar com o XML, mesmo com um simples, é bem mais difícil do que qualquer outra que já tenha usado. Veja o código para este exemplo:

```
from lxml import objectify
import pandas as pd

xml = objectify.parse(open('XMLData.xml'))
root = xml.getroot()

df = pd.DataFrame(columns=('Number', 'String',
   'Boolean'))

for i in range(0,4):
    obj = root.getchildren()[i].getchildren()
    row = dict(zip(['Number', 'String', 'Boolean'],
                   [obj[0].text, obj[1].text,
                    obj[2].text]))
    row_s = pd.Series(row)
    row_s.name = i
    df = df.append(row_s)

print(df)
```

O exemplo começa importando as bibliotecas e analisando o arquivo de dados usando o método `objectify.parse()`. Cada documento XML deve conter um nodo raiz, neste caso, o `<MyDataset>`. O nodo raiz engloba o resto do conteúdo, e cada nodo sob ele é um filho. Para fazer algo prático com o documento, acesse o nodo raiz, usando o método `getroot()`.

O próximo passo é criar um objeto `DataFrame` vazio que contenha os nomes corretos de colunas para cada entrada de registro: `Number`, `String` e `Boolean`. Como em todas as outras manipulações de dados do pandas, a manipulação de dados XML depende de um `DataFrame`. O loop `for` preenche o `DataFrame` com os quatro registros do arquivo XML (cada um em um nodo `<Record>`).

O processo parece complexo, mas segue uma ordem lógica. A variável `obj` contém todos os filhos de um nodo `<Record>`. Esses filhos são carregados em um objeto dicionário em que as chaves são `Number`, `String` e `Boolean` para equivaler às colunas do `DataFrame`.

USANDO A ALTERNATIVA JSON

Não pense que todos os dados da web estão no formato XML. Talvez seja preciso considerar outras alternativas populares como parte de seus planos de desenvolvimento. Uma das mais populares é o JavaScript Object Notation (JSON) (`http://www.json.org/` [conteúdo em inglês]). Os proponentes do JSON afirmam que ele ocupa menos espaço e é mais rápido de usar e de trabalhar do que o XML (veja detalhes em `https://www.w3schools.com/js/js_json_xml.asp` e `https://blog.cloud-elements.com/json-better-xml` [conteúdos em inglês]). Consequentemente, seu próximo projeto pode depender de saída JSON, e não XML, quando lidar com certos serviços web e microsserviços.

Se suas escolhas de formatação de dados consistem apenas em XML e JSON, a interação com os dados tende a parecer muito prática. Mas muitas outras pessoas têm ideias de como formatar os dados para que a análise seja mais rápida e fácil. Além disso, os desenvolvedores agora têm uma ênfase maior na compreensão do fluxo de dados, então algumas técnicas de formatação enfatizam a legibilidade humana. Leia mais sobre essas outras alternativas em `https://insights.dice.com/2018/01/05/5-xml-alternatives-to-consider-in-2018/` [conteúdo em inglês]. Uma das mais importantes delas é a Yet Another Markup Language ou YAML Ain't Markup Language (YAML) dependendo de com quem você fala e quais recursos usa (`http://yaml.org/spec/1.2/spec.html` [conteúdo em inglês]), mas prepare-se para fazer o dever de casa ao trabalhar com particularidades de qualquer projeto novo.

Agora, há um objeto dicionário que contém os dados da linha. O código cria uma linha para o `DataFrame` em seguida. Ele dá o valor da iteração atual do loop `for` para a linha, e então anexa a linha ao `DataFrame`. Para ver que tudo funcionou como o esperado, o código exibe o resultado, parecido com isto:

```
  Number String Boolean
0      1 First    True
1      2 Second  False
2      3 Third    True
3      4 Fourth  False
```

> **NESTE CAPÍTULO**
>
> » Trabalhando com NumPy e pandas
> » Trabalhando com variáveis simbólicas
> » Considerando o efeito das datas
> » Corrigindo dados ausentes
> » Fatiando, combinando e modificando elementos de dados

Capítulo 7
Condicionando os Dados

As características, o conteúdo, o tipo e outros elementos que definem os dados, em sua totalidade, são o *formato* dos dados. Esse formato determina os tipos de tarefas que serão viáveis realizar a partir dos dados. Para que sejam úteis a certos tipos de análises, os dados precisam ser moldados em formatos diferentes. Pense nos dados como a argila e em si mesmo como o ceramista, pois é essa a relação estabelecida. Mas, em vez de usar suas mãos para moldar os dados, são as funções e os algoritmos que realizam a tarefa. Este capítulo detalha as ferramentas disponíveis para moldar os dados e as consequências de moldá-los.

Também neste capítulo, veremos os problemas associados à moldagem. Por exemplo, como agir quando houver dados ausentes em um conjunto de dados. É importante moldar os dados corretamente, ou, no final, a análise simplesmente não fará sentido. Da mesma forma, alguns tipos de dados, como datas, tendem a apresentar problemas. Novamente, a manipulação precisa ser cuidadosa para garantir o resultado desejado, a fim de que a base de dados se torne mais útil e favorável a todos os tipos de análises.

LEMBRE-SE O objetivo de alguns tipos de moldagem de dados é criar um conjunto de dados maior. Em muitos casos, os dados necessários para realizar uma análise não aparecem em uma única base de dados ou em um formato específico. É preciso moldar os dados e combiná-los para que se tenha um único conjunto de dados em um formato conhecido antes de começar a análise. Combinar dados de maneira bem-sucedida é uma arte, pois eles geralmente desafiam análises simples ou correções rápidas.

DICA Você não precisa digitar o código-fonte para este capítulo. Na verdade, é muito mais fácil usar a fonte para download. O código-fonte para este capítulo aparece no arquivo `P4DS4D2_07_Getting_Your_Data_in_Shape.ipynb`. Veja a Introdução para localizar este arquivo.

CUIDADO Certifique-se de que o arquivo `XMLData2.xml` que vem com a fonte para download apareça na mesma pasta (diretório) que os arquivos Notebook. Caso contrário, os exemplos das próximas seções terão um erro de entrada/saída (IO). A localização do arquivo varia de acordo com a plataforma usada. Por exemplo, em um sistema Windows, os notebooks ficam armazenados na pasta `C:\Users\Username\P4DS4D2`, em que *Username* é seu nome de usuário. (Supomos que use a localização da pasta P4DS4D2, como descrito na seção "Definindo o repositório do código" do Capítulo 3.) Para que os exemplos funcionem, simplesmente copie os quatro arquivos da pasta da fonte de download para a pasta do Notebook.

Conciliando NumPy e pandas

Não há dúvidas de que o NumPy é necessário o tempo todo. A biblioteca pandas é desenvolvida com base no NumPy. No entanto, é preciso escolher uma das duas ao realizar tarefas. A funcionalidade de baixo nível do NumPy é essencial para executar algumas tarefas, mas o pandas facilita tanto as tarefas que queremos usá-lo o tempo todo. As próximas seções descrevem mais detalhadamente quando usar cada biblioteca.

Sabendo quando usar NumPy

Os desenvolvedores basearam pandas em NumPy. Consequentemente, toda tarefa realizada usando pandas também passa por NumPy. Para obter os benefícios do pandas, você arca com uma taxa de desempenho que alguns testadores dizem ser 100 vezes mais lenta que o NumPy para uma tarefa semelhante (veja http://penandpants.com/2014/09/05/performance-of-pandas-series-vs-numpy-arrays/ [conteúdo em inglês]). Dado que o hardware do computador compensa muitas diferenças de desempenho hoje em dia, a questão da velocidade às vezes não é um problema, mas quando a velocidade é essencial, o NumPy é sempre a melhor escolha.

Sabendo quando usar pandas

Use o pandas para facilitar e acelerar a escrita do código. Como ele faz boa parte do trabalho, usá-lo também reduz os erros de programação em potencial. Mas a principal consideração a se fazer é que a biblioteca pandas oferece funcionalidades ótimas de séries temporais, alinhamento de dados, estatísticas com dados ausentes, e métodos groupby, merge e join. Normalmente, precisamos programar esses recursos quando usamos NumPy, o que significa que estamos sempre reinventando a roda.

No decorrer do livro, você descobre o quanto o pandas é útil para realizar tarefas como a *compartimentalização* (uma técnica de processamento de dados projetada para reduzir o efeito de erros de observação) e para trabalhar com um *dataframe* (uma estrutura de dados bidimensional rotulada com colunas que contêm tipos diferentes de dados), a fim de calcular estatísticas. Por exemplo, no Capítulo 9, descobriremos como fazer a discretização e a compartimentalização. O Capítulo 13 mostra exemplos de compartimentalização reais, como obter uma frequência para cada variável categórica de um conjunto de dados. Na verdade, muitos dos exemplos do Capítulo 13 não funcionam sem a compartimentalização. Ou seja, não se preocupe muito agora em saber exatamente o que é a compartimentalização ou por que precisa utilizá-la — os exemplos posteriores no livro abordarão o assunto detalhadamente. Tudo o que precisa saber é que o pandas facilita consideravelmente o trabalho.

É TUDO UMA QUESTÃO DE PREPARAÇÃO

Parece que passamos muito tempo manipulando os dados e pouco tempo realmente os analisando. Contudo, a maior parte do tempo de um cientista de dados realmente é gasta na preparação dos dados, pois eles raramente estão em ordem para realizar análises. Para preparar os dados, um cientista de dados deve:

- **Obter os dados.**
- **Agregar os dados.**
- **Criar subconjuntos de dados.**
- **Limpar os dados.**
- **Combinar vários conjuntos de dados em apenas um.**

Felizmente, essas tarefas não precisam matar ninguém de tédio. Elas ficam muito mais simples, rápidas e eficientes com o uso do Python e de suas diversas bibliotecas, que é o objetivo de passar todo esse tempo em tópicos aparentemente banais nestes primeiros capítulos. Quanto melhor você souber usar o Python para passar rapidamente por essas tarefas repetitivas, mais rápido começará a se divertir realizando todos os tipos de tarefas com os dados.

Validando os Dados

Quando se tratam de dados, ninguém sabe exatamente o que uma grande base de dados contém. Sim, todo mundo já viu partes dele, mas quando consideramos o tamanho de algumas bases de dados, vê-las em totalidade seria fisicamente impossível. Como não sabemos o que existe nela, não é certo que a análise realmente funcionará como desejado e fornecerá resultados válidos. Resumindo: valide os dados antes de usá-los para garantir que estejam, no mínimo, próximos do esperado. Isso significa realizar tarefas como remover registros duplicados antes de usar os dados para qualquer tipo de análise (duplicatas desequilibram os resultados injustamente).

LEMBRE-SE

No entanto, é preciso considerar o que a validação realmente faz. Ela não diz que os dados estão corretos ou que não existirão valores fora do limite esperado. Os capítulos posteriores explicam as técnicas para lidar com esses tipos de questões. A validação garante uma análise dos dados bem-sucedida. Mais tarde, você precisará fazer mais manipulação dos dados para obter o tipo de resultado necessário para realizar a tarefa pretendida.

Descobrindo o que existe nos dados

Descobrir o que os dados contêm é importante, pois verificar dados à mão às vezes é simplesmente impossível devido ao número de observações e variáveis. Além disso, a verificação à mão do conteúdo consome muito tempo, é propensa a erros e, mais importante, é muito chata. É importante encontrar duplicatas porque, no final:

» Mais tempo computacional é gasto para processar duplicatas, o que atrasa o algoritmo.

» Os resultados obtidos são falsos, pois as duplicatas os sobrecarregam implicitamente. Como algumas entradas aparecem mais de uma vez, o algoritmo as considera mais importantes.

Como cientista de dados, você quer que os dados o fascinem, então é hora de fazê-los falar com você — é claro que não literalmente, mas por meio das maravilhas do pandas, como mostrado no exemplo a seguir:

```
from lxml import objectify
import pandas as pd

xml = objectify.parse(open('XMLData2.xml'))
root = xml.getroot()
```

```
df = pd.DataFrame(columns=('Number', 'String',
   'Boolean'))

for i in range(0,4):
    obj = root.getchildren()[i].getchildren()
    row = dict(zip(['Number', 'String', 'Boolean'],
               [obj[0].text, obj[1].text,
                obj[2].text]))
    row_s = pd.Series(row)
    row_s.name = i
    df = df.append(row_s)

search = pd.DataFrame.duplicated(df)
print(df)
print()
print(search[search == True])
```

Esse exemplo mostra como encontrar linhas duplicadas. Ele depende de uma versão modificada do arquivo XMLData.xml, o XMLData2.xml, que contém uma única linha repetida. Um arquivo com dados reais contém milhares (ou mais) de registros e possivelmente centenas de repetições, mas este exemplo simples funciona. Ele começa lendo o arquivo de dados dentro da memória usando a mesma técnica explorada no Capítulo 6. Depois coloca os dados em um DataFrame.

A essa altura, os dados estão corrompidos, pois contêm uma linha duplicada. No entanto, uma busca os livra dela. O primeiro passo é criar um objeto de pesquisa contendo uma lista de linhas duplicadas chamando pd.DataFrame.duplicated(). As linhas duplicadas contêm um True ao lado do número da linha.

É claro que agora podemos ter uma lista não ordenada de linhas duplicadas ou não. A maneira mais fácil de determinar quais linhas são duplicadas é criar um índice no qual utilizamos search == True como expressão. A seguir, vemos a saída deste exemplo. Note que a linha 3 está duplicada na saída do DataFrame e que também é citada nos resultados de search:

```
  Number  String  Boolean
0      1   First     True
1      2  Second    False
2      3   Third     True
3      3   Third     True

3    True
dtype: bool
```

Removendo duplicatas

Para obter um conjunto de dados limpo, devemos remover as duplicatas. Felizmente, não precisamos escrever nenhum código estranho para fazer o trabalho — o pandas o faz, como mostrado no exemplo a seguir:

```
from lxml import objectify
import pandas as pd

xml = objectify.parse(open('XMLData2.xml'))
root = xml.getroot()
df = pd.DataFrame(columns=('Number', 'String',
   'Boolean'))
for i in range(0,4):
    obj = root.getchildren()[i].getchildren()
    row = dict(zip(['Number', 'String', 'Boolean'],
                   [obj[0].text, obj[1].text,
                    obj[2].text]))
    row_s = pd.Series(row)
    row_s.name = i
    df = df.append(row_s)

print(df.drop_duplicates())
```

Como no exemplo anterior, começamos criando um DataFrame que contém o registro duplicado. Para removê-lo, basta chamar `drop_duplicates()`. Veja o resultado obtido.

	Number	String	Boolean
0	1	First	True
1	2	Second	False
2	3	Third	True

Criando um mapa e um plano de dados

É preciso conhecer o conjunto de dados — isto é, sua aparência estatística. Um *mapa de dados* é um panorama do conjunto de dados. Ele é utilizado para identificar problemas em potencial nos dados, como:

» Variáveis redundantes.
» Possíveis erros.
» Valores ausentes.
» Transformações de variáveis.

A verificação desses problemas vai para um *plano de dados*, uma lista de tarefas que devem ser executadas para garantir a integridade dos dados. O exemplo a seguir mostra um mapa de dados, A, com dois conjuntos de dados, B e C:

```
import pandas as pd
pd.set_option('display.width', 55)

df = pd.DataFrame({'A': [0,0,0,0,0,1,1],
                   'B': [1,2,3,5,4,2,5],
                   'C': [5,3,4,1,1,2,3]})

a_group_desc = df.groupby('A').describe()
print(a_group_desc)
```

Nesse caso, o mapa de dados usa 0 para a primeira série e 1 para a segunda série. A função `groupby()` posiciona os conjuntos de dados B e C em grupos. Para determinar se o mapa de dados é viável, obtemos as estatísticas usando `describe()`. Acabamos com um conjunto de dados B, séries 0 e 1, e um conjunto de dados C, séries 0 e 1, como mostrado na saída a seguir:

```
        B                                              \
    count mean       std     min   25%   50%   75%   max
A
0     5.0  3.0  1.581139   1.0  2.00   3.0  4.00   5.0
1     2.0  3.5  2.121320   2.0  2.75   3.5  4.25   5.0

        C
    count mean       std     min   25%   50%   75%   max
A
0     5.0  2.8  1.788854   1.0  1.00   3.0  4.00   5.0
1     2.0  2.5  0.707107   2.0  2.25   2.5  2.75   3.0
```

Essas estatísticas informam sobre as duas séries de conjuntos de dados. A quebra de ambos os conjuntos usando casos específicos é o *plano de dados*. Como é notável, as estatísticas informam que esse plano de dados pode não ser viável, pois algumas estatísticas estão relativamente distantes.

DICA A saída padrão de `describe()` mostra os dados desempilhados. Infelizmente, esses dados são exibidos com uma quebra, o que dificulta a leitura. Para evitar que isso aconteça, configure a largura desejada para os dados chamando `pd.set_option('display.width', 55)`. É possível configurar várias opções do pandas dessa forma usando as informações encontradas em https://pandas.pydata.org/pandas-docs/stable/generated/pandas.set_option.html [conteúdo em inglês].

Embora os dados desempilhados sejam relativamente fáceis de ler e comparar, você pode preferir uma apresentação mais compacta. Nesse caso, empilhe os dados usando o código a seguir:

```
stacked = a_group_desc.stack()
print(stacked)
```

Usar `stack()` cria uma apresentação. Veja a saída exibida, de forma compacta:

```
            B         C
A
0 count  5.000000  5.000000
  mean   3.000000  2.800000
  std    1.581139  1.788854
  min    1.000000  1.000000
  25%    2.000000  1.000000
  50%    3.000000  3.000000
  75%    4.000000  4.000000
  max    5.000000  5.000000
1 count  2.000000  2.000000
  mean   3.500000  2.500000
  std    2.121320  0.707107
  min    2.000000  2.000000
  25%    2.750000  2.250000
  50%    3.500000  2.500000
  75%    4.250000  2.750000
  max    5.000000  3.000000
```

É claro que você pode não querer todos os dados que `describe()` fornece. Talvez só queira ver o número de itens em cada série e seu significado. Veja como reduzir o tamanho da saída de informações:

```
print(a_group_desc.loc[:,(slice(None),['count','m
   ean']),])
```

Usar `loc` permite a obtenção de colunas específicas. Veja a saída final do exemplo exibindo apenas as informações necessárias para tomar uma decisão:

```
      B           C
  count mean count mean
A
0  5.0  3.0   5.0  2.8
1  2.0  3.5   2.0  2.5
```

Manipulando Variáveis Categóricas

Em data science, uma *variável categórica* é aquela que tem um valor específico de uma seleção limitada de valores. A quantidade de valores geralmente é fixa. Muitos desenvolvedores conhecem as variáveis categóricas pelo apelido *enumerações*. Cada um dos valores em potencial que uma variável categórica assume é um *nível*.

Para entender como funcionam, digamos que uma variável expresse a cor de um objeto, como um carro, e que o usuário possa selecionar blue (azul), red (vermelho) ou green (verde). Para expressar a cor do carro de forma que os computadores possam representá-la e realmente computá-la, uma aplicação atribui um valor numérico a cada cor, então azul é 1, vermelho é 2 e verde é 3. Normalmente, ao exibir cada cor, o valor, em vez da cor, será exibido.

Se usarmos `pandas.DataFrame` (http://pandas.pydata.org/pandas-docs/dev/generated/pandas.DataFrame.html [conteúdo em inglês]), ainda será possível ver o valor simbólico (blue, red e green), mesmo que o computador os armazene como valor numérico. Às vezes precisamos renomear e combinar esses valores nomeados para criar símbolos. As variáveis simbólicas são apenas um modo conveniente de representar e armazenar dados qualitativos.

VERIFICANDO A VERSÃO DO PANDAS

Os exemplos de variáveis categóricas desta seção dependem de que a versão mínima 0.23.0 do pandas esteja instalada no sistema. Mas sua versão do Anaconda pode ter uma versão anterior do pandas instalada. Use o código a seguir para verificar sua versão do pandas:

```
import pandas as pd
print(pd.__version__)
```

Você verá o número da versão do pandas instalada. Outro modo de verificar isso é abrir o Anaconda Prompt, digitar **pip show pandas** e pressionar Enter. Se tiver uma versão anterior, abra o Anaconda Prompt, digite **pip install pandas --upgrade** e pressione Enter. O processo de atualização ocorrerá automaticamente, junto a uma verificação dos pacotes associados. Ao trabalhar no Windows, você pode precisar abrir o Anaconda Prompt usando a opção Administrador (clique na entrada do Anaconda Prompt com o botão direito do mouse no menu Start e selecione Run as Administrator no menu de contexto).

Ao usar variáveis categóricas para aprendizado de máquina, é importante considerar o algoritmo usado para manipular as variáveis. Alguns algoritmos, como árvores e ensembles de três, trabalham diretamente com as variáveis numéricas por trás dos símbolos. Outros, como regressão linear e logística e SVM, exigem a codificação dos valores em variáveis binárias. Por exemplo, se tivermos três níveis para uma variável de cor (blue, red e green), teremos que criar três variáveis binárias:

» Uma para blue (1 quando o valor for blue, 0 quando não for).
» Uma para red (1 quando o valor for red, 0 quando não for).
» Uma para green (1 quando o valor for green, 0 quando não for).

Criando variáveis categóricas

Variáveis categóricas têm um número específico de valores, o que as torna incrivelmente valiosas no desempenho de várias tarefas de data science. Por exemplo, imagine tentar encontrar valores que estejam fora dos limites de um conjunto de dados enorme. Nesse exemplo, vemos um método para criar uma variável categórica e, então, como é usada para verificar se algum dado está dentro dos limites especificados:

```
import pandas as pd

car_colors = pd.Series(['Blue', 'Red', 'Green'],
                       dtype='category')

car_data = pd.Series(
    pd.Categorical(
        ['Yellow', 'Green', 'Red', 'Blue', 'Purple'],
                    categories=car_colors,
    ordered=False))

find_entries = pd.isnull(car_data)

print(car_colors)
print()
print(car_data)
print()
print(find_entries[find_entries == True])
```

O exemplo começa criando uma variável categórica, `car_colors`. Ela contém os valores `Blue`, `Red` e `Green` como cores aceitáveis para um carro. Note que o valor da propriedade `dtype`, de `category`, deve ser especificado.

O próximo passo é criar outra série. Ela usa uma lista de cores reais de carro, chamada `car_data`, como entrada. Nem todas as cores correspondem aos valores aceitáveis predefinidos. Quando isso ocorre, o pandas exibe Not a Number (`NaN`), em vez da cor do carro.

É claro que poderíamos buscar manualmente na lista os carros que não se enquadram, mas o método mais fácil é fazer o pandas executar isso. Nesse caso, perguntamos ao pandas quais entradas são nulas usando `isnull()` e as colocamos em `find_entries`. Então exibimos apenas as entradas que realmente são nulas. Veja a saída do exemplo:

```
0      Blue
1      Red
2      Green
dtype: category
Categories (3, object): [Blue, Green, Red]

0      NaN
1      Green
2      Red
3      Blue
4      NaN
dtype: category
Categories (3, object): [Blue, Green, Red]

0      True
4      True
dtype: bool
```

Observando a lista de saídas de `car_data`, vemos que as entradas 0 e 4 são iguais a `NaN`. A saída de `find_entries` verifica esse fato. Se fosse um conjunto de dados grande, poderíamos localizar rapidamente e corrigir as entradas erradas no conjunto antes de realizar uma análise.

Renomeando níveis

Há momentos em que os nomes usados para as categorias é inconveniente ou errado para uma necessidade específica. Felizmente, podemos renomear as categorias quando preciso usando a técnica mostrada no exemplo a seguir.

```
import pandas as pd

car_colors = pd.Series(['Blue', 'Red', 'Green'],
                        dtype='category')
car_data = pd.Series(
```

```
    pd.Categorical(
        ['Blue', 'Green', 'Red', 'Blue', 'Red'],
        categories=car_colors, ordered=False))

car_colors.cat.categories = ["Purple", "Yellow",
   "Mauve"]
car_data.cat.categories = car_colors

print(car_data)
```

Basta configurar a propriedade `cat.categories` a um novo valor, como mostrado. Veja a saída desse exemplo:

```
0    Purple
1    Yellow
2     Mauve
3    Purple
4     Mauve
dtype: category
Categories (3, object): [Purple, Yellow, Mauve]
```

Combinando níveis

Um nível categórico específico é pequeno demais para oferecer dados significativos para análise. Talvez haja apenas alguns dos valores, que não serão suficientes para criar uma diferença estatística. Nesse caso, combinar várias categorias pequenas oferece resultados analíticos melhores. O exemplo a seguir mostra como combinar categorias:

```
import pandas as pd

car_colors = pd.Series(['Blue', 'Red', 'Green'],
    dtype='category')
car_data = pd.Series(
    pd.Categorical(
        ['Blue', 'Green', 'Red', 'Green', 'Red',
  'Green'],
        categories=car_colors, ordered=False))

car_data = car_data.cat.set_categories(
    ["Blue", "Red", "Green", "Blue_Red"])
print(car_data.loc[car_data.isin(['Red'])])
car_data.loc[car_data.isin(['Red'])] = 'Blue_Red'
car_data.loc[car_data.isin(['Blue'])] = 'Blue_Red'
```

```
car_data = car_data.cat.set_categories(
    ["Green", "Blue_Red"])

print()
print(car_data)
```

Esse exemplo mostra que há apenas um item Blue e dois itens Red, mas três itens Green, o que faz de Green a maioria. Combinar Blue e Red é um processo de dois passos. Primeiro, adicione a categoria Blue_Red a car_data. Depois, mude as entradas Red e Blue para Blue_Red, que cria a categoria combinada. Como passo final, remova as categorias desnecessárias.

Contudo, antes de mudar as entradas Red para Blue_Red, é preciso encontrá-las. É aqui que uma combinação de chamadas para isin(), que localiza as entradas Red, e loc[], que obtém os índices, fornece exatamente o que se espera. A primeira declaração print mostra o resultado dessa combinação. Veja a saída para esse exemplo.

```
2    Red
4    Red
dtype: category
Categories (4, object): [Blue, Red, Green, Blue_Red]

0    Blue_Red
1       Green
2    Blue_Red
3       Green
4    Blue_Red
5       Green
dtype: category
Categories (2, object): [Green, Blue_Red]
```

Note que agora há três entradas Blue_Red e três entradas Green. As categorias Blue e Red já não estão mais em uso. O resultado é que os níveis agora são combinados como o esperado.

Lidando com Datas nos Dados

As datas tendem a apresentar problemas nos dados. Para começar, são armazenadas como valores numéricos. Entretanto, o valor exato do número depende da representação específica da plataforma e das preferências do usuário. Por exemplo, os usuários do Excel podem escolher começar as datas em 1900 ou em

1904 (https://support.microsoft.com/pt-br/help/214330/differences-between-the-1900-and-the-1904-date-system-in-excel). A codificação numérica para cada uma é diferente, então a mesma data pode ter dois valores numéricos, dependendo da data de início.

Além dos problemas de representação, também precisamos considerar como trabalhar com valores de tempo. É difícil criar um formato de valor de tempo que represente um valor que o usuário consiga entender. Por exemplo, podemos precisar usar o Tempo Médio de Greenwich (GMT) em algumas situações e a zona de tempo local em outras. Essa transformação entre vários tempos também é problemática. Com isso em mente, as próximas seções oferecem detalhes sobre como lidar com as questões de tempo.

Formatando valores de datas e horas

Obter a representação correta de data e hora facilita muito a execução da análise. Por exemplo, geralmente temos de mudar a representação para obter uma classificação correta de valores. Python oferece dois métodos comuns de formatação de data e hora. A primeira técnica é chamar `str()`, que simplesmente transforma um valor `datetime` em uma string em formatação. A função `strftime()` requer mais trabalho, pois devemos definir como queremos que o valor `datetime` apareça depois da conversão. Ao usar `strftime()`, devemos fornecer uma string contendo diretivas especiais que definem a formatação. Encontre uma lista dessas diretivas em http://strftime.org/ [conteúdo em inglês].

Agora que temos uma ideia de como funcionam as conversões de data e hora, veremos o exemplo a seguir, que cria um objeto `datetime` e o converte em uma string usando duas abordagens diferentes:

```
import datetime as dt

now = dt.datetime.now()

print(str(now))
print(now.strftime('%a, %d %B %Y'))
```

Nesse caso, usar `str()` é a abordagem mais fácil. Entretanto, como mostrado na saída a seguir, nem sempre retorna a saída necessária. O uso de `strftime()` é infinitamente mais flexível.

```
2018-09-21 11:39:49.698891
Fri, 21 September 2018
```

Usando a transformação certa de tempo

Os fusos horários e as diferenças de tempo locais causam todos os tipos de problemas na realização de análises. Aliás, alguns tipos de cálculos exigem simplesmente uma mudança na hora para que se obtenham os resultados corretos. Não importa a razão, pode ser preciso transformar uma hora em outra a qualquer momento. Os exemplos a seguir mostram algumas técnicas que se empregam para realizar a tarefa:

```
import datetime as dt

now = dt.datetime.now()
timevalue = now + dt.timedelta(hours=2)

print(now.strftime('%H:%M:%S'))
print(timevalue.strftime('%H:%M:%S'))
print(timevalue - now)
```

A função `timedelta()` torna a transformação de tempo algo direto. Podemos usar qualquer um desses nomes de parâmetros com `timedelta()` para mudar um valor de hora e data:

- » days
- » seconds
- » microseconds
- » milliseconds
- » minutes
- » hours
- » weeks

Também é possível manipular o tempo realizando adição ou subtração nos valores de tempo. Podemos até subtrair dois valores de tempo para determinar a diferença entre eles. Veja a saída desse exemplo:

```
11:42:22
13:42:22
2:00:00
```

Note que `now` é o tempo local, `timevalue` tem dois fusos horários de diferença desse e há uma diferença de duas horas entre os dois horários. É possível realizar todos os tipos de transformações com essas técnicas para garantir que a análise sempre exiba exatamente os valores orientados por tempo necessários.

Lidando com Dados Ausentes

Às vezes os dados recebidos não têm algumas informações em campos específicos. Por exemplo, um registro de cliente pode não ter a idade. Se houver entradas ausentes suficientes em registros, qualquer análise realizada será enviesada, e os resultados terão pesos imprevisíveis. É importante ter uma estratégia para lidar com dados ausentes. As próximas seções dão algumas ideias de como trabalhar com essas questões e produzir resultados melhores.

Encontrando os dados ausentes

Encontrar dados ausentes no conjunto de dados é essencial para evitar a obtenção de resultados incorretos nas análises. O código a seguir mostra como obter uma lista de valores ausentes sem muito esforço:

```
import pandas as pd
import numpy as np

s = pd.Series([1, 2, 3, np.NaN, 5, 6, None])

print(s.isnull())

print()
print(s[s.isnull()])
```

Um conjunto de dados representa os dados ausentes de diversas formas. Neste exemplo, você os verá representados como `np.NaN` (NumPy Not a Number) e pelo valor Python `None`.

Use o método `isnull()` para detectar os valores ausentes. A saída mostra `True` quando o valor está ausente. Ao adicionar um índice ao conjunto de dados, apenas as entradas estarão ausentes. O exemplo exibe a saída:

```
0    False
1    False
2    False
3     True
4    False
5    False
6     True
dtype: bool
```

```
3    NaN
6    NaN
dtype: float64
```

Codificando a ausência

Depois de descobrir que faltam informações no conjunto de dados, é preciso considerar o que fazer quanto a isso. As três possibilidades são: ignorar o problema, preencher os itens ausentes ou remover as entradas ausentes do conjunto de dados. Ignorar o problema acarreta muitos problemas na análise, então é a opção menos usada. O exemplo a seguir mostra uma técnica para preencher os dados ausentes ou remover as entradas errantes do conjunto de dados:

```
import pandas as pd
import numpy as np

s = pd.Series([1, 2, 3, np.NaN, 5, 6, None])

print(s.fillna(int(s.mean())))
print()
print(s.dropna())
```

Os dois métodos de interesse são `fillna()`, que preenche as entradas ausentes e `dropna()`, que as remove. Ao usar `fillna()`, forneça um valor para usar no lugar do dado ausente. Esse exemplo usa a média de todos os valores, mas você poderia escolher várias outras abordagens. Veja a saída desse exemplo:

```
0    1.0
1    2.0
2    3.0
3    3.0
4    5.0
5    6.0
6    3.0
dtype: float64

0    1.0
1    2.0
2    3.0
4    5.0
5    6.0
dtype: float64
```

PAPO DE ESPECIALISTA

Trabalhar com uma série é algo bem direto, pois o conjunto de dados é muito simples. No entanto, ao trabalhar com um `DataFrame`, o problema fica significativamente mais complicado. Há ainda a opção de remover a linha toda. Quando uma coluna for preenchida esparsamente, remova-a. Preencher os dados também é mais difícil, pois o conjunto de dados como um todo, além das necessidades do atributo individual, deve ser considerado.

Inserindo os dados ausentes

A seção anterior dá dicas sobre o processo de inserção de dados ausentes (atribuindo características baseadas em como os dados são usados). A técnica usada depende do tipo de dados com os quais trabalha. Por exemplo, ao trabalhar com uma combinação de árvores (encontre discussões sobre árvores na seção "Realizando Agrupamento Hierárquico", do Capítulo 15 e na seção "Começando com uma Árvore de Decisão Simples", do Capítulo 20), você pode simplesmente substituir os valores ausentes por −1 e depender do imputer (um algoritmo transformador usado para completar valores ausentes) para definir o melhor valor possível para o dado ausente. O exemplo a seguir mostra uma técnica para atribuir valores de dados ausentes:

```
import pandas as pd
import numpy as np
from sklearn.preprocessing import Imputer

s = [[1, 2, 3, np.NaN, 5, 6, None]]

imp = Imputer(missing_values='NaN',
              strategy='mean', axis=0)

imp.fit([[1, 2, 3, 4, 5, 6, 7]])

x = pd.Series(imp.transform(s).tolist()[0])

print(x)
```

Neste exemplo, `s` não tem alguns valores. O código cria um `Imputer` para substituí-los. O parâmetro `missing_values` define o que procurar, isto é, `NaN`. Configure o parâmetro `axis` como 0 para inserir valores ao longo de colunas e 1 para inserir ao longo das linhas. O parâmetro `strategy` define como substituir os valores ausentes. (Descubra mais sobre os parâmetros de Imputer em https://scikit-learn.org/stable/modules/generated/sklearn.preprocessing.Imputer.html [conteúdo em inglês].)

- » `mean`: Substitui os valores usando a média ao longo do eixo.
- » `median`: Substitui os valores usando a mediana ao longo do eixo.
- » `most_frequent`: Substitui os valores usando o valor mais frequente ao longo do eixo.

Antes de inserir o que quer que seja, forneça as estatísticas para uso do `Imputer` chamando `fit()`. Depois o código chama `transform()` em `s` para preencher os valores ausentes. Nesse caso, o exemplo precisa exibir o resultado como uma série. Para criar uma série, converta a saída do `Imputer` em uma lista e use-a como entrada para `Series()`. Veja o resultado do processo com os valores ausentes preenchidos:

```
0    1
1    2
2    3
3    4
4    5
5    6
6    7
dtype: float64
```

Fatiando e Picando: Filtrando e Selecionando Dados

Você pode não precisar trabalhar com todos os dados em um conjunto. Na verdade, é bom observar apenas uma coluna, como a idade, ou um conjunto de linhas com uma quantidade significativa de informações. Execute dois passos para obter apenas os dados necessários para realizar uma tarefa específica:

1. **Filtre linhas para criar um campo de dados que satisfaça os critérios selecionados (como todas as pessoas entre 5 e 10 anos de idade).**

2. **Selecione as colunas de dados que contenham os dados necessários para a análise. Por exemplo, você provavelmente não precisa dos nomes individuais, a não ser que queira realizar uma análise baseada em nomes.**

O ato de fatiar e picar os dados fornece um subconjunto adequado para análise. As próximas seções descrevem várias maneiras de obter partes específicas de dados para satisfazer necessidades específicas.

Fatiando linhas

Ao trabalhar com dados, o fatiamento ocorre de várias formas, mas a técnica que interessa a esta seção é fatiar os dados de uma linha de dados 2D ou 3D. Uma matriz 2D pode conter temperaturas (eixo x) no decorrer de um período de tempo específico (eixo y). Fatiar uma linha significaria ver as temperaturas em um tempo específico. Em alguns casos, associe as linhas aos casos em um conjunto de dados.

Uma matriz 3D pode incluir um eixo para o local (eixo x), um para o produto (eixo y) e um para o tempo (eixo z), para mostrar as vendas de itens com o passar do tempo. Talvez você queira saber se as vendas de um item estão aumentando, e, mais especificamente, onde. Fatiar uma linha significaria ver todas as vendas de um produto específico para todas as localizações em qualquer tempo determinado. O exemplo a seguir demonstra como realizar essa tarefa:

```
x = np.array([[[1, 2, 3], [4, 5, 6], [7, 8, 9],],
              [[11,12,13], [14,15,16], [17,18,19],],
              [[21,22,23], [24,25,26], [27,28,29]]])
x[1]
```

Nesse caso, o exemplo cria uma matriz 3D. Depois fatia a linha 1 dessa matriz para produzir a saída a seguir:

```
array([[11, 12, 13],
       [14, 15, 16],
       [17, 18, 19]])
```

Fatiando colunas

Usando os exemplos da seção anterior, o fatiamento de colunas obteria os dados em um ângulo de 90 graus com as linhas. Ou seja, ao trabalhar com matrizes 2D, você quer ver os tempos em que temperaturas específicas ocorreram. Da mesma forma, pode querer ver as vendas de todos os produtos para uma localização específica em qualquer tempo quando trabalhar com a matriz 3D. Em alguns casos, pode associar as colunas com atributos em um conjunto de dados. O exemplo a seguir demonstra como realizar essa tarefa usando a mesma matriz da seção anterior:

```
x = np.array([[[1, 2, 3], [4, 5, 6], [7, 8, 9],],
              [[11,12,13], [14,15,16], [17,18,19],],
              [[21,22,23], [24,25,26], [27,28,29]]])
x[:,1]
```

Note que a indexação ocorre agora em dois níveis. O primeiro índice se refere à linha. Usar dois-pontos (:) para a linha significa usar todas as linhas. O segundo índice se refere a uma coluna. Nesse caso, a saída conterá a coluna 1. Esta é a saída exibida:

```
array([[ 4,  5,  6],
       [14, 15, 16],
       [24, 25, 26]])
```

LEMBRE-SE

Essa é uma matriz 3D. Portanto, cada uma das colunas contém todos os elementos do eixo z. O que vemos é cada linha — 0 a 2 para a coluna 1 com cada elemento do eixo z 0 a 2 para essa coluna.

Picando

O ato de picar um conjunto de dados significa realizar o fatiamento para a linha e para a coluna de forma que você acabe com um pedaço de dado. Por exemplo, ao trabalhar com a matriz 3D, você pode querer ver as vendas de um produto específico em uma localização específica em qualquer momento. O exemplo a seguir demonstra como realizar essa tarefa usando a mesma matriz das duas seções anteriores:

```
x = np.array([[[1, 2, 3], [4, 5, 6], [7, 8, 9],],
              [[11,12,13], [14,15,16], [17,18,19],],
              [[21,22,23], [24,25,26], [27,28,29]]])
print(x[1,1])
print(x[:,1,1])
print(x[1,:,1])
print()
print(x[1:2, 1:2])
```

Este exemplo pica a matriz de quatro maneiras diferentes. Primeiro, pegamos a linha 1 e a coluna 1. É claro que podemos querer a coluna 1, eixo z 1. Se não for bem isso, podemos sempre requisitar a linha 1, eixo z 1. Novamente, você pode querer as linhas 1 e 2 das colunas 1 e 2. Veja a saída para esses quatro pedidos:

```
[14 15 16]
[ 5 15 25]
[12 15 18]

[[[14 15 16]]]
```

Concatenando e Transformando

Dados usados para fins de data science raramente vêm em um pacote perfeito. Você por ter de trabalhar com várias bases de dados em várias localizações — cada qual com o próprio formato de dados. É impossível realizar análises em fontes tão díspares de informações com alguma precisão. Para que os dados sejam úteis, crie um único conjunto de dados (*concatenando*, ou combinando, os dados das diversas fontes).

Parte do processo é garantir que cada campo criado para o conjunto de dados combinado tenha as mesmas características. Por exemplo, o campo idade em um banco de dados pode aparecer como uma string, mas outro, usar um inteiro para o mesmo campo. Para que os campos funcionem juntos, devem ter o mesmo tipo de informação.

As próximas seções explicam o processo envolvido na concatenação e transformação de dados de várias fontes para criar um único conjunto de dados. Depois de criá-lo, realize as tarefas, como as análises com os dados. É claro que o truque é criar um único conjunto de dados que realmente represente os dados em todos esses conjuntos distintos — modificar os dados acabaria em resultados enviesados.

Adicionando novos casos e variáveis

Muitas vezes, precisamos combinar conjuntos de dados de diversas formas ou até adicionar novas informações pelo bem da análise. O resultado é um conjunto de dados combinados que inclui novos casos ou variáveis. O exemplo a seguir mostra técnicas para realizar ambas as tarefas:

```
import pandas as pd

df = pd.DataFrame({'A': [2,3,1],
                   'B': [1,2,3],
                   'C': [5,3,4]})

df1 = pd.DataFrame({'A': [4],
                    'B': [4],
                    'C': [4]})

df = df.append(df1)
df = df.reset_index(drop=True)
print(df)

df.loc[df.last_valid_index() + 1] = [5, 5, 5]
print()
```

```
print(df)

df2 = pd.DataFrame({'D': [1, 2, 3, 4, 5]})

df = pd.DataFrame.join(df, df2)
print()
print(df)
```

O jeito mais fácil de adicionar mais dados a um DataFrame existente é o método append(). Também podemos usar o método concat() (uma técnica mostrada no Capítulo 13). Nesse caso, os três casos encontrados em df são adicionados ao único caso encontrado em df1. Para garantir que os dados sejam anexados como previsto, as colunas em df e df1 devem se corresponder. Ao anexar dois objetos DataFrame dessa forma, o novo DataFrame contém os valores antigos do índice. Use o método reset_index() para criar um novo índice para facilitar o acesso aos cases.

Uma alternativa para adicionar outro caso a um DataFrame existente é criá-lo diretamente. Sempre que acrescentar uma entrada em uma posição que seja um número maior do que last_valid_index(), o resultado será um novo caso.

Às vezes precisamos adicionar uma nova variável (coluna) ao DataFrame. No caso, use join() para realizar a tarefa. O DataFrame resultante corresponderá os casos com o mesmo valor de índice, portanto, a indexação é importante. Além disso, a não ser que deseje valores em branco, o número de casos em ambos os objetos DataFrame devem corresponder. Veja a saída do exemplo:

```
    A  B  C
0   2  1  5
1   3  2  3
2   1  3  4
3   4  4  4

    A  B  C
0   2  1  5
1   3  2  3
2   1  3  4
3   4  4  4
4   5  5  5

    A  B  C  D
0   2  1  5  1
1   3  2  3  2
2   1  3  4  3
3   4  4  4  4
4   5  5  5  5
```

Removendo dados

Em determinado ponto, podemos querer remover casos ou variáveis de um conjunto de dados porque não são exigidos para a análise. Em ambos os casos, utilizamos o método `drop()` para realizar a tarefa. A diferença entre remover casos ou variáveis está em como descrever o que é removido, como mostrado no exemplo a seguir:

```
import pandas as pd

df = pd.DataFrame({'A': [2,3,1],
                   'B': [1,2,3],
                   'C': [5,3,4]})

df = df.drop(df.index[[1]])
print(df)

df = df.drop('B', 1)
print()
print(df)
```

O exemplo começa removendo um caso de `df`. Note como o código depende de um índice para descrever o que remover. Você pode remover apenas um caso (como mostrado), intervalos de casos, ou casos individuais separados por vírgulas. A principal preocupação é garantir que os números dos índices estejam corretos para os casos que quiser remover.

Remover uma coluna é diferente. Este exemplo mostra como remover uma coluna usando um nome de coluna. Também é possível removê-la usando um índice. Em ambos os casos, devemos especificar um eixo como parte do processo de remoção (geralmente 1). Veja a saída desse exemplo:

```
   A  B  C
0  2  1  5
2  1  3  4

   A  C
0  2  5
2  1  4
```

Classificando e misturando

A classificação e a mistura são dois fins para o mesmo objetivo — gerenciar a ordem dos dados. No primeiro caso, colocamos os dados em ordem, enquanto no segundo removemos qualquer padronização sistemática de ordem. Em geral, não classificamos conjuntos de dados para propósitos de análise, pois isso induz a resultados incorretos. No entanto, você pode querer classificar os dados para fins de apresentação. O exemplo a seguir mostra a classificação e a mistura:

```
import pandas as pd
import numpy as np

df = pd.DataFrame({'A': [2,1,2,3,3,5,4],
                   'B': [1,2,3,5,4,2,5],
                   'C': [5,3,4,1,1,2,3]})

df = df.sort_values(by=['A', 'B'], ascending=[True,
   True])
df = df.reset_index(drop=True)
print(df)

index = df.index.tolist()
np.random.shuffle(index)
df = df.loc[df.index[index]]
df = df.reset_index(drop=True)
print()
print(df)
```

No fim das contas, a classificação dos dados é um pouco mais fácil do que a mistura. Para classificar dados, usamos o método `sort_values()` e definimos quais colunas usar para fins de indexação. Também é possível determinar se o índice estará em ordem crescente ou decrescente. Certifique-se de sempre chamar `reset_index()` quando terminar, para que o índice apareça na ordem para análise ou outros fins.

Para misturar os dados, primeiro obtenha o índice atual usando `df.index.tolist()` e coloque-o em `index`. Uma chamada de `random.shuffle()` cria uma ordem para o índice. Depois aplique a nova ordem em `df` usando `loc[]`. Como sempre, chame `reset_index()` para finalizar a nova ordem. Veja a saída desse exemplo (mas note que a segunda pode não ser igual a sua, devido à mistura dos dados):

```
    A  B  C
0   1  2  3
1   2  1  5
2   2  3  4
3   3  4  1
4   3  5  1
5   4  5  3
6   5  2  2

    A  B  C
0   2  1  5
1   2  3  4
2   3  4  1
3   1  2  3
4   3  5  1
5   4  5  3
6   5  2  2
```

Agregando Dados em Qualquer Nível

A *agregação* é o processo de combinar ou agrupar dados em um conjunto, bag ou lista. Os dados podem ser semelhantes ou não. Na maioria dos casos, uma função de agregação combina várias linhas estatisticamente usando algoritmos como média, contagem, máximo, mediana, mínimo, modo ou soma. Há vários motivos para agregar dados:

- » Facilitar a análise.
- » Reduzir a habilidade de dedução dos dados de um indivíduo dentro de um conjunto de dados por questões de privacidade ou outras razões.
- » Criar um elemento combinado de dados a partir de uma fonte de dados que corresponda a um elemento combinado de dados de outra fonte.

O uso mais importante da agregação de dados é promover a anonimidade por motivos legais ou outras preocupações. Às vezes até os dados que devem ser anônimos acabam fornecendo a identificação de um indivíduo usando as técnicas adequadas de análise. Por exemplo, pesquisadores descobriram que é possível identificar indivíduos apenas com base em três compras no cartão de crédito (veja detalhes em https://www.computerworld.com/article/2877935/how-three-small-credit-card-transactions-could-reveal-your-identity.html [conteúdo em inglês]). Veja um exemplo que mostra como realizar as tarefas de agregação:

```
import pandas as pd

df = pd.DataFrame({'Map': [0,0,0,1,1,2,2],
                   'Values': [1,2,3,5,4,2,5]})

df['S'] = df.groupby('Map')['Values'].transform(np.sum)
df['M'] = df.groupby('Map')['Values'].transform(np.mean)
df['V'] = df.groupby('Map')['Values'].transform(np.var)

print(df)
```

Nesse caso, temos dois atributos iniciais para este `DataFrame`. Os valores em `Map` definem quais elementos em `Values` devem ficar juntos. Por exemplo, ao calcular uma soma para `Map` índice 0, usamos `Values` 1, 2 e 3.

Para realizar a agregação, devemos primeiro chamar `groupby()` para agrupar os valores `Map`. Depois indexamos em `Values` e usamos `transform()` para criar os dados agregados usando um dos vários algoritmos encontrados em NumPy, como `np.sum`. Veja os resultados desse cálculo:

	Map	Values	S	M	V
0	0	1	6	2.0	1.0
1	0	2	6	2.0	1.0
2	0	3	6	2.0	1.0
3	1	5	9	4.5	0.5
4	1	4	9	4.5	0.5
5	2	2	7	3.5	4.5
6	2	5	7	3.5	4.5

> **NESTE CAPÍTULO**
>
> » Manipulando dados HTML
>
> » Manipulando texto puro
>
> » Descobrindo o modelo saco de palavras e outras técnicas
>
> » Manipulando dados em grafos

Capítulo **8**

Modelando Dados

O Capítulo 7 demonstra técnicas para se trabalhar com os dados de forma isolada — como se fossem inerentes ao Python. No entanto, os dados não existem no vácuo. Não aparecem de repente no Python sem um motivo. Como demonstrado no Capítulo 6, nós carregamos os dados. Mas carregá-los não basta — talvez tenhamos de modelá-los como parte do carregamento. Esse é o propósito deste capítulo. Você descobrirá como trabalhar com uma variedade de tipos de container de modo que possibilitem o carregamento de dados complexos, como páginas HTML. Na verdade, trabalhamos até com grafos, imagens e sons.

LEMBRE-SE

Ao longo do livro, você descobrirá que os dados assumem todos os tipos de formas. Da parte do computador, os dados consistem em 0s e 1s. Os seres humanos lhes dão sentido formatando-os, armazenando-os e interpretando-os de determinada maneira. O mesmo grupo de 0s e 1s pode ser um número, uma data ou um texto, dependendo da interpretação. O container de dados fornece pistas de como interpretá-los, então é por isso que este capítulo é tão importante para você, como um cientista de dados usando Python para descobrir padrões. Você verá que pode descobrir padrões em locais em que nem pensou que havia.

Você não precisa digitar o código-fonte para este capítulo. É muito mais fácil usar a fonte de download (veja as instruções para download na Introdução). O código-fonte deste capítulo aparece no arquivo `P4DS4D2_08_Shaping_Data.ipynb`.

Trabalhando com Páginas HTML

As páginas HTML contêm dados em formato hierárquico. Muitas vezes encontramos conteúdo HTML em formato estritamente HTML ou como XML. O formato HTML é problemático, pois nem sempre segue necessariamente as regras estritas de formatação. O XML as segue por causa dos padrões usados para defini-lo, o que facilita a análise. Contudo, em ambos os casos, usamos técnicas similares para analisar uma página. A primeira seção a seguir descreve como analisar páginas HTML em geral.

Às vezes não precisamos de todos os dados em uma página, mas apenas de alguns dados específicos, e é aí que o XPath entra em jogo. Ele localiza dados específicos na página HTML e os extrai para necessidades específicas.

Analisando XML e HTML

Apenas extrair os dados de um arquivo XML, como fizemos no Capítulo 6, não é o bastante. Os dados nem sempre já estão no formato correto. Usando a abordagem do Capítulo 6, acabamos com um `DataFrame` contendo colunas do tipo `str`. Obviamente, não é possível realizar muita manipulação de dados com strings. O exemplo a seguir modela os dados XML do Capítulo 6 para criar um DataFrame contendo apenas os elementos `<Number>` e `<Boolean>` no formato correto.

```
from lxml import objectify
import pandas as pd
from distutils import util

xml = objectify.parse(open('XMLData.xml'))
root = xml.getroot()
df = pd.DataFrame(columns=('Number', 'Boolean'))

for i in range(0, 4):
    obj = root.getchildren()[i].getchildren()
    row = dict(zip(['Number', 'Boolean'],
                   [obj[0].pyval,
                    bool(util.strtobool(obj[2].text))]))
    row_s = pd.Series(row)
    row_s.name = obj[1].text
```

```
    df = df.append(row_s)

print(type(df.loc['First']['Number']))
print(type(df.loc['First']['Boolean']))
```

O DataFrame `df` é inicialmente instanciado como vazio, mas à medida que o código faz loops pelos filhos do nodo raiz, ele extrai uma lista contendo o seguinte:

- » Um elemento `<Number>` (expressado como um `int`).
- » Um elemento ordinal (uma `string`).
- » Um elemento `<Boolean>` (expressado como uma `string`).

Estes são usados pelo código para incrementar `df`. Na verdade, o código depende do elemento de número ordinal como o rótulo do índice e constrói uma nova linha individual para anexar ao `DataFrame` existente. Essa operação converte programaticamente as informações contidas na árvore XML no tipo de dado correto para colocar dentro das variáveis existentes em `df`. O número de elementos está disponível como um tipo `int`; já a conversão do elemento `<Boolean>` é um pouco mais difícil. Devemos converter a string para um valor numérico usando a função `strtobool()` em `distutils.util`. A entrada é um `0` para valores `False` e um `1` para valores `True`. Entretanto, esse ainda não é um valor Booleano. Para criá-lo, devemos converter o 0 ou o 1 usando `bool()`.

DICA Este exemplo também mostra como acessar valores individuais no `DataFrame`. Note que a propriedade `name` agora usa o valor do elemento `<String>` para acesso fácil. Forneça um valor de índice usando `loc` e acesse o atributo individual usando um segundo índice. A entrada deste exemplo é

```
<class 'int'>
<class 'bool'>
```

Usando o XPath para extração de dados

Usar o XPath para extrair dados do conjunto de dados reduz muito a complexidade do código e tem também o potencial de deixá-lo mais rápido. O exemplo a seguir mostra uma versão do XPath do exemplo da seção anterior. Note que esta versão é mais curta e não requer o uso de um loop `for`.

```
from lxml import objectify
import pandas as pd
from distutils import util
```

```
xml = objectify.parse(open('XMLData.xml'))
root = xml.getroot()

map_number = map(int, root.xpath('Record/Number'))
map_bool = map(str, root.xpath('Record/Boolean'))
map_bool = map(util.strtobool, map_bool)
map_bool = map(bool, map_bool)
map_string = map(str, root.xpath('Record/String'))

data = list(zip(map_number, map_bool))

df = pd.DataFrame(data,
                  columns=('Number', 'Boolean'),
                  index = list(map_string))

print(df)
print(type(df.loc['First']['Number']))
print(type(df.loc['First']['Boolean']))
```

O exemplo começa exatamente como o anterior, importando os dados e obtendo o nodo raiz. Aqui, criamos um objeto de dados que contém pares de números de registro e Booleanos. Como as entradas do arquivo XML são todas strings, devemos usar a função `map()` para convertê-las para os valores adequados. Trabalhar com números de registro é algo bem direto — basta mapeá-los em um `int`. A função `xpath()` aceita um caminho para o nodo raiz para os dados necessários, neste caso, `'Record/Number'`.

Mapear o valor Booleano é um pouco mais difícil. Como na seção anterior, devemos usar a função `util.strtobool()` para converter os valores de strings Booleanas em um número que `bool()` possa converter a um equivalente Booleano. Contudo, se tentarmos realizar apenas um mapeamento duplo, receberemos uma mensagem de erro dizendo que a lista não inclui uma função requerida, `tolower()`. Para superar esse obstáculo, realizamos um mapeamento triplo e convertemos os dados em uma string usando a função `str()` primeiro.

Criar o `DataFrame` também é diferente. Em vez de acrescentar linhas individuais, adicionamos todas elas de uma vez usando `data`. Os nomes de colunas são configurados como antes. No entanto, precisamos de um modo de adicionar nomes de linhas, como no exemplo anterior. Essa tarefa é feita configurando-se um parâmetro `index` a uma versão mapeada da entrada de `xpath()` para o caminho `'Record/String'`. Veja a entrada esperada:

```
        Number  Boolean
First        1     True
Second       2    False
Third        3     True
```

```
Fourth       4    False
<type 'numpy.int64'>
<type 'numpy.bool_'>
```

Trabalhando com Texto Puro

Mesmo parecendo que o texto puro não apresentaria problemas na análise porque não contém formatação especial, precisamos considerar como o texto é armazenado e se ele contém palavras especiais. As várias formas do Unicode tendem a apresentar problemas de interpretação que devem ser considerados ao se trabalhar com o texto. Usar expressões regulares auxilia a localização de informações específicas dentro de um arquivo de texto puro. Use-as tanto para limpar os dados quanto para corresponder a padrões. As próximas seções explicam as técnicas usadas para modelar arquivos exclusivamente de texto.

Lidando com Unicode

Arquivos de texto são texto puro — isso é uma certeza. O modo como o texto é codificado muda. Por exemplo, um caractere pose usar sete, oito ou mais bits para fins de codificação. O uso de caracteres especiais também difere. Resumindo: a interpretação dos bits usados para criar caracteres é diferente de uma codificação para outra. Veja várias codificações em `http://www.i18nguy.com/unicode/codepages.html` [conteúdo em inglês].

LEMBRE-SE Às vezes precisamos trabalhar com codificações diferentes da padrão estipulada pelo ambiente Python. Ao trabalhar com Python 3.*x*, devemos usar a Universal Transformation Format 8-bit (UTF-8) para ler e escrever arquivos. Esse ambiente é sempre configurado para a UTF-8, e uma mensagem de erro é emitida quando tentamos mudar isso. O artigo em `https://docs.python.org/3/howto/unicode.html` [conteúdo em inglês] fornece insights sobre como contornar problemas de Unicode em Python.

CUIDADO Lidar com a codificação de maneira incorreta impede a realização de tarefas como importar módulos ou processar texto. Certifique-se de testar o código cuidadosa e completamente para garantir que nenhum problema de codificação afetará sua habilidade de rodar a aplicação. Encontre bons artigos de leitura sobre o assunto em `http://blog.notdot.net/2010/07/Getting-unicode-right-in-Python` e `http://web.archive.org/web/20120722170929/http://boodebr.org/main/python/all-about-python-and-unicode` [ambos com conteúdo em inglês].

Stemizando e removendo palavras vazias

A *stemização* é o processo de redução de palavras à sua raiz (ou base). Isso não é o mesmo que entender que algumas palavras vêm do latim ou de outras raízes, mas, sim, igualar palavras semelhantes para fins de comparação ou compartilhamento. Por exemplo, as palavras *gato*, *gata* e *gatinhos* têm a mesma raiz *gat*. O ato de stemizar o ajuda a analisar sentenças tokenizando-as de modo mais eficaz, pois o algoritmo de aprendizado de máquina precisa aprender sobre a raiz *gat*, e não sobre todas suas variantes.

Mas a remoção de sufixos para criar palavras raiz e tokenizar sentenças no geral são apenas duas partes do processo de criação de algo parecido com uma interface de linguagem natural. As linguagens incluem grandes quantidades de palavras de ligação que não significam muito para um computador, mas têm significados importantes para seres humanos, como *o*, *a*, *um*, *uma*, *em*, *no*, *na* e assim por diante em português. Essas palavras curtas e menos úteis são *palavras vazias*. Sem elas, as frases não fazem sentido para os seres humanos, mas, para o computador, são um meio de interrupção da análise de sentenças.

A stemização e remoção de palavras vazias simplificam o texto e reduz o número de elementos textuais para que apenas os elementos essenciais permaneçam. Além disso, mantemos apenas os termos mais próximos do sentido real da frase. Reduzindo frases dessa maneira, um algoritmo computacional trabalha mais rápido e processa o texto com mais eficiência.

CUIDADO

Esse exemplo requer o uso do Natural Languate Toolkit (NLTK), não instalado por padrão no Anaconda (veja detalhes sobre o Anaconda no Capítulo 3). Para usar este exemplo, faça o download e a instalação do NLTK usando as instruções do site `http://www.nltk.org/install.html` [conteúdo em inglês] para sua plataforma. Certifique-se de instalar o NLTK para a versão de Python usada neste livro quando houver múltiplas versões instaladas no sistema. Depois de instalar o NLTK, instale também os pacotes associados a ele. As instruções em `http://www.nltk.org/data.html` [conteúdo em inglês] explicam como realizar essa tarefa (instale todos os pacotes para garantir que não falte nada).

O exemplo a seguir demonstra como fazer a stemização e remoção de palavras vazias de uma sentença. Começamos treinando um algoritmo para realizar a análise requerida usando uma frase de teste. Depois verificamos uma segunda sentença de palavras que aparecem na primeira.

```
from sklearn.feature_extraction.text import *
from nltk import word_tokenize
from nltk.stem.porter import PorterStemmer

stemmer = PorterStemmer()
```

```
def stem_tokens(tokens, stemmer):
    stemmed = []
    for item in tokens:
        stemmed.append(stemmer.stem(item))
    return stemmed

def tokenize(text):
    tokens = word_tokenize(text)
    stems = stem_tokens(tokens, stemmer)
    return stems

vocab = ['Sam loves swimming so he swims all the time']
vect = CountVectorizer(tokenizer=tokenize,
                       stop_words='english')
vec = vect.fit(vocab)

sentence1 = vec.transform(['George loves swimming
  too!'])

print(vec.get_feature_names())
print(sentence1.toarray())
```

No começo, o exemplo cria um vocabulário usando uma frase de teste e o coloca em vocab. Depois cria um CountVectorizer, vect, para conter uma lista de palavras stemizadas, mas exclui as palavras vazias. O parâmetro tokenizer define a função usada para stemizar as palavras. O parâmetro stop_words se refere a um arquivo pickle que contém palavras vazias de um idioma específico, neste caso o inglês. Existem arquivos para outros idiomas também, como francês e alemão. (Veja outros parâmetros do CountVectorizer() em https://scikit-learn.org/stable/modules/generated/sklearn.feature_extraction.text.CountVectorizer.html [conteúdo em inglês].) O vocabulário é colocado em outro CountVectorizer, vec, que é usado para realizar a transformação em uma sentença de teste usando a função transform(). Veja a saída deste exemplo:

```
['love', 'sam', 'swim', 'time']
[[1 0 1 0]]
```

A primeira saída mostra as palavras stemizadas. Note que a lista contém apenas *swim*, e não *swimming* e *swims*. Todas as palavras vazias também não estão lá. Por exemplo, não vemos as palavras *so*, *he*, *all* ou *the*.

A segunda entrada mostra quantas vezes cada palavra stemizada aparece na frase de teste. Neste caso, uma variante de *love* aparece uma vez, e uma variante de *swim* também. As palavras *sam* e *time* não aparecem na segunda frase, então esses valores são configurados como 0.

Apresentando as expressões regulares

As expressões regulares apresentam uma variedade de ferramentas de análise de texto puro ao cientista de dados. Em um primeiro momento, parece assustador entender exatamente como as expressões regulares funcionam, mas sites como https://regexr.com/ [conteúdo em inglês] lhe permitem brincar com as expressões regulares para ver como seu uso realiza tipos específicos de correspondência de padrões. É claro que a primeira exigência é descobrir a *correspondência de padrões*, que é o uso de caracteres especiais que dizem ao mecanismo de análise o que encontrar no arquivo de texto puro. A Tabela 8-1 fornece uma lista de caracteres de correspondência de padrões e diz como utilizá-los.

TABELA 8-1 Caracteres de Correspondência de Padrões Usados no Python

Caractere	Interpretação
(re)	Agrupa expressões regulares e lembra o texto correspondente
(?: re)	Agrupa expressões regulares sem lembrar o texto correspondente
(?#...)	Indica um comentário, que não é processado
re?	Corresponde a 0 ou 1 ocorrência da expressão anterior (mas não mais do que 0 ou 1 ocorrência)
re*	Corresponde a 0 ou mais ocorrências da expressão anterior
re+	Corresponde a 1 ou mais ocorrências da expressão anterior
(?> re)	Corresponde a um padrão independente sem rastreio (backtracking)
.	Corresponde a qualquer caractere individual, exceto pelo caractere de quebra de linha (\n) (adicionar a opção m também possibilita a correspondência do caractere de quebra de linha)
[^...]	Corresponde a qualquer caractere individual ou intervalo de caracteres que não esteja entre colchetes
[...]	Corresponde a qualquer caractere individual ou intervalo de caracteres que esteja entre colchetes
re{ n, m}	Corresponde a pelo menos n e no máximo m ocorrências da expressão anterior
\n, \t, etc.	Corresponde a caracteres de controle, como quebra de linha (\n), retorno do carro (\r) e tabulações (\t)
\d	Corresponde a dígitos (o equivalente a usar [0-9])
a|b	Corresponde a a ou b
re{ n}	Corresponde a exatamente n ocorrências da expressão anterior
re{ n,}	Corresponde a n ou mais ocorrências da expressão anterior
\D	Corresponde a caracteres que não sejam dígitos

Caractere	Interpretação
\S	Corresponde a caracteres que não sejam espaço em branco (whitespace)
\B	Corresponde a limites que não sejam de palavras
\W	Corresponde a caracteres que não sejam de palavras
\1...\9	Corresponde à enésima subexpressão agrupada
\10	Corresponde à enésima subexpressão agrupada se ela já estiver correspondida (caso contrário, o padrão se refere à representação octal do código de um caractere)
\A	Corresponde ao começo de uma string
^	Corresponde ao começo de uma linha
\z	Corresponde ao fim de uma string
\Z	Corresponde ao fim de uma string (quando existe uma quebra de linha, a correspondência ocorre imediatamente antes)
$	Corresponde ao fim de uma linha
\G	Corresponde ao ponto em que a última correspondência terminou
\s	Corresponde ao espaço em branco (equivalente a usar [\t\n\r\f])
\b	Corresponde a limites de palavras quando está fora de colchetes; corresponde ao backspace (0x08) quando está entre colchetes
\w	Corresponde a caracteres de palavras
(?= re)	Especifica uma posição usando um padrão (esse padrão não tem um intervalo)
(?! re)	Especifica uma posição usando negação de padrão (esse padrão não tem um intervalo)
(?-imx)	Desliga temporariamente as opções i, m ou x dentro de uma expressão regular (quando esse padrão aparece entre parênteses, apenas a área entre eles é afetada)
(?imx)	Liga temporariamente as opções i, m ou x dentro de uma expressão regular (quando esse padrão aparece entre parênteses, apenas a área entre eles é afetada)
(?-imx: re)	Desliga temporariamente as opções i, m ou x dentro dos parênteses
(?imx: re)	Liga temporariamente as opções i, m ou x dentro dos parênteses

O uso de expressões regulares o ajuda a manipular textos complexos antes de usar outras técnicas descritas neste capítulo. No exemplo a seguir, veremos como extrair um número de telefone de uma sentença, independente de onde ele apareça. Esse tipo de manipulação é útil quando temos de trabalhar com texto de várias origens e em formatos irregulares. Há algumas rotinas adicionais de manipulação de números de telefone em http://www.diveintopython.net/regular_expressions/phone_numbers.html [conteúdo em inglês]. O importante é que este exemplo o ajude a entender como extrair qualquer texto necessário de texto desnecessário.

```
import re

data1 = 'My phone number is: 800-555-1212.'
data2 = '800-555-1234 is my phone number.'

pattern = re.compile(r'(\d{3})-(\d{3})-(\d{4})')

dmatch1 = pattern.search(data1).groups()
dmatch2 = pattern.search(data2).groups()

print(dmatch1)
print(dmatch2)
```

O exemplo começa com dois números de telefone posicionados em várias partes de sentenças. Antes de começar, precisamos criar um padrão. Sempre leia o padrão da esquerda para a direita. Nesse caso, o padrão procura três dígitos, seguidos de um traço, outros três dígitos, seguidos por outro traço e, finalmente, quatro dígitos.

Para acelerar e facilitar o processo, o código chama a função `compile()` para criar uma versão compilada do padrão para que Python não precise recriar o padrão sempre que ele for necessário. O padrão compilado aparece em `pattern`.

A função `search()` procura o padrão em cada uma das sentenças de teste. Ele coloca qualquer texto correspondente encontrado em grupos e exibe uma tupla em uma das duas variáveis. Veja a entrada deste exemplo.

```
('800', '555', '1212')
('800', '555', '1234')
```

Usando o Modelo Saco de Palavras e Mais

O objetivo da maioria das importações de dados é realizar algum tipo de análise. Antes de poder analisar dados textuais, é preciso tokenizar todas as palavras no conjunto de dados, o que cria um *saco de palavras*, que depois será usado para treinar *classificadores*, um tipo especial de algoritmo usado para dividir palavras em categorias. A próxima seção oferece mais insights sobre o modelo saco de palavras e mostra como trabalhar com ele.

OBTENDO O CONJUNTO DE DADOS 20 NEWSGROUPS

Os exemplos nas próximas seções dependem do conjunto de dados 20 Newsgroups (http://qwone.com/~jason/20Newsgroups/ [conteúdo em inglês]) que faz parte da instalação do Scikit-learn. O site de hospedagem fornece informações adicionais sobre o conjunto de dados, mas basicamente ele é bom de usar para demonstrar vários tios de análises de texto.

Não é preciso fazer nada especial para se trabalhar com o conjunto de dados, pois o Scikit-learn já o conhece. No entanto, ao executar o primeiro exemplo, a mensagem "WARNING:sklearn.datasets.twenty_newsgroups:Downloading dataset from http://people.csail.mit.edu/jrennie/20Newsgroups/20news-bydate.tar.gz (14MB)" será exibida. Essa mensagem só diz que é preciso esperar que o download dos dados termine. Não há nada de errado com seu sistema. Do lado esquerdo da célula do código no IPython Notebook você verá a entrada familiar In [*]. Quando essa entrada mudar para um número, o download terá finalizado. A mensagem não some até que a célula seja executada outra vez.

Entendendo o modelo saco de palavras

Como mencionado na introdução, para realizar vários tipos de análises textuais, precisamos primeiro tokenizar as palavras e criar um saco de palavras. Ele usa números para representar palavras, frequências de palavras e localizações de palavras que possam ser manipuladas matematicamente para que vejamos padrões no modo em que as palavras são estruturadas e usadas. O modelo saco de palavras ignora a gramática e até mesmo a ordem das palavras — o foco é a simplificação do texto para que seja fácil analisá-lo.

A criação de um saco de palavras gira em torno do Processamento de Língua Natural (PLN) e da Recuperação de Informação (RI). Antes de fazer esse tipo de processamento, geralmente removemos qualquer caractere especial (como formatação HTML de uma fonte web), removemos as palavras vazias e fazemos também a stemização (como descrito na seção "Stemizando e removendo palavras vazias", anteriormente neste capítulo). Para os propósitos deste exemplo, usamos o conjunto de dados 20 Newsgroups diretamente. Veja um exemplo de como obter uma entrada textual e criar um saco de palavras:

```
from sklearn.datasets import fetch_20newsgroups
from sklearn.feature_extraction.text import *

categories = ['comp.graphics', 'misc.forsale',
```

```
                     'rec.autos', 'sci.space']
twenty_train = fetch_20newsgroups(subset='train',
                                  categories=categories,
                                  shuffle=True,
                                  random_state=42)

count_vect = CountVectorizer()
X_train_counts = count_vect.fit_transform(
    twenty_train.data)

print("BOW shape:", X_train_counts.shape)
caltech_idx = count_vect.vocabulary_['caltech']
print('"Caltech": %i' % X_train_counts[0, caltech_idx])
```

LEMBRE-SE

Diversos exemplos online não são claros sobre a origem da lista de categorias que eles usam. O site de hospedagem http://qwone.com/~jason/20Newsgroups/ [conteúdo em inglês] oferece uma listagem de categorias. Essa lista não vem de uma cartola mágica, mas muitos exemplos online simplesmente não documentam as fontes de informação. Sempre recorra ao site de hospedagem quando tiver perguntas sobre assuntos como categorias de conjuntos de dados.

A chamada de fetch_20newsgroups() carrega o conjunto de dados na memória. O objeto de treinamento, twenty_train, é exibido, descrito como um *bunch*. Aqui temos um objeto que contém uma listagem de categorias e dados associados, mas a aplicação ainda não tokenizou os dados, e o algoritmo usado para trabalhar com eles ainda não foi treinado.

Agora que há um monte de dados disponíveis, crie um saco de palavras. Esse processo começa atribuindo um valor inteiro (um tipo de índice) a cada palavra única no conjunto de treinamento. Além disso, cada documento recebe um valor inteiro. O próximo passo é contar cada ocorrência dessas palavras em cada documento e criar uma lista de pares de documentos e contagens para saber quais palavras aparecem e sua frequência em cada documento.

Naturalmente, algumas palavras da lista principal não são usadas em alguns documentos, criando assim um *conjunto altamente dimensional de dados esparços*. A matriz scipy.sparse é uma estrutura de dados que permite armazenar apenas elementos diferentes de zero da lista para poupar a memória. Quando o código chama count_vect.fit_transform(), ele coloca o saco de palavras resultante em X_train_counts. Veja o número de entradas resultante acessando a propriedade shape e as contagens da palavra "Caltech" no primeiro documento:

```
BOW shape: (2356, 34750)
"Caltech": 3
```

Trabalhando com n-gramas

Um *n-grama* é uma sequência contínua de itens no texto que deseja analisar. Os itens são fonemas, sílabas, letras, palavras ou pares de base. O *n* em n-grama se refere a um tamanho. Um n-grama de tamanho um, por exemplo, é um unigrama. O exemplo nesta seção usa um tamanho três, isto é, um trigrama. Usamos n-gramas de modo probabilístico para realizar tarefas como a previsão da próxima sequência em uma série, que não seria muito útil até começarmos a pensar sobre aplicações, como mecanismos de busca que tentam prever a palavra que deseja digitar com base nas letras já fornecidas. Contudo, a técnica tem todos os tipos de aplicação, como no sequenciamento de DNA e na compressão de dados. O exemplo a seguir mostra como criar n-gramas do conjunto de dados 20 Newsgroups.

```
from sklearn.datasets import fetch_20newsgroups
from sklearn.feature_extraction.text import *

categories = ['sci.space']

twenty_train = fetch_20newsgroups(subset='train',
                                  categories=categories,
                                  remove=('headers',
                                          'footers',
                                          'quotes'),
                                  shuffle=True,
                                  random_state=42)

count_chars = CountVectorizer(analyzer='char_wb',
                              ngram_range=(3,3),
                              max_features=10)

count_chars.fit(twenty_train['data'])

count_words = CountVectorizer(analyzer='word',
                              ngram_range=(2,2),
                              max_features=10,
                              stop_words='english')

count_words.fit(twenty_train['data'])

X = count_chars.transform(twenty_train.data)

print(count_chars.get_feature_names())
print(X[1].todense())
print(count_words.get_feature_names())
```

O começo do código é igual ao da seção anterior. Ainda começamos buscando o conjunto de dados e colocando-o em um bunch. Mas neste caso o processo de vetorização tem outro significado. Os argumentos processam os dados de maneira especial.

Nesse caso, o parâmetro `analyzer` determina como a aplicação cria os n-gramas. Você pode escolher palavras (`word`), caracteres (`char`) ou caracteres dentro de limites de palavras (`char_wb`). O parâmetro `ngram_range` requer duas entradas em forma de tuplas: a primeira determina o tamanho mínimo do n-grama, e a segunda determina seu tamanho máximo. O terceiro argumento, `max_features`, determina quantos atributos o vetorizador retorna. Na segunda chamada do vetorizador, o argumento `stop_words` remove os termos contidos no arquivo pickle de inglês (veja detalhes na seção "Stemizando e removendo palavras vazias", anteriormente neste capítulo). A essa altura, a aplicação encaixa os dados no algoritmo de transformação.

O exemplo fornece três saídas. A primeira mostra os dez principais trigramas dos caracteres do documento. A segunda é o n-grama do primeiro documento. Ele mostra a frequência dos dez trigramas principais. A terceira tem os dez principais trigramas de palavras. Veja a saída deste exemplo:

```
[' an', ' in', ' of', ' th', ' to', 'he ', 'ing', 'ion',
'nd ', 'the']
[[0 0 2 5 1 4 2 2 0 5]]
['anonymous ftp', 'commercial space', 'gamma ray',
'nasa gov', 'national space', 'remote sensing',
'sci space', 'space shuttle', 'space station',
'washington dc']
```

Implementando transformações TF-IDF

A transformação *TF-IDF (Frequência do termo vezes o Inverso da Frequência dos Documentos)* é uma técnica usada para ajudar a compensar palavras encontradas com certa frequência em diferentes documentos, o que dificulta a distinção entre os documentos, pois são comuns demais (as palavras vazias são um bom exemplo). O que essa transformação realmente nos diz é a importância de uma palavra específica à individualidade de um documento. Quanto maior a frequência de uma palavra em um documento, mais importante ela é para ele. No entanto, a medida é compensada pelo tamanho do documento — o número total de palavras que ele contém — e pela frequência em que a palavra aparece em outros documentos.

Mesmo que uma palavra apareça muitas vezes dentro de um documento, isso não quer dizer que ela seja importante para a compreensão do documento em si; em muitos documentos encontramos palavras vazias com a mesma frequência de palavras que se relacionam aos tópicos gerais do documento. Por exemplo, se analisarmos documentos com discussões relacionadas à ficção científica (como no conjunto de dados 20 Newsgroups), descobriremos que muitos deles tratam de UFOs [OVNIS, em português], portanto, o acrônimo *UFO* não representa uma distinção entre os documentos. Além do mais, documentos mais longos contêm mais palavras do que os curtos, e palavras repetidas são encontradas mais facilmente quando há bastante texto.

LEMBRE-SE

Na verdade, uma palavra encontrada algumas vezes em um único documento (ou possivelmente em alguns outros) mostra-se muito característica e útil na determinação de um tipo de documento. Se estiver trabalhando com documentos que abordam ficção científica e vendas automobilísticas, o acrônimo *UFO* será bem característico, pois separa facilmente os dois tipos de assunto em seus documentos.

Muitas vezes, os mecanismos de busca precisam dar um peso para as palavras de um documento de modo que isso ajude quando a palavra é importante no texto. Usamos palavras com peso maior para indexar o documento, e assim, quando buscarmos essas palavras, o mecanismo de pesquisa recuperará esse documento. É por isso que a transformação TF-IDF é tão usada em aplicações de mecanismos de busca.

Mais detalhadamente, a parte TF da equação TF-IDF determina a frequência com que a palavra aparece no documento, enquanto a parte IDF determina sua importância, pois representa o inverso da frequência dessa palavra dentre todos os documentos. Um IDF grande sugere uma palavra raramente encontrada e que o peso TF-IDF também será maior. Um IDF pequeno significa que a palavra é comum e que resultará em um peso TF-IDF menor. Veja alguns cálculos dessa medida específica em http://www.tfidf.com/ [conteúdo em inglês]. Veja um exemplo de como calcular a TF-IDF usando Python:

```
from sklearn.datasets import fetch_20newsgroups
from sklearn.feature_extraction.text import *

categories = ['comp.graphics', 'misc.forsale',
              'rec.autos', 'sci.space']
twenty_train = fetch_20newsgroups(subset='train',
                                  categories=categories,
                                  shuffle=True,
                                  random_state=42)

count_vect = CountVectorizer()
X_train_counts = count_vect.fit_transform(
    twenty_train.data)

tfidf = TfidfTransformer().fit(X_train_counts)
X_train_tfidf = tfidf.transform(X_train_counts)
```

```
caltech_idx = count_vect.vocabulary_['caltech']
print('"Caltech" scored in a BOW:')
print('count: %0.3f' % X_train_counts[0, caltech_idx])
print('TF-IDF: %0.3f' % X_train_tfidf[0, caltech_idx])
```

Este exemplo começa como os outros exemplos desta seção, buscando o conjunto de dados 20 Newsgroups. Depois cria um saco de palavras, como no exemplo da seção "Entendendo o modelo saco de palavras", anteriormente neste capítulo. No entanto, agora veremos o que o saco de palavras faz.

Neste caso, o código chama `TfidfTransformer()` para converter os documentos puros do newsgroup em uma matriz de atributos TF-IDF. O `use_idf` controla o uso da reponderação do inverso da frequência do documento, que está ativada neste caso. Os dados vetorizados são encaixados no algoritmo de transformação. O passo seguinte, a chamada de `tfidf.transform()`, realiza o processo de transformação. Veja o resultado obtido com este exemplo:

```
"Caltech" scored in a BOW:
count: 3.000
TF-IDF: 0.123
```

Observe que a palavra *Caltech* tem agora um valor mais baixo no primeiro documento comparado ao exemplo do parágrafo anterior, em que a contagem de ocorrências da mesma palavra no mesmo documento tinha um valor 3. Para entender como a contagem de ocorrências está relacionada à TF-IDF, calcule a média da contagem da palavra e a média da TF-IDF:

```
import numpy as np
count = np.mean(X_train_counts[X_train_counts>0])
tfif = np.mean(X_train_tfidf[X_train_tfidf>0])
print('mean count: %0.3f' % np.mean(count))
print('mean TF-IDF: %0.3f' % np.mean(tfif))
```

O exemplo demonstra que, independentemente de como a contagem de ocorrências de *Caltech* é feita no primeiro documento ou como usa sua TF-IDF, o valor é sempre o dobro da média da palavra, revelando que ela é uma palavra-chave para modelar o texto:

```
mean count: 1.698
mean TF-IDF: 0.064
```

LEMBRE-SE

A TF-IDF o ajuda a localizar a palavra ou os n-gramas mais importantes e excluir os menos importantes. Também é muito útil como entrada para modelos lineares, pois eles trabalham melhor com valores TF-IDF do que com contagem de palavras. Neste ponto, normalmente treinamos um classificador e realizamos vários tipos de análises. Não se preocupe ainda com essa próxima parte do processo. Nos Capítulos 12 e 15 lhe apresentaremos os classificadores. No Capítulo 17, trabalharemos com eles para valer.

Trabalhando com Dados Grafos

Imagine pontos de dados conectados a outros pontos de dados, como o modo pelo qual uma página web é conectada a outra com hyperlinks. Cada um desses pontos de dados é um *nodo*. Os nodos se conectam uns aos outros usando *links*. Nem todo nodo se liga a outro, então suas conexões são importantes. Ao analisar os nodos e seus links, vários tipos de tarefas interessantes em data science podem ser realizadas, como definir a melhor maneira de chegar de casa ao trabalho usando ruas e avenidas. As próximas seções descrevem como os grafos funcionam e como realizar tarefas básicas com eles.

Entendendo a matriz de adjacência

Uma *matriz de adjacência* representa as conexões entre os nodos de um grafo. Quando há uma conexão entre dois nodos, a matriz a indica como um valor maior do que 0. A representação exata das conexões na matriz depende se o grafo é direcionado (se a direção da conexão é importante) ou não direcionado.

Um problema com muitos exemplos online é que são criados como algo simples para fins de explicação. No entanto, os grafos reais geralmente são imensos e contrariam a análise fácil feita simplesmente por meio da visualização. Pense nos números de nodos que até mesmo uma cidade pequena teria considerando os cruzamentos de ruas (com os links sendo as próprias ruas). Muitos outros grafos são bem maiores, e só olhar para eles nunca revelará qualquer padrão interessante. Os cientistas de dados chamam de *hairball* (bola de pelo) o problema de apresentação de qualquer grafo complexo usando uma matriz de adjacência.

Um segredo para analisar matrizes de adjacência é classificá-las de modo específico. Por exemplo, optar por classificar os dados de acordo com propriedades, em vez de conexões. Um grafo de cruzamentos de ruas pode incluir a data em que a rua foi pavimentada pela última vez, possibilitando a busca de padrões que direcionem alguém com base nas ruas que estejam em melhores condições. Resumindo: a utilidade dos dados grafos é uma questão de manipular sua organização de maneiras específicas.

Usando o básico do NetworkX

Trabalhar com grafos é bem complicado se todo o código precisar ser escrito do zero. Felizmente, o pacote NetworkX do Python facilita a criação, a manipulação e o estudo da estrutura, da dinâmica e das funções de redes (ou grafos) complexas. Mesmo este livro tratando apenas de grafos, você também pode usar o pacote para trabalhar com digrafos e multigrafos.

A principal ênfase do NetworkX é evitar toda a questão das hairballs. O uso de chamadas simples esconde muito da complexidade de trabalhar com grafos e matrizes de adjacência. O exemplo a seguir mostra como criar uma matriz de adjacência com um dos grafos fornecidos pelo NetworkX:

```
import networkx as nx

G = nx.cycle_graph(10)
A = nx.adjacency_matrix(G)

print(A.todense())
```

O exemplo começa importando o pacote requerido. Depois cria um grafo usando o template `cycle_graph()`. Ele contém dez nodos. A chamada de `adjacency_matrix()` cria a matriz de adjacência a partir do grafo. O passo final é exibir a entrada como uma matriz, mostrada aqui:

```
[[0 1 0 0 0 0 0 0 0 1]
 [1 0 1 0 0 0 0 0 0 0]
 [0 1 0 1 0 0 0 0 0 0]
 [0 0 1 0 1 0 0 0 0 0]
 [0 0 0 1 0 1 0 0 0 0]
 [0 0 0 0 1 0 1 0 0 0]
 [0 0 0 0 0 1 0 1 0 0]
 [0 0 0 0 0 0 1 0 1 0]
 [0 0 0 0 0 0 0 1 0 1]
 [1 0 0 0 0 0 0 0 1 0]]
```

> **DICA** Você não precisa criar o próprio grafo do zero para fins de teste. O site do NetworkX documenta vários tipos de grafos padrões, todos disponíveis no IPython. A lista está em `https://networkx.github.io/documentation/latest/reference/generators.html` [conteúdo em inglês].

É interessante ver a aparência do grafo depois de gerá-lo. O código a seguir o exibe. A Figura 8-1 mostra o diagrama resultante.

```
import matplotlib.pyplot as plt
%matplotlib inline
nx.draw_networkx(G)
plt.show()
```

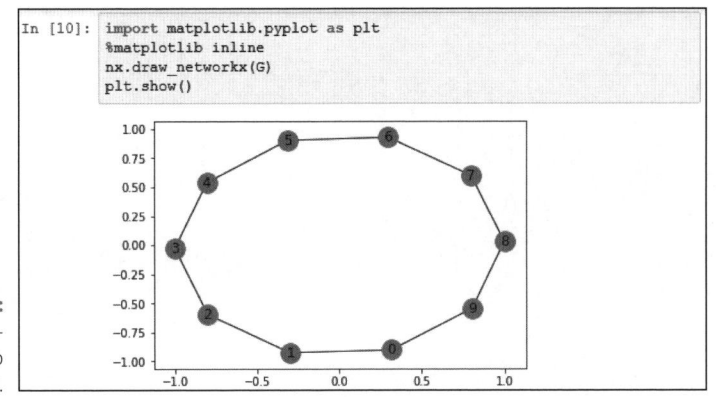

FIGURA 8-1: Diagramando o grafo original.

O diagrama mostra que podemos adicionar uma aresta entre os nodos 1 e 5. Veja o código necessário para realizar essa tarefa usando a função `add_edge()`. A Figura 8-2 mostra o resultado.

```
G.add_edge(1,5)
nx.draw_networkx(G)
plt.show()
```

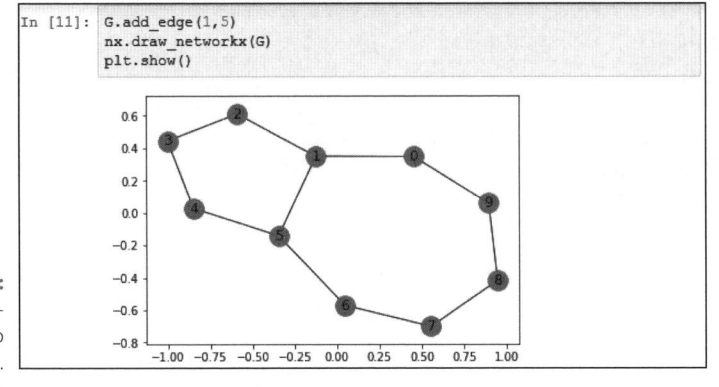

FIGURA 8-2: Diagramando a adição ao grafo.

CAPÍTULO 8 **Modelando Dados** 175

> **NESTE CAPÍTULO**
>
> » Relacionando os problemas de data science e dados
>
> » Definindo e usando a criação de atributos para seu benefício
>
> » Trabalhando com arrays

Capítulo 9
Colocando em Prática o que Você Sabe

Os capítulos anteriores foram preparatórios. Você descobriu como realizar tarefas essenciais de data science usando Python. Além disso, trabalhou um pouco com as várias ferramentas fornecidas pelo Python para facilitar as tarefas de data science. Toda essa informação é essencial, mas não ajuda a enxergar o todo — onde todas as peças se encaixam. Este capítulo mostra como empregar as técnicas descobertas nos capítulos anteriores para resolver problemas reais de data science.

LEMBRE-SE

Este capítulo não é o fim da jornada — é o começo. Pense nos capítulos anteriores da mesma forma que pensa ao fazer as malas, fazer reservas e criar um itinerário antes de viajar. Este capítulo é a viagem para o aeroporto, durante a qual tudo começa a se encaixar.

O capítulo começa observando os aspectos que normalmente precisamos considerar ao resolver um problema de data science. Não podemos simplesmente realizar a análise do nada; devemos primeiro entender o problema, além de considerar os recursos (em forma de dados, algoritmos, recursos computacionais) para resolvê-lo. Colocar o problema em um contexto, um tipo de cenário, ajuda a entendê-lo e definir como os dados se relacionam com ele. O contexto é crucial, pois, como a linguagem, o contexto altera o significado tanto do problema quanto dos dados associados. Por exemplo, quando você diz "Tenho uma rosa vermelha" para sua namorada, o significado por trás dessa frase tem uma conotação. Se disser a mesma frase para um colega jardineiro, a conotação já é outra. A rosa vermelha é um tipo de dado, e a pessoa com quem fala é o contexto. Não há significado em dizer "Tenho uma rosa vermelha" a não ser que o contexto no qual a frase é dita seja conhecido. Da mesma forma, os dados não têm significado; eles não respondem a pergunta alguma até que o contexto em que cada dado é usado seja conhecido. Dizer "Eu tenho dados" suscita uma pergunta: "Qual o significado dos dados?"

No fim das contas, cada vez mais conjuntos de dados são necessários. As tabelas de dados (conjuntos de dados) bidimensionais consistem em *casos* (linhas) e *atributos* (colunas). Os atributos também se chamam *variáveis*, na terminologia estatística. Os atributos que decidir usar para qualquer conjunto de dados específico determinam os tipos de análises que serão realizadas, os modos possíveis de manipular os dados e, por fim, os tipos de resultados obtidos. Determinar os tipos de atributos a ser criados a partir da fonte de dados e como transformar os dados para garantir que funcionem para a análise que se quer realizar é uma parte essencial do desenvolvimento da solução de data science.

Depois de entender qual é o problema, os recursos que tem e as entradas que devem ser trabalhadas para resolvê-lo, você estará pronto para realmente trabalhar um pouco. A última seção deste capítulo mostra como realizar tarefas simples de maneira eficiente. Geralmente, mais de uma metodologia se aplica, mas, quando trabalhamos com big data, os caminhos mais rápidos são melhores. Ao trabalhar com arrays e matrizes para realizar tarefas específicas, certas operações levam mais tempo, a não ser que se usem alguns truques computacionais. Esses truques são uma das formas mais básicas de manipulação, mas conhecê-los desde o princípio é essencial. A aplicação dessas técnicas abre caminho para os capítulos posteriores, quando começamos a ver a mágica que o data science faz para mostrar mais informações nos dados do que geralmente está visível.

> **LEMBRE-SE** Você não precisa digitar manualmente o código-fonte para este capítulo. Na verdade, é muito mais fácil usar a fonte para download (veja as instruções para download na Introdução). O código-fonte para este capítulo aparece no arquivo `P4DS4D2_09_Operations_On_Arrays_and_Matrices.ipynb`.

Contextualizando Problemas e Dados

Colocar o problema no contexto correto é uma parte fundamental para desenvolver uma solução de data science para qualquer problema e dados associados. O data science é definitivamente uma ciência aplicada, e abordagens manuais abstratas não funcionam muito bem indiscriminadamente. Rodar um cluster Hadoop ou construir uma rede neural profunda são bons assuntos para puxar com seus colegas e mostram como você tem se saído bem em projetos de data science, mas talvez não forneçam o necessário para resolver o problema. Colocar o problema no contexto correto não é apenas uma questão de ponderar o uso de um certo algoritmo ou de transformar os dados de uma determinada maneira — é a arte de examinar criticamente o problema e os recursos disponíveis e criar um ambiente para resolvê-lo e obter uma solução desejada.

LEMBRE-SE

O ponto principal aqui é a solução *desejada*, porque algumas soluções indesejadas surgem no caminho, que não contam o que se precisa saber — ou, às vezes, dão a resposta desejada, mas desperdiçam muito tempo e recursos. As próximas seções são um panorama do processo que deve ser seguido para contextualizar problemas e dados.

Avaliando um problema de data science

Ao trabalhar em um problema de data science, comece considerando o objetivo e os recursos disponíveis para alcançá-lo. Os recursos são os dados, os recursos computacionais como memória disponível, CPUs e espaço em disco. No mundo real, ninguém lhe dará dados prontos e dirá para que realize análises neles. Na maior parte do tempo, os problemas são completamente novos, e as soluções terão que ser construídas do zero. Durante a primeira avaliação de um problema de data science, é preciso considerar o seguinte:

» **Os dados disponíveis em termos de acessibilidade, quantidade e qualidade.** Considere também os dados em termos de possíveis vieses que influenciariam ou até distorceriam suas características e conteúdos. Os dados nunca contêm verdades absolutas, apenas relativas que oferecem uma visão mais ou menos útil de um problema (veja detalhes no box "Considerando as cinco inverdades nos dados"). Sempre esteja ciente da confiabilidade dos dados e aplique o raciocínio crítico como parte da análise.

» **Os métodos viáveis de se usar para analisar o conjunto de dados.** Considere se os métodos são simples ou complexos e o quanto conhece de uma metodologia específica. Comece usando abordagens simples e nunca se apaixone por uma técnica em particular. Tudo tem um preço, e nada é imutável no data science.

» **As perguntas a que quer responder com a realização da análise e como medir quantitativamente se conseguiu uma resposta satisfatória para elas.** "Aquilo que não se pode medir não se pode melhorar", afirmou Lorde Kelvin. Se conseguir medir o desempenho, pode determinar o impacto do seu trabalho e até fazer uma estimativa monetária. Os investidores ficarão satisfeitos em saber que você descobriu o que fazer e quais benefícios serão ocasionados por seu projeto de data science.

CONSIDERANDO AS CINCO INVERDADES NOS DADOS

Os seres humanos estão acostumados a ver os dados pelo que eles são em muitos casos: uma opinião. Na verdade, em muitos casos, as pessoas distorcem os dados a ponto de se tornarem inúteis, uma *inverdade*. Um computador não consegue diferenciar dados verdadeiros de falsos; ele só vê dados. Consequentemente, ao realizar análises com dados, considere o valor verdadeiro daquele dado como parte da análise. O melhor que pode esperar alcançar é ver os dados errantes como outliers e filtrá-los, mas essa técnica não necessariamente resolve o problema, pois um ser humano ainda poderia usar os dados e tentar determinar uma verdade baseada nas inverdades contidas neles. Veja as cinco inverdades que normalmente encontramos nos dados (usando o processo do relato de um acidente de carro como exemplo):

- **Cometimento:** As inverdades de cometimento são aquelas que refletem uma tentativa clara de substituir informações verdadeiras por falsas. Por exemplo, ao preencher um relato de acidente, alguém poderia dizer que o sol o cegou momentaneamente, impossibilitando ver a pessoa atropelada. Na realidade, talvez a pessoa estivesse distraída ou não estivesse concentrada no ato de dirigir (talvez, pensando no jantar). Se ninguém conseguir refutar essa teoria, a pessoa é indiciada por um crime mais leve. Contudo, o ponto é que os dados seriam contaminados.

- **Omissão:** As inverdades de omissão ocorrem quando uma pessoa conta a verdade em todo fato afirmado, mas deixa de fora um fato importante que mudaria a percepção do incidente como um todo. Pensando novamente no relato do acidente, digamos que alguém atropele um cervo, danificando muito o carro. Sinceramente, ele diz que a estrada estava molhada; era quase hora do crepúsculo, então a iluminação não estava boa; ele demorou um pouco para pisar no freio; e o cervo simplesmente saiu correndo de uma moita do lado da estrada. A conclusão seria a de que foi apenas um acidente. No entanto, a pessoa deixou de fora um fato importante. Ele estava mandando uma mensagem de texto na hora. Se a polícia soubesse disso, mudaria de acidente para condução desatenta. O motorista poderia ser multado, e o avaliador de sinistro usaria uma razão diferente ao inserir o incidente no banco de dados.

- **Perspectiva:** Inverdades de perspectiva ocorrem quando várias pessoas veem um incidente de diferentes pontos de vista. Por exemplo, ao considerar um acidente envolvendo um atropelamento de pedestre, a pessoa que dirige o carro, a que é atropelada e a testemunha do evento têm perspectivas diferentes. Um policial que pega os relatos de cada um, compreensivelmente, obteria fatos diferentes, mesmo supondo que cada pessoa conte a verdade que sabe. Na verdade, a experiência mostra que esse quase sempre é o caso, e o que o policial entrega como relatório é uma média de cada afirmação aumentada pela experiência pessoal. Ou seja, o relatório seria próximo da verdade, mas não completamente verdadeiro. Ao lidar com perspectiva, é importante considerar o ponto de vista. O motorista pode ver o painel e conhece o estado do carro na hora do acidente. Os outros dois envolvidos não têm essa informação. Da mesma forma, a pessoa atingida pelo carro tem o melhor ponto de vista da expressão facial do motorista (intenção). A testemunha pode estar melhor posicionada para ver se o motorista tentou parar ou se tentou desviar. Cada envolvido terá de fazer um relato baseado nos dados sem o benefício dos dados ocultos.

- **Parcialidade:** Inverdades de parcialidade ocorrem quando alguém é capaz de ver a verdade, mas preocupações ou crenças pessoais distorcem ou obscurecem essa visão. Por exemplo, ao pensar no acidente, um motorista pode prestar atenção tão completamente no meio da estrada que o cervo no acostamento fica quase invisível. Consequentemente, ele não tem tempo de reagir quando o cervo decide disparar repentinamente para o meio da estrada tentando cruzá-la. Um problema com a parcialidade é que ela é muito difícil de categorizar. Por exemplo, um motorista que não enxerga o cervo pode ter sofrido um acidente genuíno, o que significa que o cervo estava escondido da visão pelo arbusto. No entanto, também pode ser culpado de condução desatenta, por causa do foco incorreto. O motorista também pode ter experienciado uma distração momentânea. Resumindo: o fato de que o motorista não viu o cervo não é o ponto; a questão é por que ele não o viu. Em muitos casos, confirmar a fonte da parcialidade é importante ao criar um algoritmo destinado a evitar a parcialidade da fonte.

- **Referencial:** Das cinco inverdades, o referencial não precisa ser realmente o melhor resultado de um tipo de erro, mas, sim, de compreensão. Uma inverdade referencial ocorre quando um envolvido descreve algo, como um acidente, e a falta de experiência de quem recebe o relato com o evento confunde os detalhes ou o leva a interpretá-los de modo completamente errado. Há muitas esquetes de comédia sobre erros referenciais. Um exemplo famoso é o *Who's On First?*, de Abbott e Costello, como mostrado em `https://www.youtube.com/watch?v=kTcRRaXV-fg`. Fazer com que uma pessoa entenda o que uma segunda diz é impossível se a primeira não tiver o conhecimento empírico — o referencial.

Pesquisando soluções

O data science é um sistema complexo de conhecimento no cruzamento da ciência da computação, da matemática, da estatística e dos negócios. Pouquíssimas pessoas conseguem saber tudo sobre ele, e se alguém já encarou o mesmo problema ou os mesmos dilemas que você, não faz muito sentido reinventar a roda. Agora que já contextualizou o projeto, sabe o que procura e pode procurá-lo de diferentes maneiras. [Todos os sites a seguir têm conteúdo em inglês.]

» **Confira a documentação Python.** Há exemplos que sugerem uma possível solução. O NumPy (https://docs.scipy.org/doc/numpy/user/), SciPy (https://docs.scipy.org/doc/), o pandas (https://pandas.pydata.org/pandas-docs/version/0.23.2/) e, especialmente, o Scikit-learn (https://scikit-learn.org/stable/user_guide.html) têm documentações alinhadas online com vários exemplos relacionados ao data science.

» **Busque artigos e blogs online que deem dicas de como outros profissionais resolveram problemas similares.** Sites de perguntas e respostas como o Quora (https://www.quora.com/), Stack Overflow (https://stackoverflow.com/) e Cross Validated (https://stats.stackexchange.com/) dispõem de várias respostas para problemas similares.

» **Consulte artigos acadêmicos.** Por exemplo, consulte o problema no Google Scholar (https://scholar.google.it/) ou no Microsoft Academic Search (https://academic.microsoft.com/). Há uma série de artigos acadêmicos que falam sobre preparação de dados ou detalhes do tipo de algoritmo que funciona melhor para um problema específico.

LEMBRE-SE Parece algo trivial, mas as soluções criadas retratam o problema que se tenta resolver. Ao pesquisar soluções, algumas delas parecerão promissoras em um primeiro momento, mas depois se revelarão inviáveis para seu caso, pois algo no contexto é diferente, por exemplo, se o conjunto de dados estiver incompleto ou não tiver entradas suficientes para resolver o problema. Além disso, o modelo de análise selecionado pode não fornecer a resposta necessária ou ela pode ser imprecisa. Ao trabalhar o problema, não tenha medo de realizar várias vezes a pesquisa enquanto descobre, testa e avalia possíveis soluções aplicáveis a determinados recursos disponíveis e suas limitações.

Formulando uma hipótese

A certa altura, você terá tudo o que acha necessário para resolver o problema. É claro que é um erro supor agora que as soluções criadas possam realmente resolver o problema. Você tem uma hipótese, não uma solução, pois precisa demonstrar a eficácia da solução em potencial de maneira científica. Para formar e testar uma hipótese, treine um modelo usando um conjunto de dados de treinamento e, então, teste-o em um conjunto de dados totalmente diferente. Passaremos bastante tempo o ajudando a fazer o processo de treinar e testar os algoritmos usados para realizar análises, em capítulos posteriores, então não se preocupe muito se não entender esse aspecto agora.

Preparando os dados

Depois de ter uma ideia do problema e de sua solução, as entradas necessárias para que o algoritmo funcione se revelam. Infelizmente, os dados provavelmente têm várias formas, originam-se de várias fontes, e alguns estão completamente ausentes. Além do mais, os desenvolvedores dos atributos fornecidos nas fontes de dados existentes os conceberam para fins diferentes (como contabilidade ou marketing), e você precisará transformá-los para usar o algoritmo com força total. Para que o algoritmo funcione, prepare os dados. Isso significa verificar dados ausentes, criar atributos quando necessário e possivelmente manipular o conjunto de dados para que ele tenha uma forma que realmente possa ser usada pelo algoritmo para fazer uma previsão.

Considerando a Arte da Criação de Atributos

Os atributos são relacionados com as colunas no conjunto de dados. É claro que é preciso determinar o que essas colunas devem conter. Elas podem acabar não parecendo exatamente como os dados da fonte original. A fonte de dados original pode apresentar dados em um formato que leva a análises imprecisas ou até impedir que se consiga o resultado desejado, pois não é completamente adequada para o algoritmo ou objetivo. Por exemplo, os dados podem conter muita redundância de informações dentro de diversas variáveis, um problema chamado de *correlação multivariada*. A tarefa de fazer com que as colunas funcionem da melhor maneira para fins de análise de dados é a *criação de atributos* (também chamada de engenharia de atributos). As próximas seções o ajudam a entender a criação de atributos e por que ela é importante. (Capítulos futuros fornecem vários exemplos de como realmente empregar a criação de atributos para fazer análises.)

Definindo a criação de atributos

Para algumas pessoas, a criação de atributos parece mágica ou experimento de cientista maluco, mas ela tem uma base matemática sólida. A tarefa é pegar dados existentes e transformá-los em algo com que consiga trabalhar para realizar uma análise. Por exemplo, os dados numéricos aparecem como strings na fonte de dados original. Para realizar uma análise, converta a string de dados em valores numéricos em muitos casos. O objetivo imediato da criação de atributos é conseguir um desempenho melhor dos algoritmos usados para realizar a análise do que conseguiria ao usar os dados originais.

Em muitos casos, a transformação não é tão direta. Pode ser preciso combinar valores de alguma forma ou realizar operações matemáticas neles. A informação acessada aparece em todos os formatos, e o processo de transformação possibilita trabalhar com os dados de novos jeitos, para ver padrões neles. Por exemplo, considere esta popular competição no Kaggle: https://www.kaggle.com/c/march-machine-learning-mania-2015 [conteúdo em inglês]. O objetivo é usar todos os tipos de estatísticas para determinar que time vencerá o Campeonato de Basquetebol da NCAA. Imagine tentar derivar medidas díspares de informações públicas sobre uma partida, como a localização geográfica para onde o time viajará ou a indisponibilidade de jogadores-chave, então dá para entender a necessidade de criar atributos em um conjunto de dados.

LEMBRE-SE

Como se imagina, a criação de atributos é realmente uma arte, e todo mundo tem uma opinião exata de como executá-la. Fornecemos neste livro algumas boas informações básicas sobre a criação de atributos, além de vários exemplos, mas deixamos as técnicas avançadas para os testes científicos. Como afirmou Pedro Domingos, professor da Universidade Washington, em seu artigo sobre data science, "A Few Useful Things to Know about Machine Learning" [Algumas Coisas Úteis de Saber sobre Aprendizado de Máquina, em tradução livre] (acesse https://homes.cs.washington.edu/~pedrod/papers/cacm12.pdf), a engenharia de atributos é "facilmente o fator mais importante" na determinação do sucesso ou do fracasso do projeto de aprendizado de máquina, e nada substitui, de fato, a "inteligência colocada na engenharia de atributos".

Combinando variáveis

Os dados geralmente vêm em formatos que não funcionam para um algoritmo. Considere uma situação real simples, em que precise determinar se uma pessoa consegue levantar uma tábua em um depósito de madeira. Você recebe duas tabelas de dados. A primeira contém a altura, a largura, a espessura e o tipo da madeira das tábuas. A segunda contém uma lista de tipos de madeira e a quantidade de peso por board-foot (um pedaço de madeira de 12 x 12 x 1 polegadas). Nem todo tipo de madeira tem todos os tamanhos, e alguns lotes não estão marcados, então não se sabe qual é o tipo de madeira com que se trabalha. O objetivo é criar uma previsão para que a empresa saiba quantas pessoas colocar para trabalhar na expedição.

Nesse caso, você cria um conjunto de dados bidimensional combinando as variáveis. O conjunto resultante contém apenas dois atributos. O primeiro atributo contém apenas o comprimento das tábuas. É razoável esperar que uma única pessoa carregue uma tábua que tenha até 10 pés (3 metros) de comprimento, mas é melhor que duas pessoas carreguem uma tábua com três metros ou mais. Uma tábua com 10 pés de comprimento, 12 polegadas de largura e 2 polegadas de espessura contém 20 board-feet. Se ela for feita de pinus ponderosa (com uma classificação de board-foot, BFR, de 2,67), o peso geral da tábua será de 53,4 libras — uma pessoa provavelmente conseguiria levantá-la. No entanto, quando a tábua é feita de nogueira (com um BFR de 4,25), o peso geral é de 85 libras. A não ser que o Hulk trabalhe para você, realmente precisará de duas pessoas para levantar essa tábua, mesmo ela sendo curta o bastante para que uma única pessoa a levante.

É fácil obter o primeiro atributo para o conjunto de dados. Basta saber os comprimentos de cada tábua no estoque. Já o segundo atributo precisa da combinação de variáveis de ambas as tabelas:

```
Comprimento (pés) * Largura (pés) * Espessura
   (polegadas) * BFR
```

O conjunto de dados resultante conterá o peso de cada comprimento e o tipo de madeira no estoque. Com essas informações, crie um modelo que preveja se uma tarefa específica requer uma, duas ou até três pessoas para ser realizada.

Entendendo a compartimentalização e a discretização

Para fazer alguns tipos de análise, é preciso separar valores numéricos em classes. Por exemplo, um conjunto de dados que inclua entrada para pessoas de idades entre 0 e 80 anos. Para derivar estatísticas que funcionem nesse caso (como rodar o algoritmo de Naïve Bayes), é preciso visualizar a variável como uma série de níveis em incrementos de dez anos. O processo de separar o conjunto de dados nesses incrementos é a *compartimentalização*. Cada bin é uma categoria numérica que pode ser usada.

A compartimentalização melhora a precisão dos modelos preditivos reduzindo o ruído ou ajudando a não linearidade do modelo. Além disso, possibilita a identificação fácil de *outliers* (valores fora do limite esperado) e valores inválidos ou ausentes de variáveis numéricas.

A compartimentalização funciona exclusivamente com atributos numéricos únicos. A *discretização* é um processo mais complexo em que colocamos combinações de valores de atributos diferentes em um bucket (repositório) — limitando o número de estados em qualquer bucket. Ao contrário da compartimentalização, a discretização funciona com valores numéricos e strings. É um método mais generalizado de criar categorias. Por exemplo, você pode obter uma discretização como um subproduto de uma análise de cluster (agrupamento).

Usando variáveis indicadoras

As *variáveis indicadoras* são atributos que recebem um valor 0 ou 1. Elas também são chamadas de variáveis dummy (falsas). Não importa como as chame, essas variáveis servem ao propósito de facilitar o trabalho com os dados. Por exemplo, se quiser criar um conjunto de dados em que indivíduos abaixo de 25 anos sejam tratados de uma forma e aqueles com 25 anos ou mais, de outra, substitua o atributo idade por uma variável indicadora que contenha um 0 quando o indivíduo tiver menos de 25 anos e 1 se tiver 25 anos ou mais.

DICA

Usar uma variável indicadora possibilita a realização de análise mais rápida e categoriza casos com maior precisão do que sem ela. A variável indicadora remove nuances do conjunto de dados. Ou alguém tem menos de 25 anos ou tem 25 anos ou mais — não há um meio-termo. Como os dados são simplificados, o algoritmo realiza a tarefa mais rápido, e você terá de lutar contra menos ambiguidades.

Transformando as distribuições

Uma *distribuição* é uma organização dos valores de uma variável que mostra a frequência da ocorrência desses valores. Depois de saber como eles estão distribuídos, é possível entendê-los melhor. Existem diversos tipos de distribuições (veja uma galeria de distribuições em `https://www.itl.nist.gov/div898/handbook/eda/section3/eda366.htm` [conteúdo em inglês]), e a maioria dos algoritmos consegue lidar com elas facilmente. Contudo, devemos relacionar o algoritmo à distribuição.

CUIDADO

Preste atenção especial às distribuições uniformes e assimétricas. Elas são bem difíceis de lidar por motivos diferentes. A curva de sino, a distribuição normal, sempre será sua amiga. Quando vir uma distribuição com forma diferente de uma distribuição de sino, pense bem em fazer uma transformação.

Ao trabalhar com distribuições, às vezes os valores apresentam alguma assimetria forma e que, por causa deles, qualquer algoritmo aplicado ao conjunto de valores produz saída que simplesmente não corresponde às expectativas. Transformar uma distribuição significa aplicar algum tipo de função aos valores para alcançar objetivos específicos, como fixar o viés dos dados para que a saída do algoritmo seja mais próxima do esperado. Além disso, a transformação deixa a distribuição mais acessível, como quando um conjunto de dados é transformado para que se pareça com uma distribuição normal. As transformações típicas dos atributos numéricos são:

» Logaritmica `np.log(x)` e exponencial `np.exp(x)`.
» Inversa `1/x`, raiz quadrada `np.sqrt(x)` e raiz cúbica `x**(1.0/3.0)`.
» Transformações polinomiais como, `x**2`, `x**3`, e assim por diante.

Realizando Operações em Arrays

Uma forma básica de manipulação de dados é colocá-los em um array ou matriz e usar técnicas padrões com base matemática para modificar sua forma. Essa abordagem coloca os dados em um formato conveniente para realizar outras operações feitas no nível de cada observação individual, como em iterações, pois se beneficiam da arquitetura do computador e das rotinas numéricas otimizadas de álgebra linear presentes em CPUs. Essas rotinas são chamáveis a partir de todo sistema operacional. Quanto maiores os dados e os cálculos, mais tempo se economiza. Além disso, o uso dessas técnicas também o poupa de escrever código Python longo e complexo. As próximas seções descrevem como trabalhar com arrays para fins de data science.

Usando a vetorização

O computador fornece rotinas de cálculo poderosas, que você pode usar quando os dados estiverem no formato certo. A ndarray do NumPy é uma estrutura de armazenamento de dados que funciona como uma tabela de dados dimensional. Na verdade, ela pode ser usada como um cubo ou até um hipercubo, quando houver mais de três dimensões.

O uso de ndarray facilita e acelera os cálculos. O exemplo a seguir cria um conjunto de dados de três observações com sete atributos para cada observação. Nesse caso, o exemplo obtém o valor máximo para cada observação e o subtrai do valor mínimo para obter o intervalo de valores para cada observação.

```
import numpy as np
dataset = np.array([[2, 4, 6, 8, 3, 2, 5],
                    [7, 5, 3, 1, 6, 8, 0],
                    [1, 3, 2, 1, 0, 0, 8]])
print(np.max(dataset, axis=1) - np.min(dataset, axis=1))
```

A declaração print obtém o valor máximo de cada observação usando np.max() e depois o subtrai do valor mínimo usando np.min(). O valor máximo em cada observação é [8 8 8], e o valor mínimo para cada observação é [2 0 0]. Como resultado, obtemos a saída a seguir:

```
[6 8 8]
```

Realizando aritmética simples em vetores e matrizes

A maioria das operações e funções do NumPy aplicadas a arrays tira vantagem da vetorização, portanto, elas são rápidas e eficientes — muito mais do que qualquer outra solução ou código feito manualmente. Mesmo as operações mais simples, como somas e divisões, beneficiam-se da vetorização.

Por exemplo, muitas vezes, a forma dos dados no conjunto não corresponde à necessária. Uma lista de números poderia representar as porcentagens em números inteiros quando, na verdade, os valores devem estar fracionados. Nesse caso, geralmente pode-se realizar algum tipo de cálculo para resolver o problema, como mostrado aqui:

```
import numpy as np
a = np.array([15.0, 20.0, 22.0, 75.0, 40.0, 35.0])
a = a*.01
print(a)
```

O exemplo cria um array, preenche-o com porcentagens de números inteiros e depois usa um multiplicador 0,01 para criar porcentagens fracionadas. Assim, multiplicar esses valores fracionados por outros números determina como a porcentagem afeta tal número. A saída desse exemplo é:

```
[0.15 0.2 0.22 0.75 0.4 0.35]
```

Multiplicando vetores por matrizes

As operações mais eficazes de vetorização são manipulações de matrizes em que somamos e multiplicamos diversos valores por outros. O NumPy facilita a multiplicação de um vetor por uma matriz, o que é útil se tiver que estimar um valor para cada observação como uma soma ponderada dos atributos. Veja um exemplo dessa técnica:

```
import numpy as np
a = np.array([2, 4, 6, 8])
b = np.array([[1, 2, 3, 4],
              [2, 3, 4, 5],
              [3, 4, 5, 6],
              [4, 5, 6, 7]])
c = np.dot(a, b)
print(c)
```

Note que o `array` formatado como vetor deve aparecer antes do `array` formatado como matriz na multiplicação, caso contrário, ocorrerá um erro. O exemplo exibe esses valores:

```
[60 80 100 120]
```

Para obter os valores exibidos, multiplique cada valor no `array` pela `column` correspondente na matriz; isto é, multiplique o primeiro valor no `array` pela primeira coluna, primeira linha da `matrix`. Por exemplo, o primeiro valor na saída é 2 * 1 + 4 * 2 + 6 * 3 + 8 * 4, que é igual a 60.

Multiplicando matrizes

Você também pode multiplicar uma matriz por outra. Nesse caso, a saída é o resultado da multiplicação de linhas da primeira matriz pelas colunas da segunda. Veja um exemplo de como multiplicar uma matriz NumPy por outra:

```
import numpy as np

a = np.array([[2, 4, 6, 8],
              [1, 3, 5, 7]])
b = np.array ([[1, 2],
               [2, 3],
               [3, 4],
               [4, 5]])
c = np.dot(a, b)
print(c)
```

Nesse caso, acabamos com uma matriz 2 x 2 como resultado. Veja os valores que devem aparecer ao rodar a aplicação:

```
[[60 80]
 [50 66]]
```

Cada linha na primeira matriz é multiplicada pelas colunas da segunda. Por exemplo, para obter o valor 50 exibido na linha 2 coluna 1 da saída, correspondemos os valores na linha 2 da matriz `a` com a coluna 1 da matriz `b`, desta forma: 1 * 1 + 3 * 2 + 5 * 3 + 7 * 4.

3 Visualizando Informações

NESTA PARTE...

Instale e use o MatPlotLib.

Defina as partes de uma saída gráfica.

Crie e utilize vários tipos de apresentações de dados.

Trabalhe com dados geográficos.

> **NESTE CAPÍTULO**
> » Criando um gráfico básico
> » Acrescentando linhas de medida ao gráfico
> » Enfeitando o gráfico com estilos e cores
> » Documentando o gráfico com rótulos, anotações e legendas

Capítulo **10**

Fazendo um Curso Intensivo de MatPlotLib

A maioria das pessoas visualiza melhor as informações quando as vê em forma de gráfico, em vez de texto. Os gráficos mostram relações e fazem comparações com maior facilidade, e mesmo que você não tenha dificuldade em lidar com a abstração dos dados textuais, a análise de dados é uma questão de comunicação. A não ser que suas ideias sejam comunicadas para outras pessoas, o ato de obter, moldar e analisar os dados tem pouco valor além das necessidades pessoais. Felizmente, o Python facilita um pouco a tarefa de converter os dados textuais em gráficos com o uso do MatPlotLib, uma simulação da aplicação MATLAB. Veja uma comparação de ambas em https://pyzo.org/python_vs_matlab.html [conteúdo em inglês].

DICA

Se já sabe usar o MATLAB (veja *MATLAB Para Leigos*, publicado pela Alta Books, se quiser aprender), trabalhar com o MatPlotLib será relativamente fácil, pois ambos usam o mesmo tipo de máquina de estado para realizar tarefas e têm métodos similares para definir elementos gráficos. Várias pessoas acham que o MatPlotLibe é superior ao MATLAB porque executa mais tarefas com menos código ao trabalhar com o MatPlotLib (veja `https://phillipmfeldman.org/Python/Advantages_of_Python_Over_Matlab.html` [conteúdo em inglês]). Outras notaram que a transição do MATLAB para o MatPlotLib é relativamente simples (veja `https://vnoel.wordpress.com/2008/05/03/bye-matlab-hello-python-thanks-sage/` [conteúdo em inglês]). Mas o mais importante é o que você acha. Você pode descobrir que gosta de fazer experimentos com os dados usando o MATLAB e depois criar aplicações com base nas descobertas usando o Python e o MatPlotLib. É uma questão pessoal, não há uma resposta certa ou errada.

Este capítulo se concentra em prepará-lo rapidamente para usar o MatPlotLib. Ele será utilizado algumas vezes mais tarde no livro, então este panorama básico de como funciona é importante, mesmo que já saiba trabalhar com o MATLAB. Dito isso, a experiência com MATLAB será incrivelmente útil no decorrer do capítulo, e você descobrirá que consegue ler algumas seções rapidamente. Não se esqueça deste capítulo quando começar a trabalhar com MatPlotLib mais detalhadamente no decorrer do livro.

LEMBRE-SE

Você não precisa digitar o código-fonte deste capítulo. É muito mais fácil usar a fonte para download. O código-fonte deste capítulo aparece no arquivo `P4DS4D2_10_Getting_a_Crash_Course_in_MatPlotLib.ipynb` (veja como encontrar este código na Introdução).

Começando com um Gráfico

Um gráfico ou diagrama é simplesmente uma representação visual de dados numéricos. O MatPlotLib disponibiliza diversos tipos de gráficos e diagramas. É claro que você pode escolher qualquer tipo de gráfico, comum ou não, como gráficos de barra, gráficos de linha ou gráficos de pizza. Como no MATLAB, há um grande número de tipos de diagramas estatísticos disponíveis, como diagramas de caixa, barras de erro e histogramas. Veja uma galeria dos vários tipos de gráficos suportados pelo MatPlotLib em `https://matplotlib.org/gallery.html` [conteúdo em inglês]. Contudo, é importante lembrar que as possibilidades de combinação dos elementos gráficos para uma apresentação de dados são quase infinitas, independentemente da complexidade desses dados. As próximas seções descrevem como criar um gráfico básico, mas as funcionalidades do MatPlotLib extrapolam o conteúdo destas seções.

Definindo o diagrama

Os diagramas mostram graficamente o que foi definido numericamente. Para definir um diagrama, são necessários alguns valores, o módulo `matplotlib.pyplot` e alguma noção do que deseja exibir, como mostra o código a seguir.

```
import matplotlib.pyplot as plt
%matplotlib inline

values = [1, 5, 8, 9, 2, 0, 3, 10, 4, 7]
plt.plot(range(1,11), values)
plt.show()
```

Nesse caso, o código informa à função `plt.plot()` para criar um diagrama usando valores do eixo x entre 1 e 11 e valores do eixo y como aparecerem. A chamada de `plot.show()` exibe o diagrama em uma caixa de diálogo separada, como mostra a Figura 10-1. Note que a saída é um gráfico de linha. O Capítulo 11 mostra como criar outros tipos de gráficos e diagramas.

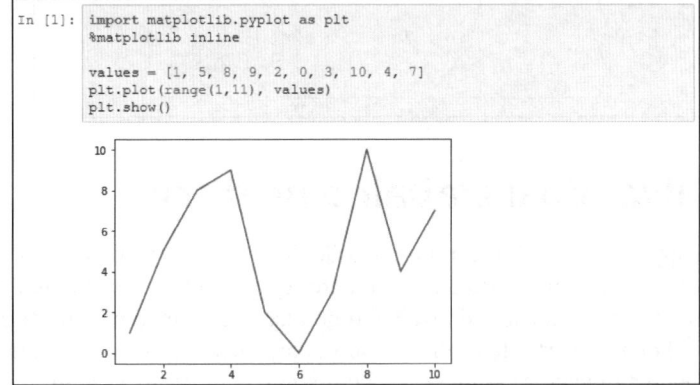

FIGURA 10-1: Criando um diagrama básico que mostra apenas uma linha.

Desenhando várias linhas e diagramas

Encontramos muitas situações nas quais usar várias linhas de gráficos, como quando comparar dois conjuntos de valores. Para criar tais diagramas usando MalPlotLib, simplesmente chame `plt.plot()` várias vezes — uma para cada linha, como mostra o exemplo a seguir.

```
import matplotlib.pyplot as plt
%matplotlib inline

values = [1, 5, 8, 9, 2, 0, 3, 10, 4, 7]
values2 = [3, 8, 9, 2, 1, 2, 4, 7, 6, 6]
plt.plot(range(1,11), values)
plt.plot(range(1,11), values2)
plt.show()
```

Ao executar este exemplo, duas linhas diagramadas serão exibidas, como mostra a Figura 10-2. Embora a impressão do livro não mostre, as linhas são de cores diferentes, para que seja possível diferenciá-las.

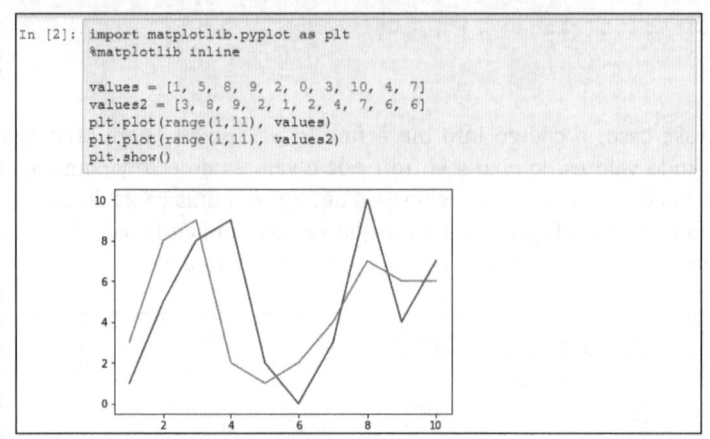

```
In [2]: import matplotlib.pyplot as plt
        %matplotlib inline

        values = [1, 5, 8, 9, 2, 0, 3, 10, 4, 7]
        values2 = [3, 8, 9, 2, 1, 2, 4, 7, 6, 6]
        plt.plot(range(1,11), values)
        plt.plot(range(1,11), values2)
        plt.show()
```

FIGURA 10-2: Definindo um diagrama que contém várias linhas.

Salvando o trabalho no disco

O Jupyter Notebook facilita a inclusão dos gráficos em notebooks criados por você, para definir relatórios facilmente compreendidos por todos. Quando precisar salvar uma cópia do trabalho no disco para referência posterior ou para usá-la como parte de um relatório maior, salve o gráfico programaticamente usando a função `plt.savefig()`, como mostra o código a seguir:

```
import matplotlib.pyplot as plt
%matplotlib auto

values = [1, 5, 8, 9, 2, 0, 3, 10, 4, 7]
plt.plot(range(1,11), values)
plt.ioff()
plt.savefig('MySamplePlot.png', format='png')
```

Nesse caso, forneça no mínimo duas entradas. A primeira é o nome do arquivo. Opcionalmente, inclua um caminho para salvar o arquivo. A segunda entrada é o formato do arquivo. Nesse caso, o exemplo salva o arquivo no formato Portable Network Graphic (PNG), mas há outras opções: Portable Document Format (PDF), Postscript (PS), Encapsulated Postscript (EPS) e Scalable Vector Graphics (SVG).

LEMBRE-SE

Observe a presença do método mágico `%matplotlib auto`. O uso dessa chamada remove a exibição alinhada do gráfico. Há opções para outros backends de MatPlotLib, dependendo da versão de Python e de MatPlotLib usadas. Por exemplo, alguns desenvolvedores preferem o backend `notebook` ao backend `inline`, pois ele fornece funcionalidades adicionais. Entretanto, para usar o backend `notebook`, é preciso reiniciar o kernel, e nem sempre se sabe o que esperar. Para ver a lista de backends, use a mágica `%matplotlib -l`. Além disso, a chamada de `plt.ioff()` desabilita a interação com o diagrama.

Estabelecendo os Eixos, as Marcas e as Grades

É difícil saber o que os dados realmente significam a não ser que uma unidade de medida seja indicada, ou pelo menos alguns meios de fazer comparações. O uso de eixos, marcas e grades possibilita ilustrar graficamente o tamanho relativo de elementos dos dados para que o observador possa ver medidas comparativas. Esses atributos não serão utilizados com todos os gráficos, e é possível empregá-los de maneiras diferentes com base nas necessidades do observador, mas é importante saber que eles existem e como usá-los para documentar os dados dentro do ambiente gráfico.

PAPO DE ESPECIALISTA

Os exemplos a seguir usam a função mágica `%matplotlib notebook` para mostrar a diferença entre ela e `%matplotlib inline`. Ambas dependem de um motor gráfico diferente. Consequentemente, você deve selecionar Kernel⇨Restart para reiniciar o kernel antes de executar qualquer um dos exemplos nas próximas seções.

Obtendo os eixos

Os eixos definem os planos x e y do gráfico. O eixo x é horizontal, e o y, vertical. Em muitos casos, permita que o MatPlotLib realize qualquer formação desejada. Às vezes é preciso obter acesso aos eixos e formatá-los manualmente. O código a seguir mostra como ter acesso aos eixos de um diagrama:

```
import matplotlib.pyplot as plt
%matplotlib notebook

values = [0, 5, 8, 9, 2, 0, 3, 10, 4, 7]
ax = plt.axes()
plt.plot(range(1,11), values)
plt.show()
```

A razão de colocar os eixos em uma variável, `ax`, em vez de manipulá-los diretamente é simplificar a escrita do código e torná-la mais eficiente. Nesse caso, você habilita os eixos padrões chamando `plt.axes()`, e depois posiciona um handle para os eixos em ax. Um *handle* é um tipo de ponteiro para os eixos. Pense neles como um cabo de frigideira. Para tirá-la do fogo, o cabo é usado, e não a frigideira diretamente.

Formatando os eixos

Em muitos casos, simplesmente exibir os eixos não é o bastante. É preciso mudar o modo como o MatPlotLib os exibe. Por exemplo, você talvez não queira que o valor mais alto, t, chegue ao topo do gráfico. O exemplo a seguir mostra apenas um pequeno número de tarefas que podem ser realizadas depois que se tem acesso aos eixos:

```
import matplotlib.pyplot as plt
%matplotlib notebook

values = [0, 5, 8, 9, 2, 0, 3, 10, 4, 7]
ax = plt.axes()
ax.set_xlim([0, 11])
ax.set_ylim([-1, 11])
ax.set_xticks([1, 2, 3, 4, 5, 6, 7, 8, 9, 10])
ax.set_yticks([0, 1, 2, 3, 4, 5, 6, 7, 8, 9, 10])
plt.plot(range(1,11), values)
plt.show()
```

Nesse caso, as chamadas a `set_xlim()` e `set_ylim()` mudam os limites dos eixos — o comprimento de cada um, e as chamadas a `set_xticks()` e `set_yticks()` mudam as marcas usadas para exibir os dados. Há muitos detalhes quanto a mudar um gráfico usando essas chamadas. Por exemplo, é possível escolher mudar rótulos individuais de marcas. A Figura 10-3 mostra a saída desse exemplo. Note como as mudanças afetam a exibição das linhas do gráfico.

PAPO DE ESPECIALISTA

Comparando as Figuras 10-1, 10-2 e 10-3, nota-se que a função mágica `%matlplotlib notebook` produz uma exibição significativamente diferente. Os controles na parte inferior da exibição possibilitam movimentar e dar zoom na exibição, mudar entre as visualizações criadas e baixar a figura para o disco. O botão à direita do título Figure 1, na Figura 10-3, possibilita a interrupção na interação com o gráfico depois que terminar de trabalhar com ele. Qualquer mudança feita na apresentação do gráfico permanece, para que qualquer pessoa que olhe o notebook veja o gráfico como o pretendido. A habilidade de interagir com o gráfico termina quando outro gráfico é exibido.

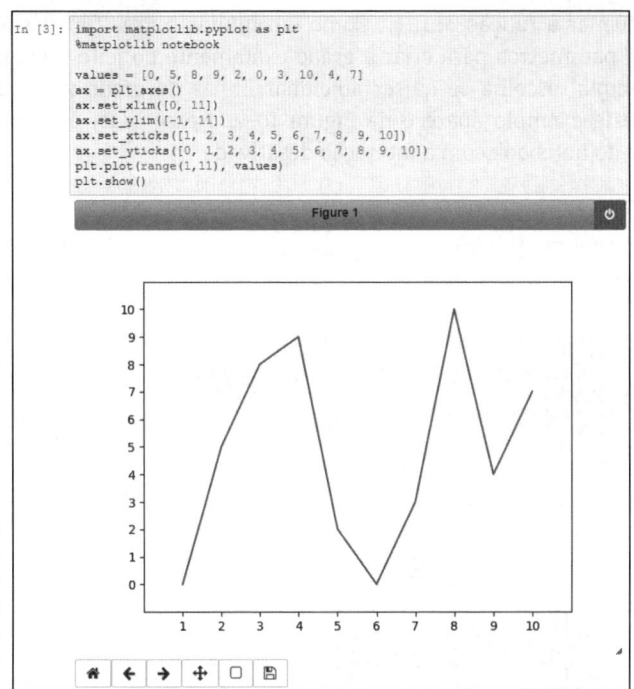

FIGURA 10-3: Especificando como os eixos apareceriam para o observador.

Acrescentando as grades

As linhas de grade permitem a visualização do valor exato de cada elemento de um gráfico. Você pode determinar mais rapidamente as coordenadas x e y, que possibilitam realizar comparações de pontos individuais com maior facilidade. É claro que as grades também acrescentam ruídos e dificultam que se veja o fluxo de dados. O ponto é que é possível utilizá-las de maneira eficaz para criar efeitos específicos. O código a seguir mostra como acrescentar uma grade ao gráfico da seção anterior:

```
import matplotlib.pyplot as plt
%matplotlib notebook

values = [0, 5, 8, 9, 2, 0, 3, 10, 4, 7]
ax = plt.axes()
ax.set_xlim([0, 11])
ax.set_ylim([-1, 11])
ax.set_xticks([1, 2, 3, 4, 5, 6, 7, 8, 9, 10])
ax.set_yticks([0, 1, 2, 3, 4, 5, 6, 7, 8, 9, 10])
ax.grid()
plt.plot(range(1,11), values)
plt.show()
```

Basta chamar a função `grid()`. Como em muitas outras funções MatPlotLib, adicione parâmetros para criar a grade exatamente do jeito que quiser vê-la. Por exemplo, escolha se quiser adicionar linhas de grade x, y ou ambas. A saída deste exemplo aparece na Figura 10-4. Nesse caso, a figura mostra o backend do notebook com a interação desativada.

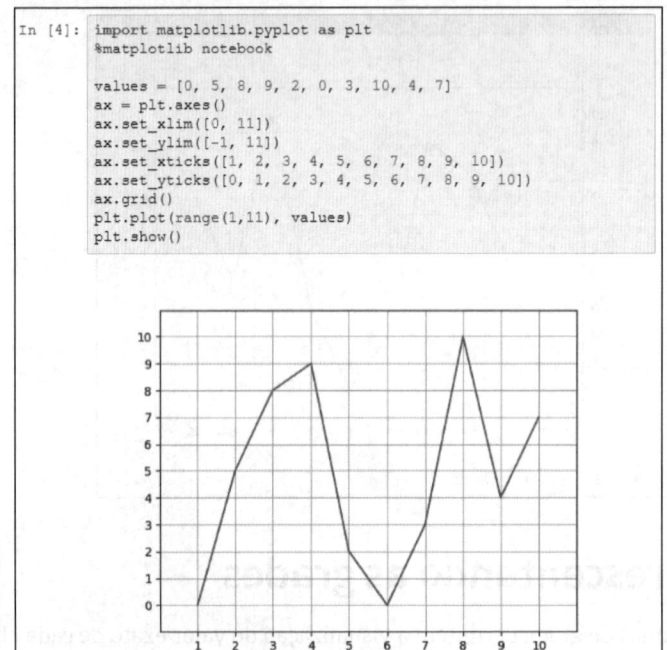

```
In [4]:  import matplotlib.pyplot as plt
         %matplotlib notebook

         values = [0, 5, 8, 9, 2, 0, 3, 10, 4, 7]
         ax = plt.axes()
         ax.set_xlim([0, 11])
         ax.set_ylim([-1, 11])
         ax.set_xticks([1, 2, 3, 4, 5, 6, 7, 8, 9, 10])
         ax.set_yticks([0, 1, 2, 3, 4, 5, 6, 7, 8, 9, 10])
         ax.grid()
         plt.plot(range(1,11), values)
         plt.show()
```

FIGURA 10-4: Acrescentar grades facilita a leitura dos valores.

Definindo a Aparência da Linha

Apenas desenhar linhas em uma página não tem muita utilidade se o observador não entender a importância dos dados. Na maioria dos casos, é preciso usar diferentes estilos de linhas para garantir que o observador consiga diferenciar um grupo de dados de outro. No entanto, para enfatizar a importância do valor de um agrupamento específico de dados, é preciso empregar cores, pois o uso da cor comunica todos os tipos de ideias para o observador. Por exemplo, o verde geralmente indica que algo é seguro, enquanto o vermelho comunica um perigo. As próximas seções o ajudam a entender como trabalhar com estilos e cores de linhas para comunicar ideias e conceitos para o observador sem usar texto.

TORNANDO OS GRÁFICOS ACESSÍVEIS

É essencial evitar fazer suposições sobre a habilidade dos outros de ver sua apresentação gráfica. Por exemplo, um daltônico não saberá diferenciar uma linha verde de uma vermelha. Da mesma forma, alguém com problemas de visão não conseguirá distinguir uma linha tracejada de uma que combina pontos e traços. O uso de vários métodos para destacar as linhas garante que todos consigam ver os dados do modo mais confortável para cada pessoa.

Trabalhando com estilos de linhas

Os estilos de linhas ajudam a diferenciar gráficos desenhando-as de diversas formas, e usar uma apresentação única para cada linha ajuda na distinção de cada uma delas (mesmo quando a impressão está em tons de cinza). Também é possível distinguir uma linha específica usando um estilo diferente para ela (e o mesmo para todas as outras). A Tabela 10-1 mostra os diversos estilos de linhas do MatPlotLib.

TABELA 10-1 Estilos de Linhas do MatPlotLib

Caractere	Estilo de Linha
'-'	Linha sólida
'--'	Linha tracejada
'-.'	Linha de traços e pontos
':'	Linha pontilhada

O estilo de linha aparece como um terceiro argumento da chamada da função `plot()`. Basta fornecer a string desejada para o tipo de linha, como mostrado no exemplo a seguir:

```
import matplotlib.pyplot as plt
%matplotlib inline

values = [1, 5, 8, 9, 2, 0, 3, 10, 4, 7]
values2 = [3, 8, 9, 2, 1, 2, 4, 7, 6, 6]
plt.plot(range(1,11), values, '--')
plt.plot(range(1,11), values2, ':')
plt.show()
```

Nesse caso, a primeira linha usa um estilo tracejado, enquanto a segunda usa o estilo pontilhado. Os resultados da mudança estão na Figura 10-5.

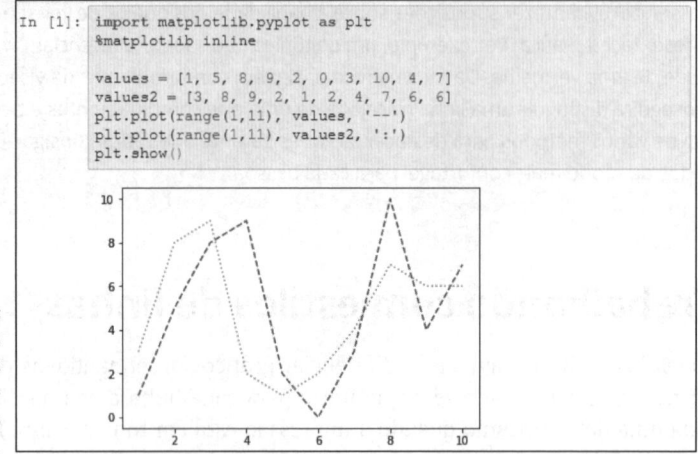

```
In [1]: import matplotlib.pyplot as plt
        %matplotlib inline

        values = [1, 5, 8, 9, 2, 0, 3, 10, 4, 7]
        values2 = [3, 8, 9, 2, 1, 2, 4, 7, 6, 6]
        plt.plot(range(1,11), values, '--')
        plt.plot(range(1,11), values2, ':')
        plt.show()
```

FIGURA 10-5: Estilos de linhas ajudam a diferenciar os diagramas.

Usando cores

As cores são outro modo de diferenciar as linhas dos gráficos. É claro que este método tem certos problemas, e o mais significativo ocorre quando alguém faz uma cópia em preto e branco do gráfico colorido — ocultando as diferenças entre as cores como uma escala de cinza. Outro problema é que uma pessoa daltônica pode não diferenciar uma linha da outra. Dito isso, as cores tornam a apresentação mais clara e chamativa. A Tabela 10-2 mostra as cores suportadas por MatPlotLib.

TABELA 10-2 Cores no MatPlotLib

Caractere	Cor
'b'	Azul
'g'	Verde
'r'	Vermelho
'c'	Ciano
'm'	Magenta
'y'	Amarelo
'k'	Preto
'w'	Branco

Como nos estilos, a cor aparece em uma string como um terceiro argumento da chamada da função `plot()`. Nesse caso, o observador vê duas linhas — uma vermelha e outra magenta. A apresentação é mostrada na Figura 10-2, mas com cores específicas, em vez de cores padrões na screenshot. Na impressão do livro vemos em escala de cinza.

```
import matplotlib.pyplot as plt
%matplotlib inline

values = [1, 5, 8, 9, 2, 0, 3, 10, 4, 7]
values2 = [3, 8, 9, 2, 1, 2, 4, 7, 6, 6]
plt.plot(range(1,11), values, 'r')
plt.plot(range(1,11), values2, 'm')
plt.show()
```

Adicionando marcadores

Os marcadores acrescentam um símbolo especial para cada ponto de dados em uma linha de gráfico. Diferente do estilo e da cor da linha, os marcadores são menos suscetíveis a problemas de acessibilidade e impressão. Mesmo quando o marcador específico não é claro, as pessoas conseguem diferenciar um do outro. A Tabela 10-3 mostra a lista de marcadores fornecida pelo MatPlotLib.

TABELA 10-3 Marcadores do MatPlotLib

Caractere	Tipo de Marcador
'.'	Ponto
','	Pixel
'o'	Círculo
'v'	Triângulo para baixo
'^'	Triângulo para cima
'<'	Triângulo para a esquerda
'>'	Triângulo para a direita
'1'	Y para baixo
'2'	Y para cima
'3'	Y para a esquerda
'4'	Y para a direita
's'	Quadrado
'p'	Pentágono
'*'	Estrela
'h'	Hexágono estilo 1

(continua)

(continuação)

Caractere	Tipo de Marcador
'H'	Hexágono estilo 2
'+'	Mais
'x'	X
'D'	Diamante
'd'	Diamante fino
'|'	Linha vertical
'_'	Linha horizontal

Como nos estilos e cores de linhas, os marcadores são adicionados como o terceiro argumento da chamada de `plot()`. No exemplo a seguir, os efeitos da combinação de estilo de linha são exibidos com um marcador para fornecer uma apresentação única de linha gráfica.

```
import matplotlib.pyplot as plt
%matplotlib inline


values = [1, 5, 8, 9, 2, 0, 3, 10, 4, 7]
values2 = [3, 8, 9, 2, 1, 2, 4, 7, 6, 6]
plt.plot(range(1,11), values, 'o--')
plt.plot(range(1,11), values2, 'v:')
plt.show()
```

Note na Figura 10-6 como a combinação do estilo de linha e do marcador faz com que cada linha se destaque. Mesmo em preto e branco, é possível diferenciar facilmente uma linha da outra, e é por isso que geralmente precisamos combinar técnicas de apresentação.

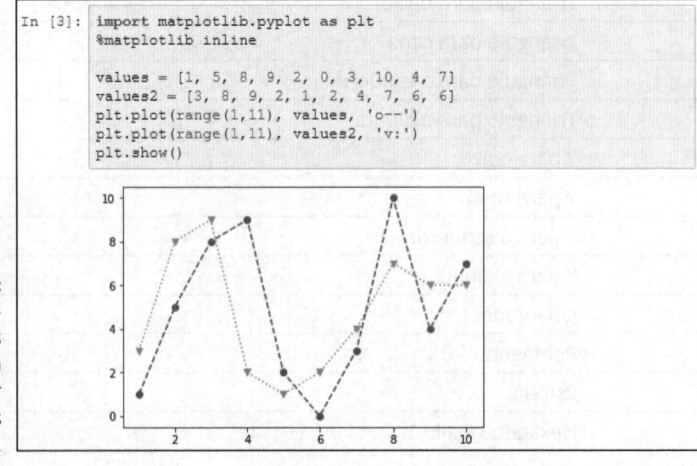

FIGURA 10-6: Os marcadores ajudam a enfatizar valores individuais.

Usando Rótulos, Anotações e Legendas

Para documentar completamente o gráfico, recorra a rótulos, anotações e legendas. Cada um desses elementos tem um objetivo diferente, como a seguir:

» **Rótulo:** Fornece identificação positiva de um elemento de dado ou grupo específico. O objetivo é facilitar que o observador saiba o nome ou o tipo de dado ilustrado.

» **Anotação:** Aumenta a informação que o observador tem imediatamente sobre os dados, com notas, fontes e outras informações úteis. Em comparação com um rótulo, o propósito da anotação é ajudar a ampliar o conhecimento do observador sobre os dados, em vez de simplesmente identificá-los.

» **Legenda:** Apresenta uma listagem dos grupos de dados dentro do gráfico e geralmente fornece dicas (como o tipo ou cor da linha) para facilitar sua identificação. Por exemplo, todos os pontos vermelhos podem pertencer ao grupo A, enquanto todos os azuis, ao grupo B.

As próximas seções explicam o propósito e o uso de diversas ajudas de documentação fornecidas pelo MatPlotLib. Elas o auxiliam a criar um ambiente em que o observador tem certeza da fonte, do propósito e do uso dos elementos de dados. Alguns gráficos funcionam bem sem nenhuma ajuda, mas em outros, para se comunicar completamente com o observador, ela se faz necessária.

Adicionando rótulos

Os rótulos ajudam as pessoas a entender o significado de cada eixo em qualquer gráfico criado. Sem eles, os valores exibidos não têm significado algum. Além de um apelido, como chuva, você também pode acrescentar unidades de medida, como polegadas ou centímetros, para que o público saiba como interpretar os dados exibidos. O exemplo a seguir mostra como adicionar rótulos ao gráfico:

```
import matplotlib.pyplot as plt
%matplotlib inline

values = [1, 5, 8, 9, 2, 0, 3, 10, 4, 7]
plt.xlabel('Entries')
plt.ylabel('Values')
plt.plot(range(1,11), values)
plt.show()
```

A chamada de xlabel() documenta o eixo x do gráfico, enquanto a chamada
de ylabel() documenta o eixo y. A Figura 10-7 mostra a saída deste exemplo.

```
In [4]:   import matplotlib.pyplot as plt
          %matplotlib inline

          values = [1, 5, 8, 9, 2, 0, 3, 10, 4, 7]
          plt.xlabel('Entries')
          plt.ylabel('Values')
          plt.plot(range(1,11), values)
          plt.show()
```

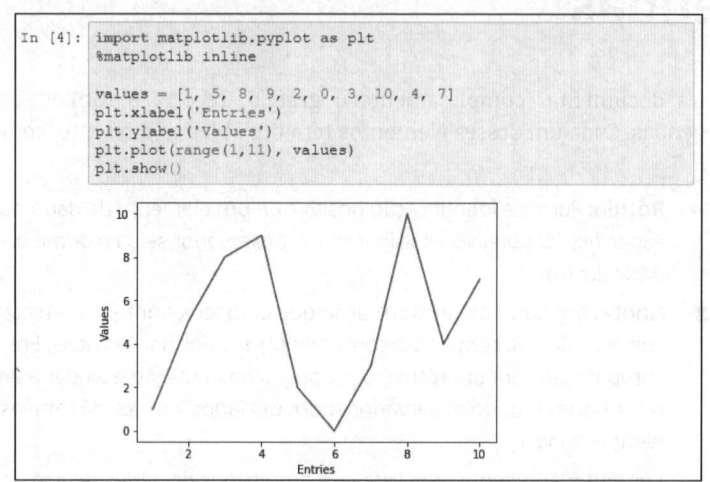

FIGURA 10-7:
Use rótulos para identificar os eixos.

Fazendo anotações

Use as anotações para chamar a atenção para pontos de interesse em um gráfico. Por exemplo, você pode querer destacar que um ponto de dado específico está fora do intervalo normal esperado para um conjunto de dados em particular. O exemplo a seguir mostra como adicionar anotações em um gráfico.

```
import matplotlib.pyplot as plt
%matplotlib inline

values = [1, 5, 8, 9, 2, 0, 3, 10, 4, 7]
plt.annotate(xy=[1,1], s='First Entry')
plt.plot(range(1,11), values)
plt.show()
```

A chamada de annotate() fornece a rotulação necessária. Você deve fornecer uma localização para a anotação usando o parâmetro xy, bem como o texto a ser posicionado usando o parâmetro s. A função annotate() também fornece outros parâmetros úteis para criar uma formatação ou o posicionamento especial na tela. A Figura 10-8 mostra a saída deste exemplo.

```
In [5]: import matplotlib.pyplot as plt
        %matplotlib inline

        values = [1, 5, 8, 9, 2, 0, 3, 10, 4, 7]
        plt.annotate(xy=[1,1], s='First Entry')
        plt.plot(range(1,11), values)
        plt.show()
```

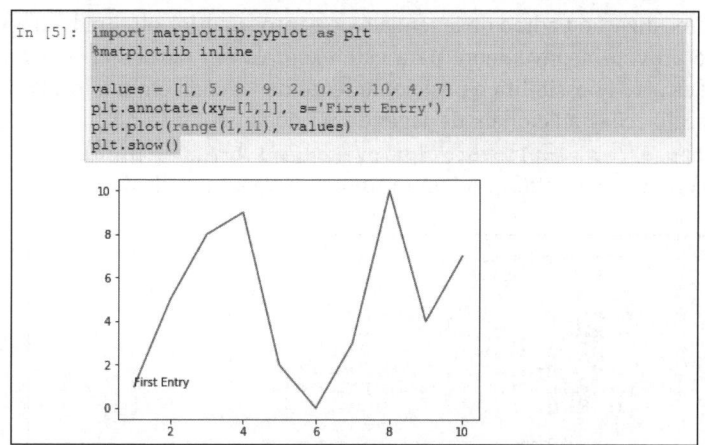

FIGURA 10-8:
A anotação identifica pontos de interesse.

Criando uma legenda

Uma legenda documenta elementos individuais de um diagrama. Cada linha é apresentada em uma tabela que contém um rótulo para que as pessoas possam diferenciar cada uma delas. Por exemplo, uma linha pode representar as vendas de 2017, e outra, as de 2018, então inclua uma entrada na legenda para cada linha rotulada como 2017 e 2018. O exemplo a seguir mostra como adicionar uma legenda ao diagrama.

```
import matplotlib.pyplot as plt
%matplotlib inline

values = [1, 5, 8, 9, 2, 0, 3, 10, 4, 7]
values2 = [3, 8, 9, 2, 1, 2, 4, 7, 6, 6]
line1 = plt.plot(range(1,11), values)
line2 = plt.plot(range(1,11), values2)
plt.legend(['First', 'Second'], loc=4)
plt.show()
```

A chamada de `legend()` ocorre depois da criação dos diagramas, não antes, como com outras funções descritas neste capítulo. Forneça um handle para cada um dos diagramas. Note como `line1` é igualada à primeira chamada de `plot()` e `line2` é igualada à segunda chamada de `plot()`.

DICA

A localização padrão da legenda é no canto superior direito do diagrama, o que se provou inconveniente para este exemplo em particular. Adicionar o parâmetro `loc` possibilita o posicionamento da legenda em um local diferente. Veja localizações adicionais de legenda na documentação da função `legend()` em https://matplotlib.org/api/pyplot_api.html#matplotlib.pyplot.legend [conteúdo em inglês]. A Figura 10-9 mostra a saída deste exemplo.

```
In [6]: import matplotlib.pyplot as plt
        %matplotlib inline

        values = [1, 5, 8, 9, 2, 0, 3, 10, 4, 7]
        values2 = [3, 8, 9, 2, 1, 2, 4, 7, 6, 6]
        line1 = plt.plot(range(1,11), values)
        line2 = plt.plot(range(1,11), values2)
        plt.legend(['First', 'Second'], loc=4)
        plt.show()
```

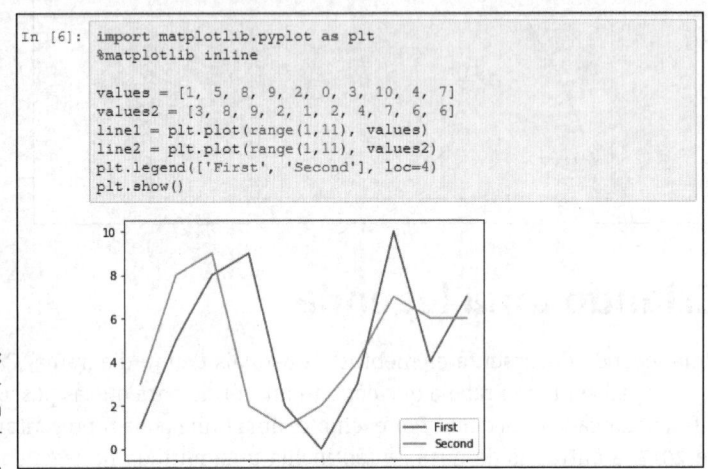

FIGURA 10-9: Use legendas para identificar as linhas.

> **NESTE CAPÍTULO**
>
> » Selecionando o gráfico certo
>
> » Trabalhando com diagramas de dispersão avançados
>
> » Explorando dados geográficos e relacionados ao tempo
>
> » Criando gráficos

Capítulo **11**

Visualizando os Dados

O Capítulo 10 explicou o mecanismo de trabalho com MatPlotLib, que é um primeiro passo importante para usá-lo. Este capítulo dá mais um passo no uso do MatPlotLib para realizar um trabalho útil. O principal objetivo deste capítulo é ensiná-lo a visualizar os dados de diversas formas, e criar uma apresentação gráfica dos dados é essencial se quiser fazer com que as pessoas entendam o que está tentando dizer. Mesmo que, na sua cabeça, os números façam sentido, as outras pessoas provavelmente precisarão de gráficos para entender o ponto que você deseja explicitar com suas várias manipulações de dados.

O capítulo começa observando tipos básicos de gráficos suportados pelo MatPlotLib. Aqui não há uma lista completa de gráficos e diagramas — seria necessário ocupar o livro inteiro para explorá-los detalhadamente. No entanto, é possível encontrar os tipos mais comuns.

No restante do capítulo, exploraremos tipos específicos de diagramas relacionados ao data science. É claro que nenhum livro sobre data science estaria completo sem explorar os diagramas de dispersão, usados para ajudar as pessoas a verem padrões em pontos de dados aparentemente não relacionados. Como muitos dos dados trabalhados hoje são relacionados ao tempo ou de natureza geográfica, o capítulo dedica duas seções especiais a esses tópicos. Os grafos direcionados e os não direcionados, que servem para fazer análises de mídias sociais, também terão sua vez.

LEMBRE-SE: Você não precisa digitar o código-fonte deste capítulo. É muito mais fácil usar a fonte para download. O código-fonte deste capítulo aparece no arquivo P4DS4D2_11_Visualizing_the_Data.ipynb (veja detalhes de como encontrar o arquivo na Introdução).

Escolhendo o Gráfico Certo

O tipo de gráfico escolhido determina como as pessoas veem os dados associados, então escolher o gráfico certo desde o início é importante. Por exemplo, se quiser exibir como vários elementos de dados contribuem para um todo, use um gráfico de pizza. Por outro lado, quando quiser que as pessoas formem opiniões sobre como os elementos de dados são comparados, use um gráfico de barra. A ideia é escolher um gráfico que leve as pessoas a tirar as conclusões desejadas sobre os dados cuidadosamente manipulados de várias fontes. (Também há a opção de usar gráficos de linha — uma técnica demonstrada no Capítulo 10.) As próximas seções descrevem os diferentes tipos de gráficos e fornecem exemplos básicos de como usá-los.

Exibindo partes com gráficos de pizza

Os gráficos de pizza focam a exibição de partes de um todo. O gráfico de pizza inteiro seria 100%. A questão é quanto dessa porcentagem cada valor ocupa. O exemplo a seguir mostra como criar um gráfico de pizza com muitos dos atributos especiais estabelecidos:

```
import matplotlib.pyplot as plt
%matplotlib inline

values = [5, 8, 9, 10, 4, 7]
colors = ['b', 'g', 'r', 'c', 'm', 'y']
labels = ['A', 'B', 'C', 'D', 'E', 'F']
explode = (0, 0.2, 0, 0, 0, 0)

plt.pie(values, colors=colors, labels=labels,
        explode=explode, autopct='%1.1f%%',
        counterclock=False, shadow=True)
plt.title('Values')

plt.show()
```

A parte essencial do gráfico de pizza são os valores. Crie um gráfico básico usando apenas os valores como entrada.

O parâmetro `colors` possibilita a escolha de cores personalizadas para cada fatia da pizza. Use o parâmetro `labels` para identificá-las. Em muitos casos, é preciso fazer com que uma fatia se destaque das outras, então adicione o parâmetro `explode` com uma lista de valores explodidos. Um valor 0 mantém a fatia no lugar — qualquer outro valor define o afastamento da fatia do centro da pizza.

Cada fatia mostra vários tipos de informações. Esse exemplo exibe a porcentagem ocupada por cada fatia com o parâmetro `autopct`. Forneça uma string de formato para formatar as porcentagens.

DICA
Alguns parâmetros afetam como o gráfico de pizza é desenhado. Use o parâmetro `counterclock` para determinar a direção das fatias. O parâmetro `shadow` determina se a pizza tem uma sombra abaixo dela (para um efeito 3D). Encontre outros parâmetros em https://matplotlib.org/api/pyplot_api.html [conteúdo em inglês].

O gráfico precisa de um título, para que os outros saibam o que representa. Faça isso usando a função `title()`. A Figura 11-1 mostra a saída desse exemplo.

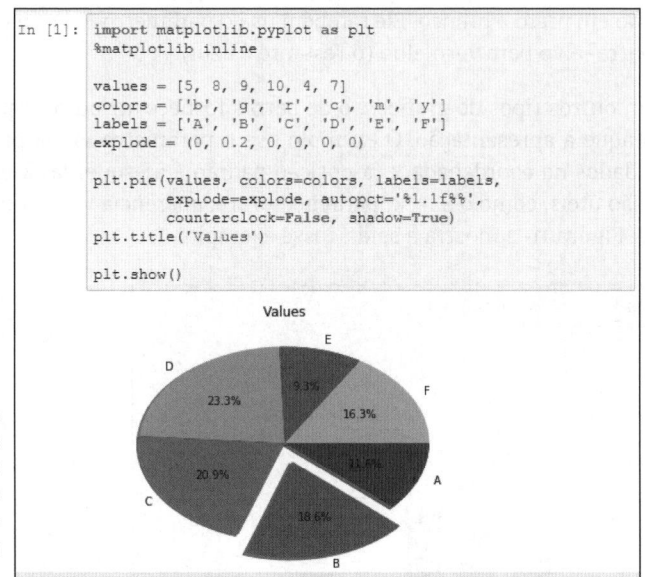

```
In [1]: import matplotlib.pyplot as plt
        %matplotlib inline

        values = [5, 8, 9, 10, 4, 7]
        colors = ['b', 'g', 'r', 'c', 'm', 'y']
        labels = ['A', 'B', 'C', 'D', 'E', 'F']
        explode = (0, 0.2, 0, 0, 0, 0)

        plt.pie(values, colors=colors, labels=labels,
                explode=explode, autopct='%1.1f%%',
                counterclock=False, shadow=True)
        plt.title('Values')

        plt.show()
```

FIGURA 11-1: Os gráficos de pizza mostram uma porcentagem do todo.

Comparando com gráficos de barra

Os gráficos de barra facilitam a comparação de valores. As barras largas e as medidas segregadas enfatizam as diferenças entre os valores, em vez de fluir de um valor para o outro, como um gráfico de linhas faria. Felizmente, temos todos os tipos de métodos à disposição para enfatizar valores específicos e para realizar outros truques. O exemplo a seguir exibe só algumas das possibilidades para um gráfico de barras verticais.

```
import matplotlib.pyplot as plt
%matplotlib inline

values = [5, 8, 9, 10, 4, 7]
widths = [0.7, 0.8, 0.7, 0.7, 0.7, 0.7]
colors = ['b', 'r', 'b', 'b', 'b', 'b']
plt.bar(range(0, 6), values, width=widths,
        color=colors, align='center')

plt.show()
```

Mesmo para criar um gráfico básico, são necessarias uma série de coordenadas x e as alturas das barras. O exemplo usa a função `range()` para criar as coordenadas x e `values` contém as alturas.

É claro que um gráfico de barras básico pode não ser o bastante, e o MatPlotLib fornece várias formas de fazer isso. Nesse caso, o exemplo usa o parâmetro `width` para controlar a largura de cada barra, enfatizando a segunda barra deixando-a um pouco mais larga. A largura maior apareceria até mesmo em uma impressão em preto e branco. Ele também usa o parâmetro `color` para mudar a cor da barra-alvo para vermelho (o restante é azul).

Como em outros tipos de gráficos, o de barras fornece atributos especiais, que dão destaque à apresentação. O exemplo usa o parâmetro `align` para centralizar os dados na coordenada x (a posição padrão é à esquerda). Outros parâmetros são úteis, como o `hatch`, para melhorar a aparência visual do gráfico de barras. A Figura 11-2 mostra a saída desse exemplo.

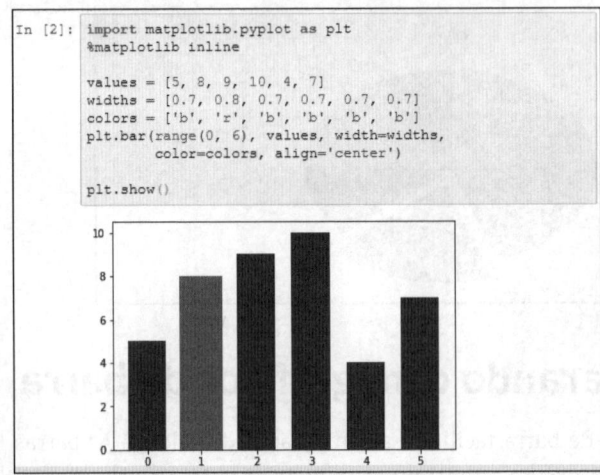

FIGURA 11-2: Os gráficos de barra facilitam as comparações.

> **DICA**
>
> Este capítulo o ajuda a usar o MatPlotLib para criar vários tipos de gráficos. Quanto mais exemplos, melhor, então encontre alguns mais avançados no site do MatPlotLib, em `https://matplotlib.org/1.2.1/examples/index.html` [conteúdo em inglês]. Alguns dos exemplos, como os que demonstram técnicas de animação, são bem avançados, mas com a prática todos serão úteis para melhorar seus próprios gráficos.

Exibindo distribuições usando histogramas

Os histogramas categorizam os dados dividindo-os em *bins* (contêineres), em que cada bin contém um subconjunto do intervalo de dados. Então, o histograma exibe o número de itens em cada bin para que a distribuição dos dados e a progressão de bin para bin fiquem visíveis. Na maioria dos casos, há algum tipo de curva, como a curva de sino. O exemplo a seguir mostra como criar um histograma com dados randomizados:

```
import numpy as np
import matplotlib.pyplot as plt
%matplotlib inline

x = 20 * np.random.randn(10000)

plt.hist(x, 25, range=(-50, 50), histtype='stepfilled',
         align='mid', color='g', label='Test Data')
plt.legend()
plt.title('Step Filled Histogram')
plt.show()
```

Nesse caso, os valores de entrada são uma série de números aleatórios. A distribuição desses números exibe um tipo de curva de sino. No mínimo, você deve fornecer uma série de valores, neste caso, `x`, a ser diagramado. O segundo argumento contém o número de bins a ser usado para criar os intervalos de dados. O valor padrão é 10. O uso do parâmetro `range` o ajuda a fazer com que o histograma se concentre nos dados relevantes e exclua qualquer outlier.

Você pode criar vários tipos de histogramas. A configuração padrão cria um gráfico de barras. Também é possível criar um gráfico de barras empilhadas, um gráfico de degraus, ou um gráfico de degraus preenchidos (o tipo mostrado no exemplo). Além disso, pode-se controlar a orientação da saída, com o padrão sendo a vertical.

Como na maioria dos outros gráficos e diagramas deste capítulo, os atributos especiais são adicionados à saída. Por exemplo, o parâmetro `align` determina o alinhamento de cada barra ao longo da linha de base. Use o parâmetro `color` para controlar as cores das barras. O parâmetro `label` não aparece a não ser que se crie também uma legenda (como mostrado neste exemplo). A Figura 11-3 mostra a saída típica desse exemplo.

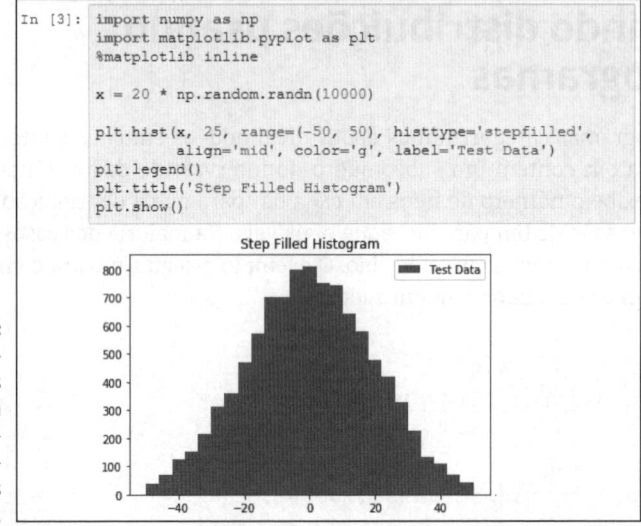

```
In [3]: import numpy as np
        import matplotlib.pyplot as plt
        %matplotlib inline

        x = 20 * np.random.randn(10000)

        plt.hist(x, 25, range=(-50, 50), histtype='stepfilled',
                 align='mid', color='g', label='Test Data')
        plt.legend()
        plt.title('Step Filled Histogram')
        plt.show()
```

FIGURA 11-3: Os histogramas possibilitam a visualização de distribuições numéricas.

Os dados aleatórios variam de chamada em chamada. Cada vez que o exemplo for executado, os resultados serão levemente diferentes, porque o processo de geração aleatória difere.

Representando grupos com diagramas de caixa

Os diagramas de caixa fornecem um meio para representar grupos de números por meio dos *quartis* (três pontos dividindo um grupo em quatro partes iguais). Um diagrama de caixa também tem linhas, chamadas de *bigodes*, indicando dados fora dos quartis superior e inferior. O espaçamento mostrado dentro de um diagrama de caixa ajuda a indicar o enviesamento (a assimetria) e a dispersão dos dados. O exemplo a seguir mostra como criar um diagrama de caixa com dados randomizados.

```
import numpy as np
import matplotlib.pyplot as plt
%matplotlib inline

spread = 100 * np.random.rand(100)
center = np.ones(50) * 50
flier_high = 100 * np.random.rand(10) + 100
flier_low = -100 * np.random.rand(10)
data = np.concatenate((spread, center,
                       flier_high, flier_low))

plt.boxplot(data, sym='gx', widths=.75, notch=True)
plt.show()
```

Para criar um conjunto de dados útil, combine várias técnicas diferentes de geração de números, como mostrado no começo do exemplo. Veja como essas técnicas funcionam:

- » `spread`: Contém um conjunto de números aleatórios entre 0 e 100.
- » `center`: Fornece 50 valores diretamente no centro do intervalo de 50.
- » `flier_high`: Simula outliers entre 100 e 200.
- » `flier_low`: Simula outliers entre 0 e –100.

O código combina todos esses valores em um único conjunto de dados usando `concatenate()`. Tendo sido gerado randomicamente com características específicas (como um grande número de pontos no meio), a saída mostrará características específicas, mas funcionará bem para o exemplo.

A chamada de `boxplot()` requer apenas `data` como entrada. Todos os outros parâmetros têm configurações padrão. Nesse caso, o código configura a apresentação dos outliers em X verdes por meio do parâmetro `sym`. Use `widths` para modificar o tamanho da caixa (Nesse caso, como extragrande, para facilitar sua visualização). Finalmente, crie uma caixa quadrada ou uma caixa com um entalhe usando o parâmetro `notch` (que geralmente tem o padrão False). A Figura 11-4 mostra a saída típica deste exemplo.

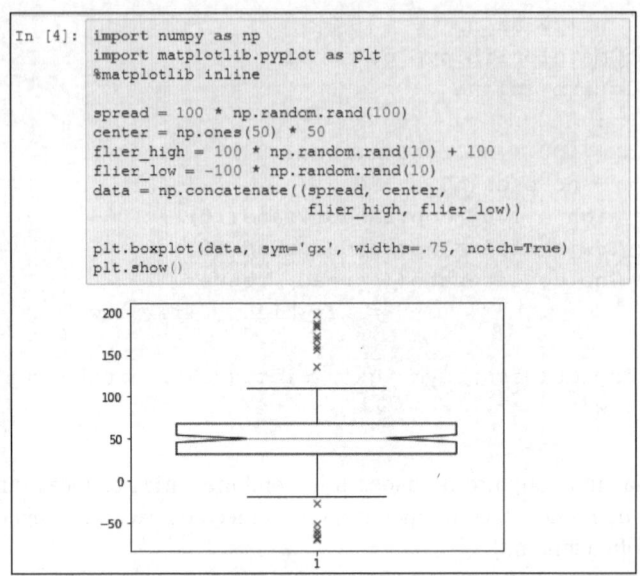

```
In [4]: import numpy as np
        import matplotlib.pyplot as plt
        %matplotlib inline

        spread = 100 * np.random.rand(100)
        center = np.ones(50) * 50
        flier_high = 100 * np.random.rand(10) + 100
        flier_low = -100 * np.random.rand(10)
        data = np.concatenate((spread, center,
                               flier_high, flier_low))

        plt.boxplot(data, sym='gx', widths=.75, notch=True)
        plt.show()
```

FIGURA 11-4: Use diagramas de caixa para apresentar grupos de números.

A caixa mostra os três pontos de dados como a caixa, com a linha vermelha no meio sendo a mediana. As duas linhas pretas na horizontal conectadas à caixa por bigodes mostram os limites superior e inferior (dos quatro quartis), e os outliers aparecem acima e abaixo das linhas de limites como X verdes.

Vendo padrões de dados usando diagramas de dispersão

Os diagramas de dispersão mostram agrupamentos de dados, em vez de tendências (como gráficos de linha) ou valores discretos (como gráficos de barra). O objetivo de um diagrama de dispersão é mostrar padrões nos dados. O exemplo a seguir ensina a criar um diagrama de dispersão usando dados randomizados:

```
import numpy as np
import matplotlib.pyplot as plt
%matplotlib inline

x1 = 5 * np.random.rand(40)
x2 = 5 * np.random.rand(40) + 25
x3 = 25 * np.random.rand(20)
x = np.concatenate((x1, x2, x3))

y1 = 5 * np.random.rand(40)
y2 = 5 * np.random.rand(40) + 25
```

```
y3 = 25 * np.random.rand(20)
y = np.concatenate((y1, y2, y3))

plt.scatter(x, y, s=[100], marker='^', c='m')
plt.show()
```

O exemplo começa gerando coordenadas x e y aleatórias. Para cada coordenada x, deve haver uma coordenada y correspondente. É possível criar um diagrama de dispersão usando apenas as coordenadas x e y.

Você pode enfeitar um diagrama de dispersão de várias formas. Nesse caso, o parâmetro s determina o tamanho de cada ponto de dado. O parâmetro marker determina a forma do ponto de dado. E o parâmetro c é usado para definir as cores de todos os pontos de dados, ou uma cor para cada um. A Figura 11-5 mostra a saída deste exemplo.

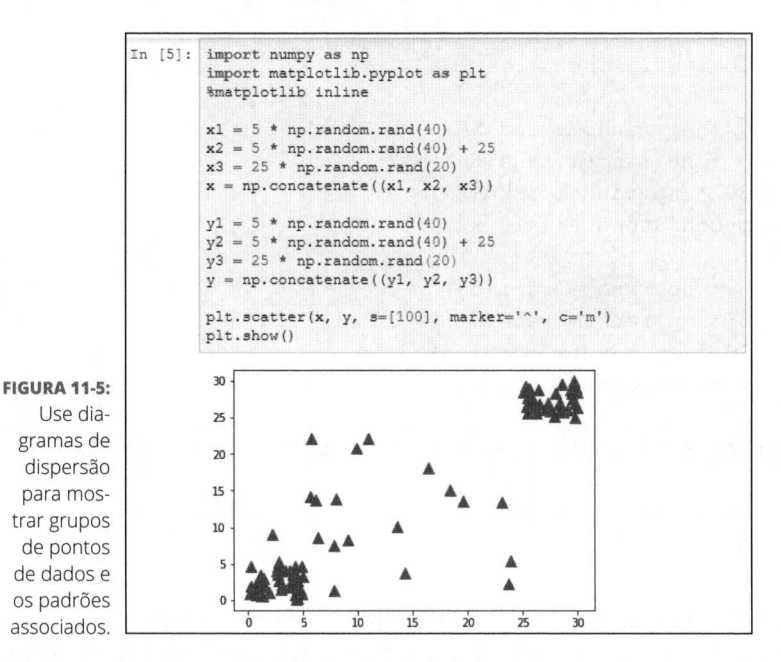

```
In [5]: import numpy as np
        import matplotlib.pyplot as plt
        %matplotlib inline

        x1 = 5 * np.random.rand(40)
        x2 = 5 * np.random.rand(40) + 25
        x3 = 25 * np.random.rand(20)
        x = np.concatenate((x1, x2, x3))

        y1 = 5 * np.random.rand(40)
        y2 = 5 * np.random.rand(40) + 25
        y3 = 25 * np.random.rand(20)
        y = np.concatenate((y1, y2, y3))

        plt.scatter(x, y, s=[100], marker='^', c='m')
        plt.show()
```

FIGURA 11-5: Use diagramas de dispersão para mostrar grupos de pontos de dados e os padrões associados.

Criando Diagramas de Dispersão Avançados

Os diagramas de dispersão são especialmente importantes para o data science porque mostram os padrões de dados que não ficam óbvios quando são vistos de outras formas. Podemos ver agrupamentos de dados com certa facilidade e ajudar o observador a entender quando os dados pertencem a um grupo específico. Também podemos exibir sobreposições de grupos e até demonstrar quando certos dados estão fora do intervalo esperado. Exibir esses vários tipos de relações nos dados é uma técnica avançada, necessária para se usar o máximo do MatPlotLib. As próximas seções demonstram como realizar essas técnicas avançadas no diagrama de dispersão criado neste capítulo.

Representando grupos

A cor é o terceiro eixo quando trabalhamos com um diagrama de dispersão. O uso da cor possibilita o destaque dos grupos para que outras pessoas possam vê-los com maior facilidade. O exemplo a seguir mostra como usar cores para exibir grupos dentro de um diagrama de dispersão:

```
import numpy as np
import matplotlib.pyplot as plt
%matplotlib inline

x1 = 5 * np.random.rand(50)
x2 = 5 * np.random.rand(50) + 25
x3 = 30 * np.random.rand(25)
x = np.concatenate((x1, x2, x3))

y1 = 5 * np.random.rand(50)
y2 = 5 * np.random.rand(50) + 25
y3 = 30 * np.random.rand(25)
y = np.concatenate((y1, y2, y3))

color_array = ['b'] * 50 + ['g'] * 50 + ['r'] * 25

plt.scatter(x, y, s=[50], marker='D', c=color_array)
plt.show()
```

O exemplo funciona basicamente da mesma forma que o exemplo da seção anterior, exceto que este usa um array para cores. Infelizmente, na versão impressa deste livro é mais difícil de ver os tons de cinza da Figura 11-6. Mas o primeiro grupo é azul, seguido pelo verde do segundo grupo. Os outliers aparecem em vermelho.

```
In [6]: import numpy as np
        import matplotlib.pyplot as plt
        %matplotlib inline

        x1 = 5 * np.random.rand(50)
        x2 = 5 * np.random.rand(50) + 25
        x3 = 30 * np.random.rand(25)
        x = np.concatenate((x1, x2, x3))

        y1 = 5 * np.random.rand(50)
        y2 = 5 * np.random.rand(50) + 25
        y3 = 30 * np.random.rand(25)
        y = np.concatenate((y1, y2, y3))

        color_array = ['b'] * 50 + ['g'] * 50 + ['r'] * 25

        plt.scatter(x, y, s=[50], marker='D', c=color_array)
        plt.show()
```

FIGURA 11-6: Arrays de cores fazem os grupos se destacar no diagrama de dispersão.

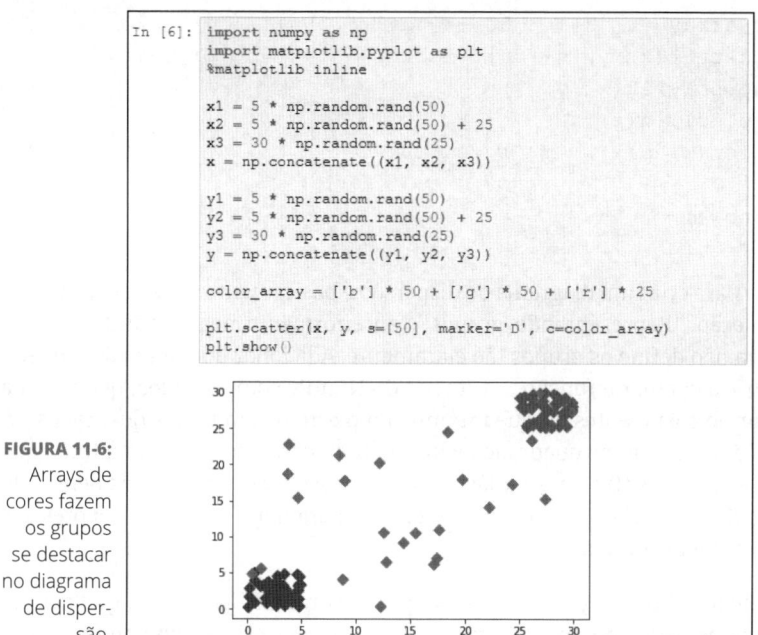

Exibindo correlações

Em alguns casos, é preciso conhecer a direção geral que os dados estão tomando ao observar um diagrama de dispersão. Mesmo que crie uma representação clara dos grupos, a direção exata dos dados como um todo nem sempre é clara. Nesse caso, adicione uma linha de tendência à saída. Veja um exemplo de adição de linha de tendência a um diagrama de dispersão que inclui grupos mas não é tão claro quanto o mostrado anteriormente na Figura 11-6.

```
import numpy as np
import matplotlib.pyplot as plt
import matplotlib.pylab as plb
%matplotlib inline

x1 = 15 * np.random.rand(50)
x2 = 15 * np.random.rand(50) + 15
x3 = 30 * np.random.rand(25)
x = np.concatenate((x1, x2, x3))

y1 = 15 * np.random.rand(50)
y2 = 15 * np.random.rand(50) + 15
y3 = 30 * np.random.rand(25)
y = np.concatenate((y1, y2, y3))
```

```
color_array = ['b'] * 50 + ['g'] * 50 + ['r'] * 25
plt.scatter(x, y, s=[90], marker='*', c=color_array)
z = np.polyfit(x, y, 1)
p = np.poly1d(z)
plb.plot(x, p(x), 'm-')

plt.show()
```

O código para criar um diagrama de dispersão é basicamente o mesmo do exemplo na seção "Representando grupos", anteriormente neste capítulo, mas o diagrama não define os grupos tão claramente. Adicionar uma linha de tendência significa chamar a função `polyfit()` do NumPy com os dados, que retorna um vetor de coeficientes, `p`, que minimizam o erro dos mínimos quadrados. (A regressão dos mínimos quadrados é um método para encontrar uma linha que resuma a relação entre duas variáveis, x e y. Nesse caso, pelo menos dentro do domínio da variável explanatória x. O terceiro parâmetro `polyfit()` expressa o grau do encaixe polinomial.)

A saída vetorial de `polyfit()` é usada como entrada de `poly1d()`, que calcula os pontos de dados do eixo y. A chamada de `plot()` cria a linha de tendência no diagrama de dispersão. Veja um resultado típico desse exemplo na Figura 11-7.

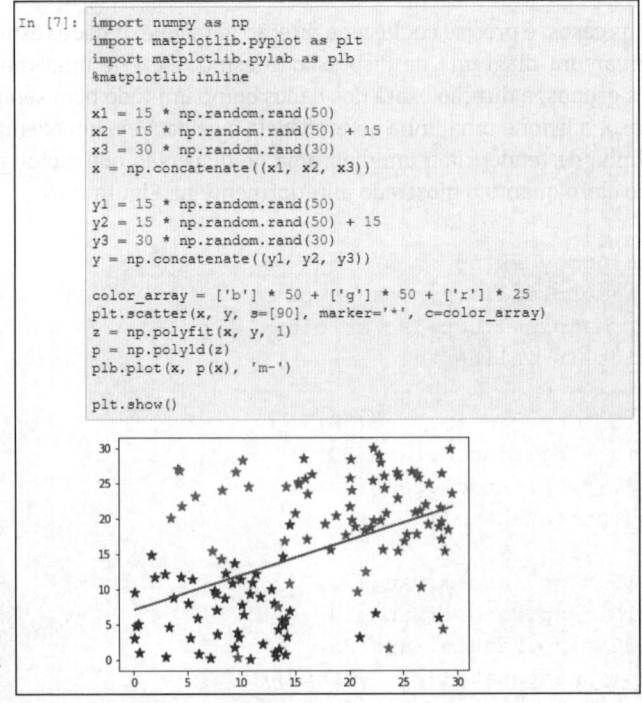

FIGURA 11-7: O diagrama de dispersão mostra a direção geral dos dados.

Diagramando Séries Temporais

Nada é realmente estático. Quando vemos a maioria dos dados, vemos um instante no tempo — uma captura de como os dados apareceram em um momento específico. É claro que tais visões são comuns e úteis. No entanto, às vezes precisamos ver como os dados se comportam com o tempo — para ver como eles mudam. Apenas visualizando os dados enquanto mudam entende-se as forças inerentes que os moldam. As próximas seções descrevem como trabalhar com dados em uma base relacionada ao tempo.

Representando o tempo nos eixos

Muitas vezes, precisamos apresentar os dados ao longo de um período. Os dados têm muitas formas, mas geralmente temos algum tipo de marca de tempo (uma unidade de tempo), seguida por um ou mais atributos que acontecem durante essa marca específica. O exemplo a seguir mostra um conjunto simples de dias e de vendas naqueles dias para um item específico em quantidades inteiras.

```
import pandas as pd
import matplotlib.pyplot as plt
import datetime as dt
%matplotlib inline

start_date = dt.datetime(2018, 7, 30)
end_date = dt.datetime(2018, 8, 5)
daterange = pd.date_range(start_date, end_date)
sales = (np.random.rand(len(daterange)) * 50).
   astype(int)
df = pd.DataFrame(sales, index=daterange,
                  columns=['Sales'])

df.loc['Jul 30 2018':'Aug 05 2018'].plot()
plt.ylim(0, 50)
plt.xlabel('Sales Date')
plt.ylabel('Sale Value')
plt.title('Plotting Time')
plt.show()
```

O exemplo começa criando um `DataFrame` para conter a informação. A fonte de informação é aleatória, gerada pelo exemplo. Note que ele cria um `date_range` para conter as datas dos períodos inicial e final para processar as datas sem a necessidade de um loop for.

O uso de `loc[]` permite a seleção de um intervalo de datas do número total de entradas disponíveis. Note que esse exemplo usa apenas alguns dos dados gerados como saída, e depois adiciona algumas informações a mais sobre o diagrama e o exibe na tela. A Figura 11-8 mostra a saída típica para os dados gerados aleatoriamente.

```
In [8]: import pandas as pd
        import matplotlib.pyplot as plt
        import datetime as dt

        start_date = dt.datetime(2018, 7, 29)
        end_date = dt.datetime(2018, 8, 7)
        daterange = pd.date_range(start_date, end_date)
        sales = (np.random.rand(len(daterange)) * 50).astype(int)
        df = pd.DataFrame(sales, index=daterange,
                    columns=['Sales'])

        df.loc['Jul 30 2018':'Aug 05 2018'].plot()
        plt.ylim(0, 50)
        plt.xlabel('Sales Date')
        plt.ylabel('Sale Value')
        plt.title('Plotting Time')
        plt.show()
```

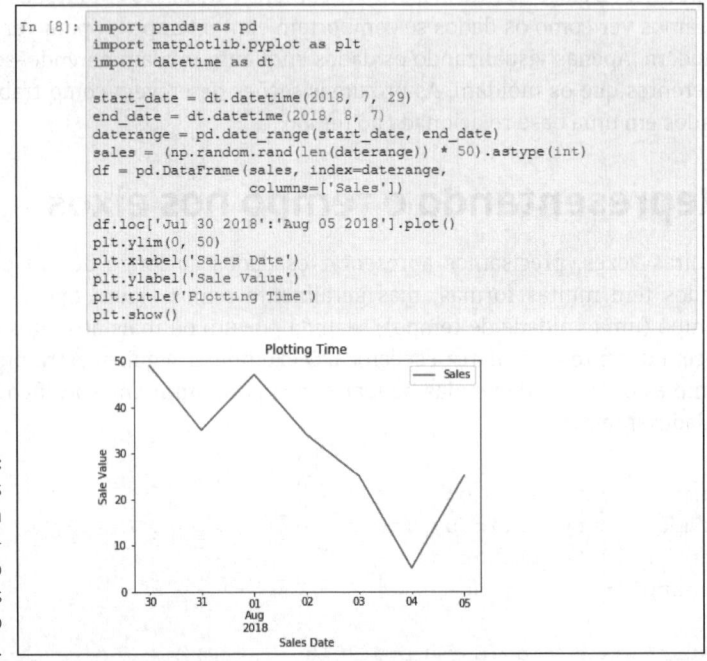

FIGURA 11-8: Use gráficos de linha para mostrar o fluxo dos dados ao longo do tempo.

Diagramando tendências ao longo do tempo

Como em qualquer apresentação de dados, às vezes, sem ajuda, não conseguimos ver a direção que estes estão seguindo. O exemplo a seguir começa com o diagrama da seção anterior e adiciona uma linha de tendência a ele:

```
import numpy as np
import pandas as pd
import matplotlib.pyplot as plt
import datetime as dt
%matplotlib inline

start_date = dt.datetime(2018, 7, 29)
end_date = dt.datetime(2018, 8, 7)
daterange = pd.date_range(start_date, end_date)
```

```
sales = (np.random.rand(len(daterange)) * 50).
   astype(int)
df = pd.DataFrame(sales, index=daterange,
                  columns=['Sales'])

lr_coef = np.polyfit(range(0, len(df)), df['Sales'], 1)
lr_func = np.polyld(lr_coef)
trend = lr_func(range(0, len(df)))
df['trend'] = trend
df.loc['Jul 30 2018':'Aug 05 2018'].plot()

plt.xlabel('Sales Date')
plt.ylabel('Sale Value')
plt.title('Plotting Time')
plt.legend(['Sales', 'Trend'])
plt.show()
```

LEMBRE-SE

A seção "Exibindo correlações", anteriormente no capítulo, mostra como as pessoas adicionam uma linha de tendência aos gráficos. Na verdade, essa é a abordagem que mais vemos sendo usada online. Você também notará que muitas pessoas têm problemas em usá-la em algumas situações. Este exemplo usa um jeito levemente diferente de fazer isso adicionando uma linha de tendência diretamente no DataFrame. Se exibir df depois da chamada de df['trend'] = trend, verá uma linha de tendência de dados similar aos valores exibidos aqui:

```
            Sales      trend
2018-07-29      6  18.890909
2018-07-30     13  20.715152
2018-07-31     38  22.539394
2018-08-01     22  24.363636
2018-08-02     40  26.187879
2018-08-03     39  28.012121
2018-08-04     36  29.836364
2018-08-05     21  31.660606
2018-08-06      7  33.484848
2018-08-07     49  35.309091
```

Essa abordagem facilita muito a diagramação dos dados. Chame plot() apenas uma vez e evite depender do MatPlotLib, pylab, como no exemplo da seção "Exibindo correlações". O código resultante é mais simples, e é menos provável que cause os problemas que se veem online.

Ao diagramar os dados iniciais, a chamada de plot() gera automaticamente uma legenda. O MatPlotLib não acrescenta a linha de tendência de modo automático, então também é preciso criar uma legenda para o diagrama. A Figura 11-9 mostra a saída típica deste exemplo usando dados gerados aleatoriamente.

```
In [9]: import numpy as np
        import pandas as pd
        import matplotlib.pyplot as plt
        import datetime as dt

        start_date = dt.datetime(2018, 7, 29)
        end_date = dt.datetime(2018, 8, 7)
        daterange = pd.date_range(start_date, end_date)
        sales = (np.random.rand(len(daterange)) * 50).astype(int)
        df = pd.DataFrame(sales, index=daterange,
                          columns=['Sales'])

        lr_coef = np.polyfit(range(0, len(df)), df['Sales'], 1)
        lr_func = np.poly1d(lr_coef)
        trend = lr_func(range(0, len(df)))
        df['trend'] = trend
        df.loc['Jul 30 2018':'Aug 05 2018'].plot()

        plt.xlabel('Sales Date')
        plt.ylabel('Sale Value')
        plt.title('Plotting Time')
        plt.legend(['Sales', 'Trend'])
        plt.show()
```

FIGURA 11-9: Acrescente uma linha de tendência para exibir a direção média da mudança em um gráfico ou diagrama.

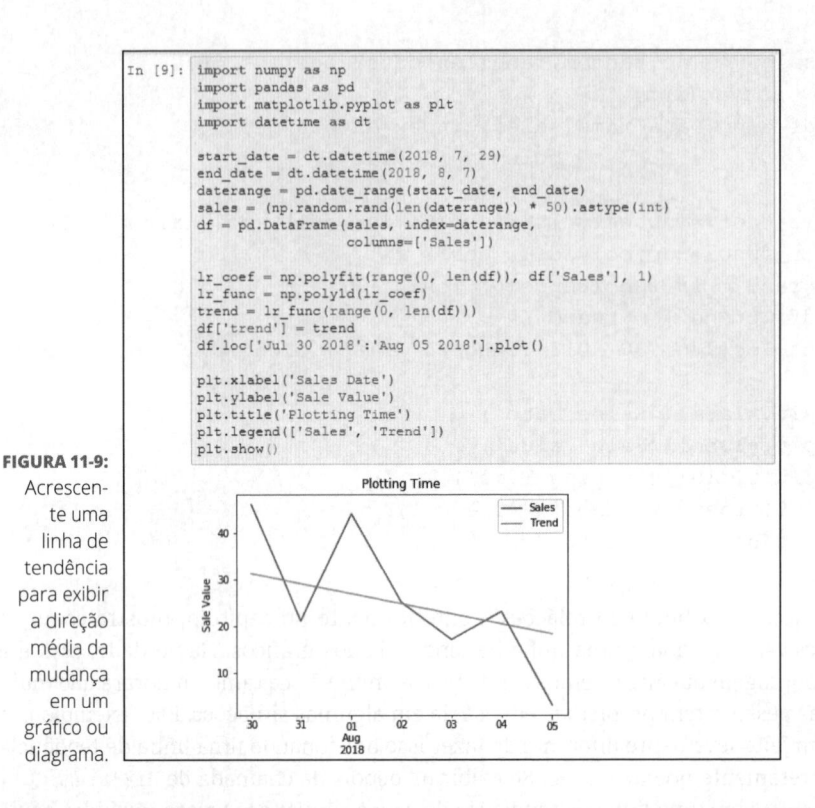

Diagramando Dados Geográficos

Saber de onde vêm os dados e como se aplicam a um local específico é importante. Por exemplo, se quiser saber onde ocorreu escassez de comida e planejar como lidar com isso, é preciso correlacionar os dados com as localizações geográficas. O mesmo acontece para prever onde futuras vendas acontecerão. Os dados existentes têm de ser usados para determinar onde abrir novas lojas. Do contrário, arrisca-se abrir uma loja em um local que não vende muito, o que geraria perda de dinheiro, em vez de ganho. As próximas seções descrevem como trabalhar com um Cartopy para interagir com os dados geográficos.

CUIDADO Feche o ambiente Notebook antes de fazer qualquer mudança nele ou o Conda avisará que alguns arquivos estão em uso. Para fechar o ambiente Notebook, interrompa e feche o kernel de qualquer arquivo Notebook aberto e pressione Ctrl+C na janela terminal do Notebook. Espere alguns segundos antes de executar alguma tarefa para que os arquivos tenham tempo de se fechar adequadamente.

Usando um ambiente no Notebook

Alguns dos pacotes instalados têm a tendência de também mudar o ambiente Notebook instalando outros pacotes, que não funcionam muito bem com a configuração de base. Consequentemente, o código que funcionou antes passará a ter problemas. Normalmente, esses problemas consistem principalmente em mensagens de aviso, como deprecation warnings, como discutido na seção "Lidando com questões de biblioteca deprecated", mais adiante neste capítulo. Mas, em alguns casos, os pacotes modificados ajustam a saída obtida com o código. Talvez um pacote mais novo use um algoritmo atualizado ou interaja como código de maneira diferente. Quando temos um pacote, como o Basemap, que faz mudanças na configuração base geral e queremos manter a configuração atual, precisamos configurar um ambiente para ele. Um ambiente mantém a configuração base intacta, mas também possibilita que o novo pacote crie o ambiente necessário para executar de forma adequada. Os passos a seguir o orientam para criar o ambiente Basemap usado neste capítulo:

1. **Abra um Anaconda Prompt.**

   Note que o prompt mostra a localização da pasta no sistema, mas isso é precedido por (base). O indicador (base) aponta o ambiente base — o que se deve preservar.

2. **Digite conda create -n Cartopy python=3 anaconda=5.2.0 e pressione Enter. Confirme com y, quando solicitado. (Ignore o aviso de versão mais recente do conda.)**

   Isso cria um ambiente Cartopy. Esse novo ambiente usará o Python 3.6 e o Anaconda 5.2.0. Será exatamente a mesma base usada até agora.

3. **Digite** source activate Cartopy **se estiver usando OS X ou Linux ou** activate Cartopy **se estiver usando Windows e pressione Enter.**

   Agora o ambiente mudou para o Cartopy. Note que o prompt não diz mais (base), ele diz (Cartopy).

4. **Siga as instruções da seção "Obtendo o** Cartopy**" para instalar sua cópia do Basemap.**

5. **Digite** Jupyter Notebook **e pressione Enter.**

   O Notebook será inicializado, mas ele usa o ambiente **Cartopy**, em vez do ambiente base. Essa cópia do Notebook funciona exatamente do mesmo jeito que qualquer outra. A única diferença é o ambiente em que ela opera.

LEMBRE-SE Essa mesma técnica funciona para qualquer pacote especial que queira instalar. Reserve-a para os pacotes que não pretende utilizar todos os dias. Por exemplo, este livro usa o Basemap apenas para um exemplo, então é bom criar um ambiente para ele.

Depois de terminar de usar o ambiente Basemap, digite **deactivate** no prompt e pressione Enter. O prompt voltará para (base).

Obtendo o Cartopy

Antes de mapear dados, é necessária uma biblioteca que suporte a funcionalidade de mapeamento. Há várias disponíveis, mas a mais fácil de usar e instalar é o Cartopy. Encontre-o em https://scitools.org.uk/cartopy/docs/latest/ [conteúdo em inglês]. (Certifique-se de fechar o Notebook e parar o servidor antes de proceder com esta seção para evitar erros de acesso a arquivos.) Entretanto, o método mais fácil é usar a ferramenta conda do Anaconda Prompt para inserir os comandos a seguir:

```
conda install -c conda-forge matplotlib
conda install -c conda-forge matplotlib-base
conda install -c conda-forge mpl_sample_data
conda install -c conda-forge cartopy
```

O código a seguir é necessário para usar o toolkit depois de instalá-lo:

```
import cartopy.crs as ccrs
import matplotlib.pyplot as plt
```

Lidando com questões de biblioteca deprecated

Uma das grandes vantagens de trabalhar com Python é a enorme variedade de pacotes que ele suporta. Infelizmente, nem todo pacote recebe atualizações rápidas para evitar o uso de atributos deprecated em outros pacotes. Um *atributo deprecated* é aquele que ainda existe no pacote-alvo, mas que os desenvolvedores do pacote planejam remover em uma próxima atualização. Consequentemente, aparece um aviso de pacote deprecated quando roda o código. Mesmo que o deprecation warning não impeça que o código seja executado, ele tende a deixar as pessoas desconfiadas de sua aplicação. Afinal, ninguém quer ver o que parece ser uma mensagem de erro como parte da saída. E não ajuda muito o fato de o Notebook exibir essas mensagens em vermelho claro por padrão.

PAPO DE ESPECIALISTA

Infelizmente, algum produto que você esteja utilizando pode produzir uma mensagem de aviso de atributo deprecated, então esta seção informa como vencer esse problema. Essas mensagens são mais ou menos assim:

```
C:\Users\ronal\Anaconda3\lib\site-packages\networkx\
  drawing\nx_pylab.py:563: MatplotlibDeprecationWarning:
The iterable function was deprecated in Matplotlib 3.1
  and will be removed in 3.3. Use np.iterable instead.
  if not cb.iterable(width):
C:\Users\ronal\Anaconda3\lib\site-packages\networkx\
  drawing\nx_pylab.py:611: MatplotlibDeprecationWarning:
The is_numlike function was deprecated in Matplotlib 3.0
  and will be removed in 3.2. Use isinstance(...,
  numbers.Number) instead.
  if cb.is_numlike(alpha):
```

Isso parece um monte de texto assustador, mas essas mensagens apontam dois problemas. O primeiro é que o problema está no MatPlotLib e gira em torno da chamada de axesPatch. Elas também informam que essa chamada específica é deprecated começando com a versão 2.1. Use este código para verificar sua versão de MatPlotLib:

```
import matplotlib
print(matplotlib.__version__)
```

Se instalou o Anaconda usando as instruções no Capítulo 3, verá que tem, no mínimo, o MatPlotLib 2.2.2. Consequentemente, um modo de lidar com esse problema é fazer o downgrade de sua cópia do MatPlotLib usando o comando a seguir no Anaconda Prompt:

```
conda install -c conda-forge matplotlib=2.0.2
```

O problema com essa abordagem é que ela causa problemas para qualquer código que use os atributos mais novos em MatPlotLib 2.2.2. Não é o ideal, mas usar bastante o código gerado em sua aplicação acarreta uma solução prática.

DICA

Uma solução melhor é simplesmente admitir que o problema existe, documentando-o como parte do código. Documentar o problema e sua causa específica facilita a verificação do problema mais tarde depois de uma atualização de pacote. Para isso, acrescente as duas linhas de código mostradas aqui:

```
import warnings
warnings.filterwarnings("ignore")
```

LEMBRE-SE

A chamada de `filterwarnings()` realiza uma ação específica, que, neste caso, é `"ignore"`. Para cancelar os efeitos da filtragem de avisos, chame `resetwarnings()`. Note que o atributo `module` é igual à fonte dos problemas nas mensagens de aviso. Para definir um filtro mais amplo, use o atributo `category`. Essa chamada em particular é limitada, afetando apenas um módulo.

Usando o Cartopy para diagramar dados geográficos

Agora que temos uma boa instalação do Cartopy, podemos usá-la. O exemplo a seguir mostra como desenhar um mapa e posicionar ponteiros para localizações específicas nele:

```
import cartopy.crs as ccrs
import matplotlib.pyplot as plt

ax = plt.axes(projection=ccrs.PlateCarree())
ax.stock_img()

ny_lon, ny_lat = -75, 43
delhi_lon, delhi_lat = 77.23, 28.61

plt.plot([ny_lon, delhi_lon], [ny_lat, delhi_lat],
        color='blue', linewidth=2, marker='o',
        transform=ccrs.Geodetic(),
        )

plt.plot([ny_lon, delhi_lon], [ny_lat, delhi_lat],
        color='gray', linestyle='--',
        transform=ccrs.PlateCarree(),
        )

plt.text(ny_lon - 3, ny_lat - 12, 'New York',
        horizontalalignment='right',
        transform=ccrs.Geodetic())

plt.text(delhi_lon + 3, delhi_lat - 12, 'Delhi',
        horizontalalignment='left',
        transform=ccrs.Geodetic())

plt.show()
```

O exemplo começa definindo a longitude e a latitude de duas cidades. Depois cria o mapa básico. O parâmetro `projection` define a aparência do mapa básico. É possível definir outros parâmetros, mas esses geralmente criam um mapa útil.

Nesse caso, o exemplo cria coordenadas x e y usando os valores armazenados anteriormente de longitude e latitude, e depois faz a diagramação desses locais no mapa em cores contrastantes para que possamos vê-los facilmente. O passo final é exibir o mapa, como mostra a Figura 11-10.

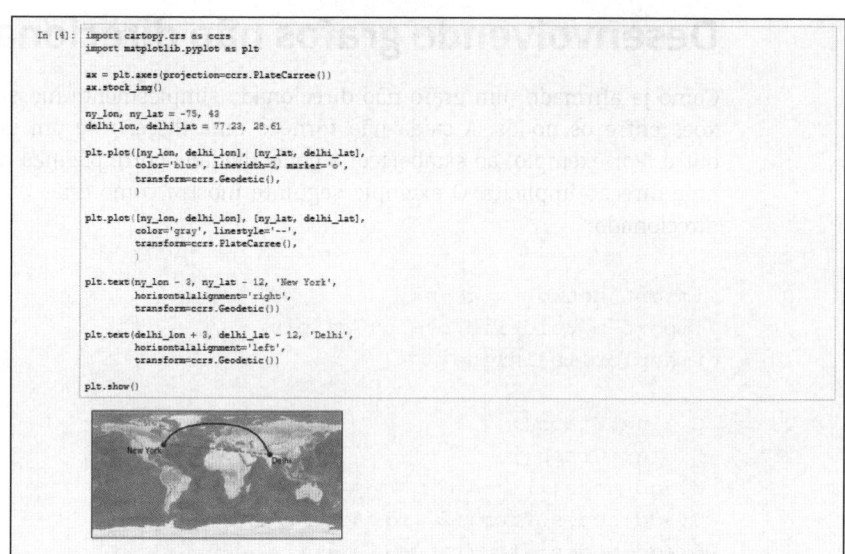

FIGURA 11-10:
Os mapas ilustram dados de formas que os gráficos não conseguem fazer.

Visualizando Grafos

Um *grafo* é uma representação de dados exibindo as conexões entre os pontos de dados usando linhas. O propósito é mostrar que alguns pontos de dados se relacionam a outros, mas não a todos os que aparecem no grafo. Pense em um mapa do sistema de metrô. Cada uma das estações se conecta a outras, mas nenhuma se conecta a todas as estações no sistema. Os grafos são um tópico popular de data science devido ao uso em análises de mídias sociais. Ao realizar essas análises, representamos e analisamos redes de relacionamentos, como conexões de amigos ou colegas de trabalho, de redes sociais como Facebook, Google+, Twitter ou LinkedIn.

LEMBRE-SE

As duas representações comuns dos grafos são *não direcionadas*, quando o grafo simplesmente mostra linhas entre elementos de dados, e *direcionadas*, quando setas são adicionadas à linha exibida para mostrar que os dados fluem em uma direção específica. Por exemplo, considere uma descrição de uma rede de abastecimento de água. A água fluiria apenas em uma direção, na maioria dos casos, então um grafo direcionado não apenas representa as conexões entre as fontes e os alvos para a água, mas também mostra a direção da água usando setas. As próximas seções detalham os dois tipos de grafos e mostram como criá-los.

Desenvolvendo grafos não direcionados

Como já afirmado, um grafo não direcionado simplesmente mostra as conexões entre os nodos. A saída não fornece uma direção de um nodo para o outro. Por exemplo, ao estabelecer a conectividade entre páginas web, não há uma direção implícita. O exemplo seguinte mostra como criar um grafo não direcionado:

```
import networkx as nx
import matplotlib.pyplot as plt
%matplotlib inline

G = nx.Graph()
H = nx.Graph()
G.add_node(1)
G.add_nodes_from([2, 3])
G.add_nodes_from(range(4, 7))
H.add_node(7)
G.add_nodes_from(H)

G.add_edge(1, 2)
G.add_edge(1, 1)
G.add_edges_from([(2,3), (3,6), (4,6), (5,6)])
H.add_edges_from([(4,7), (5,7), (6,7)])
G.add_edges_from(H.edges())

nx.draw_networkx(G)
plt.show()
```

Em comparação ao exemplo pronto encontrado na seção "Usando o básico do NetworkX" do Capítulo 8, este exemplo cria o grafo usando várias técnicas diferentes. Ele começa importando o pacote NetworkX usado no Capítulo 8. Para criar um grafo não direcionado, o código chama o construtor `Graph()`, que recebe diversos argumentos de entrada para usar como atributos. Mas um grafo pode ser perfeitamente útil sem usar atributos, que é o que este exemplo faz.

O modo mais fácil de adicionar um nodo é chamar `add_node()` com um número de nodo. Adicione uma lista, um dicionário ou um `range()` de nodos usando `add_nodes_from()`. Se quiser, importe nodos de outros grafos.

LEMBRE-SE Embora os nodos usados no exemplo dependam de números, não é preciso usá-los nos nodos. Um nodo pode usar uma única letra, uma string ou até mesmo uma data. Os nodos têm algumas restrições. Por exemplo, não é possível criar um nodo usando um valor Booleano.

Os nodos não têm nenhuma conectividade no princípio. Você deve definir as conexões (arestas) entre eles. Para adicionar uma única aresta, chame `add_edge()` com os números de nodos que quer adicionar. Como nos nodos, `add_edges_from()` cria mais de uma aresta usando uma lista, um dicionário ou outro grafo como entrada. A Figura 11-11 mostra a saída desse exemplo (talvez sua saída seja levemente diferente, mas deve ter as mesmas conexões).

```
In [12]: import networkx as nx
         import matplotlib.pyplot as plt
         %matplotlib inline

         G = nx.Graph()
         H = nx.Graph()
         G.add_node(1)
         G.add_nodes_from([2, 3])
         G.add_nodes_from(range(4, 7))
         H.add_node(7)
         G.add_nodes_from(H)

         G.add_edge(1, 2)
         G.add_edge(1, 1)
         G.add_edges_from([(2,3), (3,6), (4,6), (5,6)])
         H.add_edges_from([(4,7), (5,7), (6,7)])
         G.add_edges_from(H.edges())

         nx.draw_networkx(G)
         plt.show()
```

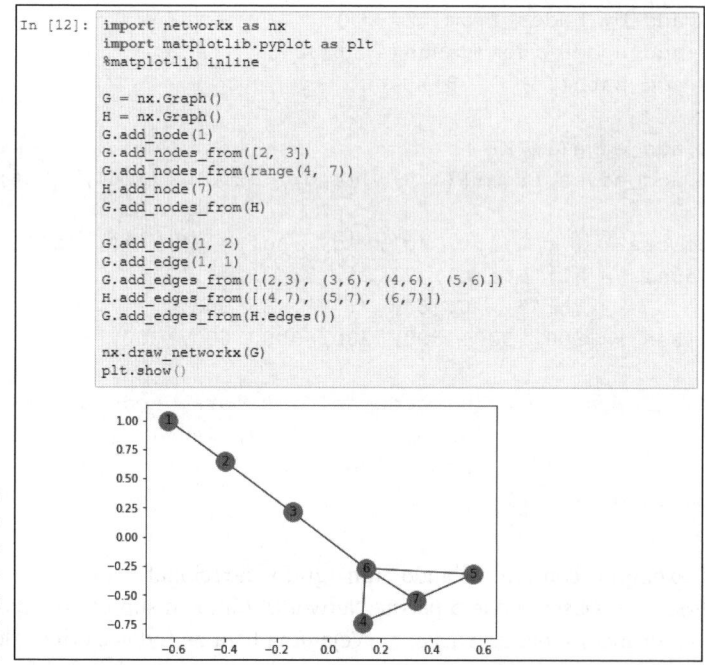

FIGURA 11-11: Grafos não direcionados conectam nodos para formar padrões.

Desenvolvendo grafos direcionados

Use grafos direcionados quando precisar mostrar uma direção, do ponto inicial ao final, por exemplo. Quando tiver um mapa que mostra como ir de um ponto específico a outro, o nodo inicial e o nodo final são marcados como tais, e as linhas entre eles (e todos os nodos intermediários) mostram a direção.

DICA
Os grafos não precisam ser chatos. Enfeite-os de vários jeitos, para que o observador obtenha informações adicionais de diferentes formas. Por exemplo, é possível criar rótulos personalizados, usar cores específicas para certos nodos ou depender das cores para ajudar as pessoas a ver o significado por trás dos grafos. Você também pode mudar o peso da linha da aresta e usar outras técnicas para marcar um caminho específico entre os nodos como a melhor escolha. O exemplo a seguir mostra muitas (mas não todas) formas de enfeitar um grafo direcionado e deixá-lo mais interessante:

```python
import networkx as nx
import matplotlib.pyplot as plt
%matplotlib inline

G = nx.DiGraph()

G.add_node(1)
G.add_by nodes_from([2, 3])
G.add_nodes_from(range(4, 6))
G.add_path([6, 7, 8])

G.add_edge(1, 2)
G.add_edges_from([(1,4), (4,5), (2,3), (3,6), (5,6)])

colors = ['r', 'g', 'g', 'g', 'g', 'm', 'm', 'r']
labels = {1:'Start', 2:'2', 3:'3', 4:'4',
          5:'5', 6:'6', 7:'7', 8:'End'}
sizes = [800, 300, 300, 300, 300, 600, 300, 800]

nx.draw_networkx(G, node_color=colors, node_shape='D',
                 with_labels=True, labels=labels,
                 node_size=sizes)
plt.show()
```

O exemplo começa criando um grafo direcional usando o construtor `DiGraph()`. Observe que o pacote NetworkX também suporta os tipos de grafo `MultiGraph()` e `MultiDiGraph()`. Veja uma lista de todos os tipos de grafo em https://networkx.lanl.gov/reference/classes.html [conteúdo em inglês].

A adição de nodos é parecida com a feita em grafos não direcionais. Adicione nodos individuais usando `add_node()` e múltiplos usando `add_nodes_from()`. A chamada `add_path()` possibilita criar nodos e arestas ao mesmo tempo. A ordem dos nodos na chamada é importante. O fluxo de um nodo para o outro é da esquerda para a direita na lista fornecida para a chamada.

LEMBRE-SE A adição de arestas também é como a feita em grafos não direcionais. Usar `add_edge()` adiciona uma única aresta, e `add_edges_from()` adiciona várias. Mas a ordem dos números dos nodos é importante. O fluxo vai do nodo do lado esquerdo ao do lado direito em cada par.

Esse exemplo adiciona cores, rótulos, formas (apenas uma é usada) e tamanhos especiais aos nodos na saída, e chamar `draw_networkx()` também realiza a tarefa. No entanto, a adição dos parâmetros exibidos muda a aparência do grafo. Note que `with_labels` deve ser `True` para ver os rótulos fornecidos pelo parâmetro `labels`. A Figura 11-12 mostra a saída desse exemplo.

```
In [13]: import networkx as nx
         import matplotlib.pyplot as plt
         %matplotlib inline

         G = nx.DiGraph()

         G.add_node(1)
         G.add_nodes_from([2, 3])
         G.add_nodes_from(range(4, 6))
         G.add_path([6, 7, 8])

         G.add_edge(1, 2)
         G.add_edges_from([(1,4), (4,5), (2,3), (3,6), (5,6)])

         colors = ['r', 'g', 'g', 'g', 'g', 'm', 'm', 'r']
         labels = {1:'Start', 2:'2', 3:'3', 4:'4',
                   5:'5', 6:'6', 7:'7', 8:'End'}
         sizes = [800, 300, 300, 300, 300, 600, 300, 800]

         nx.draw_networkx(G, node_color=colors, node_shape='D',
                          with_labels=True, labels=labels,
                          node_size=sizes)
         plt.show()
```

FIGURA 11-12: Use grafos direcionados para exibir a direção entre os nodos.

4 Manipulando Dados

NESTA PARTE...

Instale e use vários pacotes de data science.

Realize análise de dados.

Reduza as dimensões dos dados em um conjunto de dados.

Agrupe dados em conjunto de dados.

Melhore a confiabilidade com a detecção de outliers.

> **NESTE CAPÍTULO**
>
> » Entendendo como o Scikit-learn trabalha com classes
>
> » Usando matrizes esparsas e o truque do hashing
>
> » Testando desempenhos e consumo de memória
>
> » Economizando tempo com algoritmos multicore

Capítulo **12**

Ampliando as Capacidades do Python

Se você passou pelos capítulos anteriores, a esta altura já lidou com todos os métodos básicos de carregamento e manipulação de dados oferecidos pelo Python. Agora é hora de usar alguns instrumentos mais complexos para manipulação de dados e aprendizado de máquina. O passo final para a maioria dos projetos de data science é construir uma ferramenta capaz de resumir, prever e recomendar automaticamente de modo direto a partir dos dados.

Antes de dar o passo final, ainda é preciso processar os dados impondo transformações ainda mais radicais. Essa é a parte da *manipulação de dados*, em que transformações sofisticadas são seguidas por explorações visuais e estatísticas, e então mais transformações. Nas próximas seções, ensinamos a lidar com grandes fluxos de texto, explorar as características básicas de um conjunto de dados, otimizar a velocidade dos experimentos, comprimir dados, criar atributos sintéticos, gerar novos grupos e classificações e detectar casos inesperados ou excepcionais que causam erros nos projetos.

Daqui para a frente, o pacote Scikit-learn será mais usado (o que significa conhecê-lo melhor — a documentação completa está em https://scikit-learn.org/stable/documentation.html [conteúdo em inglês]). O pacote Scikit-learn oferece um único repositório contendo quase todas as ferramentas necessárias para ser um cientista de dados e para que o projeto de data science seja bem-sucedido. Neste capítulo você descobrirá características importantes de Scikit-learn, estruturadas em módulos, classes e funções, e alguns modos avançados de economizar tempo em Python para melhorar o desempenho com big data desestruturado e operações computacionais muito demoradas.

LEMBRE-SE

Você não precisa digitar o código-fonte deste capítulo. É muito mais fácil usar a fonte para download (veja as instruções para download na Introdução). O código-fonte deste capítulo aparece no arquivo P4DS4D2_12_Stretching_Pythons_Capabilities.ipynb.

Brincando com o Scikit-learn

Às vezes, a melhor maneira de descobrir como usar algo é passar um tempo brincando. Quanto mais complexa é a ferramenta, mais importante é brincar com ela. Dadas as tarefas matemáticas complexas realizadas usando Scikit-learn, brincar passa a ser excepcionalmente importante. As próximas seções usam a ideia de brincar com Sci-kit-learn para ajudá-lo a descobrir conceitos importantes do uso de Scikit-learn para realizar proezas incríveis de trabalho de data science.

Entendendo as classes no Scikit-learn

Entender como as classes funcionam é um pré-requisito importante para ser capaz de usar o pacote Scikit-learn adequadamente. O Scikit-learn é o pacote para aprendizado de máquina e experimentação de data science favorito da maioria dos cientistas de dados, e ele contém uma ampla variedade de algoritmos de aprendizado, funções de erro e procedimentos de teste bem estabelecidos.

Basicamente, o Scikit-learn apresenta algumas classes básicas sobre as quais todos os algoritmos são construídos. Além de BaseEstimator, a classe da qual todas as outras herdam, há quatro tipos de classes que cobrem todas as funcionalidades básicas de aprendizado de máquina:

- Classificação
- Regressão
- Agrupamento (em clusters)
- Transformação de dados

Embora cada classe base tenha métodos e atributos específicos, as principais funcionalidades para processamento de dados e aprendizado de máquina são garantidos por uma ou mais séries de métodos e atributos chamados interfaces. As interfaces fornecem uma Interface de Programação de Aplicações (API) uniforme para garantir a similaridade dos métodos e atributos entre todos os diferentes algoritmos presentes no pacote. Há quatro interfaces Scikit-learn baseadas em objetos:

- `estimator`: Para ajustar parâmetros, aprendendo-os a partir dos dados, de acordo com o algoritmo.
- `predictor`: Para gerar previsões a partir de parâmetros ajustados.
- `transformer`: Para transformar dados, implementando os parâmetros ajustados.
- `model`: Para relatar a qualidade do ajuste ou outras medidas de pontuações.

O pacote agrupa os algoritmos construídos sobre classes base e uma ou mais interfaces de objeto em módulos, cada módulo exibindo uma especialização em um tipo de solução de aprendizado de máquina em particular. Por exemplo, o módulo `linear_model` é para modelagem linear, e `metrics` é para pontuações e medidas de perda.

Para encontrar um algoritmo específico em Scikit-learn, primeiro encontre o módulo que contém o mesmo tipo de algoritmo de seu interesse, e então selecione-o a partir da lista de conteúdo do módulo. O algoritmo normalmente é uma classe, cujos métodos e atributos já são conhecidos, pois são comuns a outros algoritmos do Scikit-learn.

DICA Acostumar-se com a abordagem de classes do Scikit-learn demora um pouco. No entanto, a API é a mesma para todas as ferramentas disponíveis no pacote, então aprender uma classe necessariamente diz tudo sobre as outras classes. A melhor abordagem é aprender uma classe completa, e depois aplicar o que aprendeu às outras.

Definindo aplicações para o data science

Descobrir maneiras de usar data science para obter resultados construtivos é importante. Por exemplo, a interface estimator se aplica a:

- **Problemas de classificação:** Adivinhando que uma nova observação é de um determinado grupo.
- **Problemas de regressão:** Adivinhando o valor de uma nova observação.

Funciona com o método fit(X, y), em que X é o array bidimensional de previsores (o conjunto de observações a ser aprendido) e y é o resultado pretendido (outro array, unidimensional).

Aplicando fit, a informação em X é relacionada a y, para que, conhecendo alguma informação nova com as mesmas características de X, seja possível adivinhar y corretamente. No processo, alguns parâmetros são estimados internamente pelo método fit. O uso de fit possibilita a distinção dos parâmetros, que são aprendidos, e dos hiperparâmetros, que são fixados ao instanciar o aprendiz.

A instanciação envolve atribuir uma classe Scikit-learn para uma variável Python. Além dos hiperparâmetros, também é possível corrigir outros parâmetros de trabalho, como a exigência da normalização ou o estabelecimento de uma semente aleatória para reproduzir os mesmos resultados para cada chamada, dados os mesmos dados de entrada.

Veja um exemplo com regressão linear, um algoritmo de aprendizado de máquina muito básico e comum. Carregue alguns dados para usar este exemplo dos exemplos fornecidos por Scikit-learn. O conjunto de dados Boston, por exemplo, contém variáveis previsoras em que o código de exemplo se equipara aos preços de moradias, o que ajuda a construir um previsor para calcular o valor de uma casa dadas suas características.

```
from sklearn.datasets import load_boston
boston = load_boston()
X, y = boston.data,boston.target
print("X:%s y:%s" % (X.shape, y.shape))
```

As dimensões retornadas para as variáveis X e y são

```
X:(506, 13) y:(506,)
```

A saída especifica que ambos os arrays têm o mesmo número de linhas e que X tem 13 atributos. O método shape realiza uma análise do array e relata suas dimensões.

DICA O número de linhas X deve ser igual às de y. Garanta também que X e y sejam correspondentes, pois o aprendizado dos dados acontece quando o algoritmo corresponde às linhas de X com o elemento correspondente de y. Se randomizar os dois arrays, o aprendizado não será possível.

LEMBRE-SE As características de X, expressadas como colunas de X, são chamadas de variáveis (um termo mais estatístico) ou atributos (um termo mais relacionado ao aprendizado de máquina).

Depois de importar a classe LinearRegression, instancie a variável hypothesis e defina um parâmetro indicando o algoritmo de normalização (isto é, definir a média zero e a unidade de desvio-padrão para todas as variáveis, uma operação estatística para que todas as variáveis tenham um nível similar) antes de estimar os parâmetros a serem aprendidos.

```
from sklearn.linear_model import LinearRegression
hypothesis = LinearRegression(normalize=True)
hypothesis.fit(X, y)
print(hypothesis.coef)_
```

Depois, os coeficientes da hipótese de regressão linear são exibidos:

```
[-1.07170557e-01   4.63952195e-02   2.08602395e-02
  2.68856140e+00  -1.77957587e+01   3.80475246e+00
  7.51061703e-04  -1.47575880e+00   3.05655038e-01
 -1.23293463e-02  -9.53463555e-01   9.39251272e-03
 -5.25466633e-01]
```

Depois do ajuste, hypothesis contém os parâmetros aprendidos, e você visualizá-los usando o método coef_, que é típico para todos os modelos lineares (em que a saída do modelo é um somatório das variáveis ponderado por coeficientes). Essa atividade de ajuste é um tipo de treinamento (como em "treinando um algoritmo de aprendizado de máquina").

LEMBRE-SE Uma *hipótese* é um modo de descrever um algoritmo de aprendizado treinado com dados. A hipótese define uma possível representação de y, dado o X testado por validade. Portanto, é uma hipótese tanto na linguagem científica quanto na de aprendizado de máquina.

Além da classe estimator, as classes de objetos predictor e model também são importantes. A classe predictor, que prevê a probabilidade de um determinado resultado, obtém o resultado de novas observações usando os métodos predict e predict_proba, como neste script:

```
import numpy as np
new_observation = np.array([1, 0, 1, 0, 0.5, 7, 59,
                            6, 3, 200, 20, 350, 4],
                           dtype=float).reshape(1, -1)
print(hypothesis.predict(new_observation))
```

A única observação é, então, convertida em uma previsão:

```
[25.8972784]
```

> **DICA** Certifique-se de que as novas observações tenham o mesmo número de atributos e a mesma ordem de X de treinamento, caso contrário, a previsão será incorreta.

A classe model fornece informações sobre a qualidade do ajuste usando o método `score`, como mostrado aqui:

```
hypothesis.score(X, y)
```

A qualidade é expressa como um número com vírgula flutuante:

```
0.7406077428649427
```

Nesse caso, `score` retorna o coeficiente de determinação R^2 da previsão. R^2 é uma medida que varia de 0 a 1, comparando o previsor a uma média simples. Valores mais altos mostram que o previsor funciona bem. Diferentes algoritmos de aprendizado usam diferentes funções de pontuação. Consulte a documentação online para cada algoritmo ou peça ajuda no console Python (após haver importado o módulo com: from sklearn.linear_model import LinearRegression):

```
help(LinearRegression)
```

A classe transform aplica transformações derivadas da fase de ajustes para outros arrays de dados. A `LinearRegression` não tem um método transform, mas a maioria dos algoritmos de processamento tem. Por exemplo, `MinMaxScaler`, do módulo `preprocessing` de Scikit-learn, transforma valores em um intervalo específico de valores mínimos e máximos, aprendendo a fórmula de transformação a partir de um array de exemplo.

```
from sklearn.preprocessing import MinMaxScaler
scaler = MinMaxScaler(feature_range=(0, 1))
scaler.fit(X)
print(scaler.transform(new_observation))
```

A execução do código retorna valores transformados para as observações:

```
[ 0.01116872  0.          0.01979472  0.
  0.23662551  0.65893849  0.57775489  0.44288845
  0.08695652  0.02480916  0.78723404  0.88173887
  0.06263797]
```

Neste caso, o código aplica os valores `min` e `max` aprendidos de X na variável `new_observation` e retorna uma transformação.

Realizando o Truque do Hashing

O Scikit-learn fornece a maioria das estruturas de dados e funcionalidades necessárias para completar projetos de data science. Nele, encontramos classes até mesmo para os problemas mais avançados.

Por exemplo, ao lidar com texto, uma das soluções mais úteis oferecidas pelo pacote Scikit-learn é o truque do hashing. O modelo saco de palavras é útil para se trabalhar com texto (como mostrado na seção "Usando o Modelo Saco de Palavras e Mais", do Capítulo 8), sendo ponderado com a transformação TF-IDF (Frequência do Termo — Inverso da Frequência nos Documentos). Todas essas transformações poderosas operam de modo adequado apenas se todo o texto for conhecido e estiver disponível na memória do computador.

Um desafio mais sério de data science é analisar fluxos de texto gerados online, como os que vêm de redes sociais ou grandes repositórios online de texto. Esse cenário é bem desafiador quando tentamos transformar o texto em uma matriz de dados adequada para análise. Ao trabalhar com tais problemas, conhecer o truque do hashing é vantajoso porque o ajuda a:

» Lidar com grandes matrizes de dados baseadas em texto em tempo real.
» Corrigir valores inesperados ou variáveis em seus dados textuais.
» Construir algoritmos escaláveis para grandes coleções de documentos.

Usando funções hash

As funções hash transformam qualquer entrada em uma saída cujas características são previsíveis. Normalmente retornam um valor em que a saída está ligada em um intervalo específico — cujas extremidades variam de números negativos a positivos ou apenas valores positivos. Imagine-os como uma imposição de padrão nos dados — não importa quais valores forneça, eles sempre retornarão um produto de dados específico.

As características mais úteis da função hash são que, dada certa entrada, sempre fornecerão o mesmo valor de saída numérica. Consequentemente, são chamadas de funções determinísticas. Por exemplo, entre com uma palavra como *dog* e a função hash sempre retornará o mesmo número.

De certo modo, as funções hash são como um código secreto, transformando tudo em números. Diferente dos códigos secretos, no entanto, o código hash não pode ser revertido para o valor original. Além disso, em alguns casos raros, palavras diferentes geram o mesmo resultado hash (o que é chamado de colisão hash).

Demonstrando o truque do hashing

Há muitas funções hash, com MD5 (usada para verificar a integridade do arquivo, pois é possível fazer hash em arquivos inteiros) e SHA (usada na criptografia) sendo as mais populares. O Python processa uma função hash integrada chamada hash que compara objetos de dados antes de armazená-los em dicionários. Por exemplo, teste como o Python faz hash do próprio nome:

```
print(hash('Python'))
```

O comando retorna um número inteiro grande (que pode ser diferente na sua máquina):

```
-1126740211494229687
```

PAPO DE ESPECIALISTA

A sessão do Python em seu computador pode retornar um valor diferente do mostrado na linha anterior. Não se preocupe, as funções hash integradas nem sempre são similares em todos os computadores. Quando precisar de uma saída substancial, confie nas funções hash do Scikit-learn.

Uma função hash do Scikit-learn também retorna um índice em um intervalo positivo específico. Obtenha algo similar usando uma hash integrada empregando uma divisão padrão e o resto:

```
print(abs(hash('Python')) % 1000)
```

Dessa vez, a hash resultante é um número inteiro com menos números:

```
687
```

Ao pedir o resto do número absoluto do resultado da função hash, é obtido um número que nunca ultrapassa o valor usado para a divisão. Para ver como essa técnica funciona, imagine que queira transformar uma string de texto da internet em um vetor numérico (um vetor atributo) para que possa usá-lo para começar um projeto de aprendizado de máquina. Uma boa estratégia para lidar com essa tarefa de data science é empregar uma codificação one hot, que produz um saco de palavras. Veja os passos para codificar uma string ("Python for data science") com one hot em um vetor.

1. **Atribua um número aleatório para cada palavra, por exemplo, Python=0 for=1 data=2 science=3.**

2. **Inicialize o vetor, contanto o número de palavras únicas que receberam atribuições de código no Passo 1.**

3. **Use os códigos atribuídos no Passo 1 como índices para popular o vetor com valores, atribuindo 1 quando houver uma coincidência com uma palavra existente na frase.**

O vetor atributo resultante é expressado como a sequência [1, 1, 1, 1] e formado por exatamente quatro elementos. O processo de aprendizado de máquina começa dizendo ao programa para esperar sequências de quatro atributos de texto, quando de repente uma nova frase chega e o seguinte texto também precisa ser convertido em vetor numérico: "Python for machine learning". Agora temos duas palavras novas — "machine learning" — com as quais trabalhar. Os passos a seguir o ajudam a criar os vetores:

1. **Atribua os novos códigos: machine=4 learning=5. Isso é chamado de *codificação*.**

2. **Amplie o vetor anterior para incluir as novas palavras:** [1, 1, 1, 1, 0, 0].

3. **Calcule o vetor da nova string:** [1, 1, 0, 0, 1, 1].

A codificação one hot é ótima, pois cria vetores atributos eficazes e ordenados.

```
from sklearn.feature_extraction.text import *
oh_enconder = CountVectorizer()
oh_enconded = oh_enconder.fit_transform([
'Python for data science','Python for machine
   learning'])

print(oh_enconder.vocabulary_)
```

O comando retorna um dicionário contendo as palavras e suas codificações:

```
{'python': 4, 'for': 1, 'data': 0, 'science': 5,
'machine': 3, 'learning': 2}
```

Infelizmente, a codificação one hot falha, e fica difícil de lidar quando o projeto experimenta muita variabilidade em relação às entradas. Essa é uma situação comum em projetos de data science que trabalham com texto ou outros atributos simbólicos que o fluxo da internet ou outros ambientes online criam repentinamente ou acrescentam aos dados iniciais.

1. **Defina um intervalo que será exibido pela função hash. Todos os vetores atributos usarão esse intervalo. O exemplo usa os valores entre 0 e 24.**

2. **Calcule um índice para cada palavra na string usando a função hash.**

3. **Atribua um valor de unidade para as posições do vetor de acordo com os índices das palavras.**

No Python, definimos um truque de hashing simples criando uma função e verificando os resultados por meio das duas strings de teste:

```
string_1 = 'Python for data science'
string_2 = 'Python for machine learning'

def hashing_trick(input_string, vector_size=20):
    feature_vector = [0] * vector_size
    for word in input_string.split(' '):
        index = abs(hash(word)) % vector_size
        feature_vector[index] = 1
    return feature_vector
```

Agora, teste ambas.

```
print(hashing_trick(
    input_string='Python for data science',
    vector_size=20))
```

Veja a primeira string codificada como vetor:

```
[0, 0, 0, 0, 0, 1, 1, 0, 0, 0, 0, 0, 0, 0, 1, 0, 0, 0, 0, 1]
```

Como antes, seus resultados podem não corresponder exatamente aos do livro, pois as hashes nem sempre são iguais em máquinas diferentes. O código exibe agora a segunda string codificada:

```
print(hashing_trick(
    input_string='Python for machine learning',
    vector_size=20))
```

Veja o resultado da segunda string:

```
[0, 0, 0, 0, 0, 1, 1, 1, 0, 0, 0, 0, 0, 0, 0, 0, 0, 0, 0, 0]
```

Ao visualizar vetores atributos, note que:

» Não sabemos onde cada palavra está localizada. Quando for importante ser capaz de reverter o processo de atribuir índices a palavras, armazene a relação entre palavras e seus valores hash separadamente (por exemplo, é possível usar um dicionário em que as chaves são os valores hash e os valores são as palavras).

> Para valores pequenos do parâmetro da função `vector_size` (por exemplo, `vector_size=10`), muitas palavras se sobrepõem nas mesmas posições da lista que representa um vetor atributo. Para que a sobreposição seja mínima, os limites de funções hash devem ser maiores do que o número de elementos que se planeja indexar mais tarde.

Os vetores atributos neste exemplo são formados principalmente de entradas zero, representando um desperdício de memória quando comparadas à codificação one hot mais eficiente em relação à memória.

Trabalhando com seleção determinística

As matrizes esparsas são a resposta para lidar com dados com poucos valores, isto é, quando a maior parte dos valores da matriz são zeros. As matrizes esparsas armazenam apenas as coordenadas das células e seus valores, em vez de armazenar informações para todas as células na matriz. Quando uma aplicação solicitar dados de uma célula vazia, a matriz esparsa retornará um valor zero depois de procurar as coordenadas e não encontrá-las. Veja um vetor de exemplo:

```
[1, 0, 0, 0, 0, 1, 0, 0, 0, 0, 0, 0, 0, 0, 0, 0, 1, 0, 1, 0]
```

O código a seguir o transforma em uma matriz esparsa.

```
from scipy.sparse import csc_matrix
print csc_matrix([1, 0, 0, 0, 0, 1, 0, 0, 0, 0, 0, 0, 0,
                  0, 0, 0, 1, 0, 1, 0])
```

Esta é a representação fornecida por `csc_matrix`:

```
  (0, 0)    1
  (0, 5)    1
  (0, 16)   1
  (0, 18)   1
```

Note que a representação dos dados está nas coordenadas (expressas em uma tupla de índice de linha e coluna) e no valor da célula.

O pacote SciPy oferece uma grande variedade de estruturas de matrizes esparsas — cada uma armazenando os dados de um jeito diferente e cada uma com um desempenho diferente. (Algumas são boas para fatiar; outras são melhores para cálculos.) Normalmente a `csc_matrix` (uma matriz comprimida com base em linhas) é uma boa escolha, pois a maioria dos algoritmos do Scikit-learn a aceita como entrada, e ela é ótima para operações com matrizes.

Como cientista de dados, você não precisa se preocupar em programar a própria versão do truque do hashing, a não ser que queira alguma implementação especial da ideia. O Scikit-learn oferece a `HashingVectorizer`, uma classe que transforma rapidamente qualquer coleção de texto em uma matriz esparsa de dados usando o truque do hashing. Veja um script de exemplo que replica o exemplo anterior:

```
import sklearn.feature_extraction.text as txt
htrick = txt.HashingVectorizer(n_features=20,
                            binary=True, norm=None)
hashed_text = htrick.transform(['Python for data
   science',
                            'Python for machine
   learning'])
hashed_text
```

O Python apresenta o tamanho da matriz esparsa e uma contagem dos elementos armazenados presentes nela:

```
<2x20 sparse matrix of type '<class 'numpy.float64'>'
with 8 stored elements in Compressed Sparse Row format>
```

Assim que o texto novo chega, `CountVectorizer` transforma o texto baseado no esquema anterior de codificação em que as palavras novas não estão presentes, por isso, o resultado é simplesmente um vetor vazio de zeros. Conferimos isso transformando a matriz esparsa em uma normal e densa usando `todense`:

```
oh_enconder.transform(['New text has arrived']).
   todense()
```

Como esperado, a matriz exibida está vazia:

```
matrix([[0, 0, 0, 0, 0, 0]], dtype=int64)
```

Compare a saída de `CountVectorizer` com `HashingVectorizer`, que sempre fornece um local para novas palavras na matriz de dados:

```
htrick.transform(['New text has arrived']).todense()
```

A matriz populada por `HashingVectorizer` representa as novas palavras:

```
matrix([[1., 0., 0., 1., 0., 0., 0., 0., 0., 0., 0., 0., 1.,
         0., 0., 0., 0., 0., 0., 1.]])
```

No pior das hipóteses, uma palavra é colocada em uma posição já ocupada, fazendo com que duas palavras diferentes sejam tratadas como iguais pelo algoritmo (o que não prejudicará visivelmente o desempenho do algoritmo).

> **DICA** `HashingVectorizer` é a função perfeita para usar quando os dados não cabem na memória e os atributos não estão fixados. Em outros casos, considere usar a `CountVectorizer`, que é mais intuitiva.

Considerando o Tempo e o Desempenho

À medida que o livro apresenta temas cada vez mais complexos, como as classes de aprendizado de máquina do Scikit-learn e as matrizes esparsas do SciPy, imagine como todo esse processamento influencia a velocidade da aplicação. As exigências cada vez maiores de processamento afetam tanto o tempo de execução quanto a memória disponível.

Administrar o melhor uso de recursos de máquina é, de fato, uma arte, a arte da otimização, e requer tempo para que se obtenha seu domínio. No entanto, torne-se proficiente agora mesmo fazendo algumas medições de velocidade precisas e percebendo quais realmente são os problemas. Identificar o tempo que as operações exigem, medir quanta memória é usada ao adicionar mais dados ou realizar uma transformação nos dados expõe os gargalos no código para que as soluções alternativas sejam procuradas.

Como descrito no Capítulo 5, Jupyter é o ambiente perfeito para experimentar, ajustar e melhorar o código. Trabalhar com blocos de código, registrar os resultados e saídas e escrever notas e comentários adicionais molda melhor as soluções de data science de forma controlada e reproduzível.

Benchmarking com timeit

Ao trabalhar com o exemplo do truque de hashing na seção "Realizando o Truque do Hashing", anteriormente neste capítulo, as duas alternativas para codificar informações textuais são comparadas em uma matriz de dados que aborda diferentes necessidades:

» `CountVectorizer`: Codifica de modo ótimo o texto em uma matriz de dados, mas não consegue lidar com novidades subsequentes no texto.

» `HashingVectorizer`: Fornece flexibilidade em situações em que é provável que a aplicação receberá novos dados, mas é subótima em relação às técnicas baseadas em funções hash.

Embora suas vantagens sejam bem claras em termos de como lidam com os dados, o impacto do uso de uma ou de outra no processamento de dados, em termos de viabilidade de velocidade e memória, é uma questão pessoal.

Em relação à velocidade, Jupyter oferece uma solução fácil e diferente, uma mágica de linha `%timeit` e a mágica de célula `%%timeit`:

» `%timeit`: Calcula o melhor desempenho de tempo para uma instrução.

» `%%timeit`: Calcula o melhor desempenho de tempo para todas as instruções em uma célula, exceto da localizada na mesma linha de célula da mágica de célula (que seria, portanto, uma instrução de inicialização).

Ambos os comandos mágicos relatam o melhor desempenho em `r` tentativas repetidas em `n` loops. Quando adicionamos os parâmetros –r e –n, o notebook escolhe o número automaticamente de modo a fornecer uma resposta rápida.

Veja um exemplo para determinar o tempo requerido para atribuir uma lista 10**6 de valores ordinais usando uma compreensão de lista:

```
%timeit l = [k for k in range(10**6)]
```

O tempo relatado é:

```
109 ms ± 11.8 ms per loop
(mean ± std. dev. of 7 runs, 10 loops each)
```

O resultado para a compreensão de lista pode ser testado com o incremento da amostra de desempenho e das repetições do teste:

```
%timeit -n 20 -r 5 l = [k for k in range(10**6)]
```

Após um intervalo, o tempo é apresentado:

```
109 ms ± 5.43 ms per loop
(mean ± std. dev. of 5 runs, 20 loops each)
```

Como comparação, verifique o tempo requerido para atribuir valores em um loop `for`. Já que o loop `for` requer uma célula inteira, o exemplo usa a chamada da mágica de célula, `%%timeit`. Note que a primeira linha que atribui o valor de 10**6 para uma variável não é considerada no desempenho.

```
%%timeit
l = list()
for k in range(10**6):
    l.append(k)
```

O tempo resultante é:

```
198 ms ± 6.62 ms per loop
(mean ± std. dev. of 7 runs, 10 loops each)
```

Os resultados mostram que a compreensão de lista é cerca de 50% mais rápida do que quando se usa um loop `for`. Repita o teste usando estratégias diferentes de codificação de texto:

```
import sklearn.feature_extraction.text as txt
htrick = txt.HashingVectorizer(n_features=20,
                               binary=True,
                               norm=None)
oh_enconder = txt.CountVectorizer()
texts = ['Python for data science',
         'Python for machine learning']
```

Depois de realizar o carregamento inicial das classes e de instanciá-los, teste as duas soluções:

```
%timeit oh_enconded = oh_enconder.fit_transform(texts)
```

Este é o tempo do codificador de palavras com base no CountVectorizer:

```
1.15 ms ± 22.5 µs per loop
(mean ± std. dev. of 7 runs, 1000 loops each)
```

Agora, teste o HashingVectorizer:

```
%timeit hashing = htrick.transform(texts)
```

E obtenha o seguinte tempo, que é muito melhor:

```
186 µs ± 13 µs per loop
(mean ± std. dev. of 7 runs, 10000 loops each)
```

O truque do hashing é mais rápido do que o codificador one hot, e é possível explicar essa diferença notando que o último é um algoritmo otimizado que acompanha como as palavras são codificadas, algo que o truque do hashing não faz.

O Jupyter é o melhor ambiente para se fazer bechmark da velocidade do código de solução de data science. Se quiser acompanhar o desempenho na linha de comando ou em um script que rode a partir de um IDE, importe a classe timeit e use a função timeit para acompanhar o desempenho do comando fornecendo o parâmetro da entrada como uma string.

Se o comando precisa de variáveis, classes ou funções indisponíveis na base Python (como as classes do Scikit-learn), forneça-as como um segundo parâmetro da entrada. Formule uma string na qual Python importe todos os objetos necessários do ambiente principal, como mostrado no exemplo a seguir:

```
import timeit
cumulative_time = timeit.timeit(
    "hashing = htrick.transform(texts)",
    "from __main__ import htrick, texts",
    number=10000)
print(cumulative_time / 10000.0)
```

USANDO O PIP (PREFERRED INSTALLER PROGRAM) E O CONDA

O Python disponibiliza vários pacotes para ser instalados. Muitos vêm como módulos separados para download. Alguns são compatíveis com plataformas como o Windows, o que significa que sua instalação é fácil. Contudo, muitos outros pacotes dependem do **pip**, o gerenciador de pacotes, um atributo acessado diretamente da linha de comando.

Para usar o pip, abra o Anaconda Prompt. Se precisar instalar um pacote do zero, como o NumPy, digite **pip install numpy**, e o software fará o download dos pacotes, bem como de todos os pacotes relacionados, de que precisa para funcionar e instalará tudo. Você pode até instalar uma versão específica digitando **pip install –U numpy==1.14.5**, ou simplesmente atualizando o pacote para a versão mais recente, se já estiver instalado: **pip install –U numpy**.

Se instalou o Anaconda, use o conda, em vez do pip, que é ainda mais eficaz na instalação, pois configura todos os outros pacotes na versão correta para o novo pacote Python instalado (o que implica instalar, atualizar ou até fazer downgrade de pacotes existentes no sistema). O conda também é usado para instalar um novo pacote a partir do Anaconda Prompt, digitando **conda install numpy**. O software analisa o sistema, relata as mudanças e pergunta se deve continuar. Pressione y se quiser proceder com a instalação. Use o conda também para atualizar pacotes existentes (insira **conda update numpy**) ou o sistema todo (insira **conda update --all**).

Este livro usa o Jupyter como ambiente. Instalar e atualizar enquanto usa o Jupyter é um pouco complicado. Jake VanderPlas, da Universidade de Washington, escreveu um post muito informativo sobre esse problema, encontrado em https://jakevdp.github.io/blog/2017/12/05/installing-python-packages-from-jupyter/ [conteúdo em inglês]. O artigo propõe alguns modos diferentes de lidar com a instalação e atualização de pacotes enquanto se utiliza a interface Jupyter. No começo, até que se fique confiante e ganhe experiência, a melhor opção é instalar e atualizar o sistema primeiro e depois rodar o Jupyter, facilitando e deixando o processo de instalação muito mais tranquilo.

Trabalhando com o memory profiler

Como vimos ao testar as características do desempenho (velocidade) do código da aplicação, podem-se obter as informações análogas sobre o uso da memória. Acompanhar o consumo de memória diz muito sobre problemas de memória no modo em que os dados são processados ou transmitidos para os algoritmos de aprendizado. O pacote `memory_profiler` implementa a funcionalidade requerida. Esse pacote não é oferecido pelo pacote Python padrão e requer instalação. Use o comando a seguir para instalar o pacote diretamente de uma célula do Jupyter notebook, como explicado por Jake VanderPlas no post descrito no box "Usando o pip (preferred installer program) e o conda":

```
import sys
!{sys.executable} -m pip install memory_profiler
```

Use o comando a seguir para cada sessão que quiser monitorar:

```
%load_ext memory_profiler
```

Após realizar essas tarefas, acompanhe quanta memória um comando consome:

```
hashing = htrick.transform(texts)
%memit dense_hashing = hashing.toarray()
```

O pico de memória relatado e seu incremento falam sobre o uso da memória:

```
peak memory: 90.42 MiB, increment: 0.09 MiB
```

É possível obter um panorama completo de consumo de memória salvando uma célula notebook no disco e, então, identificá-la usando a mágica de linha %mprun em uma função importada externamente. (A mágica de linha funciona apenas ao operar com scripts Python externos.) A identificação produz um relatório detalhado, comando a comando, como mostrado no exemplo a seguir:

```
%%writefile example_code.py
def comparison_test(text):
    import sklearn.feature_extraction.text as txt
    htrick = txt.HashingVectorizer(n_features=20,
                                   binary=True,
                                   norm=None)
    oh_enconder = txt.CountVectorizer()
    oh_enconded = oh_enconder.fit_transform(text)
    hashing = htrick.transform(text)
    return oh_enconded, hashing

from example_code import comparison_test
text = ['Python for data science',
        'Python for machine learning']
%mprun -f comparison_test comparison_test(text)
```

REDUZINDO O USO DA MEMÓRIA E CALCULANDO COM MAIS RAPIDEZ

Use os `arrays` do NumPy ou os `DataFrames` do pandas quando trabalhar com dados. Mas mesmo que pareçam estruturas de dados diferentes — um foca o armazenamento de dados como uma matriz, e o outro em lidar com conjuntos de dados complexos armazenados de formas diferentes —, os `DataFrames` dependem dos `arrays` do NumPy. Entender como os `arrays` funcionam e são usados pelo pandas possibilita a redução do uso de memória e fazer cálculos mais rápidos.

Os `arrays` do NumPy são uma ferramenta para lidar com dados usando blocos contíguos de memória para armazenar os valores. Como os dados aparecem na mesma área da memória do computador, o Python os recupera com mais rapidez e os fatia mais facilmente. É o mesmo princípio da fragmentação de disco: se os dados estiverem espalhados, ocupam mais espaço e requerem mais tempo de manuseio.

Dependendo de suas necessidades, ordene um array em linhas (a escolha padrão do NumPy e da linguagem de programação C/C++) ou colunas. A memória do computador armazena células uma em seguida da outra em uma linha. Consequentemente, o registro do array linha a linha possibilita o processamento rápido por linhas; e o coluna a coluna possibilita o processamento rápido por colunas. Todos esses detalhes, embora não estejam visíveis, são cruciais, pois reproduzem o trabalho com `arrays` do NumPy de modo rápido e eficiente para data science (que usa matrizes numéricas e muitas vezes calcula informações por linhas). É por isso que todos os algoritmos Scikit-learn esperam um `array` do NumPy como entrada e por que os `arrays` do NumPy têm um tipo de dados fixado (eles têm o mesmo tipo que a sequência de dados; não variam).

Os `DataFrames` do pandas são apenas coleções bem organizadas de `arrays` do NumPy. Suas variáveis no `DataFrame`, dependendo do tipo, são compactadas em um `array`. Por exemplo, todas as variáveis inteiras estão juntas em um *IntBlock*, todos os dados float estão em um *FloatBlock*, e o resto em um *ObjectBlock*. Isso significa que quando queremos operar uma única variável, na verdade operamos em todas elas. Consequentemente, se tivermos uma operação para aplicar, é melhor aplicá-la a todas as variáveis do mesmo tipo simultaneamente. Além do mais, isso também significa que trabalhar com variáveis string é incrivelmente custoso em termos de memória e cálculos. Mesmo que armazene algo simples, como uma série curta de nomes de cores em uma variável, ela exigirá o uso de uma string completa (pelo menos 50 bytes), e manipulá-la será demorado usando o mecanismo do NumPy. Como sugerido no Capítulo 7, transforme a string de dados em variáveis categóricas, assim, nos bastidores, as strings são transformadas em números, e se reduz enormemente o uso de memória e se aumenta a velocidade experienciada ao manipular dados.

A saída será como esta (a saída aparece em uma janela separada na parte inferior do display do Notebook por padrão):

```
Line #    Mem usage    Increment  Line Contents
================================================
     1     94.8 MiB     94.8 MiB  def comparison_test(text):
     2     94.8 MiB      0.0 MiB      import...
     3     94.8 MiB      0.0 MiB      htrick = ...
     4     94.8 MiB      0.0 MiB              ...
     5     94.8 MiB      0.2 MiB              ...
     6     94.8 MiB      0.0 MiB      oh_encoder = ...
     7     94.8 MiB      0.0 MiB      oh_encoded = ...
     8     94.8 MiB      0.0 MiB      hashing = ...
     9     94.8 MiB      0.0 MiB      return ...
```

O relatório resultante detalha o uso da memória de cada linha da função destacando os principais incrementos.

Executando em Paralelo em Múltiplos Cores

Atualmente, a maioria dos computadores é multicore (dois ou mais processadores em um único módulo), alguns com vários CPUs físicos. Uma das limitações mais importantes de Python é que ele usa um único core como padrão. (Foi criado em uma época em que um único core era comum.)

Os projetos de data science exigem muitos cálculos. Em particular, uma parte do aspecto científico do data science depende de repetições de testes e experimentos sobre diferentes matrizes de dados. Não se esqueça de que trabalhar com quantidades enormes de dados significa que a maioria das transformações demoradas repete uma observação após a outra (por exemplo, operações idênticas e não relacionadas sobre partes diferentes de uma matriz).

Usar mais cores de CPUs acelera um cálculo em um fator que quase corresponde ao número de cores. Por exemplo, quatro cores significaria trabalhar pelo menos quatro vezes mais rápido. Não há um aumento total de quatro vezes, pois há o custo inicial do processo em paralelo — as instâncias novas de execução do Python precisam ser configuradas com as informações corretas na memória e lançadas, consequentemente, a melhoria será menor do que poderia ser, mas ainda será significativa. Saber como usar mais de um CPU é, portanto, uma habilidade avançada, mas incrivelmente útil para aumentar o número de análises completadas e para acelerar as operações, tanto na configuração quanto ao usar os produtos de dados.

LEMBRE-SE

O multiprocessamento funciona replicando o mesmo código e conteúdo de memória em várias instâncias novas de Python (os trabalhadores), calculando o resultado de cada uma e retornando os resultados obtidos para o console principal original. Se a instância original já ocupa muito da memória RAM disponível, não será possível criar instâncias, e a máquina pode esgotar sua memória.

Realizando o paralelismo multicore

Para realizar o paralelismo multicore com Python, integre o pacote Scikit-learn com o pacote joblib para operações demoradas, como a replicação de modelos para validar resultados ou para procurar os melhores hiperparâmetros. Em particular, o Scikit-learn possibilita o multiprocessamento na:

» **Validação cruzada:** Testar os resultados de uma hipótese de aprendizado de máquina usando diferentes dados de treinamento e teste.

» **Procura em grade:** Mudar sistematicamente os hiperparâmetros de uma hipótese de aprendizado de máquina e testar os resultados consequentes.

» **Previsão multilabel:** Executar um algoritmo várias vezes em vários alvos em que há muitos resultados-alvo diferentes para prever ao mesmo tempo.

» **Métodos de aprendizado de máquina ensemble:** Modelar uma grande variedade de classificadores, um independente do outro, como ao usar a modelagem baseada em `RandomForest`.

Não é preciso fazer nada de especial para aproveitar as computações paralelas — o parâmetro `n_jobs` ativa o paralelismo, para uma quantidade de cores maior que 1 ou estabelecendo o valor como –1, o que significa usar todas as instâncias disponíveis da CPU.

CUIDADO

Se não estiver rodando o código a partir do console ou de um Jupyter Notebook, é extremamente importante separá-lo de qualquer importação de pacote ou atribuição de variável global no script usando o comando `if __name__=='__main__':` no começo de qualquer código que execute paralelismo multicore. A declaração `if` verifica se o programa está rodando diretamente ou é chamado por um console Python já em execução, evitando qualquer confusão ou erro pelo processo multiparalelo (como a chamada recursiva do paralelismo).

Demonstrando o multiprocessamento

É uma boa ideia usar um notebook ao rodar uma demonstração de como o multiprocessamento realmente economiza tempo durante projetos de data science. Usar o Jupyter fornece a vantagem de usar o comando mágico `%timeit` para cronometrar a execução. Comece carregando um conjunto de dados multiclasse, um algoritmo complexo de aprendizado de máquina (o SVC, Support Vector Classifier) e um procedimento de validação cruzada para estimar pontuações resultantes confiáveis de todos os procedimentos. Encontre detalhes sobre todas essas ferramentas mais adiante no livro. O mais importante é saber que os procedimentos ficam bem grandes porque o SVC produz 10 modelos, que repete 10 vezes cada usando validação cruzada, em um total de 100 modelos.

```
from sklearn.datasets import load_digits
digits = load_digits()
X, y = digits.data,digits.target
from sklearn.svm import SVC
from sklearn.model_selection import cross_val_score

%timeit single_core = cross_val_score(SVC(), X, y, \
                                      cv=20, n_jobs=1)
```

Como resultado, é obtido o termo médio de execução registrado para um único core:

```
18.2 s ± 265 ms per loop
(mean ± std. dev. of 7 runs, 1 loop each)
```

Depois desse teste, é preciso ativar o paralelismo multicore e cronometrar os resultados usando os comandos a seguir:

```
%timeit multi_core = cross_val_score(SVC(), X, y, \
                                     cv=20, n_jobs=-1)
```

A execução em múltiplos cores possibilita um tempo médio melhor:

```
10.8 s ± 137 ms per loop
(mean ± std. dev. of 7 runs, 1 loop each)
```

A máquina de exemplo demonstra uma vantagem positiva de usar o processamento multicore, apesar de usar um conjunto de dados pequeno em que passa a maior parte do tempo iniciando consoles e rodando uma parte do código em cada um. Esse preço inicial de alguns segundos ainda é significativo, dado que a execução total demora vários segundos. Imagine o que aconteceria se trabalhasse com conjuntos de dados maiores — o tempo de execução facilmente se reduziria pela metade, ou mais.

Embora o código funcione bem com o Jupyter, colocá-lo em um script e pedir ao Python para que o execute em um console ou usar um IDE gera erros, por causa das operações internas de uma tarefa multicore. A solução, como já foi mencionado, é colocar todo o código em uma declaração if, que verifica se o programa começou diretamente e não foi chamado depois. Veja um script de exemplo:

```
from sklearn.datasets import load_digits
from sklearn.svm import SVC
from sklearn.cross_validation import cross_val_score
if __name__ == '__main__':
    digits = load_digits()
    X, y = digits.data,digits.target
    multi_core = cross_val_score(SVC(), X, y,
                                 cv=20, n_jobs=-1)
```

> **NESTE CAPÍTULO**
>
> » Entendendo a filosofia da Análise Exploratória de Dados (AED)
>
> » Descrevendo as distribuições numéricas e categóricas
>
> » Estimando a correlação e a associação
>
> » Testando diferenças de médias em grupos
>
> » Visualizando distribuições, relações e grupos

Capítulo **13**

Explorando a Análise de Dados

O data science depende de algoritmos complexos para construir previsões e identificar sinais importantes nos dados, e cada algoritmo apresenta diferentes pontos fortes e fracos. Resumindo: você seleciona uma gama de algoritmos, faz com que rodem nos dados, otimiza os parâmetros o máximo que puder e, finalmente, decide qual o ajudará mais a construir o produto de dados ou gerar insight sobre o problema.

Parece um pouco automático, e, parcialmente, é, graças a softwares analíticos poderosos e linguagens de script como o Python. Algoritmos de aprendizado são complexos, e seus procedimentos sofisticados parecem naturalmente automáticos e um pouco confusos. Entretanto, mesmo que algumas dessas ferramentas pareçam magia negra ou a caixa de pandora, lembre-se deste simples acrônimo: GIGO. GIGO quer dizer "Garbage In/Garbage Out", que significa "lixo entra, lixo sai". É um velho ditado bem conhecido na Estatística (e na Ciência da Computação). Não importa o quanto os algoritmos de aprendizado de máquina usados sejam poderosos, não retornarão resultados bons se houver algo de errado com os dados.

A Análise Exploratória de Dados (AED) é uma abordagem generalizada para explorar conjuntos de dados por meio de síntese estatística e visualização gráfica para obter uma melhor compreensão dos dados, e ela o ajuda a ser mais eficaz em análises e modelagem subsequentes de dados. Neste capítulo você descobrirá todas as descrições básicas necessárias e indispensáveis dos dados e verá como elas o ajudam a decidir como proceder com o uso das transformações e soluções de dados mais adequadas.

LEMBRE-SE Você não precisa digitar o código-fonte deste capítulo. É muito mais fácil usar a fonte para download. O código-fonte para este capítulo aparece no arquivo `P4DS4D2_13_Exploring_Data_Analysis.ipynb`. (Veja os detalhes de onde localizar esse arquivo na Introdução.)

A Abordagem AED

A AED foi desenvolvida no Bell Labs por John Tukey, um matemático e estatístico que queria promover mais questões e ações sobre dados com base nos próprios dados (o motivo exploratório), em contraste à abordagem confirmatória dominante da época. Uma abordagem confirmatória depende do uso de uma teoria ou de um procedimento — os dados estão lá apenas para teste e aplicação. A AED surgiu no fim dos anos de 1970, muito antes da enxurrada de big data aparecer. Tukey já podia ver que certas atividades, como teste e modelagem, eram fáceis de automatizar. Em uma de suas famosas produções, Tukey disse:

> *"O único modo que os seres humanos conseguem se sair MELHOR do que os computadores é se arriscando a se sair PIOR do que eles."*

Essa afirmação explica por que, como cientista de dados, seu papel e suas ferramentas não se limitam a algoritmos de aprendizado de máquina, mas incluem tarefas exploratórias manuais e criativas. Os computadores são invencíveis em otimização, mas os seres humanos são mais fortes em descobertas pegando rotas alternativas e testando soluções improváveis, mas muito eficazes no fim das contas.

Se você passou pelos exemplos dos capítulos anteriores, já trabalhou com muitos dados, mas usar a AED é um pouco diferente, pois ela verifica mais do que suposições básicas sobre a trabalhabilidade dos dados, que compromete a Análise Inicial de Dados (AID). Até agora, mostramos como:

- » Completar observações ou marcar casos ausentes com atributos adequados.
- » Transformar textos ou variáveis categóricas.
- » Criar atributos com base no conhecimento de domínio do problema de dados.

» Ter em mãos um conjunto de dados numéricos em que as linhas são observações e as colunas são variáveis.

A AED vai além da AID. Ela é movida por uma atitude diferente: vai além das suposições básicas. A AED ajuda a:

» Descrever os dados.
» Explorar de perto as distribuições de dados.
» Entender as relações entre as variáveis.
» Notar situações incomuns e inesperadas.
» Posicionar os dados em grupos.
» Observar padrões inesperados em grupos.
» Tomar nota de diferenças entre grupos.

LEMBRE-SE

Nas próximas páginas mostramos como a AED o ajuda a aprender sobre a distribuição de uma variável no conjunto de dados. A *distribuição de variáveis* é a lista de valores observados em uma variável em termos de sua *frequência*, isto é, quantas vezes ocorre. Ser capaz de determinar a distribuição de variáveis diz muito sobre como uma variável se comporta quando alimentada em um algoritmo de aprendizado de máquina, podendo, assim, ajudá-lo a dar os passos certos para que haja um desempenho bom no projeto.

Definindo a Estatística Descritiva para Dados Numéricos

A primeira ação a se tomar com os dados é a produção de algumas medidas sintéticas para ajudá-lo a descobrir o que acontece com eles. Ao adquirir o conhecimento de medidas, como os valores máximo e mínimo, define-se quais intervalos são os melhores para se começar.

Durante a exploração, o conjunto de dados usado é simples, mas útil, como o usado em capítulos anteriores, o conjunto de dados Iris, de Fisher. Carregue-o a partir do pacote Scikit-learn por meio do código a seguir:

```
from sklearn.datasets import load_iris
iris = load_iris()
```

Tendo carregado o conjunto de dados Iris em uma variável de uma classe personalizada do Scikit-learn, derive um `nparray` de NmPy e um `pandas DataFrame` dele:

```
import pandas as pd
import numpy as np

print('Your pandas version is: %s' % pd.__version__)
print('Your NumPy version is %s' % np.__version__)
from sklearn.datasets import load_iris
iris = load_iris()
iris_nparray = iris.data

iris_dataframe = pd.DataFrame(iris.data, columns=iris.
    feature_names)
iris_dataframe['group'] = pd.Series([iris.target_
    names[k] for k in iris.target], dtype="category")


Your pandas version is: 0.23.3
Your NumPy version is 1.14.5
```

LEMBRE-SE

O NumPy, o Scikit-learn e especialmente o pandas são pacotes em desenvolvimento constante, então, antes de começar a trabalhar com AED, é uma boa ideia conferir o número da versão do produto. Usar uma versão mais antiga ou mais nova faz com que sua saída seja diferente da mostrada no livro ou com que alguns comandos falhem. Para esta edição do livro, use a versão 0.23.3 do pandas e a 1.14.5 do NumPy.

DICA

Este capítulo apresenta uma série de comandos do pandas e do NumPy que o ajudam a explorar a estrutura de dados. Embora aplicar comandos explorativos únicos confira mais liberdade na análise, é bom saber que se obtém a maioria dessas estatísticas usando-se o método `describe` aplicado no pandas `DataFrame`: como, `print iris_dataframe.describe()`, quando se tem pressa no projeto de data science.

Medindo a tendência central

A média e a mediana são as primeiras medidas a serem calculadas para variáveis numéricas ao começar a AED. Elas dão uma estimativa de quando as variáveis estão centralizadas e são simétricas de alguma forma.

Usando o `pandas`, calcula-se rapidamente tanto médias quanto medianas. Veja um comando para obter a média do primeiro `DataFrame` de Iris:

```
print(iris_dataframe.mean(numeric_only=True))
```

Esta é a saída resultante da estatística média:

```
sepal length (cm)  5.843333
sepal width  (cm)  3.054000
petal length (cm)  3.758667
petal width  (cm)  1.198667
```

De modo similar, este é o comando que exibirá a mediana:

```
print(iris_dataframe.median(numeric_only=True))
```

Você, então, obtém as medianas estimadas para todas as variáveis:

```
sepal length (cm)  5.80
sepal width  (cm)  3.00
petal length (cm)  4.35
petal width  (cm)  1.30
```

A mediana fornece a posição central na série de valores. Ao criar uma variável, ela é uma medida menos influenciada pelos casos anômalos ou por uma distribuição assimétrica de valores em torno da média. Note aqui que as médias não são centralizadas (nenhuma variável tem uma média zero), e a mediana do petal length é bem diferente da média, exigindo mais investigação.

Ao verificar as medidas de tendência central, verifique:

» Se as médias são zero.
» Se são diferentes umas das outras.
» Se a mediana é diferente da média.

Medindo a variância e o intervalo

O próximo passo é verificar a variância usando a sua raiz quadrada, o desvio-padrão, que é tão informativo quanto a variância, mas comparado à média é mais fácil, pois é expressado na mesma unidade de medida. A variância é um bom indicador de adequação da média da distribuição de variáveis, pois ela informa como os valores de uma variável se distribuem em torno da média. Quanto maior a variância, mais longe da média estarão alguns valores.

```
print(iris_dataframe.std())
```

A saída exibida para cada variável:

```
sepal length (cm)  0.828066
sepal width (cm)   0.433594
petal length (cm)  1.764420
petal width (cm)   0.763161
```

Além disso, verifique o intervalo, que é a diferença entre o valor máximo e mínimo para cada variável quantitativa e é bem informativo sobre a diferença em escala entre as variáveis.

```
print(iris_dataframe.max(numeric_only=True)
    - iris_dataframe.min(numeric_only=True))
```

Esta é a saída do comando anterior:

```
sepal length (cm)  3.6
sepal width (cm)   2.4
petal length (cm)  5.9
petal width (cm)   2.4
```

Note o desvio-padrão e o intervalo em relação à média e à mediana. Um desvio-padrão ou intervalo alto demais em relação às medidas de centralidade (média e mediana) sugere um possível problema, com valores extremamente incomuns afetando o cálculo ou uma distribuição de valores inesperada em torno da média.

Trabalhando com percentis

Como a mediana é o valor na posição central da distribuição de valores, considere outras posições notáveis. Além do máximo e do mínimo, a posição de 25% dos valores (o quartil inferior) e a posição de 75% (o quartil superior) são úteis para determinar a distribuição dos dados e são a base para um gráfico ilustrativo chamado de *diagrama de caixa*, que é um dos tópicos abordados neste capítulo.

```
print(iris_dataframe.quantile([0,.25,.50,.75,1]))
```

Na Figura 13-1, a saída é uma matriz — uma comparação que usa quartis para linhas e as diferentes variáveis do conjunto de dados como colunas. Então o quartil de 25% para sepal length (cm) é 5,1, o que significa que 25% dos valores do conjunto de dados para essa medida são menores que 5,1.

FIGURA 13-1:
Usando quartis como parte das comparações de dados.

```
In [8]: print(iris_dataframe.quantile([0,.25,.50,.75,1]))
        sepal length (cm)  sepal width (cm)  petal length (cm)  petal width (cm)
0.00                  4.3               2.0               1.00               0.1
0.25                  5.1               2.8               1.60               0.3
0.50                  5.8               3.0               4.35               1.3
0.75                  6.4               3.3               5.10               1.8
1.00                  7.9               4.4               6.90               2.5
```

LEMBRE-SE

A diferença entre os percentis superior e inferior constitui a amplitude interquartil (IQR) que é uma medida da escala de variáveis de máximo interesse. Não é preciso calculá-la, ela está no diagrama de caixa, pois determina os limites plausíveis da distribuição. Os valores entre o quartil inferior e o mínimo, e o quartil superior e o máximo, são excepcionalmente raros e afetam negativamente os resultados da análise. Esses casos raros são os outliers — e são abordados no Capítulo 16.

Definindo as medidas de normalidade

As últimas medidas indicativas de como as variáveis numéricas usadas para esses exemplos são estruturadas são a assimetria e a curtose:

» A *assimetria* dos dados é definida em relação à média. Se ela for negativa, a cauda esquerda é longa demais e a massa das observações fica do lado direito da distribuição. Se positiva, é o contrário.

» A *curtose* mostra se a distribuição de dados, especialmente o pico e as caudas, está no formato certo. Se a curtose for maior que zero, a distribuição tem um pico marcado. Se for menor que zero, ela é achatada.

Embora ler os números o auxilie a determinar a forma dos dados, levar em conta tais medidas é um teste formal para selecionar as variáveis que precisam de algum ajuste ou transformação para que fiquem mais parecidas com a distribuição gaussiana. Lembre-se de que os dados estarão disponíveis mais tarde, então esse é o primeiro passo de um processo mais longo.

LEMBRE-SE

A distribuição normal, ou gaussiana, é a mais útil na estatística graças à recorrência frequente e a propriedades matemáticas específicas. Ela é, basicamente, a base de muitos testes e modelos estatísticos, com alguns deles, como a regressão linear, sendo amplamente usados em data science. Em uma distribuição normal, a média e a mediana têm os mesmos valores, os valores são simetricamente distribuídos em torno da média (têm o formato de um sino), e o desvio-padrão indica a distância da média de onde a curva da distribuição muda de côncava para convexa (chamado de ponto de inflexão). Todas essas características tornam a distribuição gaussiana especial e podem ser aproveitadas por cálculos estatísticos.

CAPÍTULO 13 **Explorando a Análise de Dados** 267

> **DICA**
>
> Raramente encontramos uma distribuição gaussiana em dados. Mesmo que ela seja importante pelas propriedades estatísticas, na realidade precisaremos lidar com distribuições completamente diferentes, por isso a necessidade da AED e de medidas como a assimetria e a curtose.

Um exemplo anterior neste capítulo mostra que o atributo petal length apresenta diferenças entre a média e a mediana (veja "Medindo a variância e o intervalo"). Nesta seção, testamos a assimetria e a curtose no mesmo exemplo, a fim de determinar se a variável requer intervenção.

Ao realizar os testes de assimetria e curtose, determina-se se o valor p é menor ou igual a 0,05. Se sim, é preciso rejeitar a normalidade (a variável distribuída como uma distribuição gaussiana), o que implica obter resultados melhores se transformarmos a variável em uma normal. O código a seguir mostra como realizar o teste requerido:

```
from scipy.stats import skew, skewtest
variable = iris_dataframe['petal length (cm)']
s = skew(variable)
zscore, pvalue = skewtest(variable)
print('Skewness %0.3f z-score %0.3f p-value %0.3f'
      % (s, zscore, pvalue))
```

Estes são os escores obtidos:

```
Skewness -0.272 z-score -1.398 p-value 0.162
```

Realize outro teste de curtose, como mostrado no código a seguir:

```
from scipy.stats import kurtosis, kurtosistest
variable = iris_dataframe['petal length (cm)']
k = kurtosis(variable)
zscore, pvalue = kurtosistest(variable)
print('Kurtosis %0.3f z-score %0.3f p-value %0.3f'
      % (k, zscore, pvalue))
```

Veja os escores de curtose obtidos:

```
Kurtosis -1.395 z-score -14.811 p-value 0.000
```

Os resultados mostram que os dados estão levemente enviesados para a esquerda, mas não o bastante para inutilizá-los. O problema é que a curva é achatada demais para ter um formato de sino, então devemos investigar a questão mais a fundo.

DICA — É uma boa prática testar a assimetria e a curtose automaticamente em todas as variáveis. Depois, inspecione aquelas cujos valores sejam os mais altos visualmente. A não normalidade de uma distribuição também esconde outros problemas, como outliers em grupos que só conseguimos perceber por meio de uma visualização gráfica.

Contando Dados Categóricos

O conjunto de dados Iris é formado por quatro variáveis métricas e uma saída alvo qualitativa. Assim como usamos médias e variâncias como medidas descritivas para variáveis métricas, as frequências também se relacionam estritamente às qualitativas.

Como o conjunto de dados é formado por medidas métricas (larguras e comprimentos em centímetros), torne-o qualitativo dividindo-o em bins de acordo com intervalos específicos. O pacote pandas apresenta duas funções úteis, cut e qcut, que transformam uma variável métrica em uma qualitativa:

» cut espera uma série de valores limites usados para cortar as medidas ou um número inteiro de grupos usado para cortar as variáveis em bins de largura igual.

» qcut espera uma série de percentis usada para cortar a variável.

Para obter um novo DataFrame categórico, use o comando a seguir, que concatena uma compartimentalização (veja detalhes na seção "Entendendo a compartimentalização e a discretização" do Capítulo 9) para cada variável:

```
pcts = [0, .25, .5, .75, 1]
iris_binned = pd.concat(
    [pd.qcut(iris_dataframe.iloc[:,0], pcts,
  precision=1),
    pd.qcut(iris_dataframe.iloc[:,1], pcts,
  precision=1),
    pd.qcut(iris_dataframe.iloc[:,2], pcts,
  precision=1),
    pd.qcut(iris_dataframe.iloc[:,3], pcts,
  precision=1)],
    join='outer', axis = 1)
```

DICA

Esse exemplo depende da compartimentalização. No entanto, também o ajuda a explorar quando a variável está acima ou abaixo de um valor de referência, geralmente a média ou a mediana. Nesse caso, estabelecemos pd.qcut ao percentil 0,5 ou pd.cut ao valor médio da variável.

LEMBRE-SE

A compartimentalização transforma variáveis numéricas em categóricas. Essa transformação melhora a compreensão dos dados e a fase de aprendizado de máquina que segue reduzindo o ruído (outliers) ou a não linearidade da variável transformada.

Entendendo as frequências

Para obter uma frequência para cada variável categórica do conjunto de dados, tanto para a variável preditiva quanto para o resultado, use o código a seguir:

```
print(iris_dataframe['group'].value_counts())
```

As frequências resultantes mostram que os grupos são do mesmo tamanho:

```
virginica      50
versicolor     50
setosa         50
```

Você, também, pode tentar computar as frequências para a variável petal length obtidas no parágrafo anterior:

```
print(iris_binned['petal length (cm)'].value_counts())
```

Nesse caso, a compartimentalização produz grupos diferentes:

```
(0.9, 1.6]     44
(4.4, 5.1]     41
(5.1, 6.9]     34
(1.6, 4.4]     31
```

Este exemplo também fornece informações básicas de frequência, como o número de valores únicos em cada variável e a moda da frequência (linhas top e freq na saída).

```
print(iris_binned.describe())
```

A Figura 13-2 mostra a descrição da compartimentalização.

FIGURA 13-2: Estatística descritiva para a compartimentalização.

```
In [14]: print(iris_binned.describe())

        sepal length (cm) sepal width (cm) petal length (cm) petal width (cm)
count                 150              150               150              150
unique                  4                4                 4                4
top            (4.2, 5.1]       (1.9, 2.8]        (0.9, 1.6]       (0.0, 0.3]
freq                   41               47                44               41
```

As frequências sinalizam várias características interessantes dos atributos qualitativos:

» A moda da distribuição de frequências que é a categoria mais frequente.

» As outras categorias mais frequentes, especialmente quando são comparáveis à moda (distribuição bimodal) ou se há uma grande diferença entre elas.

» A distribuição das frequências entre as categorias, se diminuem rapidamente ou se são igualmente distribuídas.

» Categorias raras.

Criando tabelas de contingência

Ao relacionar distribuições de frequências categóricas diferentes, expomos a relação entre variáveis qualitativas. A função `pandas.crosstab` combina variáveis ou grupos de variáveis, possibilitando a localização de possíveis estruturas ou relações entre os dados.

No exemplo a seguir, vemos como a variável resultante é relacionada ao petal length e observamos como certos resultados e classes petal compartimentalizadas nunca aparecem juntos. A Figura 13-3 mostra os vários tipos Iris do lado esquerdo da saída, seguidos pela saída relacionada ao petal length.

```
print(pd.crosstab(iris_dataframe['group'],
                  iris_binned['petal length (cm)']))
```

FIGURA 13-3: Uma tabela de contingência baseada em grupos e compartimentalização.

```
In [15]: print(pd.crosstab(iris_dataframe['group'],
                           iris_binned['petal length (cm)']))

petal length (cm)  (0.9, 1.6]  (1.6, 4.4]  (4.4, 5.1]  (5.1, 6.9]
group
setosa                     44           6           0           0
versicolor                  0          25          25           0
virginica                   0           0          16          34
```

Criando Visualização Aplicada para AED

Até agora, o capítulo explorou as variáveis observando-as separadamente. Se acompanhou os exemplos, tecnicamente criou uma descrição *univariada* (isto é, prestou atenção apenas em variações individuais) dos dados. Por serem ricos em informações, os dados oferecem uma perspectiva que vai além da variável individual, apresentando mais variáveis com variações recíprocas. Para aproveitar melhor os dados, criamos uma exploração *bivariada* (observando como pares de variáveis se relacionam). Esse também é o fundamento para a análise de dados complexa baseada em uma abordagem *multivariada* (considerando simultaneamente todas as relações existentes entre variáveis).

Se a abordagem univariada examinou um número limitado de estatística descritiva, então combinar diferentes variáveis ou grupos de variáveis diferentes aumenta o número de possibilidades. Tal exploração sobrecarrega o cientista de dados com diferentes testes e análises bivariadas. Usar a visualização é um modo rápido de limitar os testes e análises apenas a traços e dicas interessantes. As visualizações, o uso de alguns gráficos informativos, transmitem a variedade de características estatísticas das variáveis e de suas relações recíprocas com maior facilidade.

Inspecionando diagramas de caixa

Os diagramas de caixa fornecem uma maneira de representar distribuições e suas variações extremas, sinalizando se algumas observações estão longe demais do centro dos dados — uma situação problemática para alguns algoritmos de aprendizado. O código a seguir mostra como criar um diagrama de caixa básico usando o conjunto de dados Iris:

```
boxplots = iris_dataframe.boxplot(fontsize=9)
```

Na Figura 13-4, a estrutura básica de cada distribuição de variável é representada, pelos 25º e 75º percentis (as bordas da caixa), bem como a mediana (dentro da caixa). As linhas, também chamadas de bigodes, representam uma vez e meia o IQR das laterais da caixa (ou a distância ao valor mais extremo, se estiver dentro de uma vez e meia o IQR). O diagrama de caixa marca toda observação fora do bigode (considerada um valor incomum) com um sinal.

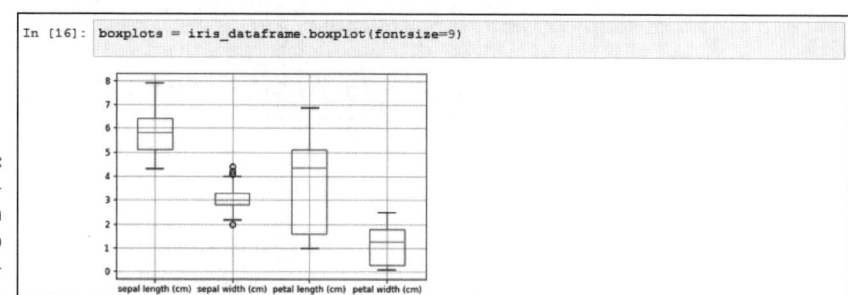

FIGURA 13-4:
Um diagrama de caixa organizado por variáveis.

Diagramas de caixa também são extremamente úteis para conferir visualmente diferenças entre grupos. Observe na Figura 13-5 como um diagrama de caixa indica que os três grupos, setosa, versicolor e virginica, têm petal lengths diferentes, com valores sobrepostos apenas nas margens dos dois últimos.

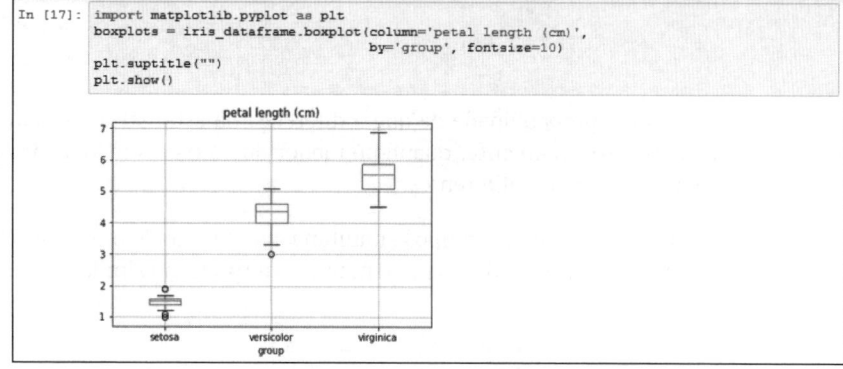

```
import matplotlib.pyplot as plt
boxplots = iris_dataframe.boxplot(
                                column='petal length
   (cm)',
                                by='group', fontsize=10)
plt.suptitle("")
plt.show()
```

FIGURA 13-5:
Um diagrama de caixa de petal length organizado por grupos.

Realizando testes-t depois dos diagramas de caixa

Depois de identificar uma possível diferença entre grupos relativa a uma variável, um teste-t (usado em situações em que a população amostrada tem uma distribuição normal exata) ou uma Análise de Variância (ANOVA) de sentido único fornece uma verificação estatística da significância da diferença entre as médias dos grupos.

CAPÍTULO 13 **Explorando a Análise de Dados** 273

```
from scipy.stats import ttest_ind

group0 = iris_dataframe['group'] == 'setosa'
group1 = iris_dataframe['group'] == 'versicolor'
group2 = iris_dataframe['group'] == 'virginica'
variable = iris_dataframe['petal length (cm)']

print('var1 %0.3f var2 %03f' % (variable[group1].var(),
                                variable[group2].var()))

var1 0.221 var2 0.304588
```

O teste-t compara dois grupos de cada vez e requer que se defina se eles têm variância similar ou não. Portanto, é preciso calcular a variância com antecedência, assim:

```
variable = iris_dataframe['sepal width (cm)']
t, pvalue = ttest_ind(variable[group1],
   variable[group2],
                      axis=0, equal_var=False)
print('t statistic %0.3f p-value %0.3f' % (t, pvalue))
```

A estatística t resultante e os valores-p são:

```
t statistic -3.206 p-value 0.002
```

pvalue é a probabilidade de que a diferença da estatística t calculada se deva ao acaso. Normalmente, quando é menor que 0,05, as médias dos grupos são significativamente diferentes.

Verifique mais de dois grupos simultaneamente usando o teste ANOVA de sentido único. Nesse caso, pvalue tem uma interpretação similar ao teste-t:

```
from scipy.stats import f_oneway
variable = iris_dataframe['sepal width (cm)']
f, pvalue = f_oneway(variable[group0],
                     variable[group1],
                     variable[group2])
print('One-way ANOVA F-value %0.3f p-value %0.3f'
      % (f,pvalue))
```

O resultado do teste ANOVA é:

```
One-way ANOVA F-value 47.364 p-value 0.000
```

Observando coordenadas paralelas

As coordenadas paralelas ajudam a identificar quais grupos na variável resultante seriam facilmente separados uns dos outros. É um diagrama realmente multivariado, pois representa todos os dados ao mesmo tempo. O exemplo a seguir mostra como usar coordenadas paralelas.

```
from pandas.plotting import parallel_coordinates
iris_dataframe['group'] = iris.target
iris_dataframe['labels'] = [iris.target_names[k]
                for k in iris_dataframe['group']]
pll = parallel_coordinates(iris_dataframe, 'labels')
```

Como mostrado na Figura 13-6, no eixo da abcissa estão todas as variáveis quantitativas alinhadas. Na ordenada, encontrará todas as observações, cuidadosamente representadas como linhas paralelas, cada uma de uma cor diferente, dada, dependendo do grupo ao qual pertença.

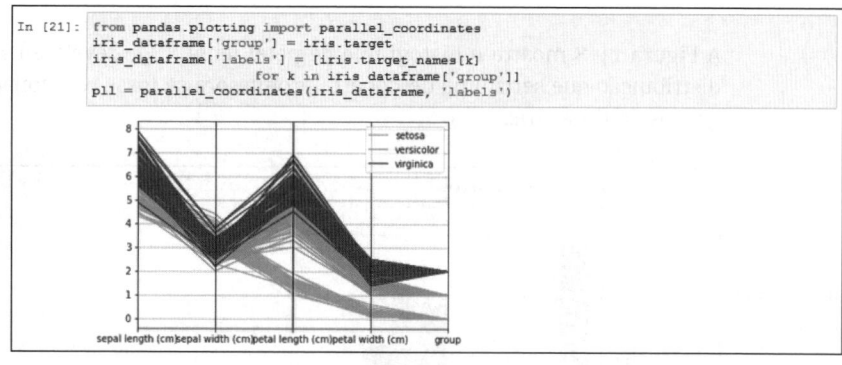

FIGURA 13-6: As coordenadas paralelas preveem se os grupos são facilmente separáveis.

Se as linhas paralelas de cada grupo fluem juntas pela visualização em uma parte separada do gráfico, longe dos outros grupos, o grupo é facilmente separável. A visualização também oferece meios de assegurar a capacidade de determinados atributos de separar os grupos.

Diagramando distribuições

Geralmente reproduzimos as informações fornecidas pelo diagrama de caixa e pela estatística descritiva em uma curva ou histograma, que mostra um panorama da distribuição completa dos valores. A saída mostrada na Figura 13-7 representa todas as distribuições no conjunto de dados. Escalas e formas diferentes de variáveis ficam visíveis imediatamente, como o fato de que os atributos de pétalas (petal length e petal width) apresentam dois picos.

```
cols = iris_dataframe.columns[:4]
densityplot = iris_dataframe[cols].plot(kind='density')
```

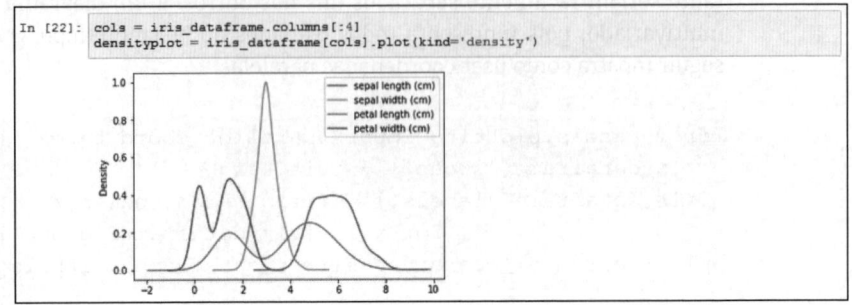

FIGURA 13-7: Distribuição e densidade de atributos.

Os histogramas apresentam outra visão mais detalhada das distribuições:

```
variable = iris_dataframe['petal length (cm)']
single_distribution = variable.plot(kind='hist')
```

A Figura 13-8 mostra o histograma de petal length. Ele revela uma lacuna na distribuição que seria uma descoberta promissora se fosse relacionada a certos grupos de flores Iris.

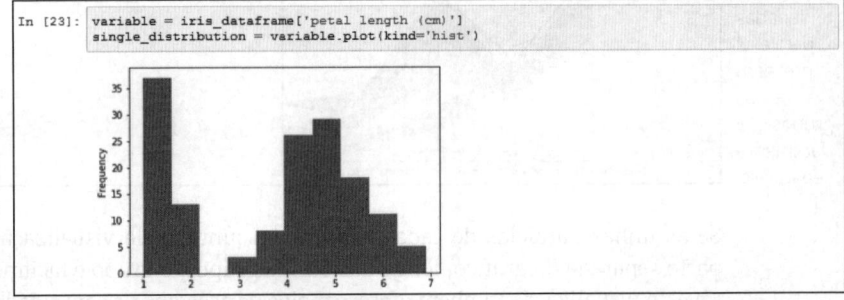

FIGURA 13-8: Os histogramas detalham melhor as distribuições.

Diagramando diagramas de dispersão

Em diagramas de dispersão, as duas variáveis comparadas fornecem as coordenadas para diagramar as observações como pontos em um plano. O resultado normalmente é uma nuvem de pontos. Quando a nuvem é alongada e lembra uma linha, deduzimos que as variáveis são correlacionadas. O exemplo a seguir demonstra esse princípio:

```
palette = {0: 'red', 1: 'yellow', 2:'blue'}
colors = [palette[c] for c in iris_dataframe['group']]
simple_scatterplot = iris_dataframe.plot(
            kind='scatter', x='petal length (cm)',
            y='petal width (cm)', c=colors)
```

Esse diagrama de dispersão simples, representado na Figura 13-9, compara o comprimento (petal length) e a largura (petal width) das pétalas. Ele destaca diferentes grupos usando cores diferentes. A forma alongada descrita pelos pontos indica uma correlação forte entre as duas variáveis observadas, e a divisão da nuvem em grupos sugere uma possível separabilidade dos grupos.

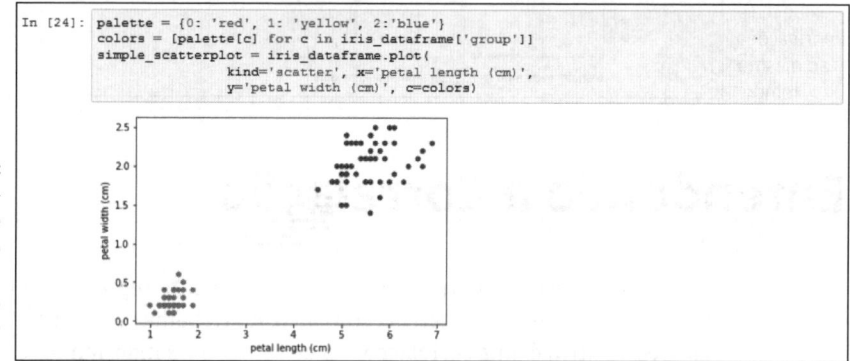

FIGURA 13-9: Um diagrama de dispersão revela como duas variáveis se relacionam.

Como o número de variáveis não é muito grande, podemos gerar todos os diagramas de dispersão automaticamente a partir da combinação de variáveis. Essa representação é uma matriz de diagramas de dispersão. O exemplo a seguir demonstra como criar uma:

```
from pandas.plotting import scatter_matrix
palette = {0: "red", 1: "yellow", 2: "blue"}
colors = [palette[c] for c in iris_dataframe['group']]
matrix_of_scatterplots = scatter_matrix(
    iris_dataframe, figsize=(6, 6),
    color=colors, diagonal='kde')
```

Na Figura 13-10, temos a visualização resultante do conjunto de dados Iris. A diagonal representando a estimativa de densidade é substituível por um histograma usando o parâmetro `diagonal='hist'`.

```
In [25]: from pandas.plotting import scatter_matrix
palette = {0: "red", 1: "yellow", 2: "blue"}
colors = [palette[c] for c in iris_dataframe['group']]
matrix_of_scatterplots = scatter_matrix(
    iris_dataframe, figsize=(6, 6),
    color=colors, diagonal='kde')
```

FIGURA 13-10:
Uma matriz de diagramas de dispersão exibe mais informações ao mesmo tempo.

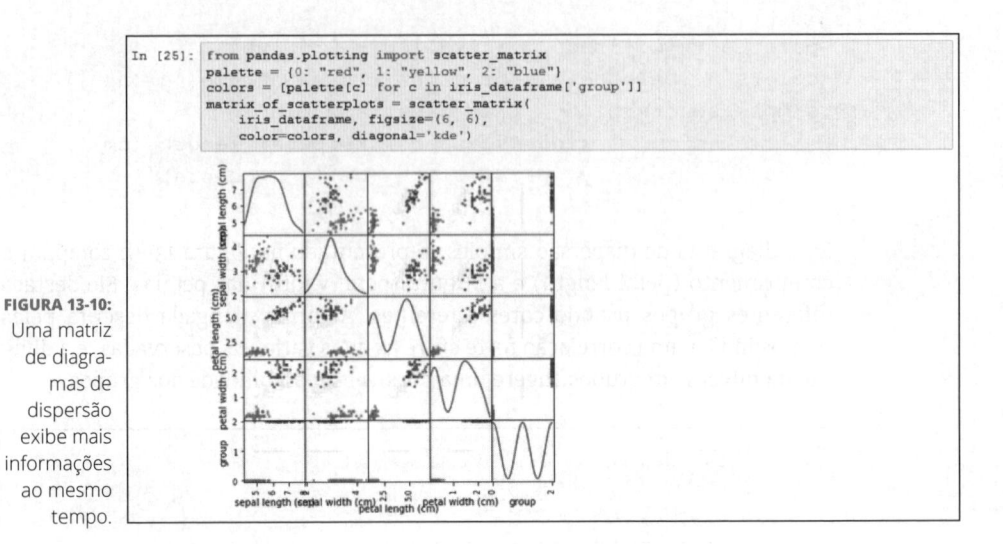

Entendendo a Correlação

Assim como a relação entre variáveis é graficamente representável, também é mensurável por uma estimativa estatística. Ao trabalhar com variáveis numéricas, a estimativa é uma correlação, e a de Pearson é a mais famosa. A correlação de Pearson é a base para os modelos de estimativas lineares complexas. Ao trabalhar com variáveis categóricas, a estimativa é uma associação, e a estatística qui-quadrada é a ferramenta mais usada para mensurar a associação entre os atributos.

Usando covariância e correlação

A covariância é a primeira medida da relação entre duas variáveis. Ela determina se ambas têm um comportamento coincidente em relação à média. Se os valores individuais das duas variáveis geralmente são acima ou abaixo das respectivas médias, elas têm uma associação positiva. Isso significa que tendem a concordar, e se pode descobrir o comportamento de uma das duas observando a outra. Em tal caso, a covariância será um número positivo, e quanto maior o número, maior a concordância.

Caso contrário, se uma variável normalmente estiver acima e a outra abaixo das respectivas médias, são associadas negativamente. Embora discordem, é uma situação interessante para se fazer previsões, pois, observando o estado de uma delas, descobre-se o estado provável da outra (mesmo sendo opostas). Nesse caso, a covariância será um número negativo.

Um terceiro estado é que as duas variáveis não concordam ou discordam sistematicamente uma da outra. Nesse caso, a covariância tenderá a ser zero, um sinal de que as variáveis não compartilham muito e têm comportamentos independentes.

De maneira ideal, quando temos uma variável-alvo numérica, queremos que ela tenha uma covariância positiva ou negativa alta com as variáveis preditivas. Ter uma grande covariância positiva ou negativa entre variáveis preditivas é um sinal de *redundância de informação*, que mostra que as variáveis apontam para os mesmos dados — isto é, elas nos dizem o mesmo de modos levemente diferentes.

Calcular uma matriz de covariância é algo bem direto quando usamos pandas. Podemos aplicá-lo imediatamente ao DataFrame do conjunto de dados Iris, como mostrado aqui:

```
iris_dataframe.cov()
```

A matriz na Figura 13-11 mostra variáveis presentes em linhas e colunas. Ao observar combinações diferentes de linhas e colunas, determina-se o valor da covariância entre as variáveis escolhidas. Depois de observar esses resultados, imediatamente percebemos que há pouca relação entre sepal length e sepal width, o que significa que são valores informativos diferentes. No entanto, há uma relação especial entre petal width e petal length, mas o exemplo não diz qual é, pois a medida não é facilmente interpretável.

FIGURA 13-11: Uma matriz de covariância do conjunto de dados Iris.

	sepal length (cm)	sepal width (cm)	petal length (cm)	petal width (cm)	group
sepal length (cm)	0.685694	-0.039268	1.273682	0.516904	0.530872
sepal width (cm)	-0.039268	0.188004	-0.321713	-0.117981	-0.148993
petal length (cm)	1.273682	-0.321713	3.113179	1.296387	1.371812
petal width (cm)	0.516904	-0.117981	1.296387	0.582414	0.597987
group	0.530872	-0.148993	1.371812	0.597987	0.671141

A escala das variáveis observadas influencia a covariância, então use uma medida diferente, mas padrão. A solução é usar a correlação, que é a estimativa da covariância depois da padronização das variáveis. Veja um exemplo de obtenção da correlação usando um método pandas simples:

```
iris_dataframe.corr()
```

Examine na Figura 13-12 a matriz de correlação resultante:

FIGURA 13-12:
Uma matriz de correlação do conjunto de dados Iris.

	sepal length (cm)	sepal width (cm)	petal length (cm)	petal width (cm)	group
sepal length (cm)	1.000000	-0.109369	0.871754	0.817954	0.782561
sepal width (cm)	-0.109369	1.000000	-0.420516	-0.356544	-0.419446
petal length (cm)	0.871754	-0.420516	1.000000	0.962757	0.949043
petal width (cm)	0.817954	-0.356544	0.962757	1.000000	0.956464
group	0.782561	-0.419446	0.949043	0.956464	1.000000

Isso é ainda mais interessante, pois os valores de correlação ficam limitados entre os valores −1 e +1, então a relação entre petal width e petal length é positiva e, com um 0,96, é quase a máxima possível.

As matrizes de covariância e correlação também são calculadas por meio de comandos NumPy, como mostrado aqui:

```
covariance_matrix = np.cov(iris_nparray, rowvar=0)
correlation_matrix = np.corrcoef(iris_nparray, rowvar=0)
```

LEMBRE-SE

Na estatística, esse tipo de correlação é chamada de *correlação de Pearson*, e seu coeficiente é um *r de Pearson*.

DICA

Outro ótimo truque é elevar a correlação ao quadrado. Fazendo isso, o sinal da relação é cancelado. O novo número informa a porcentagem da informação compartilhada pelas duas variáveis. Neste exemplo, uma correlação de 0,96 implica que 93% (0.962757 **2) das informações são compartilhadas. A matriz de correlação quadrada é obtida por meio deste comando: `iris_dataframe.corr()**2`.

PAPO DE ESPECIALISTA

Algo importante de se lembrar é que a covariância e a correlação são baseadas em médias, então tendem a representar relações, expressadas usando-se formulações lineares. As variáveis em conjuntos de dados reais normalmente não têm uma formulação bonita e linear, elas são não lineares, com curvas e inclinações, então conte com transformações lineares para fazer com que as relações entre as variáveis sejam lineares. É sempre bom lembrar da regra do uso de correlações apenas para afirmar relações entre as variáveis, não para excluí-las.

Usando a correlação não paramétrica

As correlações funcionam bem quando duas variáveis são numéricas e sua relação é estritamente linear. Às vezes seu atributo é ordinal (uma variável numérica, mas de ordenamento) ou há uma certa não linearidade devido a distribuições atípicas nos dados. Uma solução possível é testar as correlações duvidosas com uma correlação não paramétrica, como a correlação de postos de Spearman (o que significa menos exigências em termos de distribuição das variáveis consideradas). Uma *correlação de Spearman* transforma os valores numéricos em classificações e as correlaciona, minimizando, assim, a influência de qualquer relação não linear entre as duas variáveis examinadas. A correlação resultante, comumente denotada como *rho*, deve ser interpretada da mesma forma que uma correlação de Pearson.

Como exemplo, verifique a relação entre sepal length e sepal width cuja correlação de Pearson foi bem fraca:

```
from scipy.stats import spearmanr
from scipy.stats.stats import pearsonr
a = iris_dataframe['sepal length (cm)']
b = iris_dataframe['sepal width (cm)']
rho_coef, rho_p = spearmanr(a, b)
r_coef, r_p = pearsonr(a, b)
print('Pearson r %0.3f | Spearman rho %0.3f'
      % (r_coef, rho_coef))
Here is the resulting comparison:Pearson r -0.109 |
  Spearman rho -0.159
```

Nesse caso, o código confirma a associação fraca entre as duas variáveis usando o teste não paramétrico.

Considerando o teste qui-quadrado para tabelas

Há outro teste não paramétrico para relações quando trabalhamos com tabelas cruzadas. Esse teste é aplicável para dados categóricos e numéricos (depois de terem sido discretizados em bins). A estatística qui-quadrada nos diz quando a tabela de distribuição de duas variáveis é estatisticamente comparável à tabela em que ambas são presumidas como não relacionadas uma com a outra (a chamada hipótese de independência). Veja um exemplo de como usar essa técnica:

```
from scipy.stats import chi2_contingency
table = pd.crosstab(iris_dataframe['group'],
                    iris_binned['petal length (cm)'])
chi2, p, dof, expected = chi2_contingency(table.values)
print('Chi-square %0.2f p-value %0.3f' % (chi2, p))
```

A estatística qui-quadrada resultante é:

```
Chi-square 212.43 p-value 0.000
```

Como já vimos, o valor-p é a possibilidade de que a diferença qui-quadrada seja apenas devido ao acaso. O valor qui-quadrado e o valor-p significativo sinalizam que a variável petal length é efetivamente usada para distinguir grupos Iris.

LEMBRE-SE Quanto maior o valor qui-quadrado, maior a probabilidade de duas variáveis serem relacionadas, porém o valor da medida qui-quadrada depende de quantas células a tabela tem. Não use a medida qui-quadrada para comparar testes qui-quadrados diferentes, a não ser que as tabelas comparadas tenham a mesma forma.

DICA O qui-quadrado é particularmente interessante para avaliar as relações entre variáveis numéricas compartimentalizadas, mesmo na presença de uma forte não linearidade que engane o r de Pearson. Ao contrário das medidas de correlação, ela informa sobre uma possível associação, mas não fornece detalhes claros da direção ou magnitude absoluta.

Modificando Distribuições de Dados

Como subproduto da exploração de dados, em uma fase da AED, podemos:

» Obter criação de novos atributos a partir da combinação de variáveis diferentes, mas relacionadas.
» Identificar grupos ocultos ou valores estranhos nos dados.
» Tentar modificações úteis das distribuições de dados por meio da compartimentalização (ou outras discretizações, como variáveis binárias).

Ao realizar AED, é preciso considerar a importância da transformação dos dados na preparação para a fase de aprendizado, o que também significa usar certas fórmulas matemáticas. A maioria dos algoritmos de aprendizado de máquina funciona melhor quando a correlação de Pearson é maximizada entre as variáveis que temos para prever e a usada para prevê-las. As próximas seções apresentam um panorama dos procedimentos mais comuns usados durante a AED para melhorar a relação entre as variáveis. A transformação de dados depende da distribuição dos dados, portanto, não é algo que se decida de antemão, como a AED e diversos testes mostram. Além disso, estas seções destacam a necessidade de relacionar o processo de transformação à fórmula matemática usada.

Usando diferentes distribuições estatísticas

Na prática do data science há uma ampla gama de distribuições diferentes — com algumas delas tendo nomes na teoria de probabilidade e outras, não. Para algumas distribuições, a suposição de que devem se comportar como uma distribuição normal é verdadeira, mas para outras, não, e isso pode ser um problema dependendo dos algoritmos usados no processo do aprendizado. Como regra, se o modelo é uma regressão linear ou parte de uma família de modelo linear por se resumir a uma soma de coeficientes, então tanto a padronização da variável quanto a transformação da distribuição devem ser consideradas.

LEMBRE-SE

Além dos modelos lineares, muitos outros algoritmos de aprendizado de máquina são realmente indiferentes à distribuição das variáveis usadas. No entanto, transformar as variáveis no conjunto de dados para reproduzir as distribuições de maneira mais gaussiana resulta em efeitos positivos.

Criando uma padronização de escore-Z

No processo da AED, percebe-se que as variáveis têm escalas diferentes e têm distribuições heterogêneas. Como consequência da análise, precisamos transformar as variáveis de modo que sejam facilmente comparáveis:

```
from sklearn.preprocessing import scale
variable = iris_dataframe['sepal width (cm)']
stand_sepal_width = scale(variable)
```

LEMBRE-SE

Alguns algoritmos funcionarão de modos inesperados se não mudarmos as escalas das variáveis usando a padronização. Como regra de ouro, preste atenção em qualquer modelo linear, análise de grupo e qualquer algoritmo que afirme ser baseado em medidas estatísticas.

Transformando outras distribuições notáveis

Ao verificar a correlação de variáveis com assimetria e curtose altas, o resultado desaponta. Como você ficou sabendo anteriormente neste capítulo, usar uma medida de correlação não paramétrica, como a de Spearman, diz mais sobre duas variáveis do que o r de Pearson. Nesse caso, transforme seu conhecimento em um atributo novo e transformado:

```
from scipy.stats.stats import pearsonr
tranformations = {'x': lambda x: x,
                  '1/x': lambda x: 1/x,
                  'x**2': lambda x: x**2,
                  'x**3': lambda x: x**3,
                  'log(x)': lambda x: np.log(x)}
a = iris_dataframe['sepal length (cm)']
b = iris_dataframe['sepal width (cm)']
```

```
for transformation in tranformations:
   b_transformed =  tranformations[transformation](b)
   pearsonr_coef, pearsonr_p = pearsonr(a,
 b_transformed)
   print('Transformation: %s \t Pearson\'s r: %0.3f'
         % (transformation, pearsonr_coef))

Transformation: x            Pearson's r:  -0.109
Transformation: x**2         Pearson's r:  -0.122
Transformation: x**3         Pearson's r:  -0.131
Transformation: log(x)       Pearson's r:  -0.093
Transformation: 1/x          Pearson's r:   0.073
```

Na exploração de várias transformações possíveis, usar um loop `for` mostra que uma transformação poderosa aumentará a correlação entre as duas variáveis, aumentando o desempenho de um algoritmo linear de aprendizado de máquina. Tente outras transformações, como a raiz quadrada `np.sqrt(x)`, a exponencial `np.exp(x)` e várias combinações de todas as transformações, como a logarítmica inversa `np.log(1/x)`.

> **DICA**
>
> Usar a transformação logarítmica em uma variável às vezes é difícil, pois ela não funciona com valores negativos ou zero. É preciso mudar a escala dos valores das variáveis para que o valor mínimo seja 1. Faça isso usando algumas funções do pacote NumPy: `np.log(x + np.abs(np.min(x)) + 1)`.

> **NESTE CAPÍTULO**
>
> » Descobrindo a mágica da decomposição em valores singulares
>
> » Entendendo a diferença entre fatores e componentes
>
> » Recuperando e combinando imagens e texto automaticamente
>
> » Construindo um sistema de recomendação de filmes

Capítulo **14**
Reduzindo a Dimensionalidade

O *big data* é definido como uma coleção de conjuntos de dados tão grande, que é difícil de processar com as técnicas tradicionais. A manipulação de big data se diferencia da dos problemas estatísticos. Normalmente usamos técnicas estatísticas para problemas pequenos e técnicas de data science para os de grande proporção.

Os dados são entendidos como "grandes" porque englobam muitos exemplos, que é a ideia óbvia que vem à mente. Analisar um banco de dados de milhões de clientes e interagir simultaneamente com todos é desafiador, mas essa não é a única perspectiva possível para o big data. Outro ponto de vista sobre o big data é a dimensionalidade dos dados, que se refere a quantos aspectos dos casos uma aplicação acompanha. Os dados com alta dimensionalidade têm muitos atributos (variáveis) — geralmente centenas ou milhares —, e isso se transforma em um problema sério. Mesmo que se observem apenas alguns casos, e por um período curto de tempo, lidar com atributos demais torna a maioria das análises muito complexa.

A complexidade de trabalhar com tantas dimensões leva à necessidade de várias técnicas de dados para filtrar a informação — mantendo os dados que parecem resolver melhor o problema. O filtro reduz a dimensionalidade removendo informações redundantes em conjuntos de dados de alta dimensão. O foco neste capítulo é a redução de dimensões de dados quando eles têm muitas repetições das mesmas informações. Essa redução é um tipo de compressão de informação, similar à compressão de arquivos no disco rígido para economizar espaço.

LEMBRE-SE Você não precisa digitar o código-fonte deste capítulo. É muito mais fácil usar a fonte para download (veja instruções para download na Introdução). O código-fonte para este capítulo aparece no arquivo `P4DS4D2_14_Reducing_Dimensionality.ipynb`.

Entendendo a SVD

A essência da mágica de redução de dados está em uma operação de álgebra linear chamada de Decomposição em Valores Singulares (SVD). A *SVD* é um método matemático que recebe dados como entrada na forma de uma única matriz e devolve três matrizes resultantes, que, multiplicadas umas pelas outras, retornam a matriz de entrada original. (Veja uma introdução rápida à SVD em `https://machinelearningmastery.com/singular-value-decomposition-for-machine-learning/` [conteúdo em inglês].) A fórmula da SVD é:

$$M = U * s * Vh$$

Veja uma breve explicação sobre as letras utilizadas na equação:

» **U:** Contém todas as informações sobre as linhas (observações).
» **Vh:** Contém todas as informações sobre as colunas (atributos).
» **s:** Registra o processo de SVD (um tipo de registro de eventos - log).

Criar três matrizes a partir de uma parece contraprodutivo quando o objetivo é reduzir as dimensões dos dados. Ao usar a SVD, parece que geramos mais dados, em vez de reduzi-los. No entanto, a SVD esconde a mágica no processo, porque enquanto constrói essas novas matrizes, ela separa as informações em relação às linhas das colunas da matriz original. Como resultado, ela comprime toda a informação valiosa nas primeiras colunas das novas matrizes.

A matriz resultante `s` mostra como a compressão aconteceu. A soma de todos os valores em `s` informam quanta informação foi armazenada anteriormente na matriz original, e cada valor em `r` relata quantos dados foram acumulados em cada coluna respectiva de `U` e `Vh`.

Para entender como tudo isso funciona, observe primeiro os valores individuais. Por exemplo, se a soma de s for 100 e o primeiro valor de s for 99, isso significa que 99% das informações estão armazenadas agora na primeira coluna de U e Vh. Portanto, descartar todas as colunas restantes, depois da primeira, não gera problemas, e nenhuma informação importante para o processo de descoberta de conhecimento de data science é perdida.

Buscando a redução da dimensionalidade

É hora de ver como o Python simplifica a complexidade dos dados. O exemplo a seguir demonstra um método para reduzir o big data, e esta técnica tem muitas outras aplicações igualmente interessantes.

```
import numpy as np
A = np.array([[1, 3, 4], [2, 3, 5], [1, 2, 3], [5, 4, 6]])
print(A)
```

O código exibe a matriz A, que aparece nos exemplos a seguir:

```
[[1 3 4]
 [2 3 5]
 [1 2 3]
 [5 4 6]]
```

A matriz A contém os dados que queremos reduzir. A é formada por quatro observações contendo três atributos cada. O módulo linalg do NumPy dá acesso à função svd, que divide igualmente a matriz original em três variáveis: U, s e Vh.

```
U, s, Vh = np.linalg.svd(A, full_matrices=False)
print(np.shape(U), np.shape(s), np.shape(Vh))
print(s)
```

A saída enumera as formas de U, s e Vh, respectivamente, e exibe o conteúdo da variável s:

```
(4, 3) (3,) (3, 3)
[12.26362747 2.11085464 0.38436189]
```

A matriz U, representando as linhas, tem quatro valores de linhas. A matriz Vh é uma matriz quadrada e tem três linhas representando as colunas originais. A matriz s é uma matriz diagonal que contém zeros em todos os elementos, exceto na diagonal. O comprimento de sua diagonal é exatamente igual às três colunas originais. Dentro de s, descobrimos que a maioria dos valores está nos primeiros elementos, indicando que a primeira coluna é a que armazena a maior parte da informação (cerca de 83%), a segunda tem alguns valores (cerca de 14%), e a terceira contém valores residuais. Para obter essas porcentagens, somamos os três valores e obtemos 14,758844, e usamos esse número para dividir as colunas individuais. Por exemplo, 12,26362747 dividido por 14,758844 é 0,8309341483655495, ou cerca de 83%.

Conferimos se a SVD mantém sua promessa visualizando a saída do exemplo. Ele reconstrói a matriz original usando a função dot do NumPy para multiplicar U, s (diagonal) e Vh. A função dot realiza a multiplicação de matrizes, que é um procedimento de multiplicação levemente diferente do aritmético. Veja um exemplo de uma reconstrução completa de matriz:

```
print(np.dot(np.dot(U, np.diag(s)), Vh))
```

O código exibe a matriz original A reconstruída:

```
[[ 1.  3.  4.]
 [ 2.  3.  5.]
 [ 1.  2.  3.]
 [ 5.  4.  6.]]
```

A reconstrução está perfeita, mas claramente precisamos manter o mesmo número de componentes na matriz U resultante como aparece no conjunto de dados original. Nenhuma redução de dimensionalidade realmente ocorreu, só reestruturamos os dados de modo que descorrelacionem as novas variáveis (e isso é útil para algoritmos de clustering, como mostra o Capítulo 15).

> **DICA** Quando trabalhamos com SVD, normalmente nos preocupamos com a matriz U resultante, a matriz que representa as linhas, pois é uma substituição do conjunto de dados inicial.

Agora é hora de brincar com os resultados um pouco e conseguir uma redução real. Por exemplo, descubra o que acontece quando se exclui a terceira coluna da matriz U, a menos importante das três. O exemplo a seguir mostra o que acontece quando cortamos a última coluna das três matrizes.

```
print np.round(np.dot(np.dot(U[:,:2], np.diag(s[:2])),
                Vh[:2,:]),1) # k=2 reconstruction
```

O código exibe a reconstrução da matriz original usando os dois primeiros componentes:

```
[[ 1.  2.8 4.1]
 [ 2.  3.2 4.8]
 [ 1.  2.  3. ]
 [ 5.  3.9 6. ]]
```

A saída é quase perfeita. Isso significa que o último componente fica de fora, e U substitui o conjunto de dados original. Há algumas casas decimais de diferença. Para levar o exemplo além, o código a seguir remove a segunda e a terceira colunas da matriz U:

```
print np.round(np.dot(np.dot(U[:,:1], np.diag(s[:1])),
         Vh[:1,:]),1) # k=1 reconstruction
```

Esta é a reconstrução da matriz original usando um único componente:

```
[[ 2.1 2.5 3.7]
 [ 2.6 3.1 4.6]
 [ 1.6 1.8 2.8]
 [ 3.7 4.3 6.5]]
```

Agora, existem mais erros. Alguns elementos da matriz perderam mais do que algumas casas decimais. Contudo, a maioria das informações numéricas está intacta, e é seguro utilizar a matriz U para substituir os dados iniciais. Imagine o potencial de usar tal técnica em uma matriz maior, com centenas de colunas que primeiro seriam transformadas em uma matriz U e depois deixariam de fora, sem problema algum, a maioria das colunas.

DICA

Uma das questões complicadas que deve ser considerada é determinar quantas colunas manter. Criar uma soma cumulativa da matriz diagonal s (a função cumsum do NumPy é perfeita para isso) é útil para acompanhar como a informação é expressa e em quantas colunas. Como regra, considere as soluções que mantêm de 70% a 99% da informação original. No entanto, essa regra não é inflexível — depende do quanto é importante reconstruir o conjunto de dados original.

Usando a SVD para medir o invisível

Uma propriedade da SVD é comprimir os dados originais a tal nível e de determinada maneira inteligente que, em certas situações, a técnica crie atributos novos e úteis, não apenas variáveis comprimidas. Portanto, as três colunas da matriz U, do exemplo anterior, podem funcionar como novos atributos.

Se os dados contêm dicas e pistas sobre causas ou motivos ocultos, uma SVD as reúne e oferece respostas e insights adequados. Isso principalmente quando os dados são formados por informações interessantes, como as da lista a seguir:

> » **O texto nos documentos insinua ideias e categorias significativas.** Assim como é possível chegar a conclusões lendo blogs e grupos de discussões, a SVD também leva à dedução de classificações significativas dos grupos de documentos ou de tópicos específicos escritos neles.
>
> » **Críticas de filmes e livros específicos insinuam preferências pessoais e categorias de produtos mais amplas.** Então, se alguém diz, em um site de classificação, que adorou a coleção original da série *Jornada nas Estrelas*, fica fácil determinar preferências em termos de outros filmes, bens de consumo e até tipos de personalidades.

Um exemplo de um método baseado em SVD é a Indexação Semântica Latente (LSI), que tem sido usada com sucesso para associar documentos e palavras com base na ideia de que as palavras, embora diferentes, tendem a ter o mesmo significado quando colocadas em contextos similares. Esse tipo de análise sugere não apenas palavras sinônimas, mas também conceitos maiores de agrupamento. Por exemplo, uma análise LSI em uma amostra de notícias esportivas agrupa times de beisebol da Major League baseada somente na coocorrência dos nomes de times em artigos similares, sem qualquer conhecimento prévio do que é um time de beisebol ou a Major League.

Realizando Análise Fatorial e ACP

A SVD opera diretamente em valores numéricos nos dados, mas os dados também podem expressar uma relação entre as variáveis. Cada atributo tem uma certa variação. Calcula-se a variabilidade como a medida de variância em relação à média. Quanto mais variância, mais informação é contida dentro da variável. Além disso, se colocarmos a variável em um conjunto, comparamos a variância de duas variáveis para determinar se elas se correlacionam, o que é uma medida de quão fortemente elas têm valores semelhantes.

Verificando todas as correlações possíveis de uma variável com outras no conjunto, vemos que existem dois tipos de variância:

> » **Variância única:** Certas variâncias são únicas para a variável em análise. Ela não se relaciona com o que acontece a qualquer outra variável.
>
> » **Variância compartilhada:** Certas variâncias são compartilhadas com uma ou mais variáveis, criando redundância nos dados. A redundância sugere que as mesmas informações, com valores ligeiramente diferentes, estão em vários recursos e em muitas observações.

É claro que o próximo passo é determinar a razão para a variância compartilhada. Tentar responder tal pergunta, bem como determinar como lidar com variâncias únicas e compartilhadas, levou à criação da análise fatorial e da análise de componente principal (comumente chamada de ACP).

Considerando o modelo psicométrico

Muito antes de se pensar em algoritmos de aprendizado de máquina, a *psicometria*, a disciplina da psicologia preocupada com a mensuração psicológica, tentou encontrar uma solução estatística para medir de modo eficaz as dimensões da personalidade. Como vários aspectos do nosso ser, a personalidade não é diretamente mensurável. Por exemplo, não é possível medir precisamente o quanto uma pessoa é introvertida ou inteligente. Os questionários e testes psicológicos apenas sugerem esses valores.

Os psicólogos conheciam a SVD e tentaram aplicá-la ao problema, e a variância compartilhada chamou sua atenção: se algumas variáveis são quase iguais, devem ter a mesma origem, eles pensaram. Eles então criaram a *análise fatorial* para realizar essa tarefa, e em vez de aplicar a SVD diretamente aos dados, aplicaram-na a uma matriz recém-criada que acompanhava a variância comum, na esperança de condensar toda a informação e recuperar novos atributos úteis chamados de *fatores*.

Procurando fatores ocultos

Uma boa maneira de mostrar como usar a análise fatorial é começar com o conjunto de dados Iris:

```
from sklearn.datasets import load_iris
from sklearn.decomposition import FactorAnalysis
iris = load_iris()
X = iris.data
Y = iris.target
cols = [s[:12].strip() for s in iris.feature_names]
factor = FactorAnalysis(n_components=4).fit(X)
```

Depois de carregar os dados e armazenar todos os atributos preditivos, a classe `FactorAnalysis` é inicializara com um pedido para procurar quatro fatores, e então os dados são ajustados. Exploramos os resultados observando o atributo `components_`, que retorna um array contendo medidas da relação entre os fatores recém-criados, posicionados em linhas, e os originais, posicionados em colunas:

```
import pandas as pd
print(pd.DataFrame(factor.components_, columns=cols))
```

Na saída descobrimos como os fatores produzidos pelo código, indicados nas linhas, relacionam-se às variáveis originais, retratadas nas colunas. Interpretamos os números como se fossem correlações:

	sepal length	sepal width	petal length	petal width
0	0.707227	-0.153147	1.653151	0.701569
1	0.114676	0.159763	-0.045604	-0.014052
2	-0.000000	0.000000	0.000000	0.000000
3	-0.000000	0.000000	0.000000	-0.000000

Na interseção de cada fator e atributo, um número positivo indica que existe uma proporção positiva entre os dois; um número negativo indica que eles divergem e que um é o contrário do outro. No teste feito no conjunto de dados Iris, por exemplo, os fatores resultantes devem ser no máximo dois, não quatro, porque apenas dois fatores têm conexões significativas com os atributos originais. Esses dois fatores agem como novas variáveis no projeto, pois retratam um atributo oculto importante que os dados disponíveis anteriormente apenas sugeriam.

> **DICA**
> Valores diferentes de `n_components` precisam ser testados, pois não há como saber quantos fatores existem nos dados. Se o algoritmo for acionado para mais fatores do que os existentes, ele gerará fatores com valores baixos ou zero no array `components_`.

Usando componentes, e não fatores

Se uma SVD for aplicada com sucesso à variância comum, parece que é aplicável a todas as variâncias. Usando uma matriz inicial ligeiramente modificada, todas as relações entre os dados seriam reduzidas e comprimidas de modo similar ao da SVD. Os resultados desse processo, muito parecidos aos da SVD, são chamados de *Análise de Componentes Principais* (ACP). Os atributos recém-criados são chamados de *componentes*. Diferente dos fatores, os componentes não são descritos como a origem da estrutura de dados, mas são apenas dados reestruturados, então são como uma somatória inteligente e grande de variáveis selecionadas.

Para aplicações de data science, a ACP e a SVD são muito parecidas. No entanto, a ACP não é afetada pela escala dos atributos originais (porque funciona em medidas de correlação limitadas entre valores −1 e +1), e a ACP foca a reconstrução da relação entre as variáveis, oferecendo resultados diferentes da SVD.

Alcançando a redução da dimensionalidade

O procedimento para obter uma ACP é muito parecido com a análise fatorial. A diferença é que o número de componentes a serem extraídos não é especificado. Decidimos mais tarde quantos componentes manter depois de verificar o atributo `explained_variance_ratio_`, que fornece a quantificação (em porcentagem) do valor informativo de cada componente extraído. O exemplo a seguir mostra como realizar essa tarefa:

```
from sklearn.decomposition import PCA
import pandas as pd
pca = PCA().fit(X)
print('Explained variance by each component: %s'
      % pca.explained_variance_ratio_)
print(pd.DataFrame(pca.components_,
                   columns=iris.feature_names))
```

Na saída, observamos a variância inicial dos atributos do conjunto de dados pelos componentes (por exemplo, aqui o primeiro componente conta como 92,5% da variância inicialmente presente no conjunto de dados), e a matriz de componentes de ACP resultante, em que cada componente (exibido nas linhas) se relaciona a cada variável original (posicionadas nas colunas):

```
Explained variance by each component:
  [0.92461621 0.05301557 0.01718514 0.00518309]
   sepal length  sepal width  petal length  petal width
0      0.361590    -0.082269      0.856572     0.358844
1      0.656540     0.729712     -0.175767    -0.074706
2     -0.580997     0.596418      0.072524     0.549061
3      0.317255    -0.324094     -0.479719     0.751121
```

Nessa decomposição do conjunto de dados Iris, o vetor array fornecido por `explained_variance_ratio_` indica que a maior parte da informação está concentrada no primeiro componente (92,5%). Vimos esse mesmo tipo de resultado depois da análise fatorial. Portanto, é possível reduzir todo o conjunto de dados a apenas dois componentes, fornecendo uma redução do ruído e da informação redundante do conjunto de dados original.

Comprimindo informações com t-SNE

Como a SVD e a ACP reduzem a complexidade dos dados, as dimensões reduzidas servem à visualização. Mas muitas vezes os diagramas de dispersão de ACP não são úteis para a visualização, pois precisamos de mais diagramas para ver como os exemplos se relacionam uns com os outros. Então os cientistas criaram algoritmos para *redução de dimensionalidade não linear* (também chamada de *aprendizado múltiplo*), como a t-SNE, para visualizar relações em conjuntos de dados complexos de centenas de variáveis usando diagramas de dispersão bidimensionais simples.

O algoritmo t-SNE começa projetando aleatoriamente os dados no número indicado de dimensões (geralmente dois para uma representação bidimensional) como pontos. Depois, em uma série de iterações, o algoritmo tenta reunir os pontos que se referem a exemplos similares no conjunto de dados (a similaridade é calculada por meio da probabilidade) e separar pontos muito diferentes uns dos outros. Depois de algumas iterações, os pontos similares devem se organizar em agrupamentos (clusters) separados dos outros pontos. Essa organização ajuda a representar os dados como um diagrama, e analisá-los produz conhecimento sobre os dados e seus significados.

Esse exemplo usa o conjunto de dados de números escritos à mão do Scikit-learn. Ele contém imagens em escala de cinza de números escritos à mão representados como uma matriz 8 x 8 de valores que variam de zero a um. (São tonalidades em que o zero é preto puro e o um é branco.)

```
from sklearn.datasets import load_digits
digits = load_digits()
X = digits.data
ground_truth = digits.target
```

Depois de carregar o conjunto de dados, rodamos o algoritmo t-SNE para comprimir os dados:

```
from sklearn.manifold import TSNE
tsne = TSNE(n_components=2,
            init='pca',
            random_state=0,
            perplexity=50,
            early_exaggeration=25,
            n_iter=300)
Tx = tsne.fit_transform(X)
```

Esse exemplo estabelece os parâmetros `perplexity`, `early_exaggeration` e `n_iter`, que contribuem com a qualidade da representação final. Podemos experimentar valores diferentes nesses parâmetros e obter soluções levemente diferentes. Quando o conjunto de dados é reduzido, podemos diagramá-lo e posicionar o rótulo do número original na área do diagrama em que existem mais exemplos parecidos, como a seguir:

```
import numpy as np
import matplotlib.pyplot as plt
plt.xticks([], [])
plt.yticks([], [])
for target in np.unique(ground_truth):
    selection = ground_truth==target
    X1, X2 = Tx[selection, 0], Tx[selection, 1]
    c1, c2 = np.median(X1), np.median(X2)
    plt.plot(X1, X2, 'o', ms=5)
    plt.text(c1, c2, target, fontsize=18)
```

Vemos o diagrama resultante na Figura 14-1, que revela como alguns números escritos à mão, como zero, seis ou quatro, são facilmente distinguíveis de outros, enquanto números como três e nove (ou cinco e oito) podem ser interpretados equivocadamente.

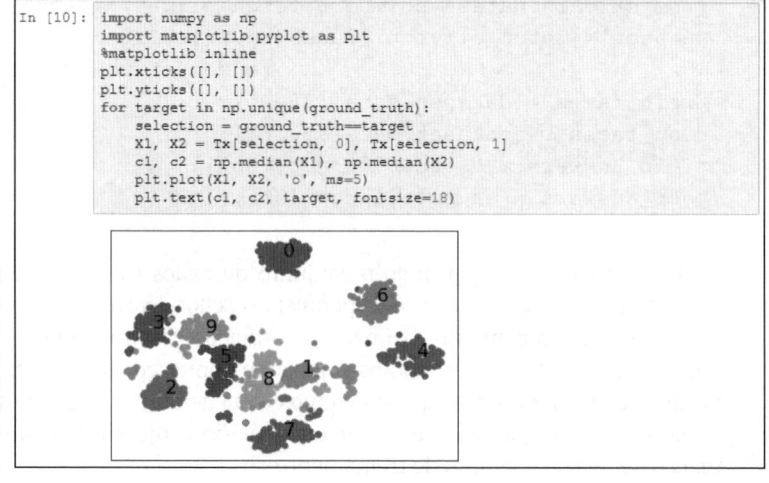

FIGURA 14-1: A projeção resultante dos dados escritos à mão pelo algoritmo t-SNE.

Entendendo Algumas Aplicações

Entender os algoritmos que compõem a família de técnicas de decomposição de dados derivada de SVD é difícil por causa da complexidade matemática e das diversas variantes (como a Fatorial, a ACP e a SVD). Alguns exemplos o ajudarão a entender as melhores maneiras de aplicar essas ferramentas poderosas de data science. Nos próximos parágrafos, trabalharemos com algoritmos, que são vistos em ação ao:

> » Realizar uma busca de imagens em um mecanismo de pesquisa ou publicar uma imagem em uma rede social.
> » Rotular automaticamente postagens de blog ou perguntas em sites de Q&A (perguntas e respostas).
> » Receber recomendações de compras em sites de e-commerce.

Reconhecendo faces com a ACP

O exemplo a seguir mostra como usar imagens de rostos para explicar como as redes sociais identificam imagens com o rótulo ou nome adequado.

```
from sklearn.datasets import fetch_olivetti_faces
dataset = fetch_olivetti_faces(shuffle=True,
                                random_state=101)
train_faces = dataset.data[:350,:]
test_faces  = dataset.data[350:,:]
train_answers = dataset.target[:350]
test_answers  = dataset.target[350:]
```

O exemplo começa importando o conjunto de dados Olivetti faces, um conjunto de imagens prontamente disponível no Scikit-learn. Desse experimento, o código divide o conjunto de imagens rotuladas em um conjunto de treinamento e um de teste. Precisamos fingir que conhecemos os rótulos do conjunto de treinamento, mas que não temos ideia nenhuma do conjunto de teste. Como resultado, queremos associar imagens do conjunto de teste à imagem mais parecida do conjunto de treinamento.

O conjunto de dados Olivetti consiste de 400 fotos tiradas de 40 pessoas (então há 10 fotos de cada pessoa). Embora representem a mesma pessoa, cada foto foi feita em diferentes momentos do dia, com luz e expressão facial ou detalhes diferentes (por exemplo, com e sem óculos). As imagens têm 64x64 pixels, então desdobrar os pixels em atributos cria um conjunto de dados formado por 400 casos e 4.096 variáveis. Informações adicionais sobre o conjunto de dados são obtidas usando: print(dataset.DESCR), como mostrado no código-fonte para download. Para mais informações sobre ele, acesse o site da AT&T Laboratories Cambridge: https://www.cl.cam.ac.uk/research/dtg/attarchive/facedatabase.html [conteúdo em inglês]. O fragmento de código a seguir transforma e reduz as imagens usando um algoritmo de ACP do Scikit-learn:

```
from sklearn.decomposition import RandomizedPCA
n_components = 25
Rpca = PCA(svd_solver='randomized',
           n_components=n_components,
           whiten=True)
Rpca.fit(train_faces)
print('Explained variance by %i components: %0.3f'
 % (n_components, np.sum(Rpca.
   explained_variance_ratio_)))
compressed_train_faces = Rpca.transform(train_faces)
compressed_test_faces  = Rpca.transform(test_faces)
```

A execução exibe a proporção da variância retida pelos 25 primeiros componentes da variância de ACP resultante explicada por 25 componentes: 0,794.

A classe RandomizedPCA é uma versão aproximada da ACP, que funciona melhor quando o conjunto de dados é grande (muitas linhas e variáveis). A decomposição cria 25 novas variáveis (parâmetro n_components) e branqueamento (whiten=True), removendo certo ruído constante (criado por granularidade textual e de foto) das imagens. A decomposição resultante usa 25 componentes, que é cerca de 80% das informações contidas em 4.096 atributos.

```
import matplotlib.pyplot as plt
%matplotlib inline

photo = 17
print('The represented person is subject %i'
      % test_answers[photo])
plt.subplot(1, 2, 1)
plt.axis('off')
plt.title('Unknown photo '+str(photo)+' in test set')
plt.imshow(test_faces[photo].reshape(64,64),
           cmap=plt.cm.gray, interpolation='nearest')
plt.show()
```

A Figura 14-2 representa o sujeito número 34, cuja foto número 17 foi escolhida como conjunto de teste.

```
In [14]: import matplotlib.pyplot as plt
         %matplotlib inline

         photo = 17
         print('We are looking for face id=%i'
               % test_answers[photo])
         plt.subplot(1, 2, 1)
         plt.axis('off')
         plt.title('Unknown face '+str(photo)+' in test set')
         plt.imshow(test_faces[photo].reshape(64,64),
                    cmap=plt.cm.gray, interpolation='nearest')

         We are looking for face id=34
Out[14]: <matplotlib.image.AxesImage at 0xb94f9b0>
```

FIGURA 14-2: A aplicação de exemplo gostaria de encontrar fotos similares.

Depois da decomposição do conjunto de teste, o exemplo pega os dados relativos apenas à foto 17 e os subtrai da decomposição do conjunto de treinamento. Agora esse conjunto é formado por diferenças em relação à foto de exemplo. O código as eleva ao quadrado (para remover valores negativos) e as soma por linha, o que resulta em uma série de erros somados. As fotos mais parecidas são as que têm menos erros quadráticos, cujas diferenças são as menores.

```
mask = compressed_test_faces[photo,]
squared_errors = np.sum((compressed_train_faces
                         - mask)**2, axis=1)
minimum_error_face = np.argmin(squared_errors)
most_resembling = list(np.where(squared_errors < 20)[0])
print('Best resembling subject in training set: %i'
      % train_answers[minimum_error_face])
```

O código anterior retorna o número do código da pessoa mais parecida no conjunto de dados, que realmente corresponde ao código do sujeito escolhido no conjunto de teste:

```
Best resembling subject in training set: 34
```

Confira o trabalho realizado pelo código exibindo a foto 17 do conjunto de teste ao lado das três principais imagens do conjunto de treinamento que mais se parecem com ela (como mostrado na Figura 14-3):

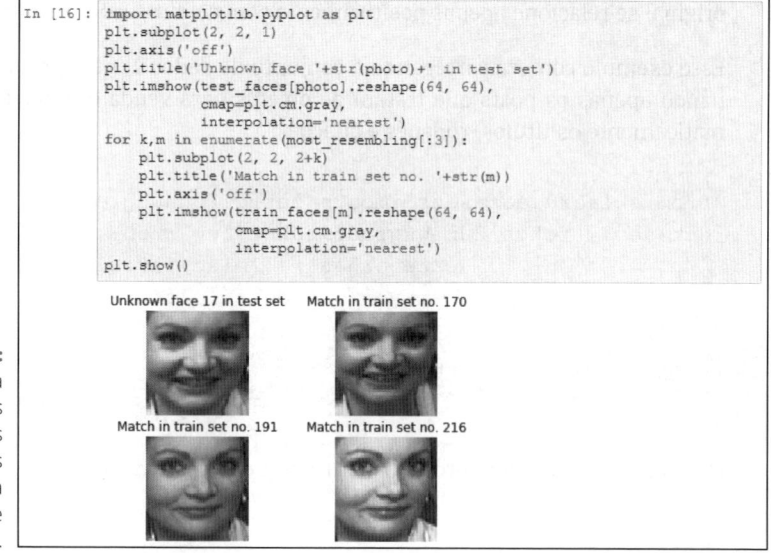

```python
import matplotlib.pyplot as plt
plt.subplot(2, 2, 1)
plt.axis('off')
plt.title('Unknown face '+str(photo)+' in test set')
plt.imshow(test_faces[photo].reshape(64, 64),
        cmap=plt.cm.gray,
        interpolation='nearest')
for k,m in enumerate(most_resembling[:3]):
    plt.subplot(2, 2, 2+k)
    plt.title('Match in train set no. '+str(m))
    plt.axis('off')
    plt.imshow(train_faces[m].reshape(64, 64),
            cmap=plt.cm.gray,
            interpolation='nearest')
plt.show()
```

FIGURA 14-3: A saída mostra os resultados parecidos com a imagem de teste.

Embora a foto mais parecida do conjunto de treinamento seja apenas uma versão com escala diferente da presente no conjunto de teste, as outras duas fotos apresentam uma pose diferente da mesma pessoa da foto de teste 17. Usando ACP e começando por uma imagem de exemplo, conseguimos encontrar outras fotos da mesma pessoa em um conjunto de imagens.

Extraindo tópicos com NMF

Os dados textuais são outro campo de aplicação para a família de algoritmos de redução de dados. A ideia que deu origem a tal aplicação foi a de que, se um grupo de pessoas fala ou escreve sobre algo, tende a usar palavras de um conjunto limitado, pois se refere ao mesmo tópico; elas compartilham um significado ou são parte do mesmo grupo. Consequentemente, se temos uma coleção de textos e não sabemos a que se referem, podemos reverter o raciocínio anterior — basta procurar grupos de palavras que tendem a ser associadas, então o grupo recém-formado pela redução de dimensionalidade sugere os tópicos que queremos conhecer.

Essa é uma aplicação perfeita para a família SVD, pois, reduzindo o número de colunas, os atributos (em um documento, as palavras são os atributos) se reunirão em dimensões, e descobrimos os tópicos verificando as palavras com maiores pontuações. A SVD e a ACP oferecem atributos para relacionar positiva e negativamente com as dimensões recém-criadas. Então, um tópico resultante é expressado pela presença de uma palavra (valor positivo alto) ou pela ausência dela (valor negativo alto), tornando a interpretação complicada e ilógica para os seres humanos. Felizmente, o Scikit-learn inclui a classe de decomposição de Fatoração de Matrizes Não Negativas (NMF), que possibilita que um atributo original se relacione apenas positivamente com as dimensões resultantes.

Esse exemplo começa carregando o conjunto de dados 20newsgroups, selecionando apenas os posts que tratam de objetos para venda e removendo automaticamente os títulos, rodapés e citações.

```
from sklearn.datasets import fetch_20newsgroups
dataset = fetch_20newsgroups(shuffle=True,
                categories = ['misc.forsale'],
                remove=('headers', 'footers',
  'quotes'),
                random_state=101)
print('Posts: %i' % len(dataset.data))
```

O código carrega o conjunto de dados e exibe o número de posts que ele contém:

```
Posts: 585
```

A classe TfidVectorizer é importada e configurada para remover palavras vazias (palavras comuns como *the* ou *and*) e manter apenas palavras distintas, produzindo uma matriz cujas colunas as indiquem.

```
from sklearn.feature_extraction.text import
  TfidfVectorizer
from sklearn.decomposition import NMF

vectorizer = TfidfVectorizer(max_df=0.95, min_df=2,
                             stop_words='english')
tfidf = vectorizer.fit_transform(dataset.data)
n_topics = 5
nmf = NMF(n_components=n_topics,
          random_state=101).fit(tfidf)
```

LEMBRE-SE

A TF-IDF (frequência do termo — inverso da frequência nos documentos) é um cálculo simples baseado na frequência de uma palavra em um documento e que é ponderado por raridade da palavra nos documentos disponíveis. O peso das palavras é um modo eficaz de excluir palavras que não ajudam a classificar ou identificar o documento ao processar textos. Por exemplo, eliminar partes comuns do discurso ou outras palavras comuns.

Como em outros algoritmos do módulo `sklearn.decomposition`, o parâmetro `n_components` indica o número de componentes desejados. Se quisermos procurar mais tópicos, usamos um número mais alto. À medida que o número de tópicos aumenta, o método `reconstruction_err_` relata taxas de erro mais baixas. Cabe a você decidir quando parar, dada a troca entre mais tempo gasto com cálculos e mais tópicos.

A última parte do script exibe os cinco tópicos resultantes. Ao ler as palavras exibidas, decidimos o significado dos tópicos extraídos, graças às características do produto (por exemplo, as palavras *drive*, *hard*, *card* e *floppy* se referem a computadores) ou do produto exato (por exemplo, *comics*, *car*, *stereo* e *games*).

```
feature_names = vectorizer.get_feature_names()
n_top_words = 15
for topic_idx, topic in enumerate(nmf.components_):
    print('Topic #%d:' % (topic_idx+1),)
    topics = topic.argsort()[:-n_top_words - 1:-1]
    print(' '.join([feature_names[i] for i in topics]))
```

Os tópicos aparecem em ordem, acompanhados das palavras-chave que os representam. Explora-se o modelo resultante observando-se o atributo `components_` do modelo NMF treinado. Ele consiste em um `ndarray` NumPy contendo valores positivos para palavras ligadas ao tópico. Usar o método `argsort` expõe os índices das principais associações, cujos valores altos indicam que são as palavras mais representativas. Esse código extrai os índices das principais palavras representativas para o tópico 1:

```
print(nmf.components_[0,:].argsort()
   [:-n_top_words-1:-1])
```

A saída é uma lista de índices, cada um correspondendo a uma palavra:

```
[2463 740 2200 2987 2332 853 3727 3481 2251 2017 556 842
 2829 2826 2803]
```

Decodificar os índices das palavras cria strings legíveis, chamando-os do array derivado do método `get_feature_names` aplicado ao `TfidfVectorizer` ajustado previamente. No próximo trecho, vemos como extrair a palavra relacionada ao índice 2463, a principal palavra explicativa do tópico 1:

```
word_index = 2463
print(vectorizer.get_feature_names()[word_index])
```

A palavra relacionada no índice 2463 é "offer":

```
offer
```

Recomendando filmes

Outras aplicações interessantes para a redução de dados são sistemas que geram recomendações para coisas que se deseja comprar ou conhecer. Geralmente, vemos as recomendações em ação na maioria dos sites de e-commerce, depois de fazer login e visitar algumas páginas de produtos. Ao navegar, classificamos itens ou os colocamos em um carrinho eletrônico. Com base nessas ações e nas de outros clientes, outras oportunidades de compra são exibidas (esse método é chamado de *filtragem colaborativa*).

As recomendações colaborativas são implementadas apenas com base em médias simples ou frequências calculadas nos conjuntos de itens comprados por outros clientes ou em classificações usando SVD. Essa abordagem nos ajuda a gerar recomendações de modo confiável, mesmo no caso de produtos raramente vendidos ou novos. Para este exemplo, usamos um banco de dados bem conhecido criado pelo site MovieLens, coletado das classificações feitas por usuários sobre um filme de que gostaram ou não. Como é um conjunto de dados externo, primeiro temos de baixá-lo da internet em http://files.grouplens.org/datasets/movielens/ml-1m.zip [conteúdo em inglês]. Depois de fazer o download do banco de dados, extraia-o para o diretório de trabalho do Python. Descubra qual é o diretório usando estes comandos:

```
import os
print(os.getcwd())
```

Anote o diretório exibido e extraia o banco de dados ml-1m nele. Depois execute o código a seguir.

```
import pandas as pd
from scipy.sparse import csr_matrix
users = pd.read_table('ml-1m/users.dat', sep='::',
        header=None, names=['user_id', 'gender',
        'age', 'occupation', 'zip'], engine='python')
ratings = pd.read_table('ml-1m/ratings.dat', sep='::',
        header=None, names=['user_id', 'movie_id',
        'rating', 'timestamp'], engine='python')
movies = pd.read_table('ml-1m/movies.dat', sep='::',
        header=None, names=['movie_id', 'title',
        'genres'], engine='python')
MovieLens = pd.merge(pd.merge(ratings, users), movies)
```

Usando pandas, o código carrega as diferentes tabelas de dados e as reúne na base dos atributos com o mesmo nome (as variáveis user_id e movie_id).

```
ratings_mtx_df = MovieLens.pivot_table(values='rating',
        index='user_id', columns='title', fill_value=0)
movie_index = ratings_mtx_df.columns
```

pandas também ajudará a criar uma tabela de dados cruzando informações de linhas sobre os usuários e de colunas sobre títulos de filmes. Um índice do filme acompanhará qual filme é representado por cada coluna.

```
from sklearn.decomposition import TruncatedSVD
recom = TruncatedSVD(n_components=15, random_state=101)
R = recom.fit_transform(ratings_mtx_df.values.T)
```

A classe `TruncatedSVD` reduz a tabela de dados a quinze componentes. Ela oferece um algoritmo mais escalável do que o `linalg.svd` do SciPy, usado em exemplos anteriores. `TruncatedSVD` calcula as matrizes resultantes na forma exata estabelecida no parâmetro `n_components` (as matrizes resultantes completas não são calculadas), resultando em uma saída mais rápida e menos uso de memória.

Calculando a matriz `Vh`, reduzimos as classificações de usuários diferentes, mas parecidos (a pontuação de cada usuário é expressa em uma linha), em dimensões comprimidas que reconstroem gostos e preferências em geral. Note que, como estamos interessados na matriz `Vh` (as reduções de colunas/filmes), mas o algoritmo fornece apenas a matriz `U` (a decomposição baseada em linhas), precisamos entrar com a transposição da tabela de dados (por transposição, as colunas se transformam em linhas, e obtemos a saída `TruncatedSVD`, que é a matriz `Vh`). Agora procuramos um filme específico:

```
movie = 'Star Wars: Episode V \
- The Empire Strikes Back (1980)'
movie_idx = list(movie_index).index(movie)
print("movie index: %i" %movie_idx)
print(R[movie_idx])
```

A saída indica o índice de um episódio de *Star Wars* e suas coordenadas SVD:

```
movie index: 3154
[184.72254552 -17.77612872 47.33450866 51.4664494
 47.92058216 17.65033116 14.3574635 -12.82219207
 17.51347857 5.46888807 7.5430805 -0.57117869
 -30.74032355 2.4088565 -22.50368497]
```

Usando o rótulo do filme, descobrimos em qual coluna o filme está (índice 3154 da coluna, neste caso) e exibimos os valores dos quinze componentes. Essa sequência oferece o perfil do filme. Agora tente obter todos os filmes com pontuações similares ao filme-alvo que sejam altamente correlacionados a ele. Uma boa estratégia é calcular uma matriz de correlação de todos os filmes, pegar a fatia relacionada ao filme e descobrir dentro dela quais são os títulos mais relacionados (caracterizados por uma correlação positiva alta — de pelo menos 0,98) usando a indexação, como mostrado no código a seguir:

```
import numpy as np
correlation_matrix = np.corrcoef(R)
P = correlation_matrix[movie_idx]
print(list(movie_index[(P > 0.985) & (P < 1.0)]))
```

O código retornará nomes de filmes mais parecidos ao de seu filme e que são sugestões baseadas em uma preferência por esse filme.

```
['Raiders of the Lost Ark (1981)',
'Star Wars: Episode IV - A New Hope (1977)',
'Star Wars: Episode V - The Empire Strikes Back (1980)',
'Star Wars: Episode VI - Return of the Jedi (1983)',
'Terminator, The (1984)']
```

Os fãs de *Star Wars* gostariam de alguns títulos, como *Star Wars Episode IV* e *VI* (é claro). Além disso, podem gostar de *Raiders of the Lost Ark*, pois o ator Harrison Ford é o personagem principal em todos eles.

LEMBRE-SE A SVD sempre encontrará a melhor maneira de relacionar uma linha ou coluna aos dados, descobrindo interações ou relações complexas que nem se imaginavam. Não é preciso prever nada; ela é uma abordagem totalmente orientada por dados.

NESTE CAPÍTULO

» Explorando as potencialidades do agrupamento não supervisionado

» Fazendo o K-means trabalhar com dados pequenos e big data

» Experimentando o DBScan como alternativa

Capítulo **15**

Agrupamento

Uma das habilidades básicas que os seres humanos exercem desde o início dos tempos é dividir o mundo em classes separadas, em que objetos individuais compartilham características comuns, consideradas importantes pelo classificador. Partindo dos habitantes primitivos das cavernas classificando o mundo natural em que viviam, distinguindo plantas e animais úteis e perigosos para a sobrevivência, chegamos à Era Moderna, em que os departamentos de marketing classificam os consumidores em segmentos-alvo e agem com planos de marketing correspondentes.

A classificação é crucial para o processo de construção de novos conhecimentos, pois, pela reunião de objetos similares, é possível:

» Mencionar todos os itens em uma classe pela mesma denominação.
» Resumir atributos relevantes por um tipo de classe exemplificativa.
» Associar ações específicas ou relembrar de conhecimentos específicos automaticamente.

Lidar com fluxos de big data atualmente requer a mesma habilidade classificatória, mas em escala diferente. Para identificar grupos desconhecidos de sinais presentes nos dados, precisamos de algoritmos especializados que sejam capazes de aprender como atribuir exemplos a determinadas classes (a abordagem *supervisionada*) e para identificar novas classes interessantes das quais não estamos cientes (aprendizado *não supervisionado*).

Embora sua rotina principal como cientista de dados seja colocar em prática suas habilidades preditivas, também, com frequência, terá que fornecer insights úteis para possíveis informações novas, presentes nos dados. Por exemplo, é preciso localizar novos atributos para fortalecer o poder preditivo dos modelos, encontrar um modo mais fácil para fazer comparações complexas nos dados e descobrir comunidades em redes sociais.

Uma abordagem de classificação orientada por dados, chamada de *agrupamento* (clustering), será de grande ajuda para o sucesso do projeto de dados quando precisar de novos insights a partir do zero e não tiver dados rotulados ou quiser criar rótulos para eles.

As técnicas de agrupamento são um conjunto de métodos de *classificação não supervisionada* que criam classes significativas processando diretamente os dados, sem qualquer conhecimento prévio ou hipótese sobre os grupos presentes. Se todos os algoritmos supervisionados precisam de exemplos rotulados (rótulos de classe), os não supervisionados descobrem sozinhos quais são os rótulos mais adequados.

DICA O agrupamento resume grandes quantidades de dados. É uma técnica eficaz para apresentar dados para um público sem conhecimento técnico e para alimentar um algoritmo supervisionado com variáveis de grupo, fornecendo a eles informações concentradas e significativas.

Há alguns tipos de técnicas de agrupamento, e as orientações da lista a seguir as distinguem:

» Atribuir cada exemplo a um grupo único (particionamento) ou a múltiplos grupos (agrupamento fuzzy).
» Determinar a heurística — isto é, a regra prática — usada para descobrir se um exemplo faz parte de um grupo.
» Especificar como a diferença entre observações é quantificada, isto é, a chamada medida de distância.

Na maior parte do tempo, usamos *técnicas de agrupamento de particionamento* (um ponto de dado integra apenas um grupo, de modo que eles não se sobrepõem; sua associação é distinta), e entre os métodos de particionamento, usamos mais o K-means. Além disso, outros métodos úteis mencionados neste capítulo são baseados em métodos aglomerativos e em densidades de dados.

Os *métodos aglomerativos* posicionam os dados em grupos (clusters) com base em uma medida de distância. As *abordagens de densidade de dados* aproveitam a ideia de que os grupos são muito densos e contínuos, então, se notarmos uma diminuição na densidade ao explorar uma parte de um grupo de pontos, pode significar que chegamos a um dos limites.

DICA Como normalmente não sabemos o que estamos procurando, métodos diferentes oferecem diferentes soluções e pontos de vistas sobre os dados. O segredo de um agrupamento de sucesso é experimentar o máximo possível de receitas, comparar os resultados e tentar encontrar uma razão para considerar certas observações como um grupo em relação às outras.

LEMBRE-SE Você não precisa digitar o código-fonte deste capítulo. É mais fácil usar a fonte para download (veja instruções para download na Introdução). O código-fonte deste capítulo aparece no arquivo P4DS4D2_15_Clusterização.ipynb.

Agrupando com K-means

O *K-means* é um algoritmo que se tornou muito popular no aprendizado de máquina devido a sua simplicidade, velocidade e escalabilidade para um grande número de pontos de dados. O algoritmo K-means conta com a ideia de que há um número específico de grupos de dados, também chamados *clusters*. Cada grupo de dados está espalhado em torno de um ponto central com o qual compartilham algumas características-chave.

Imagine o ponto central de um grupo, chamado de *centroide*, como um sol. Os pontos de dados se distribuem em torno do centroide como planetas. Assim como os sistemas estelares são separados pelo vácuo do espaço, espera-se que os grupos também sejam claramente separados uns dos outros, então, como coleções de pontos, eles são internamente homogêneos e diferentes uns dos outros.

LEMBRE-SE O algoritmo K-means espera encontrar grupos nos dados, portanto, ele os encontrará mesmo que não existam. É importante verificar dentro dos grupos para determinar se o grupo é algo realmente precioso.

Dadas tais suposições, tudo o que precisamos fazer é especificar o número de grupos esperado (com uma estimativa ou uma variedade de possíveis soluções), e o algoritmo K-means os procurará usando uma heurística a fim de recuperar a posição dos pontos centrais.

Os centroides dos grupos devem ficar evidentes por suas características e posições diferentes. Mesmo que comece adivinhando aleatoriamente onde estão, no fim, depois de algumas correções, eles sempre serão encontrados usando-se os vários pontos de dados que gravitam ao seu redor.

Entendendo algoritmos baseados em centroides

O procedimento para encontrar os centroides é bem direto:

1. **Estime um número K de grupos.**

   Os centroides K são escolhidos aleatoriamente dos pontos de dados ou escolhidos para que estejam em posições muito distantes uns dos outros. Todos os outros pontos são atribuídos ao centroide mais próximo com base na distância euclidiana.

2. **Forme os grupos iniciais.**

3. **Faça uma nova iteração, gerando grupos, até notar que a solução não muda mais.**

   Recalcule os centroides como uma média de todos os pontos presentes no grupo. Todos os pontos de dados são reatribuídos aos grupos com base na distância dos novos centroides.

O processo iterativo de atribuir casos ao centroide mais plausível e depois tirar a média dos atribuídos para encontrar um novo centroide mudará lentamente a posição do centroide em direção às áreas em que a maioria dos pontos de dados gravita. O resultado é que acabamos com a posição real do centroide.

O procedimento tem apenas dois pontos fracos que devemos considerar. Primeiro, escolhemos os centroides iniciais aleatoriamente, o que significa que o ponto de partida talvez seja ruim. Como resultado, o processo iterativo para em alguma solução improvável — por exemplo, com um centroide no meio de dois grupos. Para garantir que a solução seja a mais provável, teste o algoritmo algumas vezes e acompanhe os resultados. Quanto mais testar, mais provavelmente confirmará a solução certa. A implementação de K-means, do Scikit-learn, do Python fará isso automaticamente, basta decidir quantas vezes pretende fazer o teste. (O dilema é que mais iterações produzem resultados melhores, mas cada iteração consome um tempo valioso.)

O segundo ponto fraco se deve à distância usada por K-means, a *distância euclidiana*, que é a distância entre dois pontos em um plano (um conceito que você provavelmente estudou na escola). Em uma aplicação K-means, cada ponto de dado é um vetor de atributos, então, ao comparar a distância entre dois pontos, fazemos o seguinte:

1. **Criamos uma lista contento as diferenças dos elementos nos dois vetores.**

2. **Elevamos todos os elementos do vetor de diferenças ao quadrado.**

3. **Calculamos a raiz quadrada dos elementos do vetor de diferenças somados.**

Experimente este exemplo simples no Python. Imagine que haja dois pontos, A e B, e eles tenham três atributos numéricos. Se A e B são a representação dos dados de duas pessoas, seus atributos característicos poderiam ser medidos em altura (cm), peso (kg) e idade (anos), como no código a seguir:

```
import numpy as np
A = np.array([165, 55, 70])
B = np.array([185, 60, 30])
```

O próximo exemplo mostra como calcular as diferenças entre os três elementos, elevar todos os elementos resultantes ao quadrado e determinar a raiz quadrada da somatória dos valores quadrados:

```
D = (A - B)
D = D**2
D = np.sqrt(np.sum(D))
print(D)

45.0
```

No fim, a distância euclidiana é apenas uma grande soma. Quando as variáveis formando o vetor de diferença são significativamente diferentes em escala umas das outras (nesse exemplo, a altura poderia ter sido expressada em metros), acabamos com uma distância dominada pelos elementos com a maior escala. É muito importante mudar a escala das variáveis para que usem uma escala semelhante antes de aplicar o algoritmo K-means. Podemos usar um intervalo fixado ou uma normalização estatística com média zero e variância unitária para esse fim.

Outro problema em potencial se deve à correlação entre as variáveis, causando redundância de informação. Se duas variáveis são altamente correlacionadas, uma parte de seu conteúdo é repetido. A replicação implica a contagem da mesma informação mais de uma vez na soma usada para calcular a distância. Se não estivermos cientes do problema de correlação, algumas variáveis dominarão o cálculo de medida de distância — uma situação que não nos leva a encontrar os grupos úteis que queremos. A solução é remover a correlação graças a um algoritmo de redução de dimensionalidade como a Análise de Componentes Principais (ACP). Cabe a você se lembrar de avaliar a escala e a correlação antes de empregar o K-means ou outras técnicas de agrupamento usando a medida de distância euclidiana.

Criando um exemplo com imagem

Um exemplo com dados de imagem demonstra como aplicar a ferramenta e como obter insights de grupos. O exemplo ideal é o agrupamento do conjunto de dados de dígitos escritos à mão do pacote Scikit-learn. Os números escritos a mão são naturalmente diferentes uns dos outros — têm variabilidade, pois há várias maneiras de escrever certos números. É claro que há diferentes estilos de escrita, então é natural que os números escritos por cada pessoa pareçam ligeiramente diferentes. O código a seguir mostra como importar o dado de imagem.

```
from sklearn.datasets import load_digits
digits = load_digits()
X = digits.data
ground_truth = digits.target
```

O exemplo começa importando os dígitos do conjunto de dados do Scikit-learn e os atribuindo à variável. Depois armazena os rótulos em outra variável para verificação posterior. O próximo passo é processar os dados usando uma ACP.

```
from sklearn.decomposition import PCA
from sklearn.preprocessing import scale
pca = PCA(n_components=30)
Cx = pca.fit_transform(scale(X))
print('Explained variance %0.3f'
      % sum(pca.explained_variance_ratio_))

Explained variance 0.893
```

Ao aplicar a ACP nos dados escalados, o código lida com os problemas de escala e correlação. Embora a ACP recrie o mesmo número de variáveis dos dados de entrada, o código de exemplo deixa alguns de lado usando o parâmetro n_components. A decisão de usar 30 componentes, comparados aos 64 originais, variáveis, possibilita que o exemplo retenha a maior parte da informação original (cerca de 90%) e simplifique o conjunto de dados removendo a correlação e reduzindo variáveis redundantes e seus ruídos.

> **DICA** O restante do capítulo usa o conjunto de dados Cx. Se precisar rodar exemplos de códigos isolados do capítulo, rode primeiro o código já apresentado.

Nesse exemplo, os dados transformados pela ACP aparecem na variável Cx. Depois de importar a classe KMeans, o código define os principais parâmetros:

» n_clusters é o número K de centroides a ser encontrado.

> n_init é o número de vezes para experimentar K-means com diferentes centroides iniciais. O código precisa testar o procedimento um número suficiente de vezes, como dez, da forma mostrada aqui.

```
from sklearn.cluster import KMeans
clustering = KMeans(n_clusters=10,
                    n_init=10, random_state=1)
clustering.fit(Cx)
```

Depois de criar os parâmetros, a classe de agrupamento está pronta para ser usada. Aplicar o método `fit()` ao conjunto de dados `Cx` produz um conjunto de dados escalado e dimensionalmente reduzido.

Procurando soluções ideais

Como mencionado da seção anterior, o exemplo está agrupando dez números (centroides) diferentes. É hora de começar a verificar a solução com K = 10 primeiro. O código a seguir compara o resultado do agrupamento anterior ao *ground truth* — os rótulos verdadeiros — a fim de determinar se há qualquer correspondência.

```
import numpy as np
import pandas as pd
ms = np.column_stack((ground_truth,clustering.labels_))
df = pd.DataFrame(ms,
                  columns = ['Ground truth','Clusters'])
pd.crosstab(df['Ground truth'], df['Clusters'],
            margins=True)
```

Converter a solução, dada pela variável `labels` interna à classe `custering`, em um `pandas DataFrame` possibilita aplicar uma tabulação cruzada e comparar os rótulos originais com os derivados do agrupamento. Veja os resultados na Figura 15-1. Como as linhas representam o ground truth, procure números cuja maioria das observações se divida entre grupos diferentes. Essas observações são exemplos escritos à mão, que o K-means tem dificuldade em descobrir.

Note como os números como seis ou zero são concentrados em um único cluster principal, enquanto outros, como três, nove e muitos exemplos de cinco e oito, tendem a se reunir em um mesmo grupo, o grupo 1. O grupo 9 consiste em um único número quatro (um exemplo tão diferente de todos os outros que tem o seu próprio grupo). De tal descoberta, deduzimos que certos números manuscritos são fáceis de adivinhar, enquanto outros não são.

DICA A tabulação cruzada tem sido particularmente útil nesse exemplo, pois podemos comparar o resultado do agrupamento ao ground truth. No entanto, em muitas aplicações de agrupamento, não haverá nenhum ground truth para fazer a comparação. Em tais casos, representar os valores das variáveis usando os centroides dos grupos encontrados é particularmente útil. As estatísticas descritivas realizam essa tarefa por meio da aplicação da média ou da mediana, como descrito no Capítulo 13, em cada grupo e da comparação entre as diferentes estatísticas descritivas deles.

```
In [5]: import numpy as np
        import pandas as pd
        ms = np.column_stack((ground_truth,clustering.labels_))
        df = pd.DataFrame(ms,
                    columns = ['Ground truth','Clusters'])
        pd.crosstab(df['Ground truth'], df['Clusters'],
                    margins=True)
```

Out[5]:

Clusters / Ground truth	0	1	2	3	4	5	6	7	8	9	All
0	177	0	0	1	0	0	0	0	0	0	178
1	0	27	0	0	0	1	0	96	58	0	182
2	1	141	6	0	1	0	0	24	4	0	177
3	0	1	160	0	7	8	0	7	0	0	183
4	0	0	0	157	4	2	0	2	7	9	181
5	0	0	39	2	0	137	2	2	0	0	182
6	1	0	0	0	0	0	174	5	1	0	181
7	0	0	0	0	157	1	0	1	3	17	179
8	1	1	46	0	2	7	2	103	12	0	174
9	0	0	144	0	8	4	0	2	19	3	180
All	180	170	395	160	179	160	178	242	104	29	1797

FIGURA 15-1: Tabulação cruzada do ground truth e dos grupos K-means.

Outra observação é que, mesmo que existam apenas dez números nesse exemplo, há mais tipos de formas manuscritas de cada um, por isso a necessidade de encontrar mais grupos. É claro que o problema é determinar exatamente quantos grupos são necessários.

Use a *inércia* para medir a viabilidade de um grupo; ela é a soma das diferenças entre cada membro do grupo e seu centroide. Se os exemplos nos grupos forem similares ao centroide, a diferença é pequena, e a inércia também. A inércia, como medida individual, revela pouco. Além do mais, ao comparar a inércia de diferentes grupos em geral, notamos que quanto mais grupos temos, menor ela é. Compare a inércia de uma solução de grupo com a anterior. Essa comparação fornece a taxa de mudança, uma medida mais interpretável. Para obter a taxa de mudança da inércia em Python, é preciso criar um loop. Experimente soluções progressivas de grupo dentro do loop, registrando seus valores. Veja um script para o exemplo dos dígitos manuscritos:

```
import numpy as np
inertia = list()
for k in range(1,21):
    clustering = KMeans(n_clusters=k,
                        n_init=10, random_state=1)
    clustering.fit(Cx)
```

```
        inertia.append(clustering.inertia_)
delta_inertia = np.diff(inertia) * -1
```

Use a variável `inertia` dentro da classe de agrupamento, depois de ajustar o agrupamento. A variável é uma lista que contém a taxa de mudança de inércia entre uma solução e a anterior. Veja o código que exibe um gráfico de linha da taxa de mudança, exibido na Figura 15-2.

```
import matplotlib.pyplot as plt
%matplotlib inline
plt.figure()
x_range = [k for k in range(2, 21)]
plt.xticks(x_range)
plt.plot(x_range, delta_inertia, 'ko-')
plt.xlabel('Number of clusters')
plt.ylabel('Rate of change of inertia')
plt.show()
```

Ao examinar a taxa de mudança de `inertia`, observe os saltos na própria taxa. Se o salto é ascendente, significa que adicionar um grupo na solução anterior é muito mais benéfico do que o esperado; se o salto for descendente, o grupo está sendo forçado além do necessário. Todas as soluções de grupo antes de um salto descendente são uma boa escolha, de acordo com o princípio da parcimônia (o salto sinaliza uma sofisticação na análise, mas as soluções certas geralmente são as mais simples). Neste exemplo, há muitos saltos em k = 7, 9, 11, 14, 17, mas k = 17 parece ser o pico mais promissor, por causa de uma taxa de mudança muito maior em relação à tendência descendente.

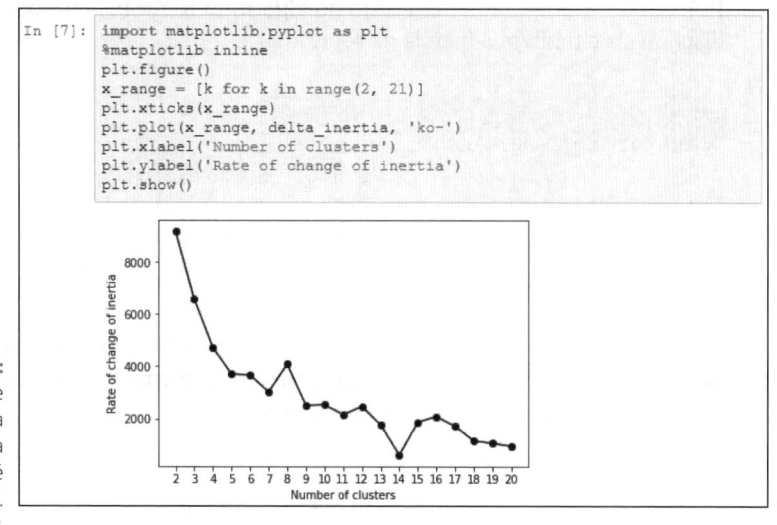

FIGURA 15-2:
A taxa de mudança da inércia para soluções até k = 20.

LEMBRE-SE A taxa de mudança na inércia fornecerá apenas algumas dicas de onde há boas soluções de grupo. Cabe a você decidir qual escolher se precisar de mais insights sobre os dados. Caso contrário, se o agrupamento for apenas um passo em um projeto complexo de data science, não se esforce muito para encontrar um número ideal de grupos; basta passar uma solução que apresente grupos o bastante para o próximo algoritmo de aprendizado de máquina e deixá-lo decidir o melhor.

Agrupando big data

O K-means é um modo de reduzir a complexidade dos dados resumindo os diversos exemplos no conjunto de dados. Para realizar essa tarefa, carregamos os dados na memória do computador, mas isso nem sempre será possível, especialmente se trabalharmos com big data. O Scikit-learn oferece um modo alternativo de aplicar K-means; o MiniBatchKMeans é uma variante que agrupa progressivamente partes separadas de dados. Na verdade, um procedimento de aprendizado em lotes geralmente processa os dados uma parte de cada vez. Há apenas duas diferenças entre a função K-means padrão e MiniBatchKMeans:

» Não podemos testar automaticamente centroides iniciais diferentes a não ser que tentemos rodar a análise de novo.

» A análise começará quando houver um lote de um número mínimo de casos. Esse valor geralmente é 100 (mas quanto mais casos, melhor é o resultado) pelo parâmetro batch_size.

Uma demonstração simples no conjunto de dados manuscritos anterior mostra a eficácia e a facilidade do uso da classe de agrupamento MiniBatchKMeans. Primeiro, o exemplo roda um teste no algoritmo K-means em todos os dados disponíveis e registra a inércia da solução:

```
k = 10
clustering = KMeans(n_clusters=k,
                    n_init=10, random_state=1)
clustering.fit(Cx)
kmeans_inertia = clustering.inertia_
print("K-means inertia: %0.1f" % kmeans_inertia)
```

Observe que a inércia resultante é 58.253,3. O exemplo testa, então, os mesmos dados e números de grupos ajustando um agrupamento MiniBatchKMeans em lotes pequenos separados de 100 exemplos:

```python
from sklearn.cluster import MiniBatchKMeans
batch_clustering = MiniBatchKMeans(n_clusters=k,
                                    random_state=1)
batch = 100
for row in range(0, len(Cx), batch):
    if row+batch < len(Cx):
        feed = Cx[row:row+batch,:]
    else:
        feed = Cx[row:,:]
    batch_clustering.partial_fit(feed)
batch_inertia = batch_clustering.score(Cx) * -1

print("MiniBatchKmeans inertia: %0.1f" % batch_inertia)
```

Esse script itera pelos índices do conjunto de dados já escalado e simplificado por ACP (`Cx`), criando lotes de 100 observações cada. Usando o método `partial_fit`, ajusta um agrupamento K-means em cada lote, usando os centroides encontrados na chamada anterior. O algoritmo para quando os dados acabam. O método `score`, aplicado a todos os dados disponíveis, relata a inércia para uma solução de 10 grupos. Agora a inércia relatada é 6.4633,6. Note que `MiniBatchKmeans` resulta em uma inércia mais alta do que o algoritmo padrão. Embora a diferença seja mínima, a solução ajustada não é a melhor, assim, você deve reservar essa abordagem para momentos em que realmente não consegue trabalhar com conjuntos de dados na memória.

Realizando Agrupamento Hierárquico

Se o algoritmo K-means se preocupa com centroides, o agrupamento hierárquico (também conhecido como aglomerativo) tenta ligar cada ponto de dado, por uma medida de distância, ao vizinho mais próximo, criando um grupo. Reiterando o algoritmo usando diferentes métodos de ligação, o algoritmo reúne todos os pontos disponíveis em um número cada vez menor de grupos até que, no fim, todos os pontos estejam reunidos em um único grupo.

Se visualizados, os resultados se parecerão muito com as classificações biológicas de seres vivos que estudamos na escola ou vemos em cartazes nos museus de história natural, uma árvore invertida cujas ramificações convergem em um tronco. Tal árvore figurativa é um *dendrograma*, usado em pesquisas médicas e biológicas. A implementação do Scikit-learn de um agrupamento aglomerativo não oferece a possibilidade de reprodução de um dendrograma a partir dos dados, pois tal técnica de visualização funciona bem em poucos casos, não com muitos exemplos.

Comparados ao K-means, os algoritmos aglomerativos são mais pesados e não escalam tão bem conjuntos de dados grandes. Eles são mais adequados para estudos estatísticos (são facilmente encontrados nas ciências naturais, na Arqueologia e, às vezes, na Psicologia e na Economia). Esses algoritmos oferecem a vantagem da criação de uma gama completa de soluções de grupos aninhados, então basta escolher o certo para seu objetivo.

Para usar o agrupamento hierárquico de modo eficaz, é preciso conhecer os diferentes métodos de ligação (as heurísticas do agrupamento) e as métricas de distância. Existem três métodos de ligação:

» **Ward:** Tende a procurar grupos esféricos, muito coesos por dentro e extremamente diferenciados de outros grupos. Outra boa característica é que o método tende a encontrar grupos de tamanhos similares. Ele funciona apenas com a distância euclidiana.

» **Completa:** Liga os clusters usando suas observações mais distantes, isto é, seus pontos de dados mais diferentes. Consequentemente, os clusters criados usando este método tendem a ser comprimidos em observações altamente similares, fazendo com que os grupos resultantes sejam bem compactos.

» **Média:** Liga os clusters usando seus centroides e ignorando seus limites. O método cria grupos maiores do que o método completo. Além disso, os clusters têm tamanhos e formas diferentes, ao contrário das soluções de Ward. Consequentemente, essa abordagem tem usos bem-sucedidos no campo das ciências biológicas, capturando facilmente a diversidade natural.

Também existem três métricas de distância:

» **Euclidiana (métrica ou l2):** Como vista em K-means.

» **Manhattan (manhattan ou l1):** Similar à euclidiana, mas a distância é calculada pela soma do valor absoluto da diferença entre as dimensões. Em um mapa, se a distância euclidiana é o caminho mais curto entre dois pontos, a distância de Manhattan implica o movimento em linha reta, primeiro ao longo de um eixo e depois no outro — como um carro faria na cidade, chegando ao destino sendo dirigido quadra a quadra (a distância também é conhecida como geometria do táxi).

» **Cosseno:** Uma boa escolha quando há variáveis demais e algumas não são significativas (são apenas ruído). A distância dos cossenos reduz o ruído levando mais em conta a forma das variáveis do que seus valores. Ela tende a associar observações com as mesmas variáveis máxima e mínima, independente dos valores reais.

Usando uma solução de agrupamento hierárquico

Se o conjunto de dados não contiver observações demais, vale a pena experimentar um agrupamento hierárquico com todas as combinações de ligação e distância e, então, comparar os resultados com cuidado. No agrupamento, raramente sabemos a resposta correta, e o aglomerativo fornece outra solução potencialmente útil. Por exemplo, recrie a análise anterior com K-means e os dígitos manuscritos usando a ligação de Ward e a distância euclidiana como a seguir (a saída aparece na Figura 15-3):

```
from sklearn.cluster import AgglomerativeClustering
Hclustering = AgglomerativeClustering(n_clusters=10,
                                      affinity='euclidean',
                                      linkage='ward')
Hclustering.fit(Cx)
ms = np.column_stack((ground_truth,Hclustering.labels_))
df = pd.DataFrame(ms,
                  columns = ['Ground truth','Clusters'])
pd.crosstab(df['Ground truth'],
            df['Clusters'], margins=True)
```

```
In [10]: from sklearn.cluster import AgglomerativeClustering

         Hclustering = AgglomerativeClustering(n_clusters=10,
                                               affinity='euclidean',
                                               linkage='ward')
         Hclustering.fit(Cx)

         ms = np.column_stack((ground_truth,Hclustering.labels_))
         df = pd.DataFrame(ms,
                           columns = ['Ground truth','Clusters'])
         pd.crosstab(df['Ground truth'],
                     df['Clusters'], margins=True)
Out[10]:
```

Clusters	0	1	2	3	4	5	6	7	8	9	All
Ground truth											
0	0	0	0	0	0	178	0	0	0	0	178
1	1	27	154	0	0	0	0	0	0	0	182
2	0	165	10	0	1	0	1	0	0	0	177
3	0	4	13	0	0	0	166	0	0	0	183
4	1	0	4	0	1	0	0	14	0	161	181
5	168	1	0	1	0	0	11	0	0	1	182
6	0	0	1	180	0	0	0	0	0	0	181
7	1	0	1	0	0	0	0	8	169	0	179
8	2	4	167	0	0	0	1	0	0	0	174
9	3	0	29	1	0	0	143	4	0	0	180
All	176	201	379	182	2	178	322	26	169	162	1797

FIGURA 15-3: Tabulação cruzada do ground truth e dos clusters aglomerativos de Ward.

Os resultados, neste caso, são ligeiramente melhores do que com K-means, embora possamos notar que completar essa análise usando essa abordagem certamente demora mais do que usando K-means. Ao trabalhar com um número maior de observações, os cálculos para uma solução hierárquica de agrupamento demoram horas, tornando essa solução menos viável. Contorne a questão do tempo usando um agrupamento em duas fases, que é mais rápida e fornece uma solução hierárquica mesmo quando trabalhamos com grandes conjuntos de dados.

Usando uma solução de agrupamento em duas fases

Para implementar a solução de agrupamento em duas fases, processamos as observações originais usando K-means com um número grande de grupos. Uma boa regra prática é tirar a raiz quadrada do número de observações e usá-la. Além do mais, sempre temos de evitar que o número de grupos exceda o intervalo de 100–200, para que a segunda fase, baseada no agrupamento hierárquico, funcione bem. O exemplo a seguir usa 50 grupos.

```
from sklearn.cluster import KMeans
clustering = KMeans(n_clusters=50,
                    n_init=10,
                    random_state=1)
clustering.fit(Cx)
```

A esta altura, a parte complicada é acompanhar qual grupo derivado de K-means foi atribuído a qual caso. Usamos um dicionário para isso.

```
Kx = clustering.cluster_centers_
Kx_mapping = {case:cluster for case,
    cluster in enumerate(clustering.labels_)}
```

O novo conjunto de dados é Kx, que é formado por centroides de grupos descobertos por K-means. Cada grupo é como um resumo bem representado dos dados originais. Se agrupar o resumo agora, será quase o mesmo que fazê-lo nos dados originais.

```
from sklearn.cluster import AgglomerativeClustering
Hclustering = AgglomerativeClustering(n_clusters=10,
                                      affinity='cosine',
                                      linkage='complete')
Hclustering.fit(Kx)
```

Mapeie os resultados aos centroides usados originalmente para que consiga determinar facilmente se um grupo hierárquico é formado por certos centroides K-means. O resultado consiste em observações que formam grupos K-means com esses centroides.

```
H_mapping = {case:cluster for case,
    cluster in enumerate(Hclustering.labels_)}
final_mapping = {case:H_mapping[Kx_mapping[case]]
    for case in Kx_mapping}
```

Agora podemos avaliar a solução obtida usando uma matriz de confusão similar à usada antes para o agrupamento K-means e hierárquica (veja os resultados na Figura 15-4).

```
ms = np.column_stack((ground_truth,
    [final_mapping[n] for n in
    range(max(final_mapping)+1)]))
df = pd.DataFrame(ms,
            columns = ['Ground truth','Clusters'])
pd.crosstab(df['Ground truth'],
        df['Clusters'], margins=True)
```

In [15]:
```
ms = np.column_stack((ground_truth,
    [final_mapping[n] for n in range(max(final_mapping)+1)]))
df = pd.DataFrame(ms,
            columns = ['Ground truth','Clusters'])
pd.crosstab(df['Ground truth'],
        df['Clusters'], margins=True)
```

Out[15]:

Clusters	0	1	2	3	4	5	6	7	8	9	All
Ground truth											
0	0	0	0	0	0	0	178	0	0	0	178
1	1	59	27	0	0	95	0	0	0	0	182
2	0	11	160	0	1	4	0	0	0	1	177
3	2	1	3	0	167	4	0	0	0	6	183
4	1	1	0	0	0	3	4	15	154	3	181
5	169	0	0	0	11	2	0	0	0	0	182
6	1	0	0	177	0	1	2	0	0	0	181
7	0	0	3	0	0	66	0	26	0	84	179
8	0	23	3	0	51	92	0	0	0	5	174
9	3	18	0	1	140	6	0	2	0	10	180
All	177	113	196	178	370	273	184	43	154	109	1797

FIGURA 15-4: Tabulação cruzada de ground truth e agrupamento em duas fases.

A solução obtida é, de certa forma, análoga às soluções anteriores. O resultado prova que essa abordagem é um método viável para lidar com conjuntos de dados maiores ou, mesmo, big data, reduzindo-os a representações menores e, então, operando com agrupamento menos escalável, mas com técnicas mais variadas e precisas. A abordagem em duas fases também apresenta outra vantagem, pois opera bem com dados ruidosos ou outliers — a fase K-means inicial filtra bem tais problemas e os relega a soluções de grupo separadas.

Descobrindo Novos Grupos com DBScan

Tanto K-means quanto o agrupamento hierárquico, especialmente se usarmos o critério de ligação de Ward, produzirão grupos coesos, parecidos com bolhas, igualmente espalhados em todas as direções. A realidade produz resultados complexos e preocupantes de vez em quando — os grupos têm formas estranhas muito afastados da bolha canônica. O módulo de conjuntos de dados Scikit-learn (veja um panorama em http://scikit-learn.org/stable/modules/clusterização.html [conteúdo em inglês]) oferece uma gama ampla de formas instigantes, que não podem ser calculadas usando K-means ou agrupamento hierárquico: conjuntos de dados de círculos grandes contendo círculos pequenos, círculos pequenos intercalados e espirais Swiss roll (esse nome se deve à forma do rocambole, como se chama em inglês, devido à aparência da organização dos pontos de dados).

O DBScan é outro algoritmo de agrupamento baseado em uma intuição inteligente, que resolve até os problemas mais difíceis. O DBScan conta com a ideia de que os grupos são densos, então, isso deve ser o bastante para começar a explorar o espaço de dados em todas as direções e marcar um limite de grupo quando a densidade diminui. As áreas do espaço de dados com densidade insuficiente de pontos são consideradas vazias, e todos os pontos nela são ruídos ou *outliers*, isto é, pontos caracterizados por valores incomuns ou estranhos.

O DBScan é mais complexo e requer mais tempo de execução do que K-means (mas é mais rápido do que o agrupamento hierárquico). Ele adivinha automaticamente o número de grupos e indica dados estranhos que não se encaixam facilmente em nenhuma classe. Isso destaca o DBScan dos algoritmos anteriores, que tentam forçar todas as observações dentro de uma classe.

Para replicar o agrupamento de dígitos manuscritos, precisamos apenas de algumas linhas de código Python:

```
from sklearn.cluster import DBSCAN
DB = DBSCAN(eps=3.7, min_samples=15)
DB.fit(Cx)
```

Usando o DBScan, não se precisa estabelecer um número K de grupos esperados; o algoritmo os encontrará sozinho. Aparentemente, a falta de um número

K parece simplificar o uso de DBScan. Na verdade, o algoritmo requer que os dois parâmetros essenciais, `eps` e `min_sample`, sejam corrigidos para que funcione adequadamente:

> » `eps`: A distância máxima entre duas observações que possibilita que elas façam parte da mesma vizinhança.
>
> » `min_sample`: O número mínimo de observações em uma vizinhança que as transforme em um ponto central.

O algoritmo funciona circulando pelos dados e construindo grupos ligando as observações organizadas em vizinhanças. Uma *vizinhança* é um pequeno grupo de pontos de dados dentro de um valor de distância de `eps`. Se o número de pontos na vizinhança for menor que o número `min_sample`, DBScan não forma a vizinhança.

Não importa o formato do grupo, DBScan liga todas as vizinhanças se estiverem próximas o bastante (dentro do valor de distância `eps`). Quando não existem mais vizinhanças dentro do alcance, DBScan tenta agregar em grupos até mesmo pontos de dados individuais, se estiverem dentro da distância `eps`. Os pontos de dados não associáveis a qualquer grupo são tratados como dados ruidosos (sendo particulares demais para fazer parte de um grupo).

DICA Experimente muitos valores de `eps` e `min_sample`. Os grupos resultantes também mudam drasticamente em relação aos valores estabelecidos nesses dois parâmetros. Comece com um número baixo para `min_samples`. Usar um número baixo possibilita que muitas vizinhanças se reúnam. O número padrão 5 está ótimo. Depois tente números diferentes para `eps`, começando de 0,1 para cima. Não fique desapontado se inicialmente não conseguir um resultado viável — continue tentando diferentes combinações.

Voltando ao exemplo, depois dessa explicação breve dos detalhes de DBScan, algumas explorações de dados permitem a observação dos resultados sob um novo ponto de vista. Primeiro, conte os grupos:

```
from collections import Counter
print('No. clusters: %i' % len(np.unique(DB.labels_)))
print(Counter(DB.labels_))

ms = np.column_stack((ground_truth, DB.labels_))
df = pd.DataFrame(ms,
                  columns = ['Ground truth',
   'Clusters'])
pd.crosstab(df['Ground truth'],
            df['Clusters'], margins=True)
```

Quase metade das observações é atribuída ao grupo rotulado com −1, o que representa o ruído (definido como exemplos muito incomuns ao grupo). Dado o número de dimensões (30 variáveis não correlacionadas da análise ACP) nos dados e sua alta variabilidade (são amostras manuscritas), muitos casos não se reúnem naturalmente no mesmo grupo. A Figura 15-5 mostra a saída deste exemplo.

```
No. clusters: 12
Counter({-1: 836, 6: 182, 0: 172, 2: 159, 1: 156, 4: 119,
         5: 77, 3: 28, 10: 21, 7: 18, 8: 16, 9: 13})
```

```
In [17]: from collections import Counter
         print('No. clusters: %i' % len(np.unique(DB.labels_)))
         print(Counter(DB.labels_))

         ms = np.column_stack((ground_truth, DB.labels_))
         df = pd.DataFrame(ms,
                           columns = ['Ground truth', 'Clusters'])

         pd.crosstab(df['Ground truth'],
                     df['Clusters'], margins=True)

         No. clusters: 12
         Counter({-1: 829, 6: 183, 0: 172, 1: 159, 2: 158, 4: 119, 5: 80, 3:
         27, 10: 21, 8: 19, 7: 17, 9: 13})
Out[17]:
```

Clusters Ground truth	-1	0	1	2	3	4	5	6	7	8	9	10	All
0	6	172	0	0	0	0	0	0	0	0	0	0	178
1	68	0	88	0	26	0	0	0	0	0	0	0	182
2	143	0	2	0	0	0	0	0	0	19	13	0	177
3	75	0	4	0	0	0	104	0	0	0	0	0	183
4	84	0	0	0	0	80	0	17	0	0	0	0	181
5	157	0	0	1	0	0	0	3	0	0	0	21	182
6	23	0	1	157	0	0	0	0	0	0	0	0	181
7	60	0	0	0	0	119	0	0	0	0	0	0	179
8	110	0	63	0	1	0	0	0	0	0	0	0	174
9	103	0	1	0	0	0	76	0	0	0	0	0	180
All	829	172	159	158	27	119	80	183	17	19	13	21	1797

FIGURA 15-5: Tabulação cruzada de ground truth e DBScan.

LEMBRE-SE

A força de DBScan é fornecer grupos confiáveis e substanciais. O DBScan não é forçado, como K-means e o agrupamento aglomerativo, a chegar a uma solução com determinado número de grupos, mesmo quando tal solução não exista.

> **NESTE CAPÍTULO**
> » Entendendo o que é um outlier
> » Distinguindo entre valores extremos e novidades
> » Usando estatísticas simples para identificar outliers
> » Descobrindo os outliers mais complicados com técnicas avançadas

Capítulo 16
Detectando Outliers nos Dados

Erros acontecem quando menos esperamos, e isso também é verdadeiro para os dados. Além do mais, erros de dados são difíceis de encontrar, especialmente quando o conjunto de dados contém muitas variáveis de tipos e escalas diferentes. Há diversos tipos de erros de dados. Por exemplo, os valores estão sistematicamente ausentes em certas variáveis, números errôneos aparecem em alguns lugares ou os dados incluem outliers. Um sinal vermelho aparece quando:

» Valores ausentes em certos grupos de casos ou variáveis sugerem que alguma causa específica está gerando o erro.

» Valores errôneos dependem de como a aplicação produziu ou manipulou os dados. Por exemplo, é preciso saber se a aplicação obteve dados de um instrumento de medição. As condições externas e o erro humano afetam a confiabilidade dos instrumentos.

» O caso é aparentemente válido, mas bem diferente dos valores usuais que caracterizam a variável. Quando não conseguimos explicar a razão da diferença, podemos ter um caso de outlier.

Dentre os erros ilustrados, o pior problema a ser resolvido é quando o conjunto de dados tem outliers, pois não temos sempre uma única definição de outliers, ou uma razão clara para que estejam nos dados. Como resultado, muito é deixado para a investigação e a avaliação.

LEMBRE-SE: Você não precisa digitar o código-fonte para este capítulo. É mais fácil usar a fonte para download (veja as instruções de download na Introdução). O código-fonte para este capítulo está no arquivo `P4DS4D2_16_Detecting_Outliers.ipynb`.

Considerando a Detecção de Outliers

Por definição, *outliers* são dados que diferem significativamente (são distantes) de outros dados na amostra, e são distantes porque um ou mais valores são altos ou baixos demais quando comparados à maioria dos valores. Eles também exibem uma combinação quase única de valores. Por exemplo, se analisarmos registros de alunos matriculados em uma universidade, alunos jovens ou velhos demais chamam a atenção. Alunos com combinações estranhas de matérias também precisariam de uma análise mais cuidadosa.

Os outliers distorcem as distribuições de dados e afetam toda a tendência central básica da estatística. As médias são puxadas para mais ou para menos, influenciando todas as outras medidas descritivas. Um outlier sempre aumentará a variância e modificará as correlações, então é possível obter suposições incorretas sobre os dados e as relações entre as variáveis.

Este simples exemplo mostra o efeito (em menor escala) de um único outlier em relação a mais de mil observações regulares:

```
import matplotlib.pyplot as plt
plt.style.use('seaborn-whitegrid')
%matplotlib inline

import numpy as np
from scipy.stats.stats import pearsonr
np.random.seed(101)
normal = np.random.normal(loc=0.0, scale= 1.0,
   size=1000)
print('Mean: %0.3f Median: %0.3f Variance: %0.3f' %
                                (np.mean(normal),
                                 np.median(normal),
                                 np.var(normal)))
```

Usando o gerador aleatório do NumPy, o exemplo cria a variável `normal`, que contém mil observações derivadas de uma distribuição normal padrão. As estatísticas descritivas básicas (média, mediana e variância) não mostram nada inesperado. Veja a média, a mediana e a variância resultantes:

```
Mean: 0.026 Median: 0.032 Variance: 1.109
```

Agora mudamos um único valor inserindo um valor outlier:

```
outlying = normal.copy()
outlying[0] = 50.0
print('Mean: %0.3f Median: %0.3f Variance: %0.3f' %
                              (np.mean(outlying),
                               np.median(outlying),
                               np.var(outlying)))

print('Pearson''s correlation: %0.3f p-value: %0.3f' %
                              pearsonr(normal,outlying))
```

Podemos chamar essa nova variável de `outlying` e colocar um outlier nela (no índice 0, temos um valor positivo de 50,0). Agora obtemos estatísticas descritivas bem diferentes:

```
Mean: 0.074 Median: 0.032 Variance: 3.597
Pearsons correlation coefficient: 0.619 p-value: 0.000
```

A estatística mostra que a média tem um valor três vezes mais alto do que antes, e a variância também. Apenas a mediana, que depende da posição (ela informa o valor que ocupa a posição central quando todas as observações estão organizadas), não é afetada pela mudança.

Mais relevante, a correlação da variável original e da variável outlier está bem longe de ser +1.0 (o valor de correlação de uma variável em relação a si mesma), indicando que a medida da relação linear entre duas variáveis foi seriamente prejudicada.

Descobrindo mais coisas que podem dar errado

Os outliers não mudam só medidas-chave nas estatísticas exploratórias, eles mudam também a estrutura das relações entre variáveis nos dados. Os outliers afetam os algoritmos de aprendizado de máquina de duas formas:

» Os algoritmos baseados em coeficientes usam o coeficiente errado para minimizar a inabilidade de compreender os casos de outliers. Os modelos lineares são um exemplo claro (são somas de coeficientes), mas não são os únicos. Os outliers também influenciam os algoritmos de aprendizado baseados em árvores, como o Adaboost ou o Gradient Boosting Machines.

» Como os algoritmos aprendem com amostras de dados, os outliers induzem o algoritmo a pesar demais a probabilidade de valores extremamente baixos ou extremamente altos dada uma certa configuração de variável.

Ambas as situações limitam a capacidade de um algoritmo de aprendizado de generalizar bem novos dados. Ou seja, eles sobreajustam o processo de aprendizado ao conjunto de dados atual.

Há poucas soluções para os outliers — algumas delas requerem que se modifiquem os dados atuais, e outras, que se escolha uma função de erro adequada para o algoritmo de aprendizado de máquina. (Alguns algoritmos oferecem a possibilidade de escolher uma função de erro diferente como um parâmetro na hora de montar um procedimento de aprendizado.)

A maioria dos algoritmos de aprendizado de máquina aceita diferentes funções de erros. Essas funções são importantes, pois o ajudam a aprender por meio da compreensão de erros e imposição de ajustes no processo de aprendizado, mas algumas são extremamente sensíveis aos outliers, enquanto outras são bem resistentes a eles. Por exemplo, uma medida de erro quadrático tende a enfatizar os outliers porque erros que derivam de exemplos com valores altos são elevados ao quadrado, ficando ainda mais notáveis.

Entendendo anomalias e dados novos

Como os outliers ocorrem como erros ou em casos extremamente raros, detectá-los nunca é um trabalho fácil, mas é importante para obter resultados efetivos com o projeto de data science. Em certos campos, a detecção de anomalias é o propósito do data science: a detecção de fraudes bancárias e em seguros, detecção de falhas em processos de manufatura, monitoramento de sistemas em aplicações de saúde e outras, e até detecção em sistemas de segurança e de alerta antecipado.

Uma diferença importante é procurar outliers existentes nos dados ou verificar qualquer dado novo contendo anomalias em relação aos casos existentes. Se passar muito tempo limpando os dados ou desenvolvendo uma aplicação de aprendizado de máquina baseada em dados disponíveis, é crucial descobrir se os novos dados são parecidos com os antigos e se os algoritmos continuarão a funcionar bem na classificação ou na previsão.

Em tais casos, os cientistas de dados falam sobre a detecção de novidades, pois precisam saber o quanto os novos dados se parecem com os antigos.

Um dado totalmente novo é considerado uma anomalia: a novidade tende a ocultar um evento significativo ou a impedir que um algoritmo funcione adequadamente, pois o aprendizado de máquina depende muito do aprendizado com exemplos anteriores e nem sempre consegue generalizar para casos completamente novos. Ao trabalhar com dados novos, devemos treinar o algoritmo novamente.

A experiência nos ensina que o mundo raramente é estável. Às vezes as novidades aparecem naturalmente devido à mutação do mundo. Consequentemente, os dados mudam com o tempo de maneiras inesperadas, tanto nas variáveis-alvo quanto nas previsoras. Esse fenômeno é chamado de *desvio de conceito*. O termo *conceito* se refere ao alvo, e *desvio*, à fonte de dados usada para realizar a previsão que se move de forma lenta, mas descontrolada, como um barco à deriva por causa da maré forte. Ao considerar um modelo de data science, diferenciamos entre situações de desvio de conceito e novidades:

» **Físicas:** Sistemas de reconhecimento de rosto ou voz, ou até de modelos climáticos, nunca mudam. Não espere novidades, mas procure outliers que resultem de problemas nos dados, como medições errôneas.

» **Políticas e econômicas:** Estes modelos mudam de vez em quando, especialmente no longo prazo. Fique de olhos abertos para efeitos de longo prazo que comecem devagar e depois se propaguem e se consolidem, acabando em modelos ineficazes.

» **Comportamentos sociais:** As redes sociais e a linguagem usada no dia a dia mudam com o tempo. Espere novidades e tome medidas preventivas, caso contrário, o modelo se deteriorará rapidamente e ficará inutilizável.

» **Dados de mecanismos de busca, bancários e esquemas de fraude em e-commerce:** Estes modelos mudam com frequência. É preciso ter muito cuidado ao se verificar as novidades que indiquem a necessidade de treinar um novo modelo para manter a precisão.

» **Ameaças de cibersegurança e tendências de publicidade:** Estes modelos mudam continuamente. O normal é encontrar novidades, e a reutilização dos mesmos modelos por muito tempo é arriscada.

Examinando um Método Univariado Simples

Um bom jeito de começar a procurar outliers, não importa quantas variáveis os dados tenham, é observar cada variável individualmente, usando tanto a inspeção gráfica quanto a estatística. Essa á a abordagem univariada, que possibilita a identificação de outliers dado um valor incongruente em uma variável. O pacote pandas facilita a identificação de outliers graças a:

> » Um método describe direto que informa a média, a variância, os quartis e os extremos dos valores numéricos em cada variável.
> » Um sistema de visualizações automáticas de diagramas de caixa.

Usar ambas as técnicas em conjunto facilita saber quando temos outliers e onde procurá-los. O conjunto de dados sobre diabetes, do módulo Scikit--learn, é um bom exemplo para começarmos.

```
from sklearn.datasets import load_diabetes
diabetes = load_diabetes()
X,y = diabetes.data, diabetes.target
```

Depois desses comandos, todos os dados estão contidos na variável X, um ndarray NumPy. O exemplo o transforma em um pandas DataFrame e pede algumas estatísticas descritivas (veja a saída na Figura 16-1):

```
import pandas as pd
pd.options.display.float_format = '{:.2f}'.format
df = pd.DataFrame(X)
df.describe()
```

FIGURA 16-1: Estatísticas descritivas para um DataFrame.

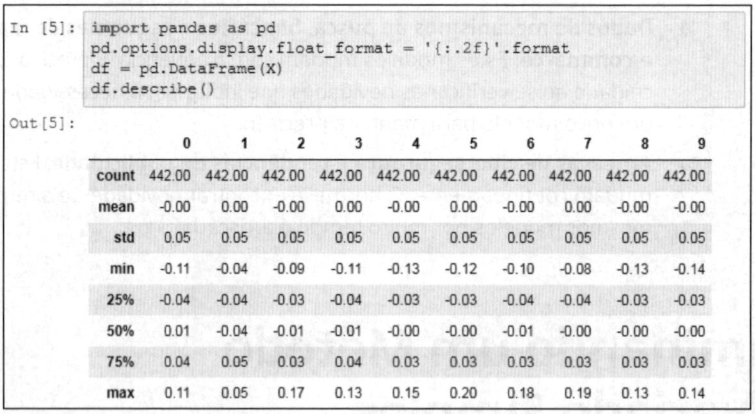

```
In [5]: import pandas as pd
        pd.options.display.float_format = '{:.2f}'.format
        df = pd.DataFrame(X)
        df.describe()
```

Out[5]:

	0	1	2	3	4	5	6	7	8	9
count	442.00	442.00	442.00	442.00	442.00	442.00	442.00	442.00	442.00	442.00
mean	-0.00	0.00	-0.00	0.00	-0.00	0.00	-0.00	0.00	-0.00	-0.00
std	0.05	0.05	0.05	0.05	0.05	0.05	0.05	0.05	0.05	0.05
min	-0.11	-0.04	-0.09	-0.11	-0.13	-0.12	-0.10	-0.08	-0.13	-0.14
25%	-0.04	-0.04	-0.03	-0.04	-0.03	-0.03	-0.04	-0.04	-0.03	-0.03
50%	0.01	-0.04	-0.01	-0.01	-0.00	-0.00	-0.01	-0.00	-0.00	-0.00
75%	0.04	0.05	0.03	0.04	0.03	0.03	0.03	0.03	0.03	0.03
max	0.11	0.05	0.17	0.13	0.15	0.20	0.18	0.19	0.13	0.14

Identificamos variáveis problemáticas observando as extremidades da distribuição (o valor máximo de uma variável). Por exemplo, devemos considerar se os valores mínimo e máximo estão respectivamente longe do 25º e do 75º percentis. Como mostra a saída, muitas variáveis têm valores máximos suspeitosamente altos. Uma análise de diagrama de caixa esclarecerá a situação. O comando a seguir cria o diagrama de caixa de todas as variáveis mostradas na Figura 16-2.

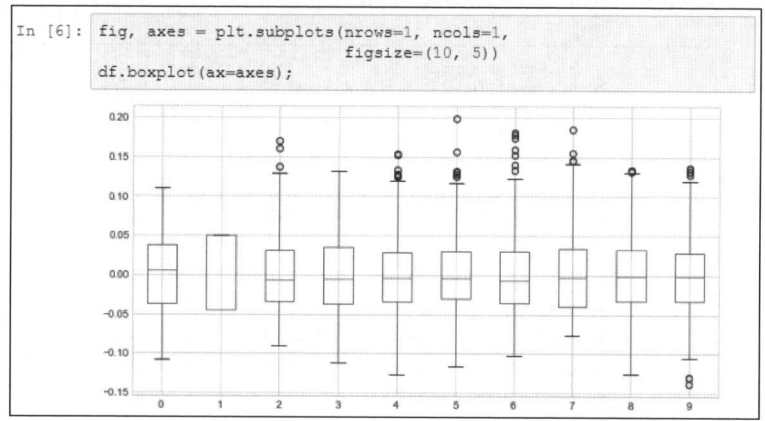

```
fig, axes = plt.subplots(nrows=1, ncols=1,
                         figsize=(10, 5))
df.boxplot(ax=axes);
```

FIGURA 16-2: Diagramas de caixa.

Os diagramas de caixa gerados do `pandas DataFrame` terão bigodes estabelecidos para mais ou para menos 1,5 IQR (a *amplitude interquartil* ou a distância entre os quartis superior e inferior) em relação aos lados superior e inferior da caixa. Esse estilo de diagrama é chamado de diagrama de caixa de Tukey (em homenagem ao estatístico John Tukey, que o criou e promoveu entre os estatísticos junto a outras técnicas explanatórias de dados) e possibilita uma visualização da presença de casos fora dos bigodes. (Todos os pontos fora dos bigodes são considerados outliers.)

Aproveitando a distribuição gaussiana

Outra verificação eficaz de outliers nos dados é realizada por meio do aproveitamento da distribuição normal. Mesmo que os dados não sejam normalmente distribuídos, a padronização permitirá supor certas probabilidades de encontrar valores anômalos. Por exemplo, 99,7% dos valores encontrados em uma distribuição normal padronizada devem estar dentro do intervalo de +3 e −3 desvios-padrões da média, como mostrado no código a seguir.

```
from sklearn.preprocessing import StandardScaler
Xs = StandardScaler().fit_transform(X)
# .any(1) method will avoid duplicating
df[(np.abs(Xs)>3).any(1)
```

Na Figura 16-3, vemos os resultados retratando as linhas no conjunto de dados com alguns possíveis valores outliers.

O módulo Scikit-learn fornece um modo fácil de padronizar os dados e registrar todas as transformações para uso posterior em diferentes conjuntos de dados. Isso significa que todos os dados, independentemente de serem para treinamento de aprendizado de máquina ou para fins de teste de desempenho, são padronizados da mesma forma.

FIGURA 16-3: Relatando possíveis exemplos de outliers.

DICA

A regra 68-95-99,7 diz que, em uma distribuição normal padrão, 68% dos valores estão dentro de um desvio-padrão, 95% estão dentro de dois desvios-padrões e 99,7% estão dentro de três desvios-padrões. Ao trabalhar com dados assimétricos, a regra 68-95-99,7 não se mantém, e, em tal situação, é necessária uma estimativa mais conservadora, como a *desigualdade de Chebyshev*, que conta com uma fórmula que diz que para k desvios-padrões em torno da média, apenas uma porcentagem de $1/k^2$ casos devem estar acima da média. Portanto, fora de sete desvios-padrões em torno da média, a probabilidade de encontrar um valor legítimo é de, no máximo, 2%, independentemente de qual é a distribuição (2% é uma probabilidade baixa; seu caso é considerado um outlier).

DICA

A desigualdade de Chebyshev é conservadora. Uma alta probabilidade de ser um outlier corresponde a sete ou mais desvios-padrões a partir da média. Use-a quando for custoso considerar um valor como um outlier quando ele não é. Para todas as outras aplicações, a regra 68-95-99,7 será suficiente.

Fazendo suposições e as conferindo

Tendo encontrado alguns possíveis outliers univariados, agora temos de decidir como lidar com eles. Se não confiar nada nos casos de outliers, com a suposição de que são erros infelizes, basta eliminá-los. (Em Python, basta anulá-los usando uma indexação elaborada.)

DICA

Modificar os valores nos dados ou excluir certos valores é uma decisão a ser tomada depois que se compreende por que há outliers nos dados. Você pode excluir valores ou casos incomuns que supõe serem erros que ocorreram na medição, no registro ou na manipulação prévia dos dados. Mas se, em vez disso, perceber que os casos de outliers são legítimos e raros, a melhor abordagem seria tirar seu peso (se o algoritmo de aprendizado usar pesos para as observações) ou aumentar o tamanho da amostra de dados.

Nesse caso, decidindo por manter os dados e padronizá-los, ou para apenas limitar os valores outliers, basta usar um multiplicador simples do desvio-padrão:

```
Xs_capped = Xs.copy()
o_idx = np.where(np.abs(Xs)>3)
Xs_capped[o_idx] = np.sign(Xs[o_idx]) * 3
```

No código proposto, a função sign do NumPy recupera o sinal da observação outlier (+1 ou −1), que então é multiplicada pelo valor de 3 e atribuída ao respectivo ponto de dado recuperado por uma indexação Booleana do array padronizado.

Essa abordagem tem uma limitação. Sendo o desvio-padrão usado para valores altos e baixos, ele implica simetria na distribuição dos dados, uma suposição geralmente não verificada em dados reais. Como alternativa, use uma abordagem um pouco mais sofisticada chamada *winsorização*, que, quando usada, suprime os valores considerados outliers ao valor de percentis específicos que agem como valores limites (geralmente o 5% como o limite inferior e o 95% como o superior):

```
from scipy.stats.mstats import winsorize
Xs_winsorized = winsorize(Xs, limits=(0.05, 0.95))
```

Assim, criamos um valor limite diferente para valores maiores e menores — levando em consideração qualquer assimetria na distribuição de dados. Independentemente do que for usado para limitar (por desvio-padrão ou por winsorização), os dados agora estão prontos para mais processos e análises.

Finalmente, uma solução automática alternativa é deixar que o Scikit--learn transforme os dados automaticamente e suprima os outliers usando RobustScaler, um dimensionador baseado no IQR (como no diagrama de caixa discutido anteriormente neste capítulo):

```
from sklearn.preprocessing import RobustScaler
Xs_rescaled = RobustScaler().fit_transform(Xs)
```

Desenvolvendo uma Abordagem Multivariada

Trabalhar em variáveis individuais possibilita a identificação de um grande número de observações outliers. No entanto, eles não exibem necessariamente valores muito distantes do normal. Às vezes são formados por combinações incomuns de valores em mais variáveis. São combinações raras, mas influentes, que enganam especialmente os algoritmos de aprendizado de máquina.

Em tais casos, o exame preciso de cada variável não será o bastante para excluir casos anômalos do conjunto de dados. Apenas algumas técnicas selecionadas, levando em consideração mais variáveis ao mesmo tempo, conseguirão revelar problemas nos dados.

As técnicas apresentadas abordam o problema de diferentes pontos de vista:

» Redução de dimensionalidade.
» Agrupamento baseado em densidade.
» Modelagem de distribuição não linear.

O uso dessas técnicas permite comparar os resultados, observando sinais recorrentes em casos específicos — às vezes já localizados pela exploração univariada, às vezes ainda desconhecidos.

Usando a análise de componentes principais

A análise de componentes principais reestrutura os dados completamente, removendo redundâncias e organizando componentes recém-obtidos de acordo com a quantidade de variância original que expressam. Esse tipo de análise oferece uma visão sintética e completa sobre a distribuição de dados, evidenciando outliers multivariados.

Os dois primeiros componentes (first_two), sendo os mais informativos em termos de variância, representam a distribuição geral dos dados, se visualizados. A saída fornece uma boa dica de possíveis outliers evidentes.

Os dois últimos componentes (last_two), sendo os mais residuais, representam toda a informação ajustável pelo método PCA. Eles também oferecem uma sugestão sobre possíveis outliers menos evidentes.

```
from sklearn.decomposition import PCA
from sklearn.preprocessing import scale
from pandas.plotting import scatter_matrix
pca = PCA()
Xc = pca.fit_transform(scale(X))

first_2 = sum(pca.explained_variance_ratio_[:2]*100)
last_2 = sum(pca.explained_variance_ratio_[-2:]*100)

print('variance by the components 1&2: %0.1f%%' %
    first_2)
print('variance by the last components: %0.1f%%' %
    last_2)

df = pd.DataFrame(Xc, columns=['comp_' + str(j)
                            for j in range(10)])
fig, axes = plt.subplots(nrows=1, ncols=2,
                        figsize=(15, 5))
first_two = df.plot.scatter(x='comp_0', y='comp_1',
                            s=50, grid=True, c='Azure',
                            edgecolors='DarkBlue',
                            ax=axes[0])
last_two  = df.plot.scatter(x='comp_8', y='comp_9',
                            s=50, grid=True, c='Azure',
                            edgecolors='DarkBlue',
                            ax=axes[1])

plt.show()
```

A Figura 16-4 mostra dois diagramas de dispersão do primeiro e do último componentes. A saída também relata a variância explicada pelos dois primeiros componentes (metade do conteúdo informativo do conjunto de dados) da ACP e pelos dois últimos:

```
variance by the components 1&2: 55.2%
variance by the last components: 0.9%
```

Preste muita atenção nos pontos de dados ao longo do eixo (em que o eixo x define a variável independente, e o eixo y, a dependente). Há um possível limiar para separar dados regulares dos suspeitos.

Usando os dois últimos componentes, localizamos alguns pontos a serem investigados com o uso do limiar de −0,3 para o décimo componente e de −1,0 para o nono. Todos os casos abaixo desses valores são possíveis outliers (veja a Figura 16-5).

```
outlying = (Xc[:,-1] > 0.3) | (Xc[:,-2] > 1.0)
df[outlying]
```

```
first_2 = sum(pca.explained_variance_ratio_[:2]*100)
last_2  = sum(pca.explained_variance_ratio_[-2:]*100)

print('variance by the components 1&2: %0.1f%%' % first_2)
print('variance by the last components: %0.1f%%' % last_2)

df = pd.DataFrame(Xc, columns=['comp_' + str(j)
                               for j in range(10)])

fig, axes = plt.subplots(nrows=1, ncols=2,
                         figsize=(15, 5))
first_two = df.plot.scatter(x='comp_0', y='comp_1',
                            s=50, grid=True, c='Azure',
                            edgecolors='DarkBlue',
                            ax=axes[0])
last_two  = df.plot.scatter(x='comp_8', y='comp_9',
                            s=50, grid=True, c='Azure',
                            edgecolors='DarkBlue',
                            ax=axes[1])

plt.show()
variance by the components 1&2: 55.2%
variance by the last components: 0.9%
```

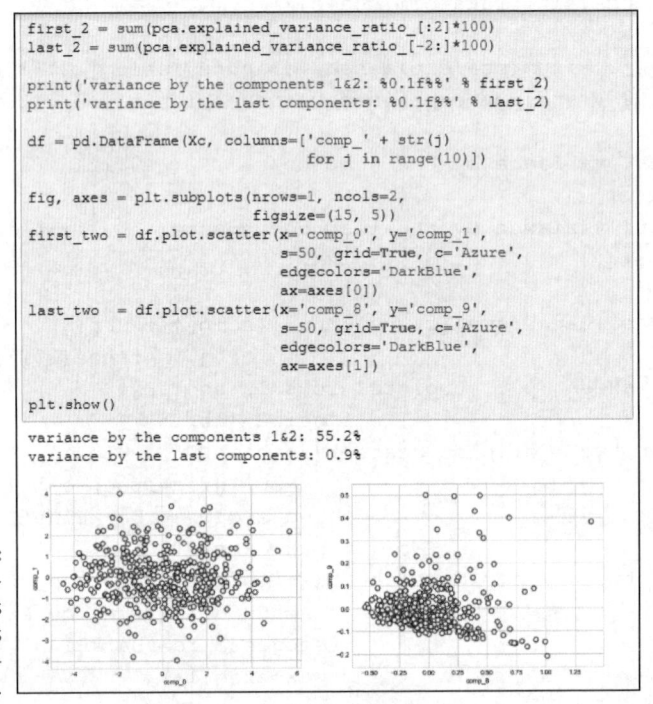

FIGURA 16-4: Os dois primeiros e os dois últimos componentes da ACP.

FIGURA 16-5:
Os possíveis casos de outliers identificados pela ACP.

```
In [12]: outlying = (Xc[:,-1] > 0.3) | (Xc[:,-2] > 1.0)
         df[outlying]
```

Out[12]:

	comp_0	comp_1	comp_2	comp_3	comp_4	comp_5	comp_6	comp_7	comp_8	comp_9
23	3.77	-1.76	1.09	0.72	-0.64	1.90	0.56	1.09	0.44	0.50
58	-2.65	2.23	2.79	-0.63	0.26	-0.13	1.44	0.67	1.01	-0.21
110	-2.04	-0.76	0.74	-1.93	-0.07	0.24	-1.75	-0.41	0.47	0.31
169	2.35	0.15	-0.13	1.19	-0.64	0.64	2.65	-0.31	0.22	0.50
254	3.82	-1.03	1.06	0.44	0.27	0.86	0.97	0.66	0.43	0.33
322	4.52	-2.24	-0.14	0.85	-0.47	0.73	1.28	0.34	1.39	0.38
323	3.87	-0.69	0.26	-0.58	-0.97	0.76	1.79	0.36	0.69	0.40
353	0.98	1.61	-1.16	1.14	-0.36	1.46	2.53	0.90	-0.02	0.50
371	2.11	-0.28	0.64	-0.65	-0.36	-0.26	2.22	1.09	0.07	0.35
394	2.24	-1.13	0.51	1.54	-1.30	-0.12	2.28	-0.10	0.40	0.43

Usando a análise de grupos para identificar outliers

Os outliers são pontos isolados no espaço das variáveis, e o DBScan é um algoritmo de agrupamento que liga partes densas de dados e marca as partes muito esparsas. Portanto, o DBScan é a ferramenta ideal para uma exploração automatizada dos dados para verificar possíveis outliers.

Veja um exemplo de como usar o DBScan para a detecção de outliers:

```
from sklearn.cluster import DBSCAN
DB = DBSCAN(eps=2.5, min_samples=25)
DB.fit(Xc)

from collections import Counter
print(Counter(DB.labels_))
df[DB.labels_==-1]
```

Contudo, DBSCAN exige dois parâmetros, eps e min_samples. E eles requerem múltiplas tentativas para localizar os valores corretos, complicando um pouco seu uso.

Como sugerido no capítulo anterior, comece com um valor baixo de `min_samples` e tente aumentar os valores de `eps` de 0,1 para cima. Depois de cada tentativa com os parâmetros modificados, verifique a situação contando o número de observações na classe −1 dentro do atributo `labels`, e pare quando o número de outliers parecer razoável para uma inspeção visual.

> **DICA** Sempre existirão pontos nas bordas das partes densas da distribuição, então é difícil fornecer um limiar para o número de casos que possam ser classificados na classe −1. Normalmente, os outliers não devem ser mais de 5% dos casos, então use essa indicação como uma regra prática.

A saída do exemplo anterior relatará quantos exemplos estão no grupo −1, que o algoritmo não considera como parte do grupo principal, e a lista dos casos que fazem parte dele.

> **DICA** Apesar de menos automatizado, o algoritmo de agrupamento K-means também detecta outliers. Primeiro execute uma análise de grupos com um número razoável deles. (Experimente soluções diferentes se não tiver muita certeza.) Depois procure os grupos que apresentem apenas alguns exemplos (ou talvez um único exemplo); esses provavelmente são outliers, pois parecem grupos pequenos e distintos separados dos grupos grandes que contêm a maioria dos exemplos.

Automatizando a detecção com Isolation Forests

Random Forests e Extremely Randomized Trees são técnicas poderosas de aprendizado de máquina ilustradas no Capítulo 20 do livro. Elas funcionam dividindo o conjunto de dados em conjuntos menores baseados em certos valores de variáveis para facilitar a previsão da classificação ou da regressão em cada subconjunto menor (uma solução *divide et impera* [dividir para conquistar]).

`IsolationForest` é um algoritmo que aproveita o fato de ser mais fácil separar um outlier da maioria dos casos com base nas diferenças entre os valores ou combinações de valores. Ele registra quanto tempo é necessário para separar um caso dos outros e colocá-lo no próprio subconjunto. Quanto menos esforço, maior a probabilidade de o caso ser um outlier. Como medida de tal esforço, `IsolationForest` produz uma medida de distância (quanto menor a distância, maior a probabilidade de ser um outlier).

> **DICA** Quando os algoritmos de aprendizado de máquina estão em produção, um `IsolationForest` treinado age como um teste de sanidade, pois muitos algoritmos de aprendizado de máquina não conseguem lidar com exemplos de outliers e novidades.

Para configurar `IsolationForest` para capturar outliers, basta decidir o nível de contaminação, que é a porcentagem dos casos considerados outliers com base na medida de distância. Decida tal porcentagem baseando-se na experiência e expectativa da qualidade dos dados. A execução do script a seguir cria um `IsolationForest` funcional:

```
from sklearn.ensemble import IsolationForest
auto_detection = IsolationForest(max_samples=50,
                                 contamination=0.05,
                                 random_state=0)
auto_detection.fit(Xc)
evaluation = auto_detection.predict(Xc)
df[evaluation==-1]
```

A saída relata a lista dos casos suspeitos de serem outliers. Além disso, o algoritmo é treinado para reconhecer como são os conjuntos de dados normais. Ao fornecer novos casos para o conjunto de dados e avaliá-los usando o `IsolationForest` treinado, identifica-se imediatamente se há algo de errado com os novos dados.

LEMBRE-SE `IsolationForest` é um algoritmo computacionalmente intensivo. Realizar uma análise em um conjunto de dados grande leva bastante tempo e consome muita memória.

5
Aprendendo com os Dados

NESTA PARTE...

Entenda quatro algoritmos básicos, mas essenciais.

Empregue técnicas de validação cruzada, seleção e otimização.

Use truques lineares e não lineares para aumentar a complexidade.

Trabalhe com ensembles de dados para produzir um resultado melhor.

NESTE CAPÍTULO

» Usando regressões linear e logística

» Entendendo o teorema de Bayes e usando-o para classificação naïve

» Prevendo com base em casos similares com KNN

Capítulo **17**
Explorando Quatro Algoritmos Simples e Eficazes

Nesta parte do livro, começaremos a explorar todos os algoritmos e instrumentos necessários para aprender com os dados (treinar um modelo com dados) e prevermos uma estimativa numérica (por exemplo, preços de moradias) ou uma classe (por exemplo, as espécies de uma flor Iris) dado qualquer exemplo novo. Neste capítulo, começamos com os algoritmos mais simples e seguimos até o mais complexo. Os quatro algoritmos deste capítulo representam um bom ponto de partida para qualquer cientista de dados.

LEMBRE-SE
Você não precisa digitar o código-fonte deste capítulo. É muito mais fácil usar a fonte para download (veja instruções para download na Introdução). O código-fonte deste capítulo está no arquivo P4DS4D2_17_Exploring_Four_Simple_and_Effective_Algorithms.ipynb.

Adivinhando com a Regressão Linear

A regressão tem um longo histórico na estatística, desde a construção de modelos lineares de dados econômicos, psicológicos, sociais ou políticos simples, mas eficazes, passando por testes de hipóteses para compreensão de diferenças de grupos, até modelagem de problemas mais complexos com valores ordinais, binários e classes múltiplas, contagens de dados e relações hierárquicas. É uma ferramenta comum no data science, o canivete suíço do aprendizado de máquina, útil para todos os problemas. Sem a maioria das propriedades estatísticas, os profissionais de data science percebem a regressão linear como um algoritmo simples, compreensível e eficaz para estimativas, e, na versão de regressão logística, também para classificação.

Definindo a família de modelos lineares

A regressão linear é um modelo estatístico que define a relação entre uma variável-alvo e um grupo de atributos preditivos, e ela faz isso com esta fórmula:

$$y = bx + a.$$

> **LEMBRE-SE**
>
> ### CONSIDERANDO SIMPLES E COMPLEXO
>
> *Simples* e *complexo* não são termos absolutos no aprendizado de máquina; seus significados são relativos aos problemas de dados enfrentados. Alguns algoritmos são somas simples, enquanto outros requerem cálculos complexos e manipulação de dados (e o Python lida com ambos). Os dados fazem diferença. Como boa prática, teste diversos modelos, começando pelos básicos. Uma solução simples tem um desempenho melhor na maioria dos casos. Por exemplo, o modelo linear simplifica tudo, diferente de uma abordagem mais sofisticada, e ainda retorna bons resultados. Essa é a essência do teorema "no free lunch" (não há almoço grátis): não há uma abordagem adequada para todos os problemas, e às vezes a solução mais simples consegue resolver um problema importante.
>
> O teorema "no free lunch", de David Wolpert e William Macready, afirma que "quaisquer dois algoritmos de otimização são equivalentes quando seu desempenho é ponderado ao se considerar todos os problemas possíveis". Se os algoritmos são equivalentes no resumo, nenhum é superior ao outro, a não ser que seja provado em um problema prático específico. Veja a discussão em http://www.no-free-lunch.org/ [conteúdo em inglês] para mais detalhes sobre esses teoremas; dois deles são usados no aprendizado de máquina.

Essa fórmula se traduz em algo legível e útil para muitos problemas. Por exemplo, se estiver tentando adivinhar vendas com base em resultados históricos e dados disponíveis sobre despesas com publicidade, a mesma fórmula anterior se transforma em:

vendas = b * (despesas de publicidade) + a

DICA Lembranças das aulas de álgebra e geometria no ensino médio dizem que a fórmula y = bx + a é uma reta em um plano coordenado formado por um eixo x (a abscissa) e um eixo y (a ordenada). A maioria dos cálculos de aprendizado de máquina é de nível médio, e o Python lida bem com eles.

A fórmula é desmistificada ao explicar seus componentes: a é o valor da interseção (o valor de y quando x é zero), e b é um coeficiente que expressa a inclinação da reta (a relação entre x e y). Se b for positivo, y aumenta ou diminui enquanto x aumenta ou diminui, e se b for negativo, y se comporta de modo contrário. Assim, b é a mudança da unidade em y dada a mudança da unidade em x. Quando o valor de b é próximo de zero, o efeito de x em y é pequeno, mas se o valor de b for alto, positivo ou negativo, o efeito das mudanças de x em y são grandes.

Portanto, a regressão linear encontra a melhor y = bx + a e representa a relação entre a variável-alvo, y, e o atributo preditivo, x. Tanto a (alfa) quanto b (coeficiente beta) são estimados com base nos dados e são encontrados usando-se o algoritmo de regressão linear para que a diferença entre todos os valores-alvo reais de y e todos os valores de y derivados da fórmula de regressão linear seja a menor possível.

Essa relação é expressa graficamente como a soma do quadrado de todas as distâncias verticais entre todos os pontos de dados e a linha de regressão. Tal soma é sempre a menor possível quando calculamos a linha de regressão corretamente usando uma estimativa chamada mínimos quadrados ordinários, que é derivada da estatística ou equivalente ao gradiente descendente, um método de aprendizado de máquina. As diferenças entre os valores reais de y e a linha de regressão (os valores previstos de y) são definidas como residuais (pois são o que sobrou depois de uma regressão: os erros).

Usando mais variáveis

Ao prever y com uma única variável, usamos a regressão linear simples, mas quando trabalhamos com muitas variáveis, usamos a regressão linear múltipla. Quando temos muitas variáveis, a escala não é importante para criar previsões de regressão linear precisas. Mas é uma boa prática padronizar X, pois a escala das variáveis é muito importante para algumas variantes da regressão (mostradas adiante), e é bom para a compreensão dos dados comparar os coeficientes de acordo com o impacto em y.

O exemplo a seguir usa o conjunto de dados Boston do Scikit-learn. Ele tenta adivinhar os preços de moradias em Boston usando uma regressão linear. O exemplo também tenta determinar quais variáveis influenciam mais o resultado, então os previsores são padronizados.

```
from sklearn.datasets import load_boston
from sklearn.preprocessing import scale
boston = load_boston()
X = scale(boston.data)
y = boston.target
```

A classe de regressão no Scikit-learn faz parte do módulo `linear_model`. Tendo escalado previamente a variável X, não há outras preparações ou parâmetros especiais para decidir quando usar este algoritmo.

```
from sklearn.linear_model import LinearRegression
regression = LinearRegression(normalize=True)
regression.fit(X, y)
```

Agora que o algoritmo foi ajustado, usar o método `score` relata a medida R^2, que varia de 0 a 1 e mostra como usar um modelo de regressão específico é melhor para prever y do que usar uma média simples. (O *ajuste* cria uma reta ou uma curva que corresponde melhor aos pontos de dados fornecidos pelos dados; ajuste a reta ou curva a esses pontos de dados para realizar várias tarefas, como previsões, com base em tendências ou padrões produzidos pelos dados.) R^2 também retrata a quantidade de informação-alvo explicada pelo modelo (o mesmo que a correlação quadrada), então aproximar-se de 1 explica a maior parte da variável y usando o modelo.

```
print(regression.score(X, y))
```

Veja o escore resultante:

```
0.740607742865
```

Nesse caso, o R^2 nos dados previamente ajustados é cerca de 0,74, um bom resultado para um modelo simples. O escore R^2 é, então, a porcentagem da informação presente na variável-alvo, que foi explicada pelo modelo usando os previsores. Portanto, um escore de 0,74 significa que o modelo ajustou a maior parte das informações que queríamos prever e que apenas 26% delas permanecem inexplicadas.

LEMBRE-SE

Calcular R² no mesmo conjunto de dados usado para o treinamento é algo razoável na estatística quando feito com modelos lineares. No data science e no aprendizado de máquina, é sempre correto testar os escores nos dados que não foram usados para treinamento. Os algoritmos de maior complexidade memorizam os dados melhor do que aprendem com eles, mas essa afirmação também se aplica, de vez em quando, aos modelos mais simples, como a regressão linear.

Para entender o que conduz as estimativas no modelo de regressão múltipla, precisamos observar o atributo `coefficients_`, um array contendo os coeficientes beta de regressão. Os coeficientes são os números estimados pelo modelo de regressão linear para realmente transformar as variáveis de entrada na fórmula em previsões-alvo de y. Exibido ao mesmo tempo, o atributo `boston.DESCR` o ajuda a entender qual variável os coeficientes indicam. A função `zip` gerará um iterável de ambos os atributos, exibido para fins de relação.

```
print([a + ':' + str(round(b, 2)) for a, b in zip(
    boston.feature_names, regression.coef_,)])
```

As variáveis relatadas e seus coeficientes arredondados (valores b, ou inclinações, como descrito na seção "Definindo a família de modelos lineares", anteriormente neste capítulo) são:

```
['CRIM:-0.92', 'ZN:1.08', 'INDUS:0.14', 'CHAS:0.68',
'NOX:-2.06', 'RM:2.67', 'AGE:0.02', 'DIS:-3.1', 'RAD:2.66',
'TAX:-2.08', 'PTRATIO:-2.06', 'B:0.86', 'LSTAT:-3.75']
```

DIS são as distâncias ponderadas de cinco centros de emprego e mostram a principal mudança absoluta de unidade. Por exemplo, uma casa muito longe de locais de interesse das pessoas (como o trabalho) tem um valor mais baixo. Em comparação, AGE e INDUS, com ambas as proporções descrevendo a idade do edifício e se há atividades não comerciais disponíveis na área, não influenciam tanto o resultado, pois o valor absoluto dos coeficientes beta é menor do que DIS.

Entendendo as limitações e os problemas

Embora a regressão linear seja uma ferramenta de estimativas simples mas eficaz, ela tem alguns problemas. Em alguns casos, eles reduzem o benefício de seu uso, mas, na verdade, depende dos dados. Determinamos se existe algum problema empregando o método e testando a eficácia. A não ser que você trabalhe pesado com os dados (veja o Capítulo 19), poderá encontrar estas limitações:

» A regressão linear modela apenas os dados quantitativos. Ao modelar categorias como resposta, é preciso modificar os dados para uma regressão logística.

» Se houver dados ausentes e não conseguir lidar com eles adequadamente, o modelo para de funcionar. É importante atribuir os valores ausentes ou, usando o valor de zero para a variável, criar uma variável binária adicional que indique a ausência de um valor.

» Além disso, os outliers são bem perturbadores para uma regressão linear, pois ela tenta minimizar o valor quadrado dos residuais, e os outliers têm residuais grandes, forçando o algoritmo a se concentrar mais neles do que na massa de pontos regulares.

» A relação entre o alvo e cada variável de previsão é baseada em um único coeficiente — não há um modo automático de representar relações complexas como uma parábola (há um valor único de x maximizando y) ou crescimento exponencial. A única maneira de modelar tais relações é usar transformações matemáticas de x (e, às vezes, de y) ou adicionar novas variáveis.

» A maior limitação é que a regressão linear fornece uma soma de termos, que podem variar independentemente uns dos outros. É difícil descobrir como representar o efeito de certas variáveis que afetam o resultado de formas muito diferentes de acordo com seus valores. Uma solução é criar *termos de interação*, isto é, multiplicar duas ou mais variáveis para criar uma nova; contudo, requer que se saiba quais variáveis multiplicar e se crie a nova antes de executar a regressão linear. Resumindo: não há como representar facilmente as situações complexas com os dados, apenas as simples.

Passando para a Regressão Logística

A regressão linear é bem adequada para estimar valores, mas não é a melhor ferramenta para prever a classe de uma observação. Embora a teoria estatística desaconselhe, você pode tentar classificar uma classe binária pontuando uma classe como 1 e a outra como 0, mas isso produz resultados decepcionantes na maior parte dos casos. Portanto, a teoria estatística não está errada!

O fato é que a regressão linear funciona em um continuum de estimativas numéricas. Para classificar corretamente, é necessária uma medida mais adequada, como a probabilidade de propriedade de classe. Graças à fórmula a seguir, transformamos a estimativa numérica de regressão linear em uma probabilidade mais apta a descrever como uma classe se ajusta a uma observação:

probabilidade de uma classe = $\exp(r) / (1+\exp(r))$

r é o resultado da regressão (a soma das variáveis ponderada pelos coeficientes), e exp é a função exponencial. exp(r) corresponde ao número e de Euler elevado à potência r. Uma regressão linear que usa tal fórmula (também chamada de função de ligação) para transformar os resultados em probabilidades é uma regressão logística.

Aplicando a regressão logística

A regressão logística é similar à linear, com a única diferença sendo o dado y, que deve conter valores inteiros indicando a classe relativa à observação. Usando o conjunto de dados Iris do módulo datasets do Scikit-learn, os valores 0, 1 e 2 indicam três classes, que correspondem a três espécies:

```
from sklearn.datasets import load_iris
iris = load_iris()
X = iris.data[:-1,:],
y = iris.target[:-1]
```

Para facilitar o trabalho com o exemplo, deixe um único valor de fora, para que mais tarde seja usado para testar a eficácia do modelo de regressão logística.

```
from sklearn.linear_model import LogisticRegression
logistic = LogisticRegression()
logistic.fit(X, y)
single_row_pred = logistic.predict(
    iris.data[-1, :].reshape(1, -1))
single_row_pred_proba = logistic.predict_proba(
    iris.data[-1, :].reshape(1, -1))
print ('Predicted class %s, real class %s'
       % (single_row_pred, iris.target[-1]))
print ('Probabilities for each class from 0 to 2: %s'
       % single_row_pred_proba)
```

O trecho de código anterior exibe o seguinte:

```
Predicted class [2], real class 2
Probabilities for each class from 0 to 2:
  [[ 0.00168787  0.28720074  0.71111138]]
```

Ao contrário da regressão linear, a logística não só exibe a classe resultante (neste casso, a classe 2), mas também estima a probabilidade de a observação fazer parte de todas as três classes. Com base na observação usada para fazer a previsão, a regressão logística estima uma probabilidade de 71% de fazer parte da classe 2 — uma probabilidade alta, mas não é um escore perfeito, deixando uma margem para a incerteza.

DICA
Usar probabilidades nos possibilita adivinhar a classe mais provável, mas também organizar as previsões em relação a fazer ou não parte dessa classe. Isso é muito útil para propósitos médicos: classificar uma previsão em termos de semelhança em relação a outras revela quais pacientes têm mais risco de desenvolver ou já têm uma doença.

Considerando quando são mais classes

O problema anterior, de regressão logística, lida automaticamente com múltiplas classes (ele começou com três espécies de iris). A maioria dos algoritmos oferecidos por Scikit-learn que preveem probabilidades ou um escore para classe lida automaticamente com problemas multiclasses usando duas estratégias diferentes:

» **Uma contra o resto:** O algoritmo compara cada classe com as restantes, construindo um modelo para cada uma. Se tivermos dez classes para adivinhar, teremos dez modelos. Esta abordagem usa a classe `OneVsRestClassifier` do Scikit-learn.

» **Uma contra a outra:** O algoritmo compara cada classe contra outra individualmente, construindo um número de modelos equivalente a `n * (n-1) / 2`, em que `n` é o número de classes. Se tivermos dez classes, teremos 45 modelos, `10 * (10 - 1) / 2`. Esta abordagem usa a classe `OneVsOneClassifier` do Scikit-learn.

No caso da regressão logística, a estratégia multiclasse padrão é uma contra o resto. O exemplo nesta seção mostra como usar ambas as estratégias com o conjunto de dados de dígitos manuscritos, contendo uma classe para números de 0 a 9. O código a seguir carrega os dados e os coloca em variáveis.

```
from sklearn.datasets import load_digits
digits = load_digits()
train = range(0, 1700)
test = range(1700, len(digits.data))
X = digits.data[train]
y = digits.target[train]
tX = digits.data[test]
ty = digits.target[test]
```

As observações são, na verdade, uma grade de valores de pixel. As dimensões da grade são 8x8 pixels. Para facilitar o aprendizado dos dados pelo algoritmo de aprendizado de máquina, o código os alinha em uma lista de 64 elementos. O exemplo reserva uma parte dos exemplos disponíveis para o teste.

```
from sklearn.multiclass import OneVsRestClassifier
from sklearn.multiclass import OneVsOneClassifier
OVR = OneVsRestClassifier(logistic).fit(X, y)
OVO = OneVsOneClassifier(logistic).fit(X, y)
print('One vs rest accuracy: %.3f' % OVR.score(tX, ty))
print('One vs one accuracy: %.3f' % OVO.score(tX, ty))
```

Os desempenhos das duas estratégias multiclasse são:

```
One vs rest accuracy: 0.938
One vs one accuracy: 0.969
```

As duas classes multiclasse `OneVsRestClassifier` e `OneVsOneClassifier` operam incorporando o estimador (neste caso, logistic). Depois da incorporação, elas geralmente funcionam como qualquer outro algoritmo de aprendizado do Scikit-learn. Curiosamente, a estratégia uma contra a outra obteve a maior precisão graças ao alto número de modelos em competição.

Simplificando com Naïve Bayes

Você pode estar pensando por que alguém chamaria um algoritmo de Naïve Bayes. A parte naïve decorre da formulação. Ele faz simplificações extremas para padronizar cálculos de probabilidade. A referência a Bayes é em relação ao reverendo Bayes e o seu teorema sobre probabilidade.

O reverendo Thomas Bayes (1701–1761) foi um estatístico e filósofo inglês que formulou o teorema durante a primeira metade do século XVIII. O teorema nunca foi publicado enquanto ele estava vivo, mas revolucionou profundamente a teoria da probabilidade ao apresentar a ideia da probabilidade condicional — isto é, probabilidade condicionada por evidência.

É claro que ajuda se começarmos pelo princípio — a própria *probabilidade.* Ela informa a possibilidade de um evento ocorrer e é expressada de forma numérica. A probabilidade de um evento é medida no intervalo de 0 a 1 (de 0% a 100%) e é empiricamente derivada da contagem do número de vezes que um evento específico ocorreu em relação a todos os eventos. Ela pode ser calculada a partir dos dados!

Quando observamos eventos (por exemplo, quando um atributo tem uma determinada característica) e queremos estimar a probabilidade associada a ele, contamos o número de vezes que a característica aparece nos dados e o dividimos pelo número total de observações disponíveis. O resultado é um número que varia de 0 a 1, expressando a probabilidade.

Quando estimamos a probabilidade de um evento, tendemos a acreditar que ela é indiscriminada. O termo para essa crença é *a priori*, pois constitui a primeira estimativa da probabilidade em relação a um evento (o que vier primeiro à mente). Por exemplo, se estimarmos a probabilidade de uma pessoa desconhecida ser uma mulher, podemos dizer, depois de alguns cálculos, que é de 50%, que é a probabilidade *a priori* com que você fica.

A probabilidade *a priori* muda em face à evidência, isto é, algo que modifica radicalmente as expectativas. Por exemplo, a evidência de uma pessoa ser homem ou mulher com base em ter cabelo comprido ou curto. Estimamos ter cabelo comprido como um evento com 35% de probabilidade para a população geral, mas dentro da população feminina, é de 60%. Se a porcentagem for maior na população feminina, ao contrário da probabilidade geral (*a priori*, de ter cabelo comprido), essa informação é útil.

Imagine que seja preciso adivinhar se uma pessoa é homem ou mulher, e a evidência é a pessoa ter cabelo comprido. Isso parece um problema preditivo, e, no fim, essa situação é parecida com a previsão de uma variável categórica dos dados: temos uma variável-alvo com categorias diferentes e precisamos adivinhar a probabilidade de cada categoria com base em evidências, os dados. O reverendo Bayes forneceu uma fórmula útil:

$$P(A|B) = P(B|A)*P(A) / P(B)$$

A fórmula parece um jargão estatístico e é um pouco controversa, então ela precisa ser explicada em detalhes. Ler a fórmula com o exemplo anterior como entrada esclarece um pouco o significado por trás da fórmula:

» $P(A|B)$ é a probabilidade de ser mulher (evento A), dado o cabelo comprido (evidência B). Essa parte da fórmula define o que você quer prever. Resumindo: ela diz que, para prever y dado x, em que y é um resultado (homem ou mulher) e x é a evidência (cabelo curto ou comprido).

» $P(B|A)$ é a probabilidade de se ter cabelo comprido quando a pessoa é uma mulher. Nesse caso, já sabemos que é 60%. Em todo problema com dados, obtemos esse número facilmente apenas fazendo uma tabulação cruzada dos atributos com o resultado-alvo.

» $P(A)$ é a probabilidade de ser mulher, uma possibilidade geral de 50% (*a priori*).

» $P(B)$ é a probabilidade de ter cabelo comprido, que é 35% (outra *a priori*).

DICA

Ao ler partes da fórmula como P(A|B), leia da seguinte forma: a probabilidade de A dado B. O símbolo | é traduzido como dado. A probabilidade expressada dessa forma é condicional, pois é a probabilidade de A condicionada à evidência apresentada por B. Neste exemplo, inserindo os números na fórmula, teremos: 60% * 50% / 35% = 85,7%.

Portanto, voltando ao exemplo anterior, mesmo que ser mulher seja uma probabilidade de 50%, apenas conhecer a evidência de ter cabelo comprido a faz subir para 85,7%, que é uma probabilidade muito mais favorável. Afirmamos com maior confiança que uma pessoa com cabelo comprido é mulher, pois temos um pouco menos de 15% de chance de erro.

Descobrindo que o Naïve Bayes não é muito ingênuo

Naïve Bayes, fazendo uso da regra simples de Bayes, aproveita todas as evidências disponíveis para modificar a probabilidade base *a priori* das previsões. Como os dados contêm muitas evidências — isto é, muitos atributos —, formam uma grande soma de todas as probabilidades derivadas de uma fórmula simplificada de Naïve Bayes.

LEMBRE-SE

Como discutido na seção "Adivinhando com a Regressão Linear", anteriormente neste capítulo, a soma das variáveis sugere que o modelo as considere como informações únicas e separadas. Mas isso não é real, pois existem aplicações em um mundo de interconexões, com cada informação se conectando a outras. Usar uma informação mais de uma vez significa dar mais ênfase a ela.

Como você não sabe (ou simplesmente ignora) as relações entre cada evidência, provavelmente apenas as inseriu no Naïve Bayes. O movimento ingênuo e simples de jogar tudo o que se conhece na fórmula realmente funciona bem, e muitos estudos relatam um bom desempenho, apesar de a suposição ser muito ingênua. Tudo bem usar tudo na previsão, embora não pareça certo, dada a forte associação entre as variáveis. Veja algumas maneiras pelas quais Naïve Bayes normalmente é usada:

» Construção de detectores de spam (retirando todos os e-mails incômodos da caixa de entrada).

» Análise de sentimentos (adivinhando se um texto contém atitudes positivas ou negativas em relação ao assunto, e detectando o humor do orador).

» Tarefas de processamento de texto, como correção ortográfica ou adivinhar o idioma usado para escrever ou classificar o texto em uma categoria mais ampla.

Naïve Bayes também é popular porque não precisa de muitos dados para trabalhar. Ele lida naturalmente com múltiplas classes. Com algumas leves modificações de variáveis (transformando-as em classes), também lida com variáveis numéricas. O Scikit-learn fornece três classes Naïve Bayes no módulo `sklearn.naive_bayes`:

» `MultinomialNB`: Usa as probabilidades derivadas da presença de atributos. Quando há a presença de um atributo, ela atribui uma certa probabilidade ao resultado, que os dados textuais indicam para a previsão.

» `BernoulliNB`: Fornece a funcionalidade multinomial de Naïve Bayes, mas penaliza a ausência de um atributo. Atribui uma probabilidade diferente quando o atributo está presente do que quando não está. Na verdade, trata todos os atributos como variáveis dicotômicas (a distribuição de uma variável dicotômica é uma distribuição de Bernoulli). Também é usada com dados textuais.

» `GaussianNB`: Define uma versão de Naïve Bayes que espera uma distribuição normal de todos os atributos. Assim, essa classe não é a ideal para dados textuais em que as palavras são esparsas (em vez dela, use as distribuições multinomial ou de Bernoulli). Se as variáveis tiverem valores positivos e negativos, essa é a melhor escolha.

Prevendo classificações de texto

Naïve Bayes é particularmente popular para a classificação de documentos. Em problemas textuais, geralmente temos milhões de atributos envolvidos, um para cada palavra escrita correta ou incorretamente. Às vezes o texto é associado a outras palavras próximas em *n-gramas*, isto é, sequências de palavras consecutivas. Naïve Bayes aprende atributos textuais e fornece previsões rápidas com base na entrada.

Esta seção testa classificações de texto usando os modelos de Naïve Bayes binomial e multinomial oferecido pelo Scikit-learn. Os exemplos usam o conjunto de dados `20newsgroups`, que contém um grande número de posts de 20 tipos de grupos de discussão. O conjunto de dados é dividido em um conjunto de treinamento, para construir os modelos textuais, e um conjunto de teste, que abrange os posts que seguem temporariamente o conjunto de treinamento. Use o conjunto de teste para testar a precisão das previsões:

```
from sklearn.datasets import fetch_20newsgroups
newsgroups_train = fetch_20newsgroups(
          subset='train', remove=('headers', 'footers',
                                  'quotes'))
newsgroups_test = fetch_20newsgroups(
          subset='test', remove=('headers', 'footers',
                                 'quotes'))
```

Depois de carregar os dois conjuntos na memória, importe os dois modelos de Naïve Bayes e os instancie. A essa altura, estabeleça valores alfa, que são úteis para evitar uma probabilidade zero para atributos raros (que excluiria esses atributos da análise). Geralmente usamos um valor pequeno para alfa, como mostrado no código a seguir:

```
from sklearn.naive_bayes import BernoulliNB, MultinomialNB
Bernoulli = BernoulliNB(alpha=0.01)
Multinomial = MultinomialNB(alpha=0.01)
```

No Capítulo 12, usamos o truque do hashing para modelar dados textuais sem medo de encontrar novas palavras ao usar o modelo depois de uma fase de treinamento. Há dois truques de hashing diferentes, um contando as palavras (para a abordagem multinomial) e um para registrar se a palavra apareceu em uma variável binária (a abordagem binomial). Também podemos remover as *palavras vazias*, ou seja, palavras comuns encontradas na língua inglesa, como *a, the, in*, e assim por diante.

```
import sklearn.feature_extraction.text as txt
multinomial = txt.HashingVectorizer(stop_words='english',
                                    binary=False, norm=None)
binary = txt.HashingVectorizer(stop_words='english',
                               binary=True, norm=None)
```

Agora podemos treinar os dois classificadores e testá-los com o conjunto de teste, que é um conjunto de posts que aparecem temporariamente depois de um conjunto de treinamento. A medida do teste é a precisão, que é a porcentagem de suposições corretas feitas pelo algoritmo.

```
import numpy as np
target = newsgroups_train.target
target_test = newsgroups_test.target
multi_X = np.abs(
    multinomial.transform(newsgroups_train.data))
multi_Xt = np.abs(
    multinomial.transform(newsgroups_test.data))
bin_X = binary.transform(newsgroups_train.data)
bin_Xt = binary.transform(newsgroups_test.data)

Multinomial.fit(multi_X, target)
Bernoulli.fit(bin_X, target)

from sklearn.metrics import accuracy_score
from sklearn.metrics import accuracy_score
for name, model, data in [('BernoulliNB', Bernoulli, bin_Xt),
```

```
                    ('MultinomialNB', Multinomial,
    multi_Xt)]:
    accuracy = accuracy_score(y_true=target_test,
                              y_pred=model.predict(data))
    print ('Accuracy for %s: %.3f' % (name, accuracy))
```

As precisões relatadas pelos modelos de Naïve Bayes são:

```
Accuracy for BernoulliNB: 0.570
Accuracy for MultinomialNB: 0.651
```

Observe que não levará muito tempo para ambos os modelos treinarem e relatarem as previsões no conjunto de teste. Considere que o conjunto de treinamento é formado por mais de 11 mil posts contendo 300 mil palavras e que o conjunto de teste contém cerca de outros 7.500 posts.

```
print('number of posts in training: %i'
      % len(newsgroups_train.data))
D={word:True for post in newsgroups_train.data
    for word in post.split(' ')}
print('number of distinct words in training: %i'
      % len(D))
print('number of posts in test: %i'
      % len(newsgroups_test.data))
```

Executar o código retorna todas estas estatísticas de texto úteis:

```
number of posts in training: 11314
number of distinct words in training: 300972
number of posts in test: 7532
```

Aprendendo Preguiçosamente com os Vizinhos Mais Próximos

O KNN (K-vizinhos mais próximos) não se refere à criação de regras de dados com base em coeficientes e probabilidade. O KNN funciona sobre bases de similaridades. Quando temos de prever algo como uma classe, é melhor encontrar as observações similares às que queremos classificar ou estimar. Podemos, então, derivar a resposta necessária dos casos similares.

Observar quantas observações são parecidas não implica aprender, mas, sim, medir. Como o KNN não aprende nada, é considerado preguiçoso, e por isso é chamado de aprendiz preguiçoso ou de aprendiz baseado em instância. A ideia é a de que premissas similares geralmente fornecem resultados parecidos, e é importante não se esquecer de resolver os problemas mais fáceis primeiro!

O algoritmo é rápido durante o treinamento porque tem apenas que memorizar os dados sobre as observações. Ele realmente calcula mais durante as previsões. Quando há observações demais, o algoritmo fica lento e consome muita memória. É melhor não usá-lo com big data ou ele poderá levar uma vida inteira para fazer uma previsão! Além do mais, esse algoritmo simples e eficaz funciona melhor quando temos grupos de dados distintos sem muitas variáveis envolvidas, pois ele também é muito sensível à maldição da dimensionalidade.

A maldição da dimensionalidade acontece à medida que o número de variáveis aumenta. Considere uma situação em que se meça a distância entre as observações e, à medida que o espaço fica maior, fica difícil encontrar vizinhos reais — um problema para o KNN, que às vezes confunde uma observação distante como próxima. Representar a ideia é como jogar xadrez em um tabuleiro multidimensional. Ao jogar no tabuleiro clássico em 2D, a maioria das peças está próxima, e você consegue identificar oportunidades e ameaças mais facilmente para os peões quando tem 32 peças e 64 posições. No entanto, quando joga em um tabuleiro 3D, como os que aparecem em alguns filmes de ficção científica, as 32 peças se perdem nas 512 posições possíveis. Agora imagine jogar em um tabuleiro 12D. É fácil de confundir o que é perto e o que é longe, que é o que acontece com o KNN.

DICA
O KNN fica ainda mais inteligente para detectar similaridades entre observações removendo as informações redundantes e simplificando a dimensionalidade dos dados por meio das técnicas de redução de dados, como explicado no Capítulo 14.

Fazendo previsões depois de observar os vizinhos

Para um exemplo mostrando como usar o KNN, comece novamente com o conjunto de dados de dígitos. O KNN é particularmente útil, assim como Naïve Bayes, quando temos de prever muitas classes, ou em situações que exigiriam a construção de muitos modelos ou que demandassem um modelo complexo.

```
from sklearn.datasets import load_digits
from sklearn.decomposition import PCA
digits = load_digits()
train = range(0, 1700)
test = range(1700, len(digits.data))
pca = PCA(n_components = 25)
pca.fit(digits.data[train])
X = pca.transform(digits.data[train])
y = digits.target[train]
tX = pca.transform(digits.data[test])
ty = digits.target[test]
```

O KNN é um algoritmo muito sensível a outliers. Além do mais, temos de mudar a escala das variáveis e remover informações redundantes. Neste exemplo, usamos a ACP. A mudança de escala não é necessária, pois os dados representam pixels, o que significa que já estão escalados.

DICA Evite o problema dos outliers mantendo a vizinhança pequena, ou seja, sem observar exemplos similares muito distantes.

DICA Conhecer o tipo dos dados poupa muito tempo e evita muitos erros. Por exemplo, neste caso, sabemos que os dados representam valores de pixels. Fazer a AED (como descrito no Capítulo 13) é sempre o primeiro passo e fornece muitos insights úteis, mas obter informações adicionais sobre como os dados foram obtidos e o que representam também é uma boa prática, bastante útil. Para ver essa tarefa em ação, reserve os casos em tX e experimente alguns casos que KNN não observará ao procurar vizinhos.

```
from sklearn.neighbors import KNeighborsClassifier
kNN = KNeighborsClassifier(n_neighbors=5, p=2)
kNN.fit(X, y)
```

O KNN usa uma medida de distância para determinar quais observações considerar como possíveis vizinhos para o caso-alvo. Mude facilmente a distância predefinida usando o parâmetro p:

> » Quando p é 2, use a distância euclidiana (discutida como parte do tópico de agrupamento no Capítulo 15).
>
> » Quando p é 1, use a distância métrica de Manhattan, que é a distância absoluta entre observações. Em um quadrado 2D, quando vamos de uma esquina à outra oposta, a distância Manhattan é como andar pelo perímetro, enquanto a euclidiana é como caminhar na diagonal. Embora a distância Manhattan não seja a mais curta, é uma medida mais realista do que a euclidiana, e é menos sensível ao ruído e à alta dimensionalidade.

Geralmente, a distância euclidiana é a medida certa, mas às vezes dá resultados piores, especialmente quando a análise envolve muitas variáveis correlacionadas. O código a seguir mostra que a análise parece boa.

```
print('Accuracy: %.3f' % kNN.score(tX,ty) )
print('Prediction: %s Actual: %s'
     % (kNN.predict(tX[-15:,:]),ty[-15:]))
```

O código retorna a precisão e uma amostra das previsões comparáveis com os valores reais para identificar diferenças:

```
Accuracy: 0.990
Prediction: [2 2 5 7 9 5 4 8 1 4 9 0 8 9 8]
    Actual: [2 2 5 7 9 5 4 8 8 4 9 0 8 9 8]
```

Escolhendo o parâmetro k com sabedoria

Um parâmetro crucial que precisa ser definido em KNN é o k. Com o aumento de k, o KNN considera mais pontos para as previsões, e as decisões são menos influenciadas pelas instâncias ruidosas, que exercem uma influência indevida. As decisões são baseadas em uma média de mais observações, e se tornam mais substanciais. Quando o valor k usado é grande demais, os vizinhos que estão longe demais tendem a ser considerados, compartilhando cada vez menos com o caso que precisa ser previsto.

É importante estabelecer um compromisso. Quando o valor de k for menor, consideramos um conjunto de vizinhos mais homogêneo, mas podemos cometer um erro mais facilmente subestimando os poucos casos similares. Quando o valor de k é maior, consideramos mais casos correndo um risco mais alto de observar vizinhos distantes demais ou outliers. Voltando ao exemplo anterior dos dados de dígitos manuscritos, podemos experimentar a mudança do valor k, como mostrado no código a seguir:

```
for k in [1, 5, 10, 50, 100, 200]:
    kNN = KNeighborsClassifier(n_neighbors=k).fit(X, y)
    print('for k = %3i accuracy is %.3f'
          % (k, kNN.score(tX, ty)))
```

Depois de rodar esse código, obtemos um panorama do que acontece quando k muda e determinamos o valor que melhor se adapta aos dados:

```
for k =   1 accuracy is 0.979
for k =   5 accuracy is 0.990
for k =  10 accuracy is 0.969
for k =  50 accuracy is 0.959
for k = 100 accuracy is 0.959
for k = 200 accuracy is 0.907
```

Por meio da experimentação, descobrimos que igualar n_neighbors (o parâmetro representando k) a 5 é a melhor opção, resultando na maior precisão. Usar o vizinho mais próximo (n_neighbors =1) não é uma má escolha, mas usar o valor maior do que 5 retorna resultados menores na tarefa de classificação.

> **DICA** Como regra prática, quando o conjunto de dados não tiver muitas observações, iguale k ao número próximo do quadrado do número de observações disponíveis. No entanto, não há uma regra geral, e experimentar diferentes valores de k é sempre uma boa maneira de otimizar o desempenho do KNN. Sempre comece com valores baixos e suba-os aos poucos.

> **NESTE CAPÍTULO**
>
> » Entendendo o sobreajuste e o subajuste
>
> » Escolhendo a métrica certa para monitorar
>
> » Fazendo a validação cruzada dos resultados
>
> » Selecionando os melhores atributos para o aprendizado de máquina
>
> » Otimizando os hiperparâmetros

Capítulo **18**

Fazendo Validação Cruzada, Seleção e Otimização

Os algoritmos de aprendizado de máquina realmente aprendem com os dados. Por exemplo, os quatro algoritmos apresentados no capítulo anterior, embora muito simples, estimam com eficácia uma classe ou um valor depois de receberem exemplos associados aos resultados. É uma questão de aprender pela indução, que é um processo de extração de regras gerais de exemplos específicos. Comumente, desde criança os seres humanos aprendem pela observação de exemplos, derivando regras ou ideias gerais, e então as aplicam com sucesso a novas situações conforme se desenvolvem. Por exemplo, se vemos alguém queimado depois de pôr a mão no fogo, entendemos que o fogo é perigoso, e não precisamos tocá-lo para saber disso.

Aprender pelo exemplo usando algoritmos de máquina envolve armadilhas. Veja algumas questões inerentes:

> » Não há exemplos suficientes para fazer um julgamento sobre uma regra, independentemente de qual algoritmo de aprendizado se use.
>
> » A aplicação do aprendizado de máquina recebe os exemplos errados e, consequentemente, não infere corretamente.
>
> » Mesmo quando a aplicação vê exemplos corretos o suficiente, ainda não consegue entender as regras, por serem muito complexas. Sir Isaac Newton, o pai da Física moderna, narrou a história de que foi inspirado pela queda de uma maçã de uma árvore em sua formulação da gravidade. Infelizmente, derivar a lei universal de uma série de observações não é uma consequência automática para a maioria de nós, e o mesmo se aplica aos algoritmos.

É importante considerar essas armadilhas ao mergulhar no aprendizado de máquina. A quantidade de dados, sua qualidade e as características do algoritmo de aprendizado decidem se a aplicação consegue generalizar bem para novos casos. Se houver algo de errado com qualquer um deles, as limitações se tornam expressivas. Como profissional de data science, reconheça e aprenda a evitar esses tipos de armadilhas em seus experimentos.

LEMBRE-SE Você não precisa digitar o código-fonte deste capítulo. É muito mais fácil utilizar a fonte para download (veja as instruções para download na Introdução). O código-fonte para este capítulo está no arquivo `P4DS4D2_18_Performing_Cross_Validation_Selection_and_Optimization.ipynb`.

Ponderando o Problema do Ajuste de um Modelo

Ajustar um modelo implica aprender com os dados uma representação das regras que os geraram. De uma perspectiva matemática, ajustar um modelo é o mesmo que adivinhar uma função desconhecida do tipo que encontrávamos no ensino médio, como $y = 4x^2 + 2x$, apenas observando os resultados de y. Portanto, por debaixo dos panos, esperamos que os algoritmos de aprendizado de máquina gerem formulações matemáticas determinando como a realidade funciona baseados nos exemplos fornecidos.

Demonstrar se tais formulações são reais vai além do escopo do data science. O mais importante é que elas trabalham produzindo previsões exatas. Por exemplo, embora muito do mundo físico seja descrito por meio de funções matemáticas, muitas vezes não se consegue descrever dinâmicas econômicas e sociais dessa forma — mas as pessoas tentam estimá-las mesmo assim.

Resumindo: como cientista de dados, sempre lute para aproximar as funções reais desconhecidas inerentes aos problemas encarados usando as melhores informações disponíveis. O resultado de seu trabalho é avaliado com base em sua capacidade de prever resultados específicos (o resultado-alvo), dadas certas premissas (os dados), graças a uma gama útil de algoritmos (de aprendizado de máquina).

Anteriormente no livro, vimos algo parecido a uma função ou lei real quando apresentamos a regressão linear, que tem sua própria fórmula. A fórmula linear `y = Bx + a`, que representa matematicamente uma reta em um plano, muitas vezes aproxima bem os dados de treinamento, mesmo que não represente uma reta ou nada similar. Assim como com a regressão linear, todos os outros algoritmos de aprendizado de máquina têm uma formulação própria interna (e alguns, como as redes neurais, exigem que a formulação seja definida do zero). A fórmula de regressão linear é uma das mais simples; as de outros algoritmos de aprendizado são bem complexas. Não é preciso saber seu funcionamento exato, mas é preciso se ter uma ideia de sua complexidade, se representam uma reta ou uma curva e se conseguem sentir outliers e dados ruidosos. Ao planejar aprender com os dados, aborde esses aspectos problemáticos com base na formulação que pretender usar:

1. **Se o algoritmo de aprendizado é o melhor que consegue aproximar a função desconhecida imaginada por trás dos dados utilizados. Para tomar tal decisão, considere o desempenho da formulação do algoritmo de aprendizado nos dados e compare-a a outras formulações alternativas de outros algoritmos.**

2. **Se a formulação específica do algoritmo de aprendizado é simples demais em relação à função oculta para fazer uma estimativa (isso é chamado de viés).**

3. **Se a formulação específica do algoritmo de aprendizado é complexo demais em relação à função oculta para ser estimado (levando ao problema de variância).**

Nem todos os algoritmos são adequados para todos os problemas de dados. Se não houver dados suficientes ou se estiverem cheios de informações errôneas, será muito difícil para algumas formulações descobrir a função real.

Entendendo o viés e a variância

Se o algoritmo escolhido não conseguir aprender adequadamente com os dados e nem tiver um bom desempenho, a causa é um viés ou variância nas estimativas.

» **Viés:** Dada a simplicidade da formulação, seu algoritmo tende a superestimar ou subestimar as regras reais por trás dos dados e erra sistematicamente em certas situações. Algoritmos simples têm viés alto; com poucos parâmetros internos, eles tendem a representar bem apenas formulações simples.

» **Variância:** Dada a complexidade da formulação, o algoritmo tende a aprender informações demais com os dados e detectar regras inexistentes, o que faz as previsões serem erráticas ao encarar novos dados. A variância é um problema conectado à memorização. Algoritmos complexos memorizam atributos de dados graças ao alto número de parâmetros internos. Contudo, a memorização não sugere nenhuma compreensão das regras.

O viés e a variância dependem da complexidade da formulação no núcleo do algoritmo de aprendizado em relação à complexidade da formulação presumida como tendo gerado os dados que são observados. No entanto, ao considerar um problema específico usando as regras de dados disponíveis, é melhor ter viés ou variância altos quando:

» **Há poucas observações:** Algoritmos mais simples têm um desempenho melhor, não importa qual seja a função desconhecida. Algoritmos complexos tendem a aprender demais com os dados, estimando com imprecisão.

» **Há muitas observações:** Algoritmos complexos sempre reduzem a variância. Essa redução ocorre porque até mesmo os algoritmos complexos não conseguem aprender tanto com os dados, então aprendem apenas as regras, não algum ruído errático.

» **Há muitas variáveis:** Dado que também haja muitas observações, os algoritmos mais simples tendem a encontrar um modo de aproximar até mesmo as funções ocultas complexas.

Definindo uma estratégia para escolher modelos

Quando confrontados por um problema de aprendizado de máquina, normalmente sabemos pouco sobre ele e não sabemos se um algoritmo específico conseguiria lidar bem com ele. Consequentemente, não sabemos se a fonte de um problema é causada por viés ou variância — embora normalmente possamos utilizar a regra prática de que, se um algoritmo é simples, ele terá viés alto, e se for complexo, terá variância alta. Mesmo quando trabalhamos com aplicações de data science comuns e bem documentadas, notamos que o que funciona em outras situações (como descrito em artigos acadêmicos e industriais) muitas vezes não funciona muito bem para nossas próprias aplicações, pois os dados são diferentes.

Essa situação é resumida pelo famoso teorema no free lunch do matemático David Wolpert: quaisquer dois algoritmos de aprendizado de máquina têm desempenhos equivalentes quando testados em todos os problemas possíveis. Consequentemente, não é possível dizer que um algoritmo é sempre melhor do que outro; é melhor apenas quando usado para resolver problemas específicos.

Entenda esse conceito assim: nunca há uma solução fixa para cada problema! A única e melhor estratégia é tentar tudo o que for possível e verificar os resultados usando um experimento científico controlado. Essa abordagem garante que o que parece funcionar é o que realmente funciona e, o mais importante, continuará funcionando com dados novos. Embora alguns algoritmos passem mais confiança, só se sabe qual é o melhor depois de experimentá-lo e avaliar seu desempenho naquele problema.

A essa altura, devemos considerar um aspecto crucial, mas subestimado, para garantir o sucesso do projeto de dados. Para um modelo e resultados melhores, é essencial definir uma métrica de avaliação que diferencie um modelo bom de um ruim em relação ao problema científico ou de negócios que se queira resolver. Na verdade, para alguns projetos, talvez seja preciso evitar prever casos negativos quando são positivos; para outros, baste identificar absolutamente todos os positivos; e, ainda, para outros, talvez baste apenas organizá-los para que os positivos venham antes dos negativos e não seja preciso verificar todos.

Ao escolher um algoritmo, automaticamente é escolhido o processo de otimização regido por uma métrica de avaliação que relata seu desempenho ao algoritmo para que ele possa ajustar melhor seus parâmetros. Por exemplo, ao usar uma regressão linear, a métrica é o erro quadrático médio dado pela distância vertical das observações da linha de regressão. Portanto, é automático, e você pode aceitar mais facilmente o desempenho do algoritmo fornecido por tal métrica de avaliação padrão.

Além de aceitar a métrica padrão, alguns algoritmos permitem escolher uma função de avaliação preferida. Em outros casos, quando não for possível indicar uma função de avaliação favorita, a métrica existente é afetada fixando-se adequadamente alguns de seus hiperparâmetros, otimizando o algoritmo indiretamente para outra métrica diferente.

Antes de começar a treinar seus dados e criar previsões, sempre considere qual seria a melhor medida de desempenho para seu projeto. O Scikit-learn oferece acesso a uma ampla gama de medidas para problemas de classificação e de regressão. O módulo `sklearn.metrics` possibilita chamar os procedimentos de otimização por meio de uma única string ou chamando uma função de erro de seus módulos. A Tabela 18-1 mostra as medidas comumente usadas para problemas de regressão.

TABELA 18-1 Métricas de Avaliação de Regressão

String Chamável	Função
mean_absolute_error	sklearn.metrics.mean_absolute_error
mean_squared_error	sklearn.metrics.mean_squared_error
r2	sklearn.metrics.r2_score

A string r2 especifica uma medida estatística para a regressão linear chamada R^2 (R quadrado). Ela expressa como o modelo é comparado em poder preditivo à média simples. As aplicações de aprendizado de máquina raramente usam essa medida, pois ela não relata explicitamente os erros cometidos pelo modelo, embora valores altos de R^2 sugiram menos erros; métricas mais viáveis para modelos de regressão são os erros quadráticos médios e os erros absolutos médios.

Os erros quadráticos penalizam mais os valores extremos, enquanto o erro absoluto pondera todos os erros da mesma forma. Então é realmente uma questão de considerar a troca entre reduzir o erro em observações extremas o máximo possível (erro quadrático) ou tentar reduzir o erro para a maioria das observações (erro absoluto). A escolha depende da aplicação. Quando valores extremos representam situações críticas para sua aplicação, uma métrica de erro quadrático é melhor. No entanto, quando sua preocupação é minimizar observações comuns e usuais, como acontece muito em problemas de previsão de vendas, use um erro absoluto médio como referência. As escolhas são iguais para problemas complexos de classificação, como vemos na Tabela 18-2.

TABELA 18-2 Métricas de Avaliação de Classificação

String Chamável	Função
accuracy	sklearn.metrics.accuracy_score
precision	sklearn.metrics.precision_score
recall	sklearn.metrics.recall_score
f1	sklearn.metrics.f1_score
roc_auc	sklearn.metrics.roc_auc_score

A acurácia (accuracy) é a métrica de erro mais simples na classificação, contando (como porcentagem) quantas previsões estão corretas. Ela leva em conta se o algoritmo de aprendizado de máquina estimou a classe correta. Essa medida funciona tanto para problemas binários quanto multiclasse. Embora seja uma métrica simples, otimizar a acurácia causa problemas quando existe um desequilíbrio entre as classes. Por exemplo, é complicado quando uma classe é frequente e preponderante, como na detecção de fraude, em que a maioria das transações é legítima, em contraste a poucas transações criminosas. Nessas situações, os algoritmos de aprendizado de máquina otimizados para acurácia tendem a estimar favorecendo a classe preponderante e erram na maior parte das vezes com as classes menores, um comportamento indesejado para um algoritmo que supomos que estime todas as classes corretamente, não apenas algumas poucas selecionadas.

A precisão e a revocação, e sua otimização conjunta pelo escore F1, resolvem problemas que a acurácia não trata. A precisão é uma questão de exatidão estimativa. Ela companha, ao prever uma classe, a percentagem de vezes que essa classe estava certa. Por exemplo, você pode usar a precisão ao diagnosticar câncer em pacientes depois de avaliar dados de seus exames. A precisão nesse caso é a porcentagem de pacientes que realmente têm câncer entre aqueles diagnosticados. Portanto, se diagnosticamos dez pacientes doentes e nove realmente estão, a precisão é de 90%.

Encaramos consequências diferentes quando não diagnosticamos o câncer em um paciente que o tem ou em um paciente saudável. A precisão conta apenas uma parte da história, pois existem pacientes com câncer que foram diagnosticados como saudáveis, e esse é um problema sério. A métrica de revocação conta a segunda parte da história. Ela relata, dentre uma classe inteira, a porcentagem de estimativas corretas. Por exemplo, ao revisar o exemplo anterior, a métrica de revocação é a porcentagem de pacientes que foram corretamente diagnosticados com câncer. Se há 20 pacientes com câncer e diagnosticamos apenas 9, a revocação será de 45%.

Ao utilizar o modelo, mesmo que tenha precisão, a revocação pode ser baixa, ou ter alta revocação, mas com perda da precisão no processo. Felizmente, a precisão e a revocação são maximizadas juntas usando-se o escore F1, que usa a fórmula: `F1 = 2 * (precisão * revocação) / (precisão + revocação)`. O uso do escore F1 garante sempre a melhor combinação de precisão e revocação.

A Área Sob a Curva Característica de Operação do Receptor (ROC AUC) é útil quando queremos ordenar classificações de acordo com sua probabilidade de estarem certas. Portanto, ao otimizar ROC AUC no exemplo anterior, o algoritmo de aprendizado primeiro tentará ordenar (classificar) os pacientes começando pelos que têm mais probabilidade de ter câncer até os com menos probabilidade. A ROC AUC é mais alta quando a ordem é boa, e baixa quando é ruim. Se seu modelo tem uma ROC AUC alta, é preciso conferir os pacientes com mais probabilidade de estarem doentes. Outro exemplo é em um problema de detecção de fraude, quando queremos ordenar os clientes de acordo com o risco de serem desonestos. Se seu modelo tem uma boa ROC AUC, é preciso verificar melhor os clientes com risco maior.

Dividindo entre conjuntos de treinamento e de teste

Tendo visto como decidir a escolha entre diferentes métricas de erro para classificação e regressão, o próximo passo na estratégia para escolher o melhor modelo é experimentar e avaliar as soluções observando sua habilidade de generalizar para novos casos. Como exemplo de procedimentos corretos para experimentar com algoritmos de aprendizado de máquina, comece carregando o conjunto de dados Boston (criado na década de 1970), que consiste em preços de moradias em Boston, várias medidas de características de casas e medidas da área residencial em que cada casa está localizada.

```
from sklearn.datasets import load_boston
boston = load_boston()
X, y = boston.data, boston.target
```

Note que o conjunto de dados contém mais de 500 observações e 13 atributos. O alvo é uma medida de preço, então decidimos usar a regressão linear e otimizar o resultado usando o erro quadrático médio. O objetivo é garantir que uma regressão linear seja um bom modelo para o conjunto de dados Boston e quantificar sua adequação usando o erro quadrático médio (que permite compará-lo com modelos alternativos).

```
from sklearn.linear_model import LinearRegression
from sklearn.metrics import mean_squared_error
regression = LinearRegression()
regression.fit(X,y)
print('Mean squared error: %.2f' % mean_squared_error(
    y_true=y, y_pred=regression.predict(X)))
```

O erro quadrático médio resultante gerado pelos comandos é

```
Mean squared error: 21.90
```

Depois de ter ajustado o modelo com os dados (chamados de dados de treinamento, pois fornecem exemplos para o aprendizado), a função de erro `mean_squared_error` relata um erro de previsão de dados. O erro quadrático médio é 21,90, aparentemente uma boa medida, mas calculada diretamente no conjunto de treinamento, então não há certeza de que funcionaria tão bem com dados novos (algoritmos de aprendizado de máquina são bons em aprender e memorizar exemplos).

De maneira ideal, precisamos realizar um teste em dados nunca antes vistos pelo algoritmo a fim de excluir qualquer memorização, pois apenas assim saberemos se o algoritmo funcionará bem quando novos dados chegarem. Para isso, esperamos dados novos, fazemos previsões neles e as comparamos com a realidade. Mas fazer isso dessa forma leva tempo demais, e é arriscado e caro, dependendo do tipo de problema que queremos resolver usando o aprendizado de máquina (por exemplo, é extremamente arriscado testá-lo com aplicações para detecção de câncer, pois há muitas vidas em jogo).

Felizmente, há outro modo de obter o mesmo resultado. Para simular novos dados, basta dividir as observações em casos de teste e treinamento. É muito comum no data science ter um tamanho de teste de 25–30% dos dados disponíveis e treinar o modelo preditivo usando os 70–75% restantes. Veja um exemplo de como fazer o particionamento dos dados no Python:

```
from sklearn.model_selection import train_test_split
X_train, X_test, y_train, y_test = train_test_split(
    X, y, test_size=0.30, random_state=5)
    print(X_train.shape, X_test.shape)
```

O código exibe as formas resultantes dos conjuntos de treinamento e teste, com o primeiro sendo 70% do tamanho inicial, e o último com apenas 30%:

```
(354, 13) (152, 13)
```

O exemplo separa as variáveis de treinamento e teste x e y em variáveis distintas usando a função `train_test_split`. O parâmetro `test_size` indica um conjunto de teste formado por 30% das observações disponíveis. A função sempre escolhe a amostra de teste aleatoriamente. Agora, use o conjunto de treinamento:

```
regression.fit(X_train,y_train)
print('Train mean squared error: %.2f' %
  mean_squared_error(
    y_true=y_train, y_pred=regression.predict(X_train)))
```

A saída mostra o erro quadrático médio do conjunto de treinamento:

```
Train mean squared error: 19.07
```

A essa altura, ajustamos o modelo novamente, e o código relata um novo erro de treinamento de 19,07, que é um pouco diferente de antes. No entanto, o erro que realmente precisamos virá do conjunto de teste reservado.

```
print('Test mean squared error: %.2f' %
  mean_squared_error(
    y_true=y_test, y_pred=regression.predict(X_test)))
```

Depois de rodar a avaliação no conjunto de teste, obtemos este valor de erro:

```
Test mean squared error: 30.70
```

Ao estimar o erro no conjunto de teste, os resultados mostram que o valor relatado é 30,70. De fato, uma grande diferença! De certa forma, a estimativa no conjunto de treinamento foi otimista demais. Usar o conjunto de teste, embora mais realista na estimativa de erro, realmente faz o resultado depender de uma pequena porção de dados. Se mudarmos essa pequena porção, o resultado do teste também mudará. Veja um exemplo:

```
from sklearn.model_selection import train_test_split
X_train, X_test, y_train, y_test = train_test_split(
    X, y, test_size=0.30, random_state=6)
regression.fit(X_train,y_train)
print('Train mean squared error: %.2f' %
  mean_squared_error(
    y_true=y_train, y_pred=regression.predict(X_train)))
print('Test mean squared error: %.2f' %
  mean_squared_error(
    y_true=y_test, y_pred=regression.predict(X_test)))
```

Obtemos um novo relatório de erros nos conjuntos de treinamento e teste:

```
Train mean squared error: 19.48
Test mean squared error: 28.33
```

Esta seção reflete um problema comum com algoritmos de aprendizado de máquina. Sabemos que cada algoritmo tem um certo viés ou variância na previsão de um resultado; o problema é que não há como estimar o impacto. Além do mais, se tivermos que fazer escolhas em relação ao algoritmo, não temos certeza de qual decisão será a mais eficaz.

Avaliar o desempenho do algoritmo usando dados de treinamento é sempre inadequado, pois o algoritmo de aprendizado prevê melhor os dados de treinamento. Isso é especialmente verdadeiro quando um algoritmo tem um viés baixo por causa da complexidade. Nesse caso, espera-se que o erro seja mais baixo ao prever os dados de treinamento, o que significa obter um resultado otimista demais que não se compara bem com outros algoritmos (com um perfil diferente de viés/variância), e os resultados não serão úteis para a avaliação do exemplo. Usando os dados de teste, reduzimos os exemplos de treinamento (que faz com que o algoritmo tenha um desempenho mais baixo), mas em troca obtemos uma estimativa de erro mais confiável e comparável.

Fazendo uma Validação Cruzada

Se os conjuntos de teste fornecem resultados instáveis por causa da amostragem, a solução é amostrar sistematicamente um certo número de conjuntos de teste e, depois, tirar a média dos resultados. É uma abordagem estatística (observar muitos resultados e tirar a média deles) e é a base da validação cruzada. A receita é bem direta:

1. Divida seus dados em folds (cada *fold* é um subconjunto que contém uma distribuição igual de casos), geralmente 10, mas tamanhos de 3, 5 e 20 também são opções alternativas viáveis.

2. Reserve um fold como conjunto de teste e use os outros como conjuntos de treinamento.

3. Treine e registre o resultado do conjunto de teste. Se tiver poucos dados, é melhor usar um número maior de folds, pois a quantidade dos dados e o uso de folds adicionais afeta positivamente a qualidade do treinamento.

4. Repita os Passos 2 e 3, usando cada um dos outros folds como conjunto de teste a cada vez.

5. Calcule a média e o desvio-padrão dos resultados de teste de todos os folds. A média é uma estimadora confiável da qualidade de seu preditor. O desvio-padrão informará a confiabilidade do preditor (se for alto demais, o erro de validação cruzada é impreciso). Espere que os preditores com variância alta tenham um desvio-padrão de validação cruzada alto.

Embora essa técnica possa parecer complicada, o Scikit-lear lida com ela usando as funções do módulo `sklearn.model_selection`.

Usando a validação cruzada em k folds

Para rodar a validação cruzada, é preciso primeiro inicializar um iterador. O `KFold` é o iterador que implementa a validação cruzada k folds. Há outros iteradores disponíveis no módulo `sklearn.model_selection`, em sua maioria, derivados da prática estatística, mas o `KFold` é o mais usado na prática de data science.

`KFold` exige a especificação do número `n_splits` (o número de folds a ser gerado) e indica se os dados serão embaralhados (usando o parâmetro `shuffle`). Como regra, quanto maior a variância esperada, mais o aumento do número de folds melhora a estimativa da média. É uma boa ideia embaralhar os dados, porque dados ordenados geram confusão no processo de aprendizado para alguns algoritmos se as primeiras observações forem diferentes das últimas.

Depois de configurar `KFold`, chame a função `cross_val_score`, que retorna um array de resultados contendo um escore (da função de escore) para cada fold de validação cruzada. Forneça a `cross_val_score` aos dados (X e y) como entrada, seu estimador (a classe de regressão) e o iterador `KFold` previamente instanciado (como o parâmetro `cv`). Em uma questão de poucos segundos ou minutos, dependendo do número de folds e dados processados, a função retorna os resultados. Tire a média desses resultados para obter a estimativa média e calcule o desvio-padrão para verificar a estabilidade da média.

```
from sklearn.model_selection import cross_val_score,
   KFold
import numpy as np
crossvalidation = KFold(n_splits=10, shuffle=True,
   random_state=1)
scores = cross_val_score(regression, X, y,
     scoring='neg_mean_squared_error',
   cv=crossvalidation, n_jobs=1)
print('Folds: %i, mean squared error: %.2f std: %.2f' %
     (len(scores),np.mean(np.abs(scores)),np.
   std(scores)))
```

Veja o resultado:

```
Folds: 10, mean squared error: 23.76 std: 12.13
```

DICA

A validação cruzada atua em paralelo, pois nenhuma estimativa depende de outra. Aproveite os múltiplos cores do computador configurando o parâmetro n_jobs=-1.

Amostrando estratificações para dados complexos

Os folds de validação cruzada são decididos por meio da amostragem aleatória. Às vezes é necessário acompanhar se há uma determinada característica nos folds de treinamento e teste e quanto dela aparece, a fim de evitar amostras malformadas. Por exemplo, o conjunto de dados Boston tem uma variável binária (um atributo com valor 1 ou 0) indicando se a casa está nas margens do rio Charles. Essa informação é importante para entender o valor da casa e determinar se as pessoas estariam dispostas a pagar mais por ela. O código a seguir mostra o efeito dessa variável:

```
%matplotlib inline
import pandas as pd
df = pd.DataFrame(X, columns=boston.feature_names)
df['target'] = y
df.boxplot('target', by='CHAS', return_type='axes');
```

Um diagrama de caixa, representado na Figura 18-1, revela que as casas à beira do rio tendem a ter valores mais altos do que as outras. É claro que há casas caras por toda a cidade de Boston, mas fique de olho em quantas casas próximas do rio está analisando, pois o modelo precisa ser geral para toda a Boston, não apenas para as casas do rio Charles.

```
In [8]: %matplotlib inline
        import pandas as pd
        df = pd.DataFrame(X, columns=boston.feature_names)
        df['target'] = y
        df.boxplot('target', by='CHAS', return_type='axes');
```

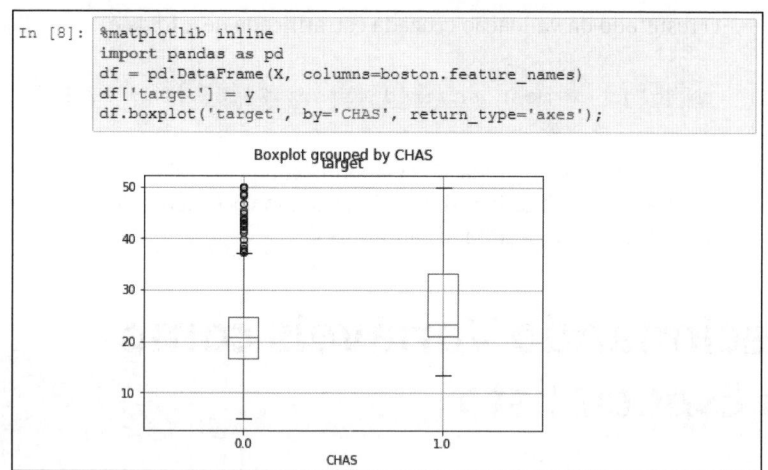

FIGURA 18-1:
Diagrama de caixa do resultado-alvo, agrupado por CHAS.

Em situações parecidas, quando uma característica é rara ou influente, não temos certeza quando ela está presente na amostra, pois os folds são criados de modo aleatório. Ter muito ou pouco de uma característica específica em cada fold implica que o algoritmo de aprendizado de máquina derive regras incorretas.

A classe StratifiedKFold oferece um modo simples de controlar o risco de criar amostras malformadas durante procedimentos de validação cruzada. Ela controla a amostragem para que determinados atributos, ou até certos resultados (quando as classes-alvo são extremamente desequilibradas), estejam sempre presentes nos folds na proporção correta. Basta apontar a variável que deseja controlar usando o parâmetro y, como no código a seguir.

```
from sklearn.model_selection import
   StratifiedShuffleSplit
from sklearn.metrics import mean_squared_error
strata = StratifiedShuffleSplit(n_splits=3,
                                test_size=0.35,
                                random_state=0)
scores = list()
for train_index, test_index in strata.split(X, X[:,3]):
    X_train, X_test = X[train_index], X[test_index]
    y_train, y_test = y[train_index], y[test_index]
    regression.fit(X_train, y_train)
    scores.append(mean_squared_error(y_true=y_test,
                    y_pred=regression.
   predict(X_test)))
print('%i folds cv mean squared error: %.2f std: %.2f' %
     (len(scores),np.mean(np.abs(scores)),np.std(scores)))
```

O resultado da validação cruzada estratificada de 3 folds é

```
3 folds cv mean squared error: 24.30 std: 3.99
```

Embora o erro de validação seja similar, ao controlar a variável CHAR, o erro-padrão das estimativas diminui, deixando você ciente de que a variável estava influenciando os resultados anteriores.

Selecionando Variáveis como um Especialista

Selecionar as variáveis certas melhora o processo de aprendizado, reduzindo a quantidade de ruído (informação inútil), o que influencia as estimativas do algoritmo. Portanto, a seleção de variáveis reduz efetivamente a variância das previsões. Para envolver apenas as variáveis úteis no treinamento e deixar as redundantes de fora, use estas técnicas:

» **Abordagem univariada:** Selecione as variáveis mais relacionadas ao resultado-alvo.
» **Abordagem gulosa:** Mantenha apenas as variáveis que puder remover do processo de aprendizado sem prejudicar seu desempenho.

Selecionando por meio de métricas univariadas

Se decidir selecionar uma variável por seu nível de associação com seu alvo, a classe `SelectPercentile` oferece um procedimento automático para manter apenas uma certa porcentagem dos melhores atributos associados. As métricas disponíveis para associação são:

» `f_regression`: Usada apenas para alvos numéricos e baseada no desempenho da regressão linear.
» `f_classif`: Usada apenas para alvos categóricos e baseada no teste estatístico ANOVA (Análise de Variância).
» `chi2`: Executa a estatística qui-quadrada para alvos categóricos, que são menos sensíveis à relação não linear entre a variável preditiva e seu alvo.

DICA Ao avaliar os candidatos para o problema de classificação, `f_classif` e `chi2` tendem a fornecer o mesmo conjunto de variáveis principais. Ainda é uma boa prática testar as seleções de ambas as métricas de associação.

Além de aplicar uma seleção direta das principais associações de percentis, `SelectPercentile` também classifique as melhores variáveis para facilitar a decisão em qual percentil excluir a participação de um atributo no processo de aprendizado. A classe `SelectKBest` é análoga em sua funcionalidade, mas seleciona as principais variáveis k, em que k é um número, não um percentil.

```
from sklearn.feature_selection import SelectPercentile
from sklearn.feature_selection import f_regression
Selector_f = SelectPercentile(f_regression, percentile=25)
Selector_f.fit(X, y)
for n,s in zip(boston.feature_names,Selector_f.scores_):
    print('F-score: %3.2f\t for feature %s ' % (s,n))
```

Depois de algumas iterações, o código exibe os resultados a seguir:

```
F-score: 88.15     for feature CRIM
F-score: 75.26     for feature ZN
F-score: 153.95    for feature INDUS
F-score: 15.97     for feature CHAS
F-score: 112.59    for feature NOX
F-score: 471.85    for feature RM
F-score: 83.48     for feature AGE
F-score: 33.58     for feature DIS
F-score: 85.91     for feature RAD
F-score: 141.76    for feature TAX
F-score: 175.11    for feature PTRATIO
F-score: 63.05     for feature B
F-score: 601.62    for feature LSTAT
```

Usar a saída de nível de associação (valores mais altos sinalizam mais associação de um atributo à variável-alvo) o ajuda a escolher as variáveis mais importantes para o modelo de aprendizado de máquina. Mas tome cuidado com estes possíveis problemas:

» Algumas variáveis com associação alta também são altamente correlacionadas, introduzindo informações duplicadas, que agem como ruído no processo de aprendizado.

» Algumas variáveis podem ser penalizadas, especialmente as binárias (variáveis que indicam um status ou característica usando o valor 1 quando é apresentada e 0 quando não apresentadas). Por exemplo, note que a saída mostra a variável binária CHAS como a menos associada à variável-alvo (mas os exemplos anteriores indicam que ela tem influência, a partir da fase de validação cruzada).

> **DICA** O processo de seleção univariada oferece uma vantagem real quando temos um número enorme de variáveis dentre as quais escolher e todos os outros métodos ficam computacionalmente inviáveis. O melhor procedimento é reduzir o valor de SelectPercentile pela metade ou mais das variáveis disponíveis, reduzir o número de variáveis para um número razoável e, consequentemente, permitir o uso de um método mais sofisticado e preciso como uma seleção gulosa.

Usando uma busca gulosa

Ao utilizar uma seleção univariada, é preciso decidir quantas variáveis manter: a seleção gulosa reduz automaticamente o número de atributos envolvidos em um modelo de aprendizado com base em sua real contribuição ao desempenho medido pela métrica de erro. A classe RFECV, que ajusta os dados, oferece informações sobre o número de atributos úteis, indicando-os, e transforma automaticamente o dado X, com o método transform, em um conjunto reduzido de variáveis, como mostrado no exemplo a seguir:

```
from sklearn.feature_selection import RFECV
selector = RFECV(estimator=regression,
                 cv=10,
                 scoring='neg_mean_squared_error')
selector.fit(X, y)
print("Optimal number of features : %d"
      % selector.n_features_)
```

O exemplo resulta um número ótimo de atributos para o problema:

```
Optimal number of features: 6
```

É possível obter um índice para o conjunto de variáveis ideais chamando o atributo support_ da classe RFECV depois de ajustá-lo:

```
print(boston.feature_names[selector.support_])
```

O comando exibe a lista contendo os atributos:

```
['CHAS' 'NOX' 'RM' 'DIS' 'PTRATIO' 'LSTAT']
```

Perceba que CHAS está inclusa entre os atributos mais preditivos, o que contrasta com o resultado da busca univariada na seção anterior. O método RFECV detecta se uma variável é importante, independentemente de ser binária, categórica ou numérica, pois avalia diretamente o papel desempenhado pelo atributo na previsão.

LEMBRE-SE

O método RFECV certamente é mais eficiente quando comparado à abordagem univariada, pois considera atributos altamente correlacionados e é ajustado para otimizar a métrica de avaliação (que normalmente não é qui-quadrada ou escore-F). Sendo um processo guloso, é de certa forma computacionalmente exigente e pode aproximar apenas o melhor conjunto de preditores.

DICA

Como RFECV aprende o melhor conjunto de variáveis dos dados, a seleção pode ficar sobreajustada, que é o que acontece com todos os outros algoritmos de aprendizado de máquina. Experimentar RFECV em amostras diferentes dos dados de treinamento confirma as melhores variáveis a serem usadas.

Aumentando os Hiperparâmetros

Como último exemplo para este capítulo, veremos os procedimentos para buscar hiperparâmetros ideais para um algoritmo de aprendizado de máquina a fim de alcançar o melhor desempenho preditivo possível. Na verdade, boa parte do desempenho do algoritmo já foi decidido pela:

» **Escolha do algoritmo:** Nem todo algoritmo de aprendizado de máquina é uma boa escolha para todo tipo de dado, e escolher o certo para os dados faz muita diferença.

» **Seleção das variáveis certas:** O desempenho preditivo é aumentado drasticamente pela criação de atributos (variáveis novas são mais preditivas do que as antigas) e seleção de atributos (removendo redundâncias e ruído).

O ajuste dos hiperparâmetros corretos confere uma generalização preditiva ainda melhor e aumenta os resultados, especialmente no caso de algoritmos complexos, que não funcionam bem usando as configurações-padrões disponíveis.

LEMBRE-SE

Os hiperparâmetros são parâmetros que você precisa dirimir, já que os algoritmos não conseguem aprendê-los automaticamente com os dados. Como todos os outros aspectos do processo de aprendizado que envolve uma decisão do cientista de dados, é preciso fazer as escolhas cuidadosamente depois de avaliar os resultados da validação cruzada.

O módulo `sklearn.grid_search` do Scikit-learn é especializado em otimização de hiperparâmetros, e ele contém alguns utilitários para automatizar e simplificar o processo de buscar os melhores valores dos hiperparâmetros. O código nos parágrafos a seguir fornece uma ilustração dos procedimentos corretos, começando pelo carregamento do conjunto de dados Iris na memória:

```
import numpy as np
from sklearn.datasets import load_iris
iris = load_iris()
X, y = iris.data, iris.target
```

O exemplo se prepara para realizar sua tarefa carregando o conjunto de dados Iris e a biblioteca NumPy. A essa altura, o exemplo otimiza um algoritmo de aprendizado de máquina para prever espécies de Iris.

Implementando uma busca na matriz

A melhor forma de verificar os melhores hiperparâmetros para um algoritmo é testá-los e escolher a melhor combinação. Isso significa, no caso de configurações complexas de múltiplos parâmetros, que é preciso rodar centenas, se não milhares, de modelos ajustados de forma levemente diferente. A *busca em grade* é um método de procura sistemática que combina todas as combinações possíveis dos hiperparâmetros em conjuntos individuais. É uma técnica demorada, mas que oferece uma das melhores maneiras de otimizar uma aplicação de aprendizado de máquina, que teria muitas combinações funcionais, mas apenas uma perfeita. Os hiperparâmetros que podem ter muitas soluções aceitáveis (chamados de *mínimos locais*) podem fazê-lo pensar que encontrou a melhor solução, quando, na verdade, ainda há como melhorar o desempenho.

DICA A busca na matriz é como jogar uma rede no mar. É melhor usar uma rede grande primeiro, uma com uma malha maior. A rede grande o ajuda a entender onde estão os cardumes de peixe no mar. Depois de saber onde estão, use uma rede menor com uma malha mais apertada para capturar os peixes no lugar certo. Da mesma forma, ao fazer uma busca na matriz, começamos com alguns valores esparsos para testar (a malha maior). Depois de entender quais valores de hiperparâmetros explorar (os cardumes de peixe), a busca se torna mais meticulosa. Dessa forma, o risco de sobreajustar fazendo a validação cruzada de muitas variáveis é reduzido, pois, como princípio geral no aprendizado de máquina e na experimentação científica, quanto mais abordagens testar, maiores as chances de que algum bom resultado falso apareça.

DICA A busca na matriz é fácil de realizar como uma tarefa paralela, porque os resultados de uma combinação testada de hiperparâmetros são independentes dos resultados de outras. Usar um computador multicore em sua potência máxima requer a mudança de `n_jobs` para −1 durante a instanciação de qualquer classe de busca na matriz no Scikit-learn.

PAPO DE ESPECIALISTA

Existem outras opções além da busca na matriz. O Scikit-learn implementa um algoritmo de busca aleatória como alternativa. Há outras técnicas de otimização baseadas na bayesiana ou na não linear, como o método de Nelder-Mead, que não são implementadas nos pacotes de data science que você está utilizando no Python agora.

No exemplo para demonstrar como implementar uma busca em grade de maneira eficaz, usamos um dos algoritmos simples visto anteriormente, o classificador K-neighbors (K-vizinhos):

```
from sklearn.neighbors import KNeighborsClassifier
classifier = KNeighborsClassifier(n_neighbors=5,
   weights='uniform', metric= 'minkowski', p=2)
```

Ele tem alguns hiperparâmetros, que, configurados, asseguram um desempenho ideal:

» O número de pontos vizinhos a serem considerados na estimativa.
» Como ponderar cada um deles.
» Qual métrica usar para encontrar os vizinhos.

Usando um intervalo de valores possíveis para todos os parâmetros, percebe-se facilmente que um grande número de modelos será testado — exatamente 40, nesse caso:

```
grid = {'n_neighbors': range(1,11),
        'weights': ['uniform', 'distance'], 'p': [1,2]}
print ('Number of tested models: %i'
   % np.prod([len(grid[element]) for element in grid]))
score_metric = 'accuracy'
```

O código multiplica o número de todos os parâmetros testados e exibe o resultado:

```
Number of tested models: 40
```

Para configurar as instruções de busca, é preciso construir um dicionário Python cujas chaves sejam os nomes dos parâmetros e cujos valores sejam listas dos valores que queremos testar. Por exemplo, aqui registramos um intervalo de 1 a 10 para o hiperparâmetro n_neighbors usando o iterador range(1, 11), que produz a sequência de números durante a busca na matriz.

Antes de começar, também descobrimos qual é o escore de validação cruzada com um modelo "vanilla", um modelo com os seguintes parâmetros padrões:

```
from sklearn.model_selection import cross_val_score
print('Baseline with default parameters: %.3f'
      % np.mean(cross_val_score(classifier, X, y,
               cv=10, scoring=score_metric, n_jobs=1)))
```

Ao anotar o resultado, tem-se como determinar o ganho promovido pela otimização:

```
Baseline with default parameters: 0.967
```

Usando a métrica de acurácia (a porcentagem de respostas exatas), o exemplo testa primeiro a linha de base, que consiste nos parâmetros padrões do algoritmo (também explicados ao instanciar a variável `classifier` com sua classe). É difícil melhorar uma precisão alta de 0,967 (ou 96,7%), mas a busca localizará a resposta usando a validação cruzada com dez folds.

```
from sklearn.model_selection import GridSearchCV
search = GridSearchCV(estimator=classifier,
                      param_grid=grid,
                      scoring=score_metric,
                      n_jobs=1,
                      refit=True,
                      return_train_score=True,
                      cv=10)
search.fit(X,y)
```

Depois de ser instanciada com o algoritmo de aprendizado, o dicionário de busca, a métrica de pontuação e os folds de validação cruzada, a classe `GridSearch` opera com o método `fit`. Opcionalmente, depois de finalizada a busca na matriz, ela reajusta o modelo com a melhor combinação de parâmetros encontrada (`refit=True`), possibilitando o início imediato da previsão usando a própria classe `GridSearch`. Finalmente, exibimos os melhores parâmetros resultantes e o escore da melhor combinação:

```
print('Best parameters: %s' % search.best_params_)
print('CV Accuracy of best parameters: %.3f' %
       search.best_score_)
```

Eis os valores impressos:

```
Best parameters: {'n_neighbors': 9, 'weights':
  'uniform',
               'p': 1}
CV Accuracy of best parameters: 0.973
```

Quando a pesquisa for finalizada, inspecione os resultados usando os atributos `best_params_` e `best_score:_`. A melhor precisão encontrada foi 0,973, uma melhoria em comparação à linha de base (baseline) inicial. Também podemos inspecionar a sequência completa de escores de validação cruzada obtidos e seus desvios-padrões:

```
print(search.cv_results_)
```

Observando o grande número de combinações testadas, é notável que muitas obtiveram um escore de 0,973 quando as combinações tinham nove ou dez vizinhos. Para entender melhor como a otimização funciona em relação ao número de vizinhos usados em seu algoritmo, inicie uma classe Scikit-learn para visualização. O método `validation_curve` fornece informações detalhadas de como `train` e `validation` se comportam quando usados com diferentes hiperparâmetros `n_neighbors`.

```
from sklearn.model_selection import validation_curve
model = KNeighborsClassifier(weights='uniform',
                             metric= 'minkowski', p=1)
train, test = validation_curve(model, X, y,
                               param_name='n_neighbors',
                               param_range=range(1, 11),
                               cv=10,
   scoring='accuracy',
                               n_jobs=1)
```

A classe `validation_curve` oferece dois arrays contendo os resultados organizados com os valores de parâmetros em linhas e os folds da validação cruzada em colunas.

```
import matplotlib.pyplot as plt
mean_train  = np.mean(train,axis=1)
mean_test   = np.mean(test,axis=1)
plt.plot(range(1,11), mean_train,'ro--',
   label='Training')
plt.plot(range(1,11), mean_test,'bD-.', label='CV')
plt.grid()
```

```
plt.xlabel('Number of neighbors')
plt.ylabel('accuracy')
plt.legend(loc='upper right', numpoints= 1)
plt.show()
```

Projetar a linha significa criar uma visualização gráfica, como mostrado na Figura 18-2, que o ajuda a entender o que está acontecendo com o processo de aprendizado.

A visualização confere duas informações:

» O pico de precisão da validação cruzada usando nove vizinhos é maior do que o escore de treinamento, que deveria ser sempre melhor do que qualquer escore de validação cruzada. O escore mais alto sugere que o exemplo sobreajustou a validação cruzada e que a obtenção de um escore tão bom de validação cruzada foi pura sorte.

» O segundo pico de precisão da validação cruzada, com cinco vizinhos, está próximo dos resultados mais baixos. Áreas com boas pontuações geralmente circundam valores ideais, então esse pico é um pouco suspeito.

```
In [22]: import matplotlib.pyplot as plt
         mean_train  = np.mean(train,axis=1)
         mean_test   = np.mean(test,axis=1)
         plt.plot(range(1,11), mean_train,'ro--', label='Training')
         plt.plot(range(1,11), mean_test,'bD-.', label='CV')
         plt.grid()
         plt.xlabel('Number of neighbors')
         plt.ylabel('accuracy')
         plt.legend(loc='upper right', numpoints= 1)
         plt.show()
```

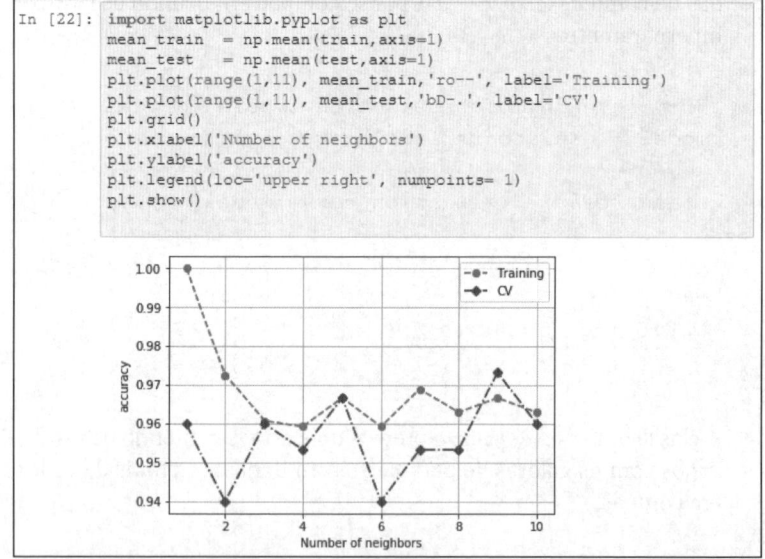

FIGURA 18-2: Curvas de validação.

Com base na visualização, aceite a solução de nove vizinhos (é a mais alta e está, de fato, cercada por outras soluções aceitáveis). Como alternativa, dado que os nove vizinhos são uma solução no limite da busca, inicie uma nova busca na matriz, ampliando o limite a um número mais alto de vizinhos (acima de dez) a fim de verificar se a precisão se estabiliza, diminui ou até melhora.

> **DICA**
> Faz parte do processo de data science questionar, testar e questionar novamente. Embora o Python e seus pacotes ofereçam muitos processos automatizados em aprendizado e descobertas de dados, cabe a você fazer as perguntas certas e verificar se as respostas são as melhores usando testes estatísticos e visualizações.

Testando a busca aleatória

A busca na matriz, meticulosa, é, de fato, uma atividade demorada. Ela é propensa a sobreajustar os folds de validação cruzada quando temos poucas observações no conjunto de dados e pesquisamos extensivamente uma otimização. Em vez disso, outra opção interessante é testar uma busca aleatória. Nesse caso, definimos uma busca na matriz para testar apenas algumas das combinações, escolhidas aleatoriamente.

Apesar de parecer uma aposta às cegas, uma busca na matriz é realmente muito útil por ser ineficaz — se escolhermos combinações aleatórias o bastante, temos uma alta probabilidade estatística de encontrar uma combinação ideal de hiperparâmetros, sem arriscar sobreajustar todos eles. Por exemplo, no exemplo anterior o código testou 40 modelos diferentes usando uma busca sistemática. Usando uma busca aleatória, o número de testes se reduz em 75%, para apenas 10, e consegue o mesmo nível de otimização!

Usar uma busca aleatória é algo bem direto. Importe a classe do módulo `grid_search` e insira os mesmos parâmetros de `GridSearchCV`, adicionando um parâmetro `n_iter` que indique quantas combinações devem ser amostradas. Como regra prática, escolha de um quarto a um terço do número total de combinações de hiperparâmetros:

```
from sklearn.model_selection import RandomizedSearchCV
random_search = RandomizedSearchCV(estimator=classifier,
                param_distributions=grid, n_iter=10,
    scoring=score_metric, n_jobs=1, refit=True, cv=10, )
random_search.fit(X, y)
```

Tendo completado a busca usando as mesmas técnicas anteriores, explore os resultados exibindo os melhores escores e parâmetros

```
print('Best parameters: %s' % random_search.
    best_params_)
print('CV Accuracy of best parameters: %.3f' %
        random_search.best_score_)
```

A busca resultante termina com os seguintes melhores parâmetros e escore:

```
Best parameters: {'n_neighbors': 9, 'weights':
   'distance',
                        'p': 2}
Accuracy of best parameters: 0.973
```

Dos resultados relatados, parece que uma busca aleatória realmente obtém resultados similares a uma busca na matriz, que é mais pesada para a CPU.

> **NESTE CAPÍTULO**
>
> » Expandindo os atributos com polinômios
>
> » Regularizando os modelos
>
> » Aprendendo com big data
>
> » Usando máquinas de vetores de suporte e redes neurais

Capítulo **19**

Complicando com Truques Lineares e Não Lineares

Os capítulos anteriores lhe apresentaram alguns dos algoritmos de aprendizado de máquina mais simples, mas eficazes, como as regressões linear e logística, Naïve Bayes e KNN. Agora você é capaz de concluir um projeto de regressão ou classificação em data science com sucesso. Este capítulo explora técnicas ainda mais complexas e poderosas de aprendizado de máquina, incluindo pensar em como melhorar os dados, melhorar as estimativas com a regularização e aprender com big data dividindo-o em pedaços funcionais.

Este capítulo também o apresenta à máquina de vetores de suporte (SVM), uma família poderosa de algoritmos para classificação e regressão. O capítulo também aborda as redes neurais. Tanto as SVMs quanto as redes neurais executam as tarefas mais difíceis em data science. As SVMs foram apresentadas há poucos anos como substitutas para as redes neurais, mas as redes neurais e os ensembles de árvores recentemente passaram à frente das SVMs novamente (o tópico

"Entendendo o Poder da Multidão", do Capítulo 20) como uma ferramenta preditiva de última geração. As redes neurais têm um longo histórico, mas apenas nos últimos cinco anos melhoraram a ponto de se tornar uma ferramenta indispensável para previsões baseadas em imagens e texto. Dada a complexidade da regressão e da classificação usando técnicas avançadas, muitas páginas são dedicadas à SVM, e algumas, às redes neurais, mas ampliar a compreensão de ambas, com certeza, vale o tempo e o esforço.

LEMBRE-SE

Você não precisa digitar o código-fonte deste capítulo. É muito mais fácil usar a fonte para download (veja instruções de download na Introdução). O código-fonte deste capítulo está no arquivo `P4DS4D2_19_Increasing_Complexity.ipynb`. Você também pode diagramar alguns dos desenhos complexos que ilustram os algoritmos SVM rodando o código no arquivo `P4DS4D2_19_Representing_SVM_boundaries.ipynb`.

Usando Transformações Não Lineares

Modelos lineares, como as regressões linear e logística, são, na verdade, combinações lineares que somam seus atributos (ponderados por coeficientes aprendidos) e fornecem um modelo simples, mas eficaz. Na maior parte das situações, oferecem uma boa aproximação da realidade complexa que representam. Apesar de serem caracterizados por um viés alto, o uso de um número grande de observações melhora os coeficientes e os torna mais competitivos quando comparados a algoritmos complexos.

No entanto, eles têm um desempenho melhor na resolução de certos problemas se os dados forem previamente analisados usando a abordagem da Análise Exploratória de Dados (AED). Depois da análise, transforme e enriqueça os atributos existentes:

» Linearizando as relações entre atributos e variáveis-alvo usando transformações que aumentem a correlação e façam a nuvem de pontos no diagrama de dispersão ficar mais parecida com uma reta.

» Fazendo com que as variáveis interajam, multiplicando-as para que representem melhor o comportamento conjunto.

» Expandindo as variáveis existentes usando a expansão polinomial a fim de representar as relações de forma mais realista (como curvas de ponto ideal, quando há um pico na variável representando um máximo, parecido com uma parábola).

Fazendo transformações de variáveis

O melhor jeito de explicar o tipo de transformações aplicáveis aos dados para melhorar o modelo linear é utilizar um exemplo. O desta seção, e das seções "Regularizando Modelos Lineares" e "Lutando com Big Data Parte a Parte", em seguida, usam o conjunto de dados de Boston. O problema usa regressão, e os dados têm originalmente dez variáveis para explicar os diferentes preços de moradias em Boston durante a década de 1970. O conjunto tem uma ordem implícita, e, felizmente, ela não influencia a maioria dos algoritmos, pois eles aprendem os dados como um todo. Quando um algoritmo aprende de modo progressivo, a ordem interfere na construção do modelo. Usando-se seed (para fixar uma sequência preordenada de números aleatórios) e shuffle do pacote random (para embaralhar o índice), o conjunto de dados é reindexado.

```
From sklearn.datasets import load_boston
import random
from random import shuffle

boston = load_boston()
random.seed(0) # Creates a replicable shuffling
new_index = list(range(boston.data.shape[0]))
shuffle(new_index) # shuffling the index
X, y = boston.data[new_index], boston.target[new_index]
print(X.shape, y.shape, boston.feature_names)
```

No código, random.seed(0) cria uma operação de embaralhamento replicável, e shuffle(new_index), o novo índice embaralhado, que reorganiza os dados. Depois, o código exibe as formas X e y, bem como a lista de variáveis do conjunto de dados:

```
(506, 13) (506,) ['CRIM' 'ZN' 'INDUS' 'CHAS' 'NOX' 'RM'
   'AGE' 'DIS' 'RAD' 'TAX' 'PTRATIO'  'B' 'LSTAT']
```

> **DICA**
> Encontre mais detalhes sobre o significado das variáveis apresentadas no conjunto de dados Boston emitindo o seguinte comando: print(boston.DESCR). Veja a saída desse comando no código-fonte para download.

Converter o array de previsores e a variável-alvo em um pandas DataFrame ajuda a suportar série de explorações e operações nos dados. Além do mais, embora o Scikit-learn exija um ndarray como entrada, aceita objetos DataFrame.

```
import pandas as pd
df = pd.DataFrame(X, columns=boston.feature_names)
df['target'] = y
```

A melhor maneira de identificar possíveis transformações é pela exploração gráfica, e o uso de um diagrama de dispersão diz muito sobre duas variáveis. É preciso tornar a relação entre os previsores e o resultado-alvo o mais linear possível, então tente várias combinações, como a seguinte:

```
ax = df.plot(kind='scatter', x='LSTAT', y='target', c='b')
```

Na Figura 19-1, vemos uma representação do diagrama de dispersão resultante. Note que podemos aproximar a nuvem de pontos usando uma linha curva, em vez de uma reta. Em particular, quando LSTAT é cerca de 5, o alvo parece variar entre os valores de 20 a 50. À medida que LSTAT aumenta, o alvo diminui para 10, reduzindo a variação.

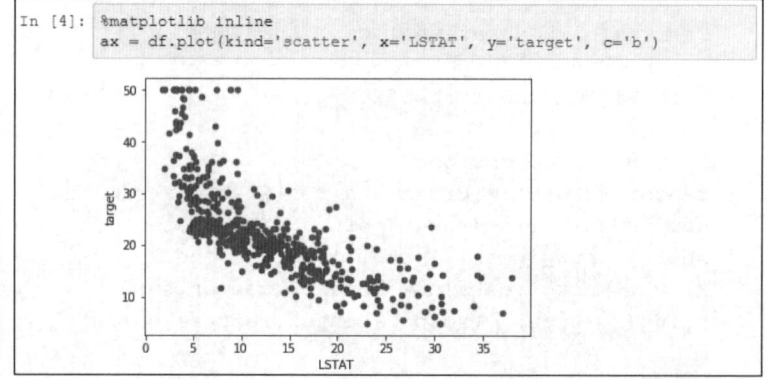

FIGURA 19-1: A relação não linear entre a variável LSTAT e os preços-alvo.

A transformação logarítmica ajuda em tais condições. Contudo, os valores devem variar de zero a um, como as porcentagens, demonstrados aqui no exemplo. Em outros casos, outras transformações úteis para a variável x incluem x**2, x**3, 1/x, 1/x**2, 1/x**3 e sqrt(x). O segredo é experimentá-las e testar o resultado. Em relação ao teste, use o script a seguir como exemplo:

```
import numpy as np
from sklearn.feature_selection import f_regression
single_variable = df['LSTAT'].values.reshape(-1, 1)
F, pval = f_regression(single_variable, y)
print('F score for the original feature %.1f' % F)
F, pval = f_regression(np.log(single_variable),y)
print('F score for the transformed feature %.1f' % F)
```

O código exibe o F score, uma medida para avaliar como um atributo (tanto o original quanto o transformado) é preditivo em um problema de aprendizado de máquina. O escore para o atributo transformado é muito melhor do que o do original.

```
F score for the original feature 601.6
F score for the transformed feature 1000.2
```

O `F score` é útil para a seleção de variável. Utilize-o para acessar a utilidade de uma transformação, pois `f_regression` e `f_classif` são baseados em modelos lineares e, portanto, são sensíveis a toda transformação efetiva usada para tornar as relações variáveis mais lineares.

Criando interações entre variáveis

Em uma combinação linear, o modelo reage a como uma variável muda de forma independente em relação a mudanças nas outras variáveis. Na estatística, esse tipo de modelo é um *modelo de efeitos principais*.

LEMBRE-SE

O classificador Naïve Bayes faz uma suposição parecida para probabilidades e funciona bem com problemas de textos complexos.

Embora o aprendizado de máquina funcione usando aproximações e um conjunto de variáveis independentes faça as previsões funcionarem bem na maioria das situações, às vezes, uma parte importante da ideia geral é perdida. Perceba esse problema facilmente retratando a variação no alvo associada à variação conjunta de duas ou mais variáveis de dois modos simples e diretos:

» **Conhecimento existente do domínio do problema:** Por exemplo, no mercado de carros, um motor barulhento é um incômodo no carro da família, mas é considerado um adicional para carros esportivos (entusiastas de carros gostam de ouvir que o seu é muito legal e caro). Conhecendo a preferência do consumidor, é fácil modelar uma variável de nível de barulho e uma variável de tipo de carro juntas para obter previsões exatas usando um modelo de previsão analítica que preveja o valor do carro com base nos atributos.

» **Teste de combinações de diferentes variáveis:** Ao executar testes de grupos, percebe-se o efeito que certas variáveis têm na variável-alvo. Portanto, mesmo sem saber sobre motores barulhentos e carros esportivos, consegue-se uma média diferente do nível de preferência ao analisar a divisão de conjunto de dados por tipo de carro e nível de barulho.

O exemplo a seguir mostra como testar e detectar interações no conjunto de dados Boston. A primeira tarefa é carregar algumas classes ajudantes, como mostrado aqui:

```
from sklearn.linear_model import LinearRegression
from sklearn.model_selection import cross_val_score,
  KFold
regression = LinearRegression(normalize=True)
crossvalidation = KFold(n_splits=10, shuffle=True,
                        random_state=1)
```

O código reinicia o pandas DataFrame usando apenas as variáveis previsoras. Um loop for relaciona as diferentes previsoras e cria uma variável contendo cada interação. A formulação matemática de uma interação é simplesmente uma multiplicação.

```
df = pd.DataFrame(X,columns=boston.feature_names)
baseline = np.mean(cross_val_score(regression, df, y,
                          scoring='r2',
                          cv=crossvalidation))
interactions = list()
for var_A in boston.feature_names:
    for var_B in boston.feature_names:
        if var_A > var_B:
            df['interaction'] = df[var_A] * df[var_B]
            cv = cross_val_score(regression, df, y,
                          scoring='r2',
                          cv=crossvalidation)
            score = round(np.mean(cv), 3)
            if score > baseline:
                interactions.append((var_A, var_B, score))
print('Baseline R2: %.3f' % baseline)
print('Top 10 interactions: %s' % sorted(interactions,
                          key=lambda x :x[2],
                          reverse=True)[:10])
```

O código começa exibindo o escore R^2 base da regressão; depois relata as dez principais interações cuja adição ao modo aumenta o escore:

```
Baseline R2: 0.716
Top 10 interactions: [('RM', 'LSTAT', 0.79), ('TAX',
  'RM', 0.782), ('RM', 'RAD', 0.778), ('RM', 'PTRATIO',
  0.766), ('RM', 'INDUS', 0.76), ('RM', 'NOX', 0.747),
  ('RM', 'AGE', 0.742), ('RM', 'B', 0.738), ('RM',
  'DIS', 0.736), ('ZN', 'RM', 0.73)]
```

O código testa a adição específica de cada interação ao modelo usando uma validação cruzada de 10 folds. (A seção "Fazendo uma Validação Cruzada", do

Capítulo 18, fala mais sobre trabalhar com folds.) O código registra a mudança na medida R^2 em uma pilha (uma lista simples), que uma aplicação ordena e explora posteriormente.

O escore base é 0,699, então uma melhoria relatada da pilha de interações para 0,782 é bem impressionante, e é importante saber como essa melhoria foi possível. As duas variáveis envolvidas são RM (o número médio de cômodos) e LSTAT (a porcentagem de população de baixa renda). Um diagrama revelará o caso sobre essas duas variáveis:

```
colors = ['b' if v > np.mean(y) else 'r' for v in y]
scatter = df.plot(kind='scatter', x='RM', y='LSTAT',
                  c=colors)
```

O diagrama de dispersão na Figura 19-2 esclarece a melhoria. Em uma parte das casas no centro do diagrama, é necessário conhecer tanto LSTAT quanto RM para separar corretamente as casas de valor alto das de valor baixo; portanto, uma interação é indispensável neste caso.

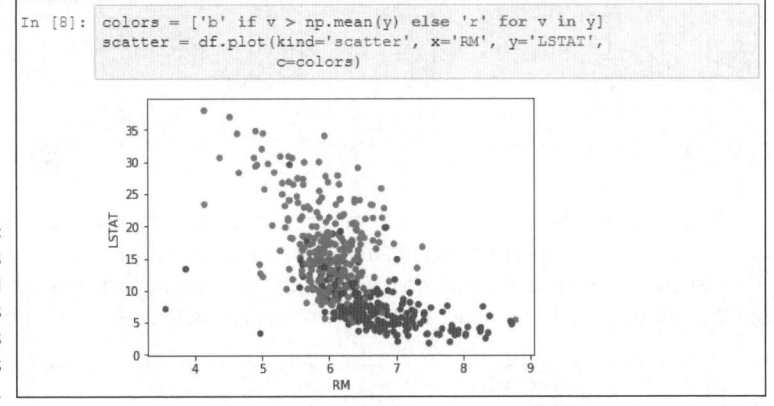

FIGURA 19-2: As variáveis LSTAT e RM combinadas separam os valores altos dos baixos.

Adicionar interações e variáveis transformadas leva a um modelo mais amplo de regressão linear, uma regressão polinomial. Os cientistas de dados usam testes e experimentos para validar uma abordagem para resolver um problema, então o código a seguir modifica levemente o código anterior para redefinir o conjunto de previsores usando interações e termos quadráticos elevando as variáveis ao quadrado:

```
polyX = pd.DataFrame(X,columns=boston.feature_names)
cv = cross_val_score(regression, polyX, y,
                    scoring='neg_mean_squared_error',
                    cv=crossvalidation)
baseline = np.mean(cv)
improvements = [baseline]
```

```
for var_A in boston.feature_names:
    polyX[var_A+'^2'] = polyX[var_A]**2
    cv = cross_val_score(regression, polyX, y,

  scoring='neg_mean_squared_error',
                       cv=crossvalidation)
    improvements.append(np.mean(cv))
    for var_B in boston.feature_names:
        if var_A > var_B:
            poly_var = var_A + '*' + var_B
            polyX[poly_var] = polyX[var_A] *
polyX[var_B]
            cv = cross_val_score(regression, polyX, y,

  scoring='neg_mean_squared_error',
                       cv=crossvalidation)
            improvements.append(np.mean(cv))
```

```
import matplotlib.pyplot as plt
plt.figure()
plt.plot(range(0,92),np.abs(improvements),'-')
plt.xlabel('Added polynomial features')
plt.ylabel('Mean squared error')
plt.show()
```

Para acompanhar as melhorias conforme o código adiciona termos novos e complexos, o exemplo posiciona os valores na lista `improvements`. A Figura 19-3 mostra o gráfico dos resultados, que expõe que algumas adições são boas, porque diminuem o erro quadrático, e outras são péssimas, porque o aumentam.

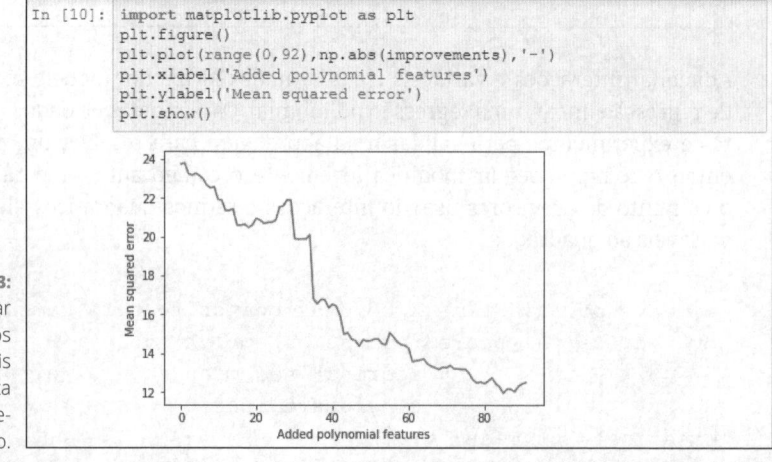

FIGURA 19-3: Adicionar atributos polinomiais aumenta o poder preditivo.

É claro que, em vez de adicionar todas as variáveis geradas incondicionalmente, uma opção é realizar um teste contínuo antes de decidir acrescentar um termo quadrático ou uma interação, verificando por validação cruzada se uma adição é realmente útil para os propósitos preditivos. Este exemplo é uma boa base para conferir outros modos de controlar a complexidade existente dos conjuntos de dados ou a complexidade que se precisa induzir com transformações e criação de atributos no decorrer da exploração de dados. Antes de seguir em frente, confira a forma atual do conjunto de dados e o erro quadrático médio de validação cruzada.

```
print('New shape of X:', np.shape(polyX))
crossvalidation = KFold(n_splits=10, shuffle=True,
                        random_state=1)
cv = cross_val_score(regression, polyX, y,
                     scoring='neg_mean_squared_error',
                     cv=crossvalidation)
print('Mean squared error: %.3f' % abs(np.mean(cv)))
```

Mesmo que o erro quadrático médio seja bom, a razão entre 506 observações e 104 atributos não é tão boa, pois o número de observações não é o bastante para estimar corretamente os coeficientes.

```
New shape of X: (506, 104)
Mean squared error: 12.514
```

> **DICA** Como regra prática, divida o número de observações pelo número de coeficientes. O código deve ter pelo menos de 10 a 20 observações para cada coeficiente que queira estimar nos modelos lineares. Contudo, a experiência mostra que ter pelo menos 30 é melhor.

Regularizando Modelos Lineares

Os modelos lineares têm um viés alto, mas à medida que atributos, iterações e transformações são acrescentados, eles começam a ganhar adaptabilidade às características dos dados e poder de memorização de ruído de dados, aumentando, assim, a variância das estimativas. Trocar uma variância alta por menos viés nem sempre é a melhor escolha, mas, como já mencionado, às vezes é a única maneira de aumentar o poder preditivo dos algoritmos lineares.

Acrescente as regularizações L1 e L2 para controlar o compromisso entre viés e variância em favor de uma maior capacidade de generalização do modelo. Ao acrescentar uma das regularizações, uma função aditiva que depende da complexidade do modelo linear penaliza a função de custo otimizado. Na regressão linear, a função de custo é o erro quadrático das previsões, e ela é penalizada usando-se uma soma dos coeficientes das variáveis previsoras.

Se o modelo é complexo, mas o ganho preditivo é pequeno, a penalização força o procedimento de otimização a remover as variáveis inúteis, ou reduzir o impacto na estimativa. A regularização também age em atributos altamente correlacionados — atenuando ou excluindo a contribuição, de modo a estabilizar os resultados e reduzir a consequente variância das estimativas:

» **L1 (também chamada de Lasso):** Encolhe alguns coeficientes a zero, tornando-os esparsos. Realiza seleção de variáveis.

» **L2 (também chamada de Ridge):** Reduz os coeficientes dos atributos mais problemáticos, tornando-os menores, mas raramente iguais a zero. Todos os coeficientes continuam participando da estimativa, mas muitos ficam pequenos e irrelevantes.

LEMBRE-SE

Controle a força da regularização usando um hiperparâmetro, geralmente um coeficiente, muitas vezes chamado de alfa. Quando alfa se aproxima de 1,0, temos uma regularização mais forte e uma redução maior dos coeficientes. Em alguns casos, os coeficientes são reduzidos a zero. Não confunda alfa com C, um parâmetro usado por `LogisticRegression` e por máquinas de vetores de suporte, porque C é `1/alpha`, então pode ser maior do que 1. Números C menores significam mais regularização, exatamente o oposto de `alpha`.

DICA

A regularização funciona porque é a soma dos coeficientes das variáveis preditoras, então é importante que tenham a mesma escala, ou a regularização terá dificuldades para convergir, e as variáveis com valores de coeficientes absolutos maiores a influenciarão mais, gerando uma regularização ineficaz. Uma boa prática é padronizar os valores previsores ou ligá-los a um min-max comum, como o intervalo `[-1, +1]`. As próximas seções demonstram vários métodos de uso de ambas as regularizações L1 e L2 para alcançar vários efeitos.

Dependendo da regressão de Ridge (L2)

O primeiro exemplo usa o tipo de regularização L2, reduzindo a força dos coeficientes. A classe `Ridge` implementa L2 para a regressão linear. Seu uso é simples; ele apresenta apenas o parâmetro alfa para fixar. `Ridge` também tem outro parâmetro, `normalize`, que normaliza automaticamente os previsores inseridos a média zero e variância unitária.

```
from sklearn.model_selection import GridSearchCV
from sklearn.linear_model import Ridge
ridge = Ridge(normalize=True)
search_grid = {'alpha':np.logspace(-5,2,8)}
search = GridSearchCV(estimator=ridge,
```

```
                        param_grid=search_grid,
                        scoring='neg_mean_squared_error',
                        refit=True, cv=10)
search.fit(polyX,y)
print('Best parameters: %s' % search.best_params_)
score = abs(search.best_score_)
print('CV MSE of best parameters: %.3f' % score)
```

Depois de procurar o melhor parâmetro alfa, o melhor modelo resultante é:

```
Best parameters: {'alpha': 0.001}
CV MSE of best parameters: 11.630
```

DICA Um bom espaço de pesquisa para o valor alfa está no intervalo `np.logspace(-5,2,8)`. É claro que se o valor ideal resultante estiver em uma das extremidades do intervalo testado, será preciso ampliar o intervalo e repetir o teste.

LEMBRE-SE As variáveis `polyX` e `y` usadas para os exemplos desta seção e das próximas são criadas como parte do exemplo da seção "Criando interações entre variáveis", anteriormente neste capítulo. Se não passou por ela, os exemplos desta seção não funcionarão adequadamente.

Usando Lasso (L1)

O segundo exemplo usa a regularização L1, a classe `Lasso`, cuja principal característica é reduzir o efeito de coeficientes menos úteis em direção a zero. Essa ação força a escassez nos coeficientes, com apenas alguns tendo valores acima de zero. A classe usa os mesmos parâmetros da classe Ridge demonstrados na seção anterior.

```
from sklearn.linear_model import Lasso
lasso = Lasso(normalize=True,tol=0.05,
   selection='random')
search_grid = {'alpha':np.logspace(-2,3,8)}
search = GridSearchCV(estimator=lasso,
                        param_grid=search_grid,
                        scoring='neg_mean_squared_error',
                        refit=True, cv=10)
search.fit(polyX,y)
print('Best parameters: %s' % search.best_params_)
score = abs(search.best_score_)
print('CV MSE of best parameters: %.3f' % score)
```

Ao configurar `Lasso`, o código usa um algoritmo menos sensível (`tol=0.05`) e uma abordagem aleatória para a otimização (`selection='random'`). O erro quadrático médio obtido é mais alto do que ao usar a regularização L2:

```
Best parameters: {'alpha': 1e-05}
CV MSE of best parameters: 12.432
```

Aproveitando a regularização

Como os coeficientes esparsos resultantes de uma regressão L1 são indentáveis como um procedimento de seleção de atributo, a classe `Lasso` é útil para selecionar as variáveis mais importantes. Ao ajustar o parâmetro alfa, um número maior ou menor de variáveis será selecionado. Nesse caso, o código configura o parâmetro alfa como 0,01, obtendo uma solução mais simples como resultado.

```
lasso = Lasso(normalize=True, alpha=0.01)
lasso.fit(polyX,y)
print(polyX.columns[np.abs(lasso.coef_)>0.0001].values)
```

A solução simplificada é formada por um punhado de interações:

```
['CRIM*CHAS' 'ZN*CRIM' 'ZN*CHAS' 'INDUS*DIS' 'CHAS*B'
 'NOX^2' 'NOX*DIS' 'RM^2' 'RM*CRIM' 'RM*NOX'
 'RM*PTRATIO'
 'RM*B' 'RM*LSTAT' 'RAD*B' 'TAX*DIS' 'PTRATIO*NOX'
 'LSTAT^2']
```

> **DICA**
> Aplique a seleção de variável baseada em L1 automaticamente para a classificação e para a regressão usando as classes `RandomizedLasso` e `RandomizedLogisticRegression`. Ambas criam uma série de modelos regularizados L1 aleatórios. O código acompanha os coeficientes resultantes. No fim do processo, a aplicação mantém qualquer coeficiente que a classe não tenha reduzido a zero, pois é considerado importante. Treinar as duas classes usando o método `fit` é uma opção, mas elas não têm um método `predict`, apenas um método `transform` que reduz efetivamente o conjunto de dados, assim como a maioria das classes no módulo `sklearn.preprocessing`.

Combinando L1 & L2: Elasticnet

A regularização L2 reduz o impacto de atributos correlacionados, enquanto a L1 tende a selecioná-los. Uma boa estratégia é misturá-las usando uma soma ponderada usando a classe `ElasticNet`. Controle os efeitos de L1 e L2 usando o mesmo parâmetro alfa, mas decida a quantidade do efeito de L1 usando o parâmetro `l1_ratio`. Claramente, se `l1_ratio` for 0, trata-se de uma regressão ridge. Por outro lado, quando `l1_ratio` for 1, trata-se de uma lasso.

```
from sklearn.linear_model import ElasticNet
elastic = ElasticNet(normalize=True, selection='random')
search_grid = {'alpha':np.logspace(-4,3,8),
               'l1_ratio': [0.10 ,0.25, 0.5, 0.75]}
search = GridSearchCV(estimator=elastic,
                      param_grid=search_grid,
                      scoring='neg_mean_squared_error',
                      refit=True, cv=10)
search.fit(polyX,y)
print('Best parameters: %s' % search.best_params_)
score = abs(search.best_score_)
print('CV MSE of best parameters: %.3f' % score)
```

Depois de um tempo, o resultado será equivalente ao de L1:

```
Best parameters: {'alpha': 0.0001, 'l1_ratio': 0.75}
CV MSE of best parameters: 12.581
```

Lutando com Big Data Parte a Parte

Até agora, lidamos com pequenos bancos de dados de exemplo. Os dados reais, além de serem uma bagunça, também costumam ser bem grandes — às vezes tão grandes, que não cabem na memória, não importando as especificações de memória de sua máquina.

CUIDADO: As variáveis `polyX` e `y` usadas para os exemplos das próximas seções são criadas como parte do exemplo da seção "Criando interações entre variáveis", anteriormente neste capítulo. Se não passou por ela, os exemplos desta seção não funcionarão adequadamente.

Determinando quando há dados demais

Em um projeto de data science, os dados são considerados "grandes" se uma destas duas situações ocorrer:

» Eles não cabem na memória disponível do computador.
» Mesmo que o sistema tenha memória suficiente para conter os dados, a aplicação não consegue elaborá-los usando algoritmos de aprendizado de máquina em um tempo razoável.

Implementando a Descida do Gradiente Estocástico

Quando temos dados demais, o Regressor Descida do Gradiente Estocástico (SGDRegressor) ou o Classificador Descida do Gradiente Estocástico (SGDClassifier) funcionam como previsores lineares. A única diferença dos outros métodos descritos anteriormente é que eles realmente otimizam os coeficientes usando apenas uma observação de cada vez, então exigem mais iterações antes que o código alcance resultados comparáveis usando a regressão ridge ou lasso, mas requerem muito menos tempo e memória.

Isso porque ambos os previsores usam a otimização Descida do Gradiente Estocástico (SGD) — um tipo de otimização em que o ajuste de parâmetro ocorre depois da entrada de todas as observações, levando a uma jornada mais longa e um pouco mais instável em direção à minimização da função de erro. É claro que a otimização baseada em observações individuais, e não em enormes matrizes de dados, tem um impacto benéfico tremendo no tempo de treinamento do algoritmo e na quantidade de recursos de memória.

Ao usar SGDs, além das funções de custo diferentes que devem ser testadas para o desempenho, há também as regularizações L1, L2 e Elasticnet, basta configurar o parâmetro penalty e os parâmetros controladores alpha e l1_ratio correspondentes. Algumas das SGDs são mais resistentes a outliers, como modified_huber para classificação ou huber para regressão.

LEMBRE-SE A SGD é sensível à escala das variáveis, e não apenas por causa da regularização, mas pelo funcionamento interno. Como consequência, temos sempre que padronizar os atributos (por exemplo, usando StandardScaler) ou forçá-los em um intervalo [0, +1] ou [-1, +1]. Não fazer isso acarreta resultados ruins.

DICA Ao usar SGDs, sempre lidamos com grupos de dados, a não ser que todos os dados de treinamento sejam colocados na memória. Para que o treinamento seja eficaz, padronize-o, fazendo com que StandardScaler infira a média e o desvio-padrão a partir dos primeiros dados disponíveis. A média e o desvio-padrão do conjunto de dados inteiro provavelmente são diferentes, mas a transformação por uma estimativa inicial bastará para desenvolver um procedimento funcional de aprendizado.

```
from sklearn.linear_model import SGDRegressor
from sklearn.preprocessing import StandardScaler

SGD = SGDRegressor(loss='squared_loss',
                    penalty='l2',
                    alpha=0.0001,
                    l1_ratio=0.15,
```

```
                    max_iter=2000,
                    random_state=1)
scaling = StandardScaler()
scaling.fit(polyX)
scaled_X = scaling.transform(polyX)
cv = cross_val_score(SGD, scaled_X, y,
        scoring='neg_mean_squared_error',
        cv=crossvalidation)
score = abs(np.mean(cv))
print('CV MSE: %.3f' % score)
```

O erro quadrático médio resultante depois de rodar SGDRegressor é:

```
CV MSE: 12.179
```

No exemplo anterior, usamos o método fit, que requer o carregamento antecipado de todos os dados de treinamento na memória. Outra opção é treinar o modelo em passos sucessivos usando o método partial_fit, que executa uma única iteração nos dados fornecidos, depois os mantém na memória e os ajusta ao receber dados novos. Desta vez, o código usa um número maior de iterações:

```
from sklearn.metrics import mean_squared_error
from sklearn.model_selection import train_test_split

X_tr, X_t, y_tr, y_t = train_test_split(scaled_X, y,
                                    test_size=0.20,
                                    random_state=2)
SGD = SGDRegressor(loss='squared_loss',
                penalty='l2',
                alpha=0.0001,
                l1_ratio=0.15,
                max_iter=2000,
                random_state=1)
improvements = list()
for z in range(10000):
    SGD.partial_fit(X_tr, y_tr)
    score = mean_squared_error(y_t, SGD.predict(X_t))
    improvements.append(score)
```

Tendo acompanhado as melhorias parciais do algoritmo durante 10000 iterações dos mesmos dados, produzimos um gráfico e entendemos como as melhorias funcionam, como mostra o código a seguir. Note que os dados usados em cada passo nem sempre são iguais.

```python
import matplotlib.pyplot as plt
plt.figure(figsize=(8, 4))
plt.subplot(1,2,1)
range_1 = range(1,101,10)
score_1 = np.abs(improvements[:100:10])
plt.plot(range_1, score_1,'o--')
plt.xlabel('Iterations up to 100')
plt.ylabel('Test mean squared error')
plt.subplot(1,2,2)
range_2 = range(100,10000,500)
score_2 = np.abs(improvements[100:10000:500])
plt.plot(range_2, score_2,'o--')
plt.xlabel('Iterations from 101 to 5000')
plt.show()
```

Como exibido no primeiro painel da Figura 19-4, o algoritmo começa com uma taxa de erro alta, mas consegue reduzi-la com poucas iterações, normalmente de 5 a 10. Depois disso, a taxa de erro melhora lentamente a cada iteração. No segundo painel, vemos que, depois de 1.500 iterações, a taxa de erro alcança um mínimo e começa a aumentar. Foi nesse ponto que começou o sobreajuste, pois os dados já entenderam as regras e estamos forçando a SGD a aprender mais quando não há mais nada nos dados além de ruído. Consequentemente, ele começa a aprender o ruído e regras errôneas.

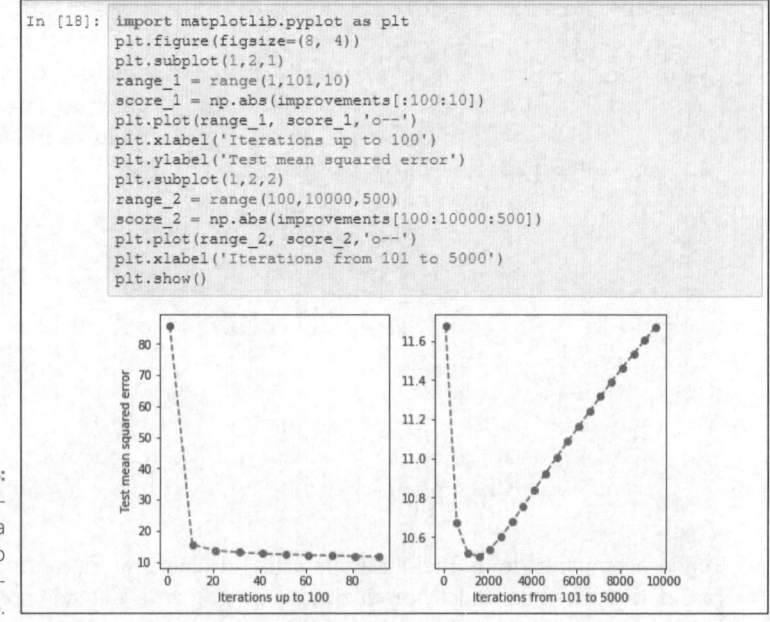

FIGURA 19-4: Uma descida lenta otimizando o erro quadrático.

DICA: A não ser que todos os dados trabalhados estejam na memória, fazer busca na matriz e validação cruzada do melhor número de iterações será difícil. Uma boa ideia é reservar na memória ou no armazenamento uma parte dos dados de treinamento para usar na validação. Ao verificar o desempenho nessa parte intocada, será possível perceber que o desempenho do aprendizado do SGD começa a diminuir. Então, a iteração de dados é interrompida (um método conhecido como *early stopping*).

Entendendo Máquinas de Vetor de Suporte

Os cientistas de dados consideram as máquinas de vetor de suporte (SVM) como uma das técnicas de aprendizado de máquina mais complexas das ferramentas disponíveis, então esse tópico provavelmente será encontrado apenas em manuais avançados. No entanto, não evite esse ótimo algoritmo de aprendizado, porque o Scikit-learn oferece uma grande diversidade acessível de classes supervisionadas por SVM para regressão e classificação. Ou acesse uma SVM não supervisionada que aparece no Capítulo 16 (sobre outliers). Ao avaliar se quer experimentar algoritmos de SVM como solução de aprendizado de máquina, considere estes principais benefícios:

» Família abrangente de técnicas para classificação binária e multiclasse, regressão e detecção de novidades.
» Boa geradora de previsões que fornecem manuseio robusto de sobreajuste, dados ruidosos e outliers.
» Manuseio bem-sucedido de situações que envolvem muitas variáveis.
» Eficaz quando existem mais variáveis do que exemplos.
» Rápida, mesmo quando trabalha com até 10 mil exemplos de treinamento.
» Detecta a não linearidade nos dados automaticamente, então não é preciso aplicar as transformações complexas das variáveis.

Uau, parece ótimo! Entretanto, considere também algumas desvantagens relevantes antes de começar a importar o módulo SVM:

» Tem um melhor desempenho quando aplicado à classificação binária (que era o propósito inicial da SVM), então não funciona bem em outros problemas de previsão.
» É menos eficaz quando existem muito mais variáveis do que exemplos; é preciso procurar outras soluções como a SGD.

» Fornece apenas um resultado previsto; estima-se uma probabilidade para cada resposta, mas isso demanda cálculos mais demorados.

» Trabalha satisfatoriamente na sua configuração padrão, mas, se quiser os melhores resultados, terá de passar mais tempo experimentando para ajustar os diversos parâmetros.

Dependendo de um método computacional

Vladimir Vapnik e seus colegas inventaram a SVM na década de 1990 enquanto trabalhavam nos laboratórios AT&T. A SVM foi um sucesso graças ao alto desempenho em muitos problemas desafiadores para a comunidade de aprendizado de máquina da época, especialmente quando usada para ajudar um computador a ler entrada manuscrita. Hoje, os cientistas de dados aplicam a SVM a uma variedade incrível de problemas, de diagnósticos médicos ao reconhecimento de imagens e classificação textual. A SVM provavelmente será muito útil para seus problemas!

LEMBRE-SE O código para esta seção é relativamente longo e complexo. Ele está no arquivo `P4DS4D2_19_Representing_SVM_boundaries.ipynb`, junto às saídas descritas nesta seção. Recorra ao código-fonte para ver como ele gera as figuras exibidas aqui.

A ideia por trás da SVM é simples, mas a implementação matemática é bem complexa e requer muitos cálculos para funcionar. Esta seção o ajuda a entender a tecnologia por trás da técnica — saber como uma ferramenta funciona sempre ajuda a entender onde e como é melhor empregá-la. Comece considerando o problema de separar dois grupos de pontos de dados — estrelas e quadrados espalhados em duas dimensões. É um problema clássico de classificação binária em que um algoritmo de aprendizado precisa entender como separar uma classe de instâncias de outra usando a informação fornecida pelos dados. O primeiro painel da Figura 19-5 mostra uma representação de um problema similar.

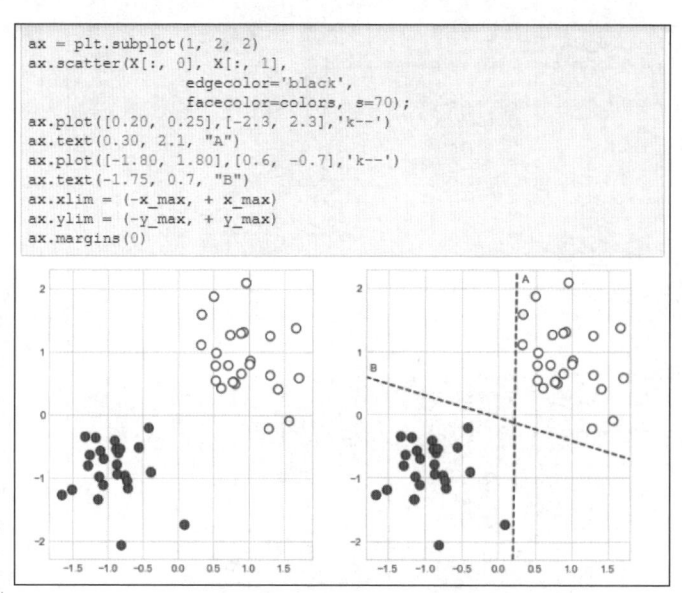

```
ax = plt.subplot(1, 2, 2)
ax.scatter(X[:, 0], X[:, 1],
           edgecolor='black',
           facecolor=colors, s=70);
ax.plot([0.20, 0.25],[-2.3, 2.3],'k--')
ax.text(0.30, 2.1, "A")
ax.plot([-1.80, 1.80],[0.6, -0.7],'k--')
ax.text(-1.75, 0.7, "B")
ax.xlim = (-x_max, + x_max)
ax.ylim = (-y_max, + y_max)
ax.margins(0)
```

FIGURA 19-5: Dividindo dois grupos.

Se os dois grupos estiverem separados, resolva o problema de maneiras diferentes apenas escolhendo linhas separadoras diferentes. É claro que se deve prestar atenção aos detalhes e usar medidas de qualidade. Embora pareça uma tarefa fácil, é preciso considerar o que acontece quando os dados mudam, como ao acrescentar pontos posteriormente. Não é possível ter certeza de que a linha de separação certa foi escolhida.

O segundo painel na Figura 19-5 mostra duas soluções possíveis, mas geralmente existem mais. Ambas escolheram soluções próximas demais às observações existentes (como mostrado pela proximidade das linhas aos pontos de dados), mas não há razão para pensar que as novas observações se comportarão como as mostradas na figura. A SVM minimiza o risco de escolher a linha errada (como você pode ter feito ao selecionar a solução A ou B da Figura 19-6) escolhendo a solução caracterizada pela maior distância dos pontos limítrofes dos dois grupos. Ter tanto espaço entre os grupos (o máximo possível) deve reduzir a chance de escolher a solução errada!

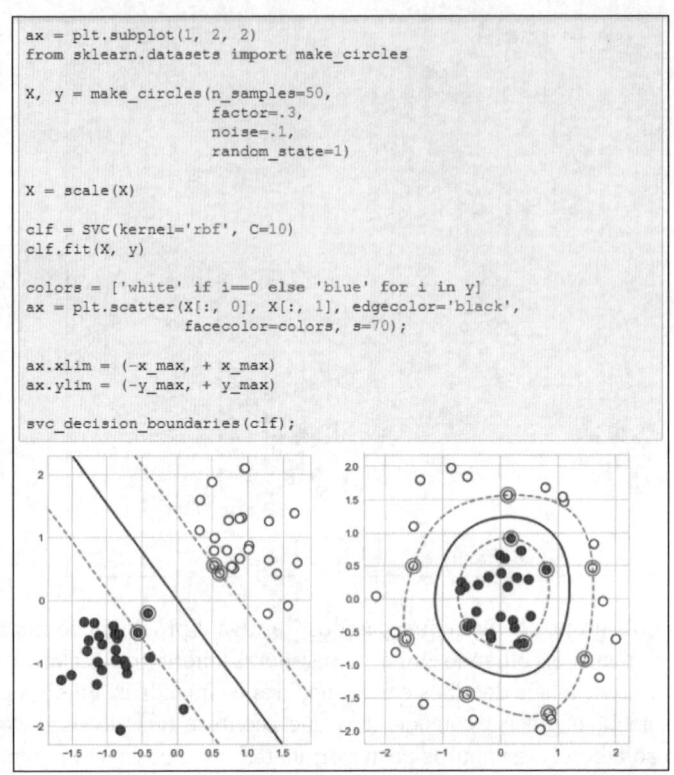

```
ax = plt.subplot(1, 2, 2)
from sklearn.datasets import make_circles

X, y = make_circles(n_samples=50,
                    factor=.3,
                    noise=.1,
                    random_state=1)

X = scale(X)

clf = SVC(kernel='rbf', C=10)
clf.fit(X, y)

colors = ['white' if i==0 else 'blue' for i in y]
ax = plt.scatter(X[:, 0], X[:, 1], edgecolor='black',
                 facecolor=colors, s=70);

ax.xlim = (-x_max, + x_max)
ax.ylim = (-y_max, + y_max)

svc_decision_boundaries(clf);
```

FIGURA 19-6:
Uma solução de SVM viável para o problema de dois grupos e mais.

A maior distância entre os dois grupos é a *margem*. Quando é grande o suficiente, saiba que funcionará bem, mesmo que seja necessário classificar dados não vistos anteriormente. A margem é determinada pelos pontos que estão presentes no limite da margem — os *vetores de suporte* (é deles que o algoritmo de máquinas de vetores de suporte recebe seu nome).

Veja uma solução de SVM no primeiro painel da Figura 19-6. A figura mostra a margem como uma linha tracejada, o separador como uma linha contínua e os vetores de suporte como pontos de dados circulados.

Problemas reais nem sempre fornecem classes devidamente separadas, como nesse exemplo. No entanto, uma SVM bem ajustada aceita um pouco de ambiguidade (alguns pontos mal classificados). Um algoritmo de SVM com os parâmetros certos faz milagres.

LEMBRE-SE

Ao trabalhar com dados de exemplo, é mais fácil procurar soluções claras para que os pontos de dados expliquem melhor como o algoritmo funciona e os conceitos centrais sejam compreendidos. Mas, com dados reais, as aproximações precisam funcionar. Portanto, raramente haverá margens grandes e claras.

Além das classificações binárias em duas dimensões, a SVM também trabalha com dados complexos. Eles são considerados complexos quando têm mais de duas dimensões, ou em situações similares ao layout exibido no segundo painel da Figura 19-6, quando não é possível separar os grupos com uma reta.

PAPO DE ESPECIALISTA

Na presença de muitas variáveis, a SVM usa um plano de separação complexo (o *hiperplano*). A SVM também funciona bem quando não é possível separar classes com uma reta ou um plano, pois explora soluções não lineares em um espaço multidimensional graças à técnica computacional chamada de truque do kernel.

Corrigindo muitos parâmetros novos

Embora a SVM seja complexa, é uma ótima ferramenta. Depois de encontrar a versão mais adequada de SVM para o problema, é preciso aplicá-lo aos dados e trabalhar um pouco para otimizar alguns dos muitos parâmetros disponíveis e melhorar os resultados. Configurar um modelo preditivo SVM funcional envolve os seguintes passos:

1. **Escolha a classe SVM que será utilizada.**
2. **Treine o modelo com os dados.**
3. **Confira o erro de validação e transforme-o na sua linha base.**
4. **Experimente valores diferentes para os parâmetros SVM.**
5. **Confira se o erro de validação melhora.**
6. **Treine o modelo novamente usando os dados com os melhores parâmetros.**

Para escolher a classe SVM correta, pense no problema. Por exemplo, se é necessário uma classificação (supor uma classe) ou regressão (supor um número). Ao trabalhar com uma classificação, considere se precisa classificar apenas dois grupos (classificação binária) ou mais de dois (classificação multiclasse). Outro aspecto importante a ser considerado é a quantidade de dados que precisa ser processada. Depois de fazer uma lista de todas as exigências, uma olhada rápida na Tabela 19-1 o ajudará a limitar as escolhas.

TABELA 19-1   O Módulo SVM de Algoritmos de Aprendizado

Classe	Uso da Característica	Parâmetros-chave
sklearn.svm.SVC	Classificação binária e multiclasse quando o número de exemplos é menor que 10 mil	C, kernel, degree, gamma
sklearn.svm.NuSVC	Parecida com o SVC	nu, kernel, degree, gamma
sklearn.svm.LinearSVC	Classificação binária e multiclasse quando o número de exemplos é maior que 10 mil; dados esparsos	Penalty, loss, C
sklearn.svm.SVR	Problemas de regressão	C, kernel, degree, gamma, epsilon
sklearn.svm.NuSVR	Parecida com SVR	Nu, C, kernel, degree, gamma
sklearn.svm.OneClassSVM	Detecção de outliers	nu, kernel, degree, gamma

O primeiro passo é verificar o número de exemplos nos dados. Ter mais de 10 mil exemplos acarreta cálculos lentos e pesados, mas a SVM ainda lhe permite obter um desempenho aceitável para problemas de classificação usando `sklearn.svm.LinearSVC`. Ao resolver um problema de regressão, `LinearSVC` não se mostra rápido o bastante; nesse caso, use uma solução estocástica para SVM (como descrito nas próximas seções).

DICA   O módulo SVM do Scikit-learn engloba duas bibliotecas poderosas escritas em C, libsvm e liblinear. Ao ajustar um modelo, há um fluxo de dados entre o Python e as duas bibliotecas externas. Um cache suaviza as operações de trocas de dados. Mas se o cache for pequeno demais e houver pontos de dados demais, ele vira um gargalo! Se houver memória o bastante, é uma boa ideia estabelecer o tamanho do cache como maior do que o padrão de 200MB (1.000MB, se possível) usando o parâmetro `cache_size` da classe SVM. Números menores de exemplos requerem apenas que se decida entre classificação e regressão.

Em cada caso, haverá dois algoritmos alternativos. Por exemplo, para a classificação, use `sklearn.svm.SVC` ou `sklearn.svm.NuSVC`. A única diferença com a versão Nu são os parâmetros que ele recebe e o uso de um algoritmo ligeiramente diferente. No fim das contas, ele dá basicamente os mesmos resultados, então, normalmente, escolhemos a versão não Nu.

Depois de decidir qual algoritmo usar, há diversos parâmetros a escolher, e o parâmetro C está entre eles. Ele indica o quanto o algoritmo precisa se adaptar aos pontos de treinamento. Quando C é pequeno, a SVM se adapta menos aos pontos e toma uma direção média, usando apenas alguns dos pontos e variáveis disponíveis. Valores maiores de C forçam o processo de aprendizado para seguir mais dos pontos de treinamento e se envolver com muitas variáveis.

O C certo geralmente é um valor médio, encontrado depois de um pouco de experimentação. Se o C for grande demais, há o risco do *sobreajuste*, uma situação em que a SVM se adapta demais aos dados e não consegue lidar de modo adequado com os novos problemas. Se o C for pequeno demais, a previsão será imprecisa. Essa situação é conhecida como *subajuste* — o modelo é simples demais para o problema a ser resolvido.

Depois de decidir qual valor C usar, é importante corrigir o bloco de parâmetros kernel, degree e gamma. Os três são interconectados, e seus valores dependem da especificação do kernel (por exemplo, o kernel linear não requer degree ou gamma, então qualquer valor pode ser usado). A especificação do kernel determina se o modelo SVM usa uma reta ou uma curva para estimar a classe ou a medida do ponto. Os modelos lineares são mais simples e tendem a estimar bem dados novos, mas às vezes têm desempenho baixo quando as variáveis nos dados se relacionam umas com as outras de maneira complexa. Como não se consegue saber com antecedência se um modelo linear funciona para o problema, uma boa prática é começar com um kernel linear, corrigir o valor C e usar esse modelo e seu desempenho como base para testar soluções não lineares em seguida.

Classificando com SVC

É hora de construir o primeiro modelo SVM. Como a SVM teve um desempenho inicial bom com a classificação manuscrita, é uma boa ideia começar com um problema similar. Usar essa abordagem dá uma ideia do poder dessa técnica de aprendizado de máquina. O exemplo usa o conjunto de dados digits disponível no módulo datasets do pacote Scikit-learn. O conjunto de dados digits contém uma série de imagens de 8x8 pixels de números manuscritos que variam de 0 a 9.

```
from sklearn import datasets
digits = datasets.load_digits()
X, y = digits.data, digits.target
```

Depois de carregar o módulo datasets, a função `load.digits` importa todos os dados, dos quais o exemplo extrai os previsores (`digits.data`) como `X`, e as classes previsoras (`digits.target`) como `y`.

Vemos o que há nesse conjunto de dados usando as funções `subplot` (para criar um array de desenhos organizados em duas linhas de cinco colunas) e `imshow` (para diagramar valores de pixel em escala de cinza em uma grade 8x8) de `matplotlib`. O código organiza a informação dentro de `digits.images` como uma série de matrizes, cada uma contendo os dados de pixel de um número.

```
import matplotlib.pyplot as plt
%matplotlib inline

for k,img in enumerate(range(10)):
    plt.subplot(2, 5, k+1)
    plt.imshow(digits.images[img],
               cmap='binary',
               interpolation='none')
plt.show()
```

O código exibe os dez primeiros números como um exemplo dos dados usados. Veja o resultado na Figura 19-7.

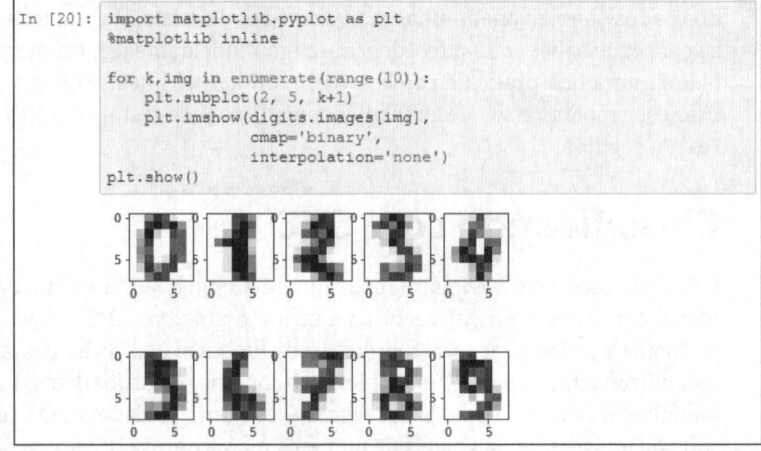

FIGURA 19-7: Os primeiros dez dígitos manuscritos do conjunto de dados digits.

Ao observar os dados, também determinamos se SVM suporia um número específico associando uma probabilidade aos valores de pixels específicos na grade. Um número 2 ativa pixels diferentes do que um número 1, ou talvez grupos diferentes de pixels. O data science envolve testar muitas abordagens e algoritmos de programação antes de alcançar um resultado sólido, mas ser criativo e intuitivo ajuda a determinar qual abordagem testar primeiro. Na verdade, se explorarmos X, descobriremos que ele é formado por exatamente 64 variáveis, cada uma representando o valor em escala de cinza de um único pixel, e que temos muitos exemplos — exatamente 1.797 casos.

```
print(X[0])
```

O código retorna um vetor do primeiro exemplo no conjunto de dados:

```
[ 0.  0.  5. 13.  9.  1.  0.  0.  0. 13. 15. 10. 15.
  5.  0.  0.  3. 15.  2.  0. 11.  8.  0.  0.  4. 12.  0.
  0.  8.  8.  0.  0.  5.  8.  0.  0.  9.  8.  0.  0.  4.
 11.  0.  1. 12.  7.  0.  0.  2. 14.  5. 10. 12.  0.  0.
  0.  0.  6. 13. 10.  0.  0.  0.]
```

Se reexibirmos o mesmo vetor como uma matriz 8x8, vemos a imagem de um zero.

```
print(X[0].reshape(8, 8))
```

Os valores zero são interpretados como a cor branca, e os valores mais altos, como o tom de cinza mais escuro:

```
[[ 0.  0.  5. 13.  9.  1.  0.  0.]
 [ 0.  0. 13. 15. 10. 15.  5.  0.]
 [ 0.  3. 15.  2.  0. 11.  8.  0.]
 [ 0.  4. 12.  0.  0.  8.  8.  0.]
 [ 0.  5.  8.  0.  0.  9.  8.  0.]
 [ 0.  4. 11.  0.  1. 12.  7.  0.]
 [ 0.  2. 14.  5. 10. 12.  0.  0.]
 [ 0.  0.  6. 13. 10.  0.  0.  0.]]
```

A essa altura você deve estar se perguntando sobre os rótulos. Obtenha uma contagem dos rótulos usando a função unique do pacote NumPy:

```
np.unique(y, return_counts=True)
```

A saída associa o rótulo da classe (o primeiro número) à frequência, e vale a pena observar isso (é a segunda linha da saída):

```
(array([0, 1, 2, 3, 4, 5, 6, 7, 8, 9]),
 array([178, 182, 177, 183, 181, 182, 181, 179, 174, 180],
 dtype=int64))
```

Todos os rótulos de classe apresentam cerca do mesmo número de exemplos. Isso significa que as classes são equilibradas e que a SVM não será levada a pensar que uma classe é mais provável que qualquer uma das outras. Se uma ou mais classes tivesse um número significativo de casos diferentes, haveria um problema de classe desequilibrada. Esse cenário requer a seguinte avaliação:

- » Mantenha a classe desequilibrada e obtenha previsões enviesadas em direção às classes mais frequentes.
- » Estabeleça a igualdade entre as classes usando pesos, o que significa possibilitar que algumas observações sejam mais contadas.
- » Use a seleção para cortar alguns casos das classes com casos demais.

DICA

Um problema de classe desequilibrada requer parâmetros adicionais. `sklearn.svm.SVC` tem um parâmetro `class_weight` e uma palavra-chave `sample_weight` no método `fit`. O modo mais fácil e direto de resolver o problema é estabelecer `class_weight='auto'` ao definir o SVC e deixar o algoritmo corrigir tudo sozinho.

Agora teste o SVC com o kernel linear. Mas não se esqueça de dividir os dados em conjuntos de treinamento e teste, ou não terá como julgar a eficácia do trabalho de modelagem. Sempre use uma parte separada dos dados para realizar a avaliação, ou os resultados parecerão bons no começo, mas ficarão piores com a adição de novos dados.

```
from sklearn.model_selection import train_test_split
from sklearn.model_selection import cross_val_score
from sklearn.preprocessing import MinMaxScaler
X_tr, X_t, y_tr, y_t = train_test_split(X, y,
                                        test_size=0.3,
                                        random_state=0)
```

A função `train_test_split` divide X e y em conjuntos de treinamento e teste, usando o valor de 0.3 do parâmetro `test_size` como referência para a proporção da divisão.

```
scaling = MinMaxScaler(feature_range=(-1, 1)).fit(X_tr)
X_tr = scaling.transform(X_tr)
X_t = scaling.transform(X_t)
```

Como uma boa prática, depois de dividir os dados em partes de treinamento e teste, escale os valores numéricos, primeiro obtendo parâmetros escalados dos dados de treinamento e depois aplicando uma transformação em ambos os conjuntos de treinamento e teste.

LEMBRE-SE

Outra ação importante antes de alimentar os dados para a SVM é a *escala*, que transforma todos os valores para o intervalo entre −1 e 1 (ou de 0 a 1, se preferir). A transformação de escala evita o problema de que algumas variáveis influenciem o algoritmo (elas o fazem pensar que são importantes porque têm valores altos) e deixa os cálculos exatos, leves e rápidos.

O código a seguir ajusta o conjunto de treinamento a uma classe SVC com um kernel linear. Faz também a validação cruzada e testa os resultados em termos de precisão (a porcentagem de números estimados corretamente).

```
from sklearn.svm import SVC
svc = SVC(kernel='linear',
          class_weight='balanced')
```

O código instrui a SVC a usar o kernel linear e a reponderar as classes automaticamente. Isso garante que as classes permaneçam com tamanhos iguais depois que o conjunto de dados é dividido em conjuntos de treinamento e teste.

```
cv = cross_val_score(svc, X_tr, y_tr, cv=10)
test_score = svc.fit(X_tr, y_tr).score(X_t, y_t)
```

Depois o código atribui duas novas variáveis. O desempenho da validação cruzada é registrado pela função `cross_val_score`, que retorna uma lista com os dez escores após a validação cruzada de dez folds (`cv=10`). O código obtém um resultado de teste usando dois métodos em sequência no algoritmo de aprendizado — `fit`, que ajusta o modelo, e `score`, que avalia o resultado no conjunto de teste por meio da precisão média (porcentagem média de resultados corretos entre as classes a serem previstas).

```
print('CV accuracy score: %0.3f' % np.mean(cv))
print('Test accuracy score: %0.3f' % (test_score))
```

Finalmente, o código exibe as duas variáveis e avalia o resultado. O resultado é muito bom: 97,6% de previsões corretas no conjunto de teste:

```
CV accuracy score: 0.983
Test accuracy score: 0.976
```

Você pode estar pensando no que aconteceria se otimizasse o parâmetro principal C, em vez de usar o valor padrão de 1,0. O script a seguir oferece uma resposta usando `gridsearch` para procurar um valor ideal para o parâmetro C:

```
from sklearn.model_selection import GridSearchCV
svc = SVC(class_weight='balanced', random_state=1)
search_space = {'C': np.logspace(-3, 3, 7)}
gridsearch = GridSearchCV(svc,
                          param_grid=search_space,
                          scoring='accuracy',
                          refit=True, cv=10)
gridsearch.fit(X_tr,y_tr)
```

Usar `GridSearchCV` é um pouco mais complexo, mas lhe permite conferir muitos modelos em sequência. Primeiro defina uma variável de espaço de busca usando um dicionário Python que contenha o cronograma de exploração do procedimento. Para definir um espaço de busca, crie um dicionário (ou, se houver mais de um, uma lista de dicionários) para cada grupo testado dos parâmetros. Dentro do dicionário, coloque o nome dos parâmetros como chaves e os associe à lista (ou à função que gera uma lista, como nesse caso) contendo os valores a serem testados.

> **DICA**
>
> A função `logspace` do NumPy cria uma lista de sete valores C, variando de 10^{-3} a 10^{3}. Esse é um número computacionalmente caro de valores a serem testados, mas também é abrangente e muito confiável para testar C e outros parâmetros SVM.

Depois inicialize `GridSearchCV`, definindo o algoritmo de aprendizado, o espaço de busca, a função de pontuação e o número de folds de validação cruzada. O próximo passo é instruir o procedimento, depois de encontrar a melhor solução, para ajustar a melhor combinação de parâmetros, para que o modelo preditivo fique pronto para uso:

```
cv = gridsearch.best_score_
test_score = gridsearch.score(X_t, y_t)
best_c = gridsearch.best_params_['C']
```

De fato, `gridsearch` agora contém um monte de informações sobre o melhor escore (e os melhores parâmetros, além de uma análise completa de todas as combinações avaliadas) e métodos, como o `score`, que são comuns em modelos preditivos ajustados no Scikit-learn.

```
print('CV accuracy score: %0.3f' % cv)
print('Test accuracy score: %0.3f' % test_score)
print('Best C parameter: %0.1f' % best_c)
```

Aqui o código extrai os escores de validação cruzada e teste e exibe o valor C relacionado a esses melhores escores:

```
CV accuracy score: 0.989
Test accuracy score: 0.987
Best C parameter: 10.0
```

O último passo exibe os resultados e mostra que usar um C=10.0 aumenta o desempenho tanto da validação cruzada quanto do conjunto de teste.

É fácil ser não linear

Tendo definido um modelo linear simples como padrão para o projeto de dígitos manuscritos, teste uma hipótese mais complexa; a SVM oferece muitos kernels não lineares:

- » Polinomial (poly).
- » Função de base radial (rbf).
- » Sigmoide (sigmoid).
- » Kernels personalizados avançados.

Apesar de existirem muitas escolhas, raramente usamos algo diferente do kernel de função de base radial (rbf, para abreviar), pois é mais rápido do que os outros e aproxima quase qualquer função não linear.

PAPO DE ESPECIALISTA

Eis uma explicação prática básica sobre como funciona o rbf: ele separa os dados em muitos grupos, então fica fácil de associar uma resposta a cada grupo.

O kernel rbf requer que os parâmetros degree e gamma, além de C, sejam estabelecidos. Isso é fácil de fazer (e uma boa busca na matriz sempre encontrará o valor certo).

O parâmetro degree tem valores que começam em 2. Ele determina a complexidade da função não linear usada para separar os pontos. Como sugestão prática, não se preocupe muito com degree — teste valores de 2, 3 e 4 em uma busca na matriz. Se notar que o melhor resultado tem um degree de 4, tente mudar para mais o intervalo da matriz e teste 3, 4 e 5. Continue fazendo isso enquanto for necessário, mas usar um valor maior do que 5 é algo raro.

O papel do parâmetro gamma no algoritmo é similar ao de C (ele fornece um compromisso entre sobreajuste e subajuste). Ele é exclusivo do kernel rbf. Valores gamma altos induzem o algoritmo a criar funções não lineares com formas irregulares, pois tendem a ajustar os dados com mais proximidade. Valores mais baixos criam funções esféricas mais regulares, ignorando a maioria das irregularidades presentes nos dados.

Agora que conhece os detalhes da abordagem não linear, é hora de tentar o rbf do exemplo anterior. Esteja ciente de que, dado o alto número de combinações testadas, os cálculos demoram um pouco para ser concluídos, dependendo das características de seu computador.

```
from sklearn.model_selection import GridSearchCV
svc = SVC(class_weight='balanced', random_state=101)
search_space = [{'kernel': ['linear'],
                 'C': np.logspace(-3, 3, 7)},
                {'kernel': ['rbf'],
```

```
                'degree':[2, 3, 4],
                'C':np.logspace(-3, 3, 7),
                'gamma': np.logspace(-3, 2, 6)}]
gridsearch = GridSearchCV(svc,
                   param_grid=search_space,
                   scoring='accuracy',
                   refit=True, cv=10,
                   n_jobs=-1)
gridsearch.fit(X_tr, y_tr)
cv = gridsearch.best_score_
test_score = gridsearch.score(X_t, y_t)
print('CV accuracy score: %0.3f' % cv)
print('Test accuracy score: %0.3f' % test_score)
print('Best parameters: %s' % gridsearch.best_params_)
```

Note que a única diferença neste script é que o espaço de busca é mais sofisticado. Usando uma lista, englobamos dois dicionários — um contendo os parâmetros a serem testados para o kernel linear e outro para o kernel rbf. Dessa forma, comparamos o desempenho das duas abordagens ao mesmo tempo. O código demorará um pouco para rodar, e depois relatará:

```
CV accuracy score: 0.990
Test accuracy score: 0.993
Best parameters: {'C': 1.0, 'degree': 2,
                'gamma': 0.1, 'kernel': 'rbf'}
```

Os resultados confirmam que rbf tem um desempenho melhor. Contudo, é uma margem pequena de vitória sobre os modelos lineares, conseguida à custa de mais complexidade e tempo computacional. Em tais casos, ter mais dados disponíveis ajuda a determinar o melhor modelo com mais confiança. Infelizmente, obter mais dados custa dinheiro e tempo. Quando confrontado pela ausência de um modelo vitorioso, a melhor sugestão é decidir a favor do mais simples. Nesse caso, o kernel linear é muito mais simples do que o rbf.

Realizando regressão com SVR

Até agora, lidamos apenas com classificação, mas a SVM também aborda problemas de regressão. Tendo visto como a classificação funciona, não é necessário muito mais além de saber que a classe de regressão de SVM é SVR e que há um novo parâmetro a ser corrigido, epsilon. Tudo o que foi abordado para classificação anteriormente funciona exatamente do mesmo jeito na regressão.

Este exemplo usa um conjunto de dados diferente, de regressão. O conjunto de dados de preços de moradias Boston, obtido na bibliotea StatLib mantida pela Universidade Carnegie Mellon, aparece em muitos artigos estatísticos e de aprendizado de máquina que abordam problemas de regressão. Ele tem 506 casos e 13 variáveis numéricas (uma das quais é uma variável binária 1/0).

```
from sklearn.model_selection import train_test_split
from sklearn.model_selection import cross_val_score
from sklearn.model_selection import GridSearchCV
from sklearn.preprocessing import MinMaxScaler
from sklearn.svm import SVR
from sklearn import datasets

boston = datasets.load_boston()
X,y = boston.data, boston.target
X_tr, X_t, y_tr, y_t = train_test_split(X, y,
                                        test_size=0.3,
                                        random_state=0)
scaling = MinMaxScaler(feature_range=(-1, 1)).fit(X_tr)
X_tr = scaling.transform(X_tr)
X_t  = scaling.transform(X_t)
```

O alvo é o valor médio das casas ocupadas por um proprietário, que será previsto usando-se SVR (Regressão de Vetores de Suporte epsilon). Além de C, kernel, degree e gamma, SVR também tem epsilon. *Epsilon* é uma medida de quanto erro o algoritmo considera aceitável. Um epsilon alto sugere menos pontos de suporte, enquanto um epsilon baixo requer um número maior de pontos de suporte. Ou seja, epsilon fornece outra meio de estabelecer um compromisso entre o subajustado pelo sobreajustado.

Como espaço de busca para esse parâmetro, a experiência nos diz que a sequência [0, 0.01, 0.1, 0.5, 1, 2, 4] funciona bem. Começando com um valor mínimo de 0 (quando o algoritmo não aceita erro algum) e chegando ao máximo de 4, amplie o espaço de busca apenas se notar que valores epsilon mais altos melhoram o desempenho.

Tendo incluído epsilon no espaço de busca e atribuído SVR como um algoritmo de aprendizado, o script se completa. Esteja ciente de que, dado o alto número de combinações avaliadas, os cálculos demoram um pouco, dependendo das características de seu computador.

```
svr = SVR()
search_space = [{'kernel': ['linear'],
                 'C': np.logspace(-3, 2, 6),
                 'epsilon': [0, 0.01, 0.1, 0.5, 1, 2,
   4]},
                {'kernel': ['rbf'],
                 'degree':[2, 3],
```

```
                'C':np.logspace(-3, 3, 7),
                'gamma': np.logspace(-3, 2, 6),
                'epsilon': [0, 0.01, 0.1, 0.5, 1, 2,
   4]}]
gridsearch = GridSearchCV(svr,
                          param_grid=search_space,
                          refit=True,
                          scoring= 'r2',
                          cv=10, n_jobs=-1)
gridsearch.fit(X_tr, y_tr)
cv = gridsearch.best_score_
test_score = gridsearch.score(X_t, y_t)
print('CV R2 score: %0.3f' % cv)
print('Test R2 score: %0.3f' % test_score)
print('Best parameters: %s' % gridsearch.best_params_)
```

A busca na matriz demora um pouco. Embora o exemplo use toda a potência computacional do sistema (`n_jobs=-1`), o computador precisa testar várias combinações. Para cada kernel, descubra quantos modelos precisam ser calculados multiplicando o número de valores a serem testados para cada parâmetro. Por exemplo, para o kernel rbf, ele tem dois valores por degree, sete para C, seis para gamma e sete para epsilon, o que totaliza em 2 * 7 * 6 * 7 = 588 modelos, cada um replicado 10 vezes (pois `cv=10`). São 5.880 modelos testados apenas para o kernel rbf (o código também testa o modelo linear, que requer 420 testes). Finalmente, os resultados são os seguintes:

```
CV R2 score: 0.868
Test R2 score: 0.834
Best parameters: {'C': 1000.0, 'degree': 2, 'epsilon':
   2,
                'gamma': 0.1, 'kernel': 'rbf'}
```

LEMBRE-SE Observe que na medida de erro, como uma regressão, o erro é calculado usando R quadrado, uma medida em que o intervalo de 0 a 1 indica o desempenho do modelo (com 1 sendo o melhor resultado possível).

Criando uma solução estocástica com SVM

Agora que estamos no fim do panorama da família de algoritmos de aprendizado de máquina SVM, é notável que são uma ferramenta fantástica de trabalho para um cientista de dados. Mas é claro que até as melhores soluções têm problemas. Por exemplo, a SVM tem parâmetros demais. Certamente, os parâmetros são um incômodo, especialmente quando se precisa testar muitas combinações, o que exige muito tempo da CPU. Mas o problema principal é o tempo necessário para treinar a SVM. Os exemplos usam conjuntos de dados pequenos, com um número limitado de variáveis, e realizar buscas vastas na matriz ainda demanda muito tempo. Conjuntos de dados reais são muito maiores. Às vezes parece que treinar e otimizar a SVM em seu computador levará toda a eternidade.

Uma solução possível quando temos muitos casos (um limite sugerido é 10 mil exemplos) é encontrada dentro do mesmo módulo SVM, a classe LinearSVC. Esse algoritmo funciona apenas com o kernel linear, e o foco é classificar (nada de regressão) grandes números de exemplos e variáveis em uma velocidade mais alta do que o SVC padrão. Tais características transformam a LinearSVC em uma boa candidata para classificação com base textual. A LinearSVC tem uma quantidade menor de parâmetros que são ligeiramente diferentes do que a SVM comum (é parecida com uma classe de regressão):

- C: O parâmetro de penalidade. Valores pequenos implicam mais regularização (modelos mais simples com coeficientes atenuados ou igualados a zero).
- loss: Um valor de l1 (como em uma SVM) ou l2 (erros pesam mais, então ele luta mais para ajustar exemplos mal classificados).
- penalty: Um valor de l2 (atenuação de parâmetros menos importantes) ou l1 (parâmetros insignificantes são igualados a zero).
- dual: Um valor de true ou false. Refere-se ao tipo de problema de otimização resolvido, e embora não mude muito o escore obtido, estabelecer o parâmetro como false resulta em cálculos mais rápidos do que quando estabelecidos como true.

Os parâmetros loss, penalty e dual têm limitações recíprocas, então confira a Tabela 19-2 para planejar, com antecedência, qual combinação usar.

TABELA 19-2 As Limitações Loss, Penalty e Dual

Penalty	Loss	Dual
l1	l2	False
l2	l1	True
l2	l2	True; False

LEMBRE-SE O algoritmo não suporta a combinação de penalty='l1' e loss='l1'. Contudo, a combinação de penalty='l2' e loss='l1' replica perfeitamente a abordagem de otimização SVC.

Como já foi mencionado, LinearSVC é bem rápida, e um teste de velocidade comparado a SVC demonstra o nível de melhoria a ser esperado com a escolha desse algoritmo.

```
from sklearn.datasets import make_classification
from sklearn.model_selection import train_test_split
import numpy as np
X,y = make_classification(n_samples=10**4,
                          n_features=15,
                          n_informative=10,
                          random_state=101)
X_tr, X_t, y_tr, y_t = train_test_split(X, y,
                                        test_size=0.3,
                                        random_state=1)

from sklearn.svm import SVC, LinearSVC
svc = SVC(kernel='linear', random_state=1)
linear = LinearSVC(loss='hinge', random_state=1)

svc.fit(X_tr, y_tr)
linear.fit(X_tr, y_tr)
svc_score = svc.score(X_t, y_t)
libsvc_score = linear.score(X_t, y_t)
print('SVC test accuracy: %0.3f' % svc_score)
print('LinearSVC test accuracy: %0.3f' % libsvc_score)
```

O resultado é muito parecido com o de SVC:

```
SVC test accuracy: 0.803
LinearSVC test accuracy: 0.804
```

Depois de criar um conjunto de dados artificial usando make_classfication, o código obtém confirmação sobre como os dois algoritmos chegam a resultados quase idênticos. Aqui o código testa a velocidade das duas soluções no conjunto de dados artificial para entender como eles escalam para usar mais dados.

```
import timeit
X,y = make_classification(n_samples=10**4,
                          n_features=15,
                          n_informative=10,
                          random_state=101)
t_svc = timeit.timeit('svc.fit(X, y)',
                      'from __main__ import svc, X, y',
                      number=1)
```

```
t_libsvc = timeit.timeit('linear.fit(X, y)',
                    'from __main__ import linear, X,
  y',
                    number=1)
print('best avg secs for SVC: %0.1f' % np.mean(t_svc))
print('best avg secs for LinearSVC: %0.1f' %
  np.mean(t_libsvc))
```

O sistema de exemplo mostra o seguinte resultado (talvez sua saída seja diferente):

```
avg secs for SVC, best of 3: 16.6
avg secs for LinearSVC, best of 3: 0.4
```

Claramente, dada a mesma quantidade de dados, LinearSVC é muito mais rápida que SVC. Calcule a taxa de desempenho como 16.6 / 0.4 = 41.5 mais rápida que SVC. No entanto, é importante entender o que acontece quando aumentamos o tamanho da amostra. Por exemplo, veja o que acontece quando o triplicamos:

```
avg secs for SVC, best of 3: 162.6
avg secs for LinearSVC, best of 3: 2.6
```

O ponto aqui é que o tempo exigido por SVC aumenta mais rápido (9,8 vezes) do que o requerido por LinearSVC (6,5 vezes). Isso porque SVC exige um tempo proporcionalmente maior para processar os dados, e o tempo aumentará ainda mais com o aumento do tamanho das amostras. Veja os resultados de quando temos cinco vezes mais dados, destacando ainda mais as diferenças:

```
avg secs for SVC, best of 3: 539.1
avg secs for LinearSVC, best of 3: 4.5
```

Usar SVC com grandes quantidades de dados logo se torna inviável. Se precisar trabalhar com muitos dados, escolha o Linear SVC. Ainda assim, mesmo que LinearSVC seja bem rápida em tarefas de desempenho, você pode precisar classificar ou regredir milhões de exemplos. É preciso saber se LinearSVC ainda é a melhor escolha. Mostramos como a classe SGD, usando SGDClassifier e SGDRegressor, o ajuda a implementar um algoritmo do tipo SVM em situações com milhões de linhas de dados sem investir muita potência computacional. Basta configurar loss como 'hinge' para SGDClassifier e como 'epsilon_insensitive' para SGDRegressor (neste caso, é preciso ajustar o parâmetro epsilon).

Outro teste de desempenho e velocidade esclarece as vantagens e limitações de usar LinearSVC ou SGDClassifier:

```
from sklearn.datasets import make_classification
from sklearn.model_selection import train_test_split
from sklearn.model_selection import cross_val_score
from sklearn.svm import LinearSVC
import timeit

from sklearn.linear_model import SGDClassifier
X, y = make_classification(n_samples=10**5,
                           n_features=15,
                           n_informative=10,
                           random_state=101)
X_tr, X_t, y_tr, y_t = train_test_split(X, y,
                                        test_size=0.3,
                                        random_state=1)
```

Agora a amostra está bem grande — 100 mil casos. Se tiver memória suficiente e muito tempo, aumente o número de casos treinados ou de atributos e teste melhor como os dois algoritmos escalam para dados ainda maiores.

```
linear = LinearSVC(penalty='l2',
                   loss='hinge',
                   dual=True,
                   random_state=1)
linear.fit(X_tr, y_tr)
score = linear.score(X_t, y_t)
t = timeit.timeit("linear.fit(X_tr, y_tr)",
        "from __main__ import linear, X_tr, y_tr",
        number=1)
print('LinearSVC test accuracy: %0.3f' % score)
print('Avg time for LinearSVC: %0.1f secs' % np.mean(t))
```

No computador de teste, LinearSVC completou os cálculos em todas as linhas em cerca de sete segundos:

```
LinearSVC test accuracy: 0.796
Avg time for LinearSVC: 7.4 secs
```

O código a seguir testa SGDClassifier usando o mesmo procedimento:

```
sgd = SGDClassifier(loss='hinge',
                    max_iter=100,
```

```
                    shuffle=True,
                    random_state=101)
sgd.fit(X_tr, y_tr)
score = sgd.score(X_t, y_t)
t = timeit.timeit("sgd.fit(X_tr, y_tr)",
                "from __main__ import sgd, X_tr, y_tr",
                number=1)
print('SGDClassifier test accuracy: %0.3f' % score)
print('Avg time SGDClassifier: %0.1f secs' % np.mean(t))
```

Já SGDClassifier levou cerca de um segundo e meio para processar os mesmos dados e obter um escore parecido:

```
SGDClassifier test accuracy: 0.796
Avg time SGDClassifier: 1.5 secs
```

> **DICA** Aumentar o parâmetro n_iter melhora o desempenho, mas aumenta proporcionalmente o tempo de cálculo. Aumentar o número de iterações até um certo valor (que precisa ser descoberto por meio de testes) melhora o desempenho. No entanto, depois desse valor, ele começa a cair por causa do sobreajuste.

Brincando com as Redes Neurais

Começando com a ideia da engenharia reversa de como um cérebro processa sinais, os pesquisadores basearam as redes neurais em analogias biológicas e em seus componentes, usando termos cerebrais como *neurônios* e *axônios* como nomes. Entretanto, as redes neurais são simplesmente um tipo sofisticado de regressão linear, pois são uma soma de coeficientes multiplicados por entradas numéricas. E os neurônios são só o local em que as somas acontecem.

Mesmo que as redes neurais não imitem o cérebro (são aritmética), esses algoritmos são extraordinariamente eficazes contra problemas complexos como reconhecimento de imagem e som ou tradução de linguagem de máquina. Eles também rodam rapidamente durante a previsão, se o hardware certo for utilizado. As redes neurais bem planejadas usam o nome *aprendizado profundo* e estão por trás de ferramentas poderosas, como a Siri e outros assistentes digitais, com outras aplicações impressionantes de aprendizado de máquina.

Para executar o aprendizado profundo, é preciso um hardware especial (um computador com um GPU) e a instalação de frameworks especiais como um Tensorflow (https://www.tensorflow.org/), MXNet (https://mxnet.apache.org/), Pytorch (https://pytorch.org/) ou Chainer (https://chainer.org/) [todos os sites com conteúdo em inglês]. Este livro não mergulha em redes neurais complexas, mas explora uma implementação mais simples oferecida pelo Scikit-learn, que possibilita a criação rápida de uma rede neural e sua comparação com outros algoritmos de aprendizado de máquina.

Entendendo as redes neurais

O algoritmo central de rede neural é o neurônio (também chamado de unidade). Muitos neurônios organizados em uma estrutura interconectada formam as camadas de uma rede neural, com cada neurônio ligado à entrada e à saída de outros neurônios. Assim, um neurônio utiliza como entrada os atributos dos exemplos ou dos resultados de outros neurônios, dependendo da localização na rede neural.

Ao contrário de outros algoritmos, que têm um pipeline fixo, que determina como os algoritmos recebem e processam dados, as redes neurais exigem que se decida como a informação flui, tornando-se um número de unidades (os neurônios), e sua distribuição em camadas. Por isso, estabelecer redes neurais é mais uma arte do que uma ciência; por meio de de experiências aprende-se a organizar os neurônios em camadas e a obter as melhores previsões. Em uma visão mais detalhada, os neurônios em uma rede neural recebem muitos valores ponderados como entradas, os soma e fornece a somatória como resultado.

LEMBRE-SE

Uma rede neural processa apenas informações numéricas contínuas; ela não consegue processar variáveis qualitativas (por exemplo, rótulos indicando uma qualidade, como vermelho, azul ou verde, em uma imagem). Processe variáveis qualitativas transformando-as em um valor numérico contínuo, como uma série de valores binários.

Os neurônios também fornecem uma transformação mais sofisticada da somatória. Ao observar a natureza, os cientistas notaram que os neurônios recebem sinais, mas nem sempre liberam um sinal próprio. Isso depende da quantidade de sinais recebidos. Quando um neurônio cerebral adquire estímulos suficientes, ele dispara uma resposta; caso contrário, permanece em silêncio. De modo similar, os neurônios em uma rede neural, depois de receber valores ponderados, os somam e usam uma função de ativação para avaliar o resultado, que o transforma de um modo não linear. Por exemplo, a função de ativação pode liberar um valor zero, a não ser que a entrada alcance um determinado limiar, ou diminuir ou aumentar um sinal mudando a escala de modo não linear, transmitindo, dessa forma, um sinal com escala diferente.

Cada neurônio na rede recebe entradas de camadas anteriores (na entrada, conecta-se diretamente aos dados), os pondera, soma e transforma o resultado usando a função de ativação. Depois de ativada, a saída calculada se transforma na entrada para outros neurônios ou na, saída, na previsão da rede. Consequentemente, dada uma rede neural formada por determinado número de neurônios e camadas, o que torna essa estrutura eficaz nas previsões são os pesos usados pelos neurônios para as entradas. Tais pesos não são diferentes dos coeficientes de uma regressão linear, e a rede aprende os valores com passos repetidos (iterações ou épocas) pelos exemplos do conjunto de dados.

Classificando e regredindo com neurônios

O Scikit-learn oferece duas funções para redes neurais:

» `MLPClassifier`: Implementa um perceptron (um tipo de rede neural) multicamadas (MLP) para classificação. As saídas (uma ou mais, dependendo de quantas classes precisam ser previstas) são projetadas como probabilidades de o exemplo ser de uma determinada classe.

» `MLPRegressor`: Implementa um MLP para problemas de regressão. Todas as saídas (porque calcula múltiplos valores-alvo ao mesmo tempo) são projetadas como estimativas de medidas a serem previstas.

Como ambas as funções têm exatamente os mesmos parâmetros, o exemplo mergulha em um único exemplo para classificação, usando os dígitos manuscritos como exemplo de uma classificação multiclasse usando um MLP. O exemplo começa importando os pacotes necessários, carregando o conjunto de dados na memória e dividindo-o em um conjunto de treinamento e um de teste (como feito anteriormente na demonstração de máquinas de vetores de suporte):

```
from sklearn.model_selection import train_test_split
from sklearn.model_selection import cross_val_score
from sklearn.preprocessing import MinMaxScaler
from sklearn import datasets
from sklearn.neural_network import MLPClassifier
digits = datasets.load_digits()
X, y = digits.data, digits.target
X_tr, X_t, y_tr, y_t = train_test_split(X, y,
                                        test_size=0.3,
                                        random_state=0)
```

O processamento de dados para alimentar a rede neural é um aspecto importante, porque as operações que as redes neurais realizam nos bastidores são sensíveis à escala e distribuição dos dados. Consequentemente, é uma boa prática normalizar os dados igualando a média a zero e a variância a um, ou mudar a escala fixando o mínimo e o máximo entre −1 e +1 ou 0 e +1. A experimentação mostra que a transformação funciona melhor para os dados, embora a maioria das pessoas ache que mudar a escala para −1 e +1 funcione melhor. Este exemplo muda a escala de todos os valores para entre −1 e +1.

```
scaling = MinMaxScaler(feature_range=(-1, 1)).fit(X_tr)
X_tr = scaling.transform(X_tr)
X_t = scaling.transform(X_t)
```

DICA Como discutido, é uma boa prática definir as transformações de processamento apenas nos dados de treinamento e depois aplicar o procedimento aprendido aos dados de teste. Apenas assim a testagem de como o modelo funciona com dados diferentes será correta.

Para definir o MLP, considere que há vários parâmetros, e, se não forem ajustados corretamente, os resultados decepcionam. (O MLP não é um algoritmo que funciona em sua configuração padrão.) Para que um MLP funcione adequadamente, primeiro defina a arquitetura dos neurônios, estabelecendo quantos usar para cada camada e quantas camadas criar. (Defina o número de neurônios para cada camada no parâmetro `hidden_layer_sizes`.) Depois determine o solucionador correto:

» **L-BFGS:** Use para pequenos conjuntos de dados.

» **Adam:** Use para grandes conjuntos de dados.

» **SGD:** É excelente para a maioria dos problemas se parâmetros especiais forem estabelecidos corretamente. Os parâmetros de SGD são a taxa de aprendizado, que reflete a velocidade do aprendizado, e o momentum (ou momentum de Nesterov), um valor que ajuda a rede neural a evitar soluções menos úteis. Ao especificar uma taxa de aprendizado, é preciso definir o valor inicial (`learning_rate_init`, que geralmente é cerca de 0,001, mas pode ser ainda menor) e como a velocidade muda durante o treinamento (o parâmetro `learning_rate`, que pode ser `'constant'`, `'invscaling'` ou `'adaptive'`).

DICA Dada a complexidade de configurar os parâmetros para um solucionador SGD, determine como eles funcionam nos dados testando-os apenas em uma otimização de hiperparâmetro. A maioria das pessoas prefere começar com um solucionador L-BFGS ou Adam.

Outro hiperparâmetro crucial é `max_iter`, o número de iterações, que leva a resultados completamente diferentes se for configurado alto ou baixo demais. O padrão são 200 iterações, mas é sempre melhor, depois de ter fixado os outros parâmetros, tentar aumentar ou diminuir esse número. Finalmente, embaralhar os dados (`shuffle=True`) e estabelecer um `random_state` para reprodutibilidade dos resultados também é importante. O código de exemplo estabelece 512 nodos em uma única camada, usando o solucionador Adam e o número padrão de iterações (200):

```
nn = MLPClassifier(hidden_layer_sizes=(512, ),
                    activation='relu',
                    solver='adam',
                    shuffle=True,
                    tol=1e-4,
                    random_state=1)
cv = cross_val_score(nn, X_tr, y_tr, cv=10)
test_score = nn.fit(X_tr, y_tr).score(X_t, y_t)
print('CV accuracy score: %0.3f' % np.mean(cv))
print('Test accuracy score: %0.3f' % (test_score))
```

Com esse código, o exemplo classifica com sucesso os dígitos manuscritos rodando um MLP cujo CV e escore de teste são:

```
CV accuracy score: 0.978
Test accuracy score: 0.981
```

Os resultados obtidos são um pouco melhores do que os do SVC, e, ainda assim, o aumento também envolve o ajuste correto de alguns parâmetros. Ao usar algoritmos não lineares, não há como esperar nenhuma abordagem óbvia, além de algumas soluções baseadas em árvores de decisão, que são o tópico do próximo capítulo.

> **NESTE CAPÍTULO**
>
> » Entendendo como funciona uma árvore de decisão
>
> » Usando Random Forest e outras técnicas de bagging
>
> » Aproveitando os ensembles de melhor desempenho com boosting

Capítulo 20
Entendendo o Poder da Multidão

Neste capítulo, vamos além dos modelos individuais de aprendizado de máquina vistos até agora e exploramos o poder dos *ensembles*, que são grupos de modelos cujo desempenho é melhor do que o dos modelos individuais. Os ensembles funcionam como a inteligência coletiva das multidões, usando informações associadas para fazer previsões melhores. A ideia básica é a de que um grupo de algoritmos não treinado produz resultados melhores que um único modelo bem treinado.

Talvez você já tenha participado de um daqueles jogos em que é preciso adivinhar o número de doces em um pote, em festas ou feiras. Embora uma única pessoa tenha uma chance baixa de adivinhar o número correto, vários experimentos confirmaram que a média das respostas erradas de vários participantes chega muito próximo à resposta correta! Esse conhecimento incrível compartilhado pelo grupo (também conhecido como sabedoria das multidões) é possível porque as respostas erradas tendem a se distribuir em torno da verdadeira. Ao tirar a média dessas respostas erradas, quase obtemos a correta.

Em projetos de data science envolvendo previsões complexas, devemos aproveitar a sabedoria de vários algoritmos de aprendizado de máquina e prever de modo mais preciso do que quando usamos um único algoritmo. Este capítulo cria um processo que objetiva aproveitar o poder de muitos algoritmos diferentes para obter uma única resposta melhor.

LEMBRE-SE Você não precisa digitar o código-fonte deste capítulo. É muito mais fácil usar a fonte para download (veja as instruções de download na Introdução). O código-fonte deste capítulo está no arquivo P4DS4D2_20_Understanding_the_Power_of_the_Many.ipynb.

Começando com uma Árvore de Decisão Simples

Há tempos as árvores de decisão fazem parte das ferramentas de mineração de dados. Os primeiros modelos são de muito antes da década de 1970. Desde então, as árvores de decisão se tornaram populares em muitos campos por causa do algoritmo intuitivo, saída compreensível e eficácia em relação a modelos lineares simples. Com a introdução de algoritmos de melhor atuação, as árvores de decisão saíram lentamente da cena do aprendizado de máquina por um tempo, culpadas por serem fáceis demais de sobreajustar, mas voltaram recentemente como um bloco essencial dos algoritmos ensemble. Hoje, os ensembles de árvores como o Random Forest ou o Gradient Boosting Machines são a essência de muitas aplicações de data science e são considerados ferramentas de ponta do aprendizado de máquina.

Entendendo uma árvore de decisão

A base das árvores de decisão é a ideia de que é possível dividir o conjunto de dados em partes cada vez menores usando regras específicas baseadas nos valores dos atributos do conjunto. Ao dividir o conjunto de dados dessa forma, o algoritmo deve escolher divisões que aumentem a probabilidade de estimar o resultado-alvo corretamente, seja como uma classe ou uma estimativa. Portanto, o algoritmo deve tentar maximizar a presença de uma certa classe ou certa média de valores em cada divisão.

Como um exemplo de uma aplicação e execução de árvore de decisão, tente prever a possibilidade da sobrevivência de um passageiro do RMS Titanic, um transatlântico britânico que afundou no norte do Oceano Atlântico em abril de 1912 depois de colidir com um iceberg. Há muitos conjuntos de dados disponíveis na internet que se referem a essa tragédia marítima. O mais notável é o do site da Encyclopedia Titanica (`https://www.encyclopedia-titanica.org` [conteúdo em inglês]), que contém artigos, biografias e dados. Outro é a competição de data science Kaggle, que envolve dezenas de milhares de participantes entusiastas (`https://www.kaggle.com/c/titanic` [conteúdo em inglês]).

Muitos conjuntos de dados da tragédia do Titanic diferem em conteúdo de dados. O exemplo deste capítulo usa o conjunto de dados Titanic oferecido gratuitamente para uso pelo Departamento de Bioestatística da Escola de Medicina da Universidade Vanderbilt e disponível para download em `http://biostat.mc.vanderbilt.edu/wiki/pub/Main/DataSets/titanic3.csv` [conteúdo em inglês]. Esse conjunto de dados apresenta o registro de 1.309 passageiros com estatísticas completas. Não é possível encontrar nenhum membro da tripulação no conjunto de dados porque os registros se concentram nos passageiros pagantes para determinar se sobreviver ao desastre seria uma questão de sorte ou do local em que os passageiros estavam no navio no momento da colisão. A taxa de sobrevivência entre os passageiros foi de 38,2% (500 dos 1.309 passageiros sobreviveram). Com base nas características dos passageiros, a árvore de decisão determina o seguinte:

> » Ser homem muda a probabilidade de sobrevivência, diminuindo-a de 38,2% para 19,1%.
> » Ser homem mas ter menos de 9,5 anos aumenta a probabilidade de sobrevivência para 58,1%.
> » Ser mulher, independentemente da idade, implica a probabilidade de sobrevivência de 72,7%.

Usando tais conhecimentos, facilmente construímos uma árvore como a retratada na Figura 20-1. Tal visualização (e a visualização do conjunto de dados Iris encontrado mais adiante no capítulo) é possível por causa do pacote dtreeviz desenvolvido pelo professor Terence Parr, da Universidade San Francisco (`https://parrt.cs.usfca.edu` [conteúdo em inglês]), e Prince Grover, da mesma faculdade. Se lhe interessa criar visualizações das árvores de decisão, obtenha o pacote e as orientações de instalação em `https://github.com/parrt/dtreeviz` [conteúdo em inglês], e leia sobre o desenvolvimento e o funcionamento do pacote no post do blog do professor Parr, "How to visualize decision trees", em `https://explained.ai/decision-tree-viz` [conteúdo em inglês].

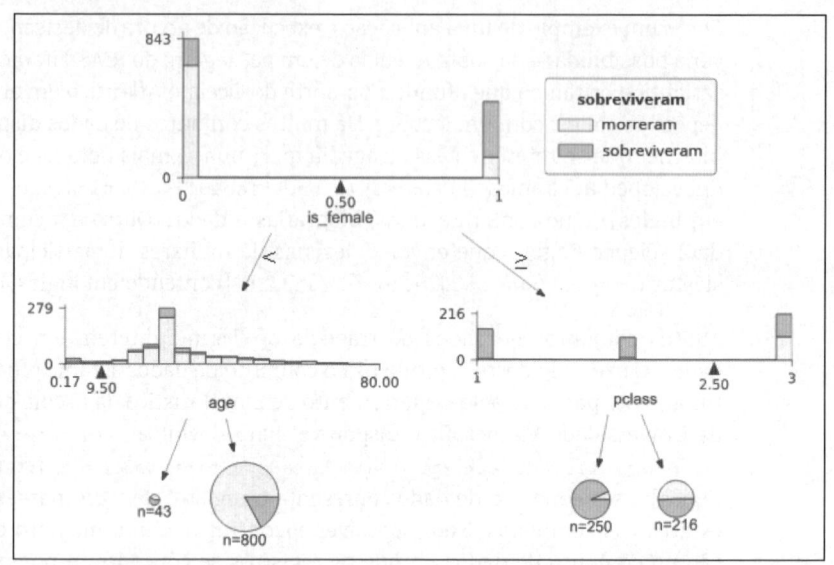

FIGURA 20-1:
Um modelo de árvore das taxas de sobrevivência do desastre do Titanic.

Note que a árvore visualizada parece estar de ponta-cabeça (com a raiz no topo e todas as ramificações se espalhando de lá). Ela começa no topo usando a amostra toda. Depois se divide no atributo gênero, criando duas *ramificações*, uma que se transforma em uma *folha*, que é uma segmentação terminal. O diagrama classifica casos de folhas usando a classe mais frequente ou calculando a probabilidade base de casos com os mesmos atributos da probabilidade da folha. A segunda ramificação se divide por idade.

Para ler os nodos da árvore, considere que o nodo mais do topo começa relatando a regra usada para se dividir em todos os nodos seguintes. Comece pelo topo. A árvore mostrada na Figura 20-1 deduz que o gênero é o melhor previsor, e o nodo do topo, a variável `is_female`, está em barras verticais empilhadas. A barra da esquerda é para homens, e a da direita, para mulheres. Inicialmente, vemos que, proporcionalmente, as mulheres tinham uma capacidade de sobrevivência mais alta, porque as sobreviventes (a área verde-clara, que não aparece colorida no livro impresso) ocupam praticamente toda a área da barra.

A árvore divide esse nodo pela metade, separando homens de mulheres. Leia o resto da história contada pela árvore observando o que acontece no próximo nível. No segundo nível à direita, encontramos um nodo consistindo apenas em mulheres, e as barras empilhadas revelam um insight principal: quase todas as mulheres passageiras da primeira e segunda classes sobreviveram, e cerca da metade das mulheres da terceira classe faleceu. Esse insight permite que a árvore desenvolva uma primeira regra: mulheres na primeira e segunda classes são classificadas como sobreviventes porque esse status é muito provável. Já para a terceira classe, a sobrevivência é incerta, e a árvore precisaria dividir novamente para extrair mais insights não inclusos na análise.

Para os homens, o segundo nível mostra que a idade é um critério determinante, pois os homens com menos de dez anos tiveram mais probabilidade de sobreviver, enquanto os mais velhos provavelmente morreram. Novamente, a árvore para, mas um critério adicional fornece um conjunto mais preciso de regras divisórias que explora a probabilidade de sobrevivência ao desastre do Titanic com base nas características da pessoa. Da divisão do nível do topo da árvore, vemos que a maioria dos sobreviventes eram mulheres com seus filhos, o que retoma a ideia do código de conduta "mulheres e crianças primeiro", aplicado em situações em que os recursos de sobrevivência são escassos. Esse código combina perfeitamente com a situação no *Titanic*, pois havia poucos botes salva-vidas disponíveis como resultado da crença do proprietário de que o navio era inafundável. (Leia mais especulações sobre os botes salva-vidas no site History on the Net `https://www.historyonthenet.com/the-titanic-lifeboats/` [conteúdo em inglês].)

LEMBRE-SE

Nesta árvore de exemplo, cada divisão é binária, mas também é possível fazer múltiplas divisões, dependendo do algoritmo. No Scikit-learn, as classes implementadas `DecisionTreeClassifier` e `DecisionTreeRegressor` no módulo `sklearn.tree` são árvores binárias. Uma árvore de decisão para de dividir os dados quando:

» Não há mais casos em que se dividir, então os dados aparecem como parte dos nodos de folhas.

» A regra usada para dividir uma folha é menor do que o número de casos predefinido. Essa ação impede o funcionamento do algoritmo com folhas que têm pouca representação em geral ou são mais específicas do que os dados analisados, evitando assim o sobreajuste (veja o Capítulo 18) e a variância das estimativas.

» Uma das folhas resultantes é menor do que o número de casos predefinido — outra verificação da realidade para evitar deduzir regras gerais sem a confiança fornecida por um bom tamanho amostral.

DICA

As árvores de decisão tendem a sobreajustar os dados. Ao estabelecer o número certo de divisões e folhas terminais, a variância das estimativas se reduz. Dependendo do tamanho amostral inicial, um limite de 30 casos geralmente é uma boa escolha.

Além de ser intuitivo e fácil de entender e representar (dependendo de quantas ramificações e folhas houver na árvore), as árvores de decisão oferecem outra grande vantagem ao profissional de data science: elas não requerem nenhum tratamento particular de dados ou transformação, porque modelam qualquer não linearidade usando aproximações. Na verdade, elas aceitam qualquer tipo de variável, até mesmo as categóricas codificadas aleatoriamente para as classes representadas. Além disso, as árvores de decisão lidam com casos ausentes. Basta atribuir um valor improvável aos casos ausentes, como um valor extremo ou negativo (dependendo da distribuição de dados de casos não ausentes). Finalmente, as árvores de decisão também são incrivelmente resistentes a outliers.

Criando árvores para objetivos diferentes

Os cientistas de dados chamam as árvores especializadas em prever *classes* (os atributos, as qualidades ou os traços que identificam grupos) de árvores de classificação; já as que trabalham com estimativas são conhecidas como árvores de regressão. Veja um problema de classificação usando o conjunto de dados Iris de Fisher (usado pela primeira vez na seção "Definindo a Estatística Descritiva para Dados Numéricos", do Capítulo 13):

```
from sklearn.datasets import load_iris
iris = load_iris()
X, y = iris.data, iris.target
features = iris.feature_names
```

Depois de carregar os dados em X, que contém previsores, e em y, que contém as classificações, defina uma validação cruzada para verificar os resultados usando árvores de decisão:

```
from sklearn.model_selection import cross_val_score
from sklearn.model_selection import KFold
crossvalidation = KFold(n_splits=5,
                        shuffle=True,
                        random_state=1)
```

Usando a classe DecisionTreeClassifier, max_depth é definido dentro de um loop iterativo para experimentar o efeito de aumentar a complexidade da árvore resultante. A expectativa é alcançar um ponto ideal rapidamente e, então, testemunhar a diminuição do desempenho da validação cruzada por causa do sobreajuste:

```
import numpy as np
from sklearn import tree
for depth in range(1,10):
    tree_classifier = tree.DecisionTreeClassifier(
        max_depth=depth, random_state=0)
    if tree_classifier.fit(X,y).tree_.max_depth < depth:
        break
    score = np.mean(cross_val_score(tree_classifier,
                                    X, y,
                                    scoring='accuracy',
                                    cv=crossvalidation))
    print('Depth: %i Accuracy: %.3f' % (depth,score))
```

O código fará a iteração por árvores mais profundas até que ela não expanda mais, e então relatará o escore de validação cruzada para precisão:

```
Depth: 1 Accuracy: 0.580
Depth: 2 Accuracy: 0.913
Depth: 3 Accuracy: 0.920
Depth: 4 Accuracy: 0.940
Depth: 5 Accuracy: 0.920
```

A melhor solução é uma árvore com quatro divisões, porque, ao ampliar, ela começa a fazer o sobreajuste. A Figura 20-2 mostra a complexidade da árvore resultante, que fornece outra visualização interessante obtida com o uso do pacote dtreeviz. A visualização lhe mostra como distinguir facilmente a espécie Setosa das outras. Diferenciar a Versicolor e a Virginica requer uma segmentação cuidadosa nas medidas de petal width e petal length.

Para obter redução e simplificação eficazes, estabeleça `min_samples_split` como 30 e evite folhas terminais pequenas demais estabelecendo `min_samples_leaf` como 10. Isso reduz as folhas terminais pequenas na árvore resultante, diminuindo a precisão da validação cruzada, mas aumentando a simplicidade e o poder de generalização da solução.

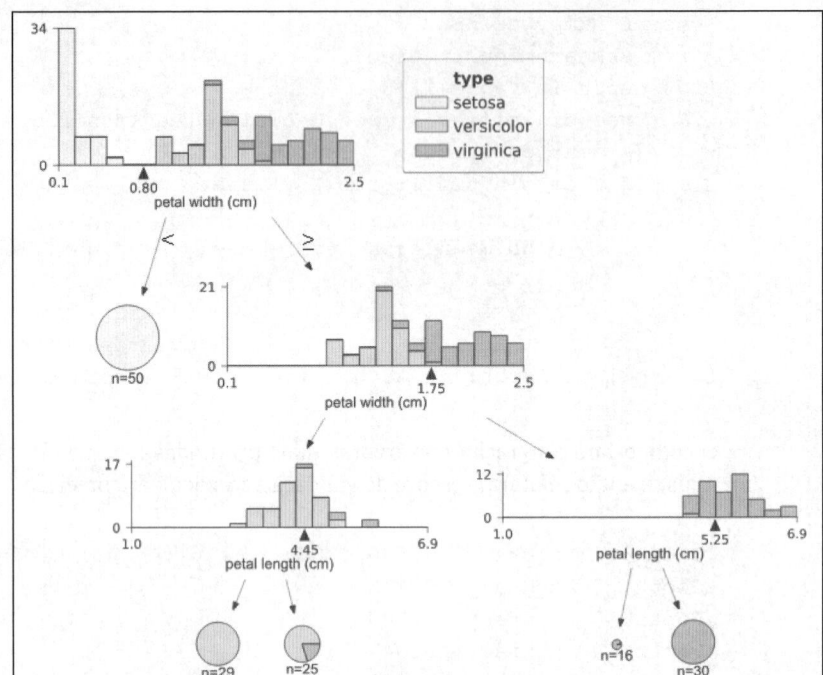

FIGURA 20-2:
Um modelo de árvore do conjunto de dados Iris usando uma profundidade de quatro divisões.

```
tree_classifier = tree.DecisionTreeClassifier(
    min_samples_split=30, min_samples_leaf=10,
    random_state=0)
tree_classifier.fit(X,y)
score = np.mean(cross_val_score(tree_classifier, X, y,
                                scoring='accuracy',
                                cv=crossvalidation))
print('Accuracy: %.3f' % score)
```

A precisão relatada da validação cruzada é menor do que o escore obtido anteriormente, porque focar uma estrutura de árvore mais simples implica forçar algum subajuste ao problema de dados: Accuracy: 0.913

De modo similar, a classe `DecisionTreeRegressor` modela um problema de regressão, como o conjunto de preços de moradia Boston (usado pela primeira vez na seção "Definindo aplicações para o data science", do Capítulo 12). Ao lidar com uma árvore de regressão, as folhas terminais oferecem a média dos casos exibidos pela previsão.

```
from sklearn.datasets import load_boston
boston = load_boston()
X, y = boston.data, boston.target
features = boston.feature_names

from sklearn.tree import DecisionTreeRegressor
regression_tree = tree.DecisionTreeRegressor(
    min_samples_split=30, min_samples_leaf=10,
    random_state=0)
regression_tree.fit(X, y)
score = np.mean(cross_val_score(regression_tree,
                X, y,
                scoring='neg_mean_squared_error',
                cv=crossvalidation))
print('Mean squared error: %.3f' % abs(score))
```

O erro quadrático médio da validação cruzada para o conjunto de dados de preços de moradia Boston é:

```
Mean squared error: 22.593
```

Facilitando o Aprendizado de Máquina

Random Forest é um algoritmo de classificação e regressão desenvolvido por Leo Breiman e Adele Cutler que usa um grande número de modelos de árvore de decisão para fornecer previsões precisas por meio da redução do viés e da variância das estimativas. Ao reunir muitos modelos para produzir uma única previsão, o resultado é um *ensemble de modelos*. Random Forest não é apenas um modelo ensemble, é também um algoritmo simples e eficaz para usar como um algoritmo com a configuração padrão. Ele facilita o aprendizado de máquina para não especialistas. O algoritmo Random Forest segue estes passos para fazer previsões:

1. **Cria um grande número de árvores de decisão, uma diferente da outra, com base em diferentes subconjuntos de observações e variáveis.**

2. **Carrega o conjunto de dados de observações para cada árvore (amostrado a partir dos dados originais com reposição). A mesma observação pode aparecer diversas vezes no mesmo conjunto de dados.**

3. **Seleciona aleatoriamente e usa apenas uma parte das variáveis para cada árvore.**

4. Estima o desempenho de cada árvore usando as observações excluídas pela amostragem (a estimativa Out Of Bag, ou OOB).

5. Obtém a previsão final, que é a média para estimativas de regressão ou a classe mais frequente de previsão, depois que todas as árvores foram ajustadas e usadas na previsão.

É possível reduzir o viés usando esses passos, pois as árvores de decisão têm um bom ajuste sobre os dados, e, usando divisões complexas, até as relações mais complexas entre os previsores e os resultados previstos tendem a se aproximar. As árvores de decisão produzem uma ótima variância de estimativas, mas ela é reduzida tirando a média de muitas árvores. Previsões ruidosas, devido à variância, tendem a se distribuir igualmente acima e abaixo do valor correto a ser previsto — e quando se tira a média deles, tendem a cancelar uns aos outros, deixando como resultado uma média de previsão mais correta.

Leo Breiman derivou a ideia para Random Forest da técnica bagging. O Scikit-learn tem uma classe bagging para a regressão (`BaggingRegressor`) e uma para a classificação (`BaggingClassifier`), compatíveis com qualquer outro previsor de sua preferência dos módulos Scikit-learn. Os parâmetros `max_samples` e `max_features` lhe permitem decidir a proporção de casos e variáveis a serem amostrados (não carregados, mas amostrados, então um caso só pode ser usado uma vez) para construir cada modelo de ensemble. O parâmetro `n_estimators` decide o número total de modelos no ensemble. Veja um exemplo que carrega o conjunto de dados de dígitos manuscritos (usado para demonstrações posteriores com outros algoritmos ensemble) e ajusta o modelo por meio do bagging:

```
from sklearn.datasets import load_digits
digit = load_digits()
X, y = digit.data, digit.target
```

```
from sklearn.ensemble import BaggingClassifier
from sklearn.tree import DecisionTreeClassifier
from sklearn.model_selection import cross_val_score
from sklearn.model_selection import KFold
tree_classifier = DecisionTreeClassifier(random_state=0)
crossvalidation = KFold(n_splits=5, shuffle=True,
                        random_state=1)
bagging = BaggingClassifier(tree_classifier,
                            max_samples=0.7,
                            max_features=0.7,
                            n_estimators=300)
scores = np.mean(cross_val_score(bagging, X, y,
                                 scoring='accuracy',
                                 cv=crossvalidation))
print ('Accuracy: %.3f' % scores)
```

Veja a precisão da validação cruzada para o bagging aplicada ao conjunto de dados manuscritos:

```
Accuracy: 0.968
```

No bagging, assim como em Random Forest, quanto mais modelos houver no ensemble, melhor. O risco de sobreajuste é baixo, pois cada modelo é diferente dos outros, e os erros tendem a se espalhar em volta do valor real. Adicionar mais modelos apenas acrescenta estabilidade ao resultado.

Outra característica do algoritmo é que ele permite a estimativa da importância da variável enquanto leva em consideração a presença de todos os outros previsores. Dessa forma, é fácil determinar quais atributos são importantes para prever um alvo, dado o conjunto de atributos; e a estimativa da importância ainda orienta para a seleção de variáveis.

LEMBRE-SE

Em comparação a árvores de decisões individuais, não se consegue visualizar ou entender facilmente o Random Forest, fazendo-o agir como uma caixa-preta (uma *caixa-preta* é uma transformação que não revela o funcionamento; tudo o que vemos são entradas e saídas). Dada sua obscuridade, a estimativa de importância é o único modo de entender como o algoritmo funciona em relação aos atributos.

A estimativa de importância em um Random Forest é obtida de modo direto. Depois de construir cada árvore, o código preenche cada variável com dados lixo, e o exemplo registra o quanto o poder preditivo diminui. Se a variável for importante, enchê-la de dados casuais prejudica a previsão; caso contrário, as previsões ficam quase sem mudança e a variável é considerada insignificante.

Trabalhando com um classificador Random Forest

Exemplo do classificador Random Forest usando o conjunto de dados digit previamente carregado:

```
X, y = digit.data, digit.target
from sklearn.ensemble import RandomForestClassifier
from sklearn.model_selection import cross_val_score
from sklearn.model_selection import KFold
crossvalidation = KFold(n_splits=5, shuffle=True,
                        random_state=1)
RF_cls = RandomForestClassifier(n_estimators=300,
                                random_state=1)
score = np.mean(cross_val_score(RF_cls, X, y,
                                scoring='accuracy',
```

```
                                         cv=crossvalidation))
print('Accuracy: %.3f' % score)
```

A precisão da validação cruzada relatada por este código para o Random Forest é uma melhoria em relação ao método bagging testado na seção anterior:

```
Accuracy: 0.977
```

Apenas estabelecer o número de estimadores é o bastante para a maioria dos problemas encontrados, e fazer isso corretamente é uma questão de usar o número mais alto possível, dadas as limitações de tempo e recursos do computador host. Isso é demonstrado por meio do cálculo e projeção de uma curva de validação para o algoritmo.

```
from sklearn.model_selection import validation_curve
param_range = [10, 50, 100, 200, 300, 500, 800, 1000,
    1500]
crossvalidation = KFold(n_splits=3,
                        shuffle=True,
                        random_state=1)
RF_cls = RandomForestClassifier(n_estimators=300,
                                random_state=0)
train_scores, test_scores = validation_curve(RF_cls, X, y,
                                'n_estimators',

  param_range=param_range,
                                cv=crossvalidation,
                                scoring='accuracy')
mean_test_scores = np.mean(test_scores, axis=1)
```

```
import matplotlib.pyplot as plt
plt.plot(param_range, mean_test_scores,
        'bD-.', label='CV score')
plt.grid()
plt.xlabel('Number of estimators')
plt.ylabel('accuracy')
plt.legend(loc='lower right', numpoints= 1)
plt.show()
```

A Figura 20-3 mostra os resultados fornecidos pelo código anterior. Quanto mais estimadores, melhores os resultados. No entanto, em certo ponto o ganho realmente se torna mínimo.

Trabalhando com um regressor Random Forest

O `RandomForestRegressor` funciona de modo similar ao Random Forest para classificação, usando exatamente os mesmos parâmetros:

```
X, y = boston.data, boston.target
from sklearn.ensemble import RandomForestRegressor
from sklearn.model_selection import cross_val_score
```

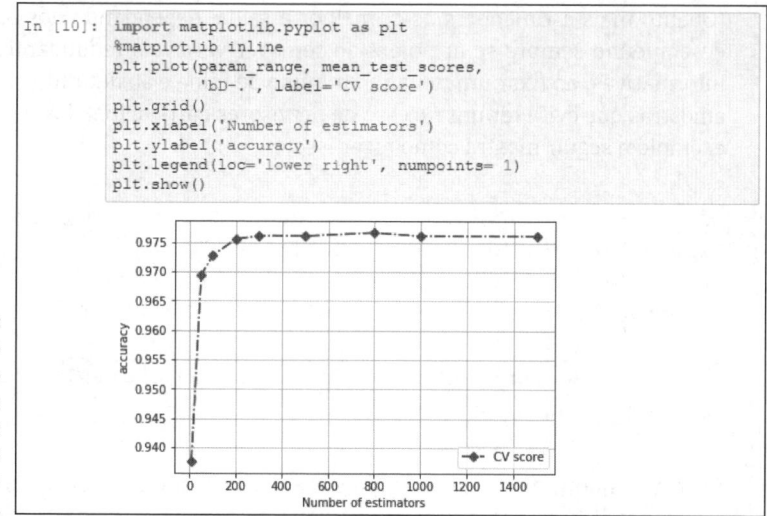

```
In [10]: import matplotlib.pyplot as plt
         %matplotlib inline
         plt.plot(param_range, mean_test_scores,
                  'bD-.', label='CV score')
         plt.grid()
         plt.xlabel('Number of estimators')
         plt.ylabel('accuracy')
         plt.legend(loc='lower right', numpoints= 1)
         plt.show()
```

FIGURA 20-3: Verificando o impacto do número de estimadores em Random Forest.

```
from sklearn.model_selection import KFold
RF_rg = RandomForestRegressor (n_estimators=300,
                               random_state=1)
crossvalidation = KFold(n_splits=5, shuffle=True,
                        random_state=1)
score = np.mean(cross_val_score(RF_rg, X, y,
                scoring='neg_mean_squared_error',
                cv=crossvalidation))
print('Mean squared error: %.3f' % abs(score))
```

Este é o erro quadrático médio resultante da validação cruzada:

```
Mean squared error: 12.028
```

LEMBRE-SE

O Random Forest usa árvores de decisão que segmentam o conjunto de dados em pequenas divisões, chamadas folhas, ao estimar valores de regressão. O Random Forest tira a média dos valores em cada folha para criar uma previsão. O uso desse procedimento faz com que valores altos desapareçam da previsão por causa da média usada para cada folha da floresta, produzindo valores amortecidos, em vez de valores muito mais altos ou baixos.

Otimizando um Random Forest

Os modelos Random Forest são algoritmos de configuração padrão que conseguem trabalhar bem sem otimização e sem se preocupar com o sobreajuste. (Quanto mais estimadores usar, melhor a saída, dependendo dos recursos.) O desempenho sempre se aprimora ao remover variáveis redundantes e menos informativas, ao fixar um tamanho mínimo de folha e ao definir um número de amostras que evita ter um excesso de previsores correlacionados na amostra. O exemplo a seguir mostra como fazer isso:

```
from sklearn.ensemble import RandomForestClassifier
from sklearn.model_selection import KFold
X, y = digit.data, digit.target
crossvalidation = KFold(n_splits=5, shuffle=True,
                        random_state=1)
RF_cls = RandomForestClassifier(random_state=1)
scorer = 'accuracy'
```

Usar o conjunto de dados de dígitos manuscritos e um primeiro classificador padrão otimiza tanto `max_features` quanto `min_samples_leaf`. Ao otimizar `max_features`, use as opções pré-configuradas (`auto` para todos os atributos, as funções `sqrt` ou `log2` aplicadas a um número de atributos) e integre todas usando números pequenos de atributos e um valor de 1/3 deles. Selecionar o número certo de atributos a serem amostrados tende a reduzir o número de vezes em que variáveis correlacionadas e similares são escolhidas ao mesmo tempo, aumentando assim os desempenhos preditivos.

Há uma razão estatística para otimizar `min_samples_leaf`. O uso de folhas com poucos casos geralmente corresponde ao sobreajuste de combinações de dados muito específicos. É preciso ter pelo menos 30 observações para alcançar uma confiança estatística mínima de que os padrões de dados correspondam a regras reais e gerais:

```
from sklearn.model_selection import GridSearchCV
max_features = [X.shape[1]//3, 'sqrt', 'log2', 'auto']
min_samples_leaf = [1, 10, 30]
n_estimators = [50, 100, 300]
```

```
search_grid =   {'n_estimators':n_estimators,
                 'max_features': max_features,
                 'min_samples_leaf': min_samples_leaf}
search_func = GridSearchCV(estimator=RF_cls,
                           param_grid=search_grid,
                           scoring=scorer,
                           cv=crossvalidation)
search_func.fit(X, y)
best_params = search_func.best_params_
best_score = search_func.best_score_
print('Best parameters: %s' % best_params)
print('Best accuracy: %.3f' % best_score)
```

Os melhores parâmetros e a melhor precisão obtida são então relatados, destacando que os parâmetros sobre os quais agir são a quantidade de árvores:

```
Best parameters: {'max_features': 'sqrt',
                  'min_samples_leaf': 1,
                  'n_estimators': 100}
Best accuracy: 0.978
```

Melhorando as Previsões

Reunir diferentes modelos de árvores não é a única técnica de ensemble possível. Na verdade, outra técnica de aprendizado de máquina, *boosting*, usa os ensembles de modo eficaz. No boosting, muitas árvores são criadas em sequência. Cada árvore tenta construir um modelo que preveja com sucesso quais árvores já construídas não foram capazes de prever. A técnica reúne modelos subsequentes e usa uma média ponderada ou um voto de maioria ponderada no final da previsão.

As próximas seções apresentam duas aplicações de boosting, adaboost e gradient boosting machines. Todos os algoritmos boosting atuam tanto com a regressão quanto com a classificação. Os exemplos destas seções começam trabalhando com classificação. O conjunto de dados multirrotulado de dígitos manuscritos é ótimo para começar, assim como foi com Random Forest.

Se os dados já foram carregados, usando `load_digits`, na variável `digit`, basta reatribuir as variáveis X e y, como a seguir:

```
X, y = digit.data, digit.target
```

Sabendo que muitos previsores fracos vencem

`AdaBoostClassifier` ajusta previsores fracos sequenciais e é usado por padrão ao trabalhar com árvores de decisão, mas outros algoritmos podem ser escolhidos mudando-se o parâmetro `base_estimator`. Os previsores fracos geralmente são previsores de aprendizado de máquina que não têm bom desempenho porque têm muita variância ou viés, então o desempenho é apenas um pouco melhor que o acaso. O exemplo clássico é o toco de decisão (decision stump), que é uma árvore de decisão de um único nível. Normalmente, as árvores de decisão são uma opção mais bem treinada no boosting, para que o padrão seja usado com segurança e se concentre em dois parâmetros importantes para obter boas previsões: `n_estimators` e `learning_rate`.

`learning_rate` determina como cada previsor fraco contribui com o resultado final. Uma taxa alta de aprendizado requer alguns `n_estimators` antes de convergir para uma única solução ideal, mas provavelmente não será a melhor solução possível. Uma taxa baixa de aprendizado leva mais tempo para ser treinada porque requer mais previsores antes de chegar a uma solução. Além disso, também sobreajusta mais lentamente.

DICA Ao contrário do bagging, o boosting sobreajusta se for utilizado com muitos estimadores. Uma validação cruzada é sempre útil para encontrar o número correto, lembrando que taxas de aprendizado mais baixas demoram mais tempo para sobreajustar, então é mais fácil escolher o valor quase ideal usando uma busca em matriz.

```
from sklearn.ensemble import AdaBoostClassifier
from sklearn.model_selection import cross_val_score
from sklearn.model_selection import KFold
ada = AdaBoostClassifier(n_estimators=1000,
                         learning_rate=0.01,
                         random_state=1)
crossvalidation = KFold(n_splits=5, shuffle=True,
                        random_state=1)
score = np.mean(cross_val_score(ada, X, y,
                                scoring='accuracy',
                                cv=crossvalidation))
print('Accuracy: %.3f' % score)
```

Depois de rodar o código, a precisão da validação cruzada é obtida:

```
Accuracy: 0.754
```

Esse exemplo usa o estimador padrão, que é uma árvore de decisão desenvolvida. Se quiser tentar um toco (que precisa de mais estimadores), instancie o `AdaBoostClassifier` com `base_estimator=DecisionTreeClassifier(max_depth=1)`.

Estabelecendo um classificador gradient boosting

O Gradient Boosting Machine (GBM) tem um desempenho muito melhor do que a técnica de boosting Adaboost, o primeiro algoritmo de boosting já criado. Em particular, o GBM usa um cálculo de otimização para ponderar os estimadores subsequentes. Como no exemplo da seção anterior, o exemplo a seguir usa o conjunto de dados digit e explora alguns parâmetros extras disponíveis em GBM:

```
X, y = digit.data, digit.target
crossvalidation = KFold(n_splits=5,
                        shuffle=True,
                        random_state=1)
```

Além da taxa de aprendizado e do número de estimadores, que são parâmetros-chave para o aprendizado ideal sem o sobreajuste, fornecer valores para `subsample` e `max_depth`. `subsample` introduz a subamostragem no treinamento (para que ele sempre seja feito em um conjunto de dados diferente), como no bagging. `max_depth` define o nível máximo de árvores construídas. Geralmente, é uma boa prática começar com três níveis, mas são necessários mais níveis para modelar dados complexos.

```
from sklearn.ensemble import GradientBoostingClassifier
from sklearn.model_selection import cross_val_score
GBC = GradientBoostingClassifier(n_estimators=300,
                                 subsample=1.0,
                                 max_depth=2,
                                 learning_rate=0.1,
                                 random_state=1)
score = np.mean(cross_val_score(GBC, X, y,
                                scoring='accuracy',
                                cv=crossvalidation))
print('Accuracy: %.3f' % score)
```

No mesmo problema testado antes, `GradientBoostingClassifier` resulta no seguinte escore de precisão depois de rodar o código:

```
Accuracy: 0.972
```

Rodando um regressor gradient boosting

Criar um regressor gradient boosting não é muito diferente de criar um classificador. A principal diferença é a presença de várias funções de perda aplicáveis (ao contrário de GradientBoostingClassifier, que tem apenas a perda de desvio, análoga à função de custo de uma regressão logística).

```
X, y = boston.data, boston.target
from sklearn.ensemble import GradientBoostingRegressor
from sklearn.model_selection import cross_val_score
from sklearn.model_selection import KFold
GBR = GradientBoostingRegressor(n_estimators=1000,
                                subsample=1.0,
                                max_depth=3,
                                learning_rate=0.01,
                                random_state=1)
crossvalidation = KFold(n_splits=5,
                       shuffle=True,
                       random_state=1)
score = np.mean(cross_val_score(GBR,
                    X, y,
   scoring='neg_mean_squared_error',
                    cv=crossvalidation))
print('Mean squared error: %.3f' % abs(score))
```

Depois de rodar o código, obtemos o erro quadrático médio da regressão, que é muito melhor do que o correspondente da Random Forest:

```
Mean squared error: 10.094
```

O exemplo treina um GradientBoostingRegressor usando o valor ls padrão para o parâmetro loss, que é análogo à regressão linear. Veja algumas outras opções:

- » quantile: Supõe um quantil específico usando o parâmetro alpha (geralmente é 0,5, que é a mediana).
- » lad (desvio mínimo absoluto): Esta opção é altamente robusta com outliers; tende a classificar ordinal e corretamente as previsões.
- » huber: Cria uma combinação de ls e lad. Requer que o parâmetro alpha seja fixado.

Usando hiperparâmetros GBM

Os modelos GBM são bem sensíveis ao sobreajuste quando temos muitos estimadores sequenciais e o modelo começa a ajustar o ruído nos dados. É importante verificar a eficácia dos valores em pares do número de estimadores e da taxa de aprendizado. O exemplo a seguir usa o conjunto de dados Boston dos preços de moradias:

```
X, y = boston.data, boston.target
from sklearn.model_selection import KFold
crossvalidation = KFold(n_splits=5, shuffle=True,
                        random_state=1)
GBR = GradientBoostingRegressor(n_estimators=1000,
                                subsample=1.0,
                                max_depth=3,
                                learning_rate=0.01,
                                random_state=1)
```

A otimização exige um pouco de tempo da carga computacional requerida pelos algoritmos GBM, especialmente se forem testados valores altos de max_depth.

> **DICA**
> Uma boa estratégia é manter a taxa de aprendizado fixada e tentar otimizar subsample e max_depth em relação a n_estimators (lembrando que valores altos de max_depth geralmente sugerem um número menor de estimadores). Depois de encontrar os valores ideais para subsample e max_depth, busque mais otimização de n_estimators e learning_rate.

```
from sklearn import grid_search
from sklearn.model_selection import GridSearchCV
subsample = [1.0, 0.9]
max_depth = [2, 3, 5]
n_estimators = [500 , 1000, 2000]
search_grid =   {'subsample': subsample,
                 'max_depth': max_depth,
                 'n_estimators': n_estimators}
search_func = GridSearchCV(estimator=GBR,
            param_grid=search_grid,
            scoring='neg_mean_squared_error',
            cv=crossvalidation)
search_func.fit(X, y)

best_params = search_func.best_params_
best_score = abs(search_func.best_score_)
print('Best parameters: %s' % best_params)
print('Best mean squared error: %.3f' % best_score)
```

Depois de rodar a otimização, examine o melhor erro quadrático médio resultante e note o quanto ele melhorou rodando o algoritmo pelos parâmetros padrões. (O Gradient Boosting sempre requer um pouco de ajuste de parâmetro para retornar os melhores resultados.)

```
Best parameters: {'max_depth': 3,
                  'n_estimators': 2000,
                  'subsample': 0.9}
Best mean squared error: 9.324
```

6

A Parte dos Dez

NESTA PARTE...

Descubra as fontes de recursos de que precisa.

Melhore sua educação usando fontes online.

Localize e use desafios existentes de dados em seu benefício.

Participe de contínuos desafios de dados.

> **NESTE CAPÍTULO**
>
> » Encontrando um bom ponto de partida
>
> » Obtendo materiais essenciais de aprendizado
>
> » Acompanhando fontes valorosas
>
> » Obtendo o recurso necessário de desenvolvedor

Capítulo **21**

Dez Recursos de Dados Essenciais

Lendo este livro, você descobre muito sobre data science e Python. Antes que sua cabeça exploda de todo o novo conhecimento adquirido, é importante perceber que este livro é apenas a ponta do iceberg. Sim, ainda existem muito mais informações disponíveis por aí, e é disso que este capítulo trata. As próximas seções apresentam uma variedade de coleções de recursos de data science de que você realmente precisa para tirar o máximo proveito de seu novo conhecimento.

Nesse caso, uma coleção de recursos é apenas uma listagem de links muito legais com um pouco de texto falando por que são tão legais. Em alguns casos, você terá acesso a artigos sobre data science; em outros, será exposto a novas ferramentas. Na verdade, o data science é um tópico tão gigantesco, que você pode facilmente encontrar muito mais recursos do que os discutidos aqui, mas as próximas seções oferecem um bom ponto de partida. [Todos os links têm conteúdos em inglês, a não ser se for indicado o contrário.]

LEMBRE-SE Como tudo na internet, links são quebrados, sites saem do ar e novos sites tomam seu lugar. Se encontrar algum link quebrado, envie um e-mail, em inglês, para John@JohnMuellerBooks.com.

Descobrindo as Notícias com o Subreddit

O campo do data science muda constantemente por diversas razões, incluindo a adição de novos algoritmos e técnicas, bem como o uso de conjuntos de dados ainda maiores de um conjunto de fontes cada vez mais diverso. Consequentemente, você precisa de uma fonte de notícias, como o Subreddit (`https://www.reddit.com/r/datascience/`), para obter as últimas informações e ficar à frente da concorrência. Esses posts de blog muitas vezes contêm também as técnicas mais recentes, garantindo que depois de se atualizar com data science, você possa permanecer assim. Além disso, você pode encontrar tópicos essenciais para sua carreira, como a média salarial de cargos em data science. Esse site também fornece informações específicas sobre Python em `https://www.reddit.com/r/Python/` e data science em `https://www.reddit.com/r/datasciencenews/`.

Começando Bem com o KDnuggets

Aprender sobre mineração de dados e data science é um processo. O KDnuggets divide o processo de aprendizado em uma série de passos em `https://www.kdnuggets.com/faq/learning-data-mining-data-science.html`. Cada passo oferece um panorama do que você deve fazer e por quê. Também poderá encontrar links para uma variedade de recursos online para facilitar consideravelmente o processo de aprendizado. Embora o site enfatize o uso de R, Python e SQL (nessa ordem) para realizar tarefas de data science, os passos funcionarão para qualquer uma das inúmeras abordagens que quiser seguir.

LEMBRE-SE Como em qualquer outra experiência de aprendizado, um procedimento como o mostrado em KDnuggets funcionará para algumas pessoas, mas não para outras. Todo mundo aprende de um jeito diferente. Não tenha medo de improvisar. Os recursos no site apresentam insights sobre outras tarefas que facilitam seu processo de aprendizado.

Localizando Recursos Gratuitos de Aprendizado com o Quora

Resistir à palavra *gratuito* é realmente bem difícil, especialmente quando se trata de educação, que normalmente custa milhares de reais. O site Quora em `https://www.quora.com/What-are-the-best-free-resources-to-learn-data-science`

fornece uma listagem dos melhores recursos de aprendizado para o data science, sem custo.

A maioria dos links tem formato de pergunta, por exemplo: "How do I become a data scientist?" [Como faço para me tornar um cientista de dados?]. O formato de pergunta e resposta é útil porque o site pode responder a suas dúvidas. As listas resultantes, de sites, cursos e recursos, são introdutórias, em sua maioria, mas são um bom jeito de começar a trabalhar no campo de data science.

Alguns dos links levam a instituições de prestígio, como Harvard, e há acesso a materiais de cursos como vídeos de palestras e aulas. No entanto, você não obtém o curso de graça. Se quiser os benefícios do curso, ainda precisa pagar por ele. Mesmo assim, só de ver os materiais do curso, você pode obter muito conhecimento útil sobre data science.

Conseguindo Insights com o Data Science Blog, da Oracle

Grandes vendedores podem oferecer quantidades significativas de informações úteis. É claro que você precisa manter a fonte dessas informações em mente, pois podem ser bem tendenciosas. O Data Science Blog (https://www.datascience.com/blog), da Oracle, fornece uma quantidade considerável de informações — desde as últimas técnicas de análise de dados até os métodos que você pode usar para reduzir custos. Além disso, você encontra informações específicas de categorias com base em:

» Melhores práticas.
» Educação em data science.
» Casos de uso.
» Data science como plataforma.

Acessando Listas Enormes de Recursos no Data Science Central

Muitos dos recursos encontrados online tratam de tópicos convencionais. O Data Science Central (https://www.datasciencecentral.com/) oferece acesso a um número relativamente grande de especialistas de data science que contam sobre os fatos mais obscuros do data science. Um dos posts mais interessantes está em https://www.datasciencecentral.com/profiles/blogs/huge-trello-list-of-great-data-science-resources.

Esse recurso leva você a uma lista Trello (https://trello.com/) de alguns recursos realmente incríveis. Navegar pela lista gigantesca pode ser um pouco difícil, mas o processo é auxiliado pela estrutura em forma de árvore que o Trello fornece para organizar informações. Percorra esse tipo de lista quando tiver tempo ou simplesmente quiser ver o que há disponível. As categorias incluem o seguinte (e possivelmente mais seja acrescentado enquanto você lê este livro):

- Notícias sobre dados.
- Trilha para empresários de dados.
- Trilha para jornalistas de dados.
- Trilha para aprendizes de dados.
- Trilha para cientistas de dados.
- Estatísticas.
- R.
- Python.
- Big data e outras ferramentas.
- Dados.
- Outros.

Aprendendo Novos Truques com o Aspirational Data Scientist

O blog Aspirational Data Scientist (https://newdatascientist.blogspot.com/) oferece uma variedade incrível de ensaios sobre vários tópicos de data science. O autor divide os posts nas seguintes áreas: comentários sobre data science; críticas sobre cursos online; transformando-se em um cientista da dados.

O data science atrai profissionais de todos os campos, e o site parece principalmente dedicado a servir às necessidades dos cientistas sociais que passam para o campo do data science. Na verdade, o post mais interessante está em https://newdatascientist.blogspot.com/p/useful-links.html e oferece uma lista de recursos para ajudar o cientista social a passar para o campo do data science. Ela é organizada por autor, então você pode encontrar nomes que já conhece como recursos de informações em potencial.

> **DICA** Como qualquer outro recurso, mesmo que um artigo seja direcionado para um público, ele muitas vezes serve para outro público com a mesma facilidade. Mesmo que você não seja um cientista social, pode descobrir que os artigos contêm informações úteis à medida que progride pela estrada de descobertas das maravilhas do data science.

Obtendo as Fontes Valorosas no Udacity

Mesmo com as conexões certas online e um bom mecanismo de busca, encontrar o recurso certo é difícil. O U Climb Higher publicou uma lista de 24 recursos de data science em `https://blog.udacity.com/2014/12/24-data-science-resources-keep-finger-pulse.html` que com certeza o ajudará a se manter atualizado sobre as novas estratégias e tecnologias. Esse recurso aborda os seguintes tópicos: tendências e acontecimentos, lugares para aprender mais sobre data science, participar de uma comunidade, notícias sobre data science, pessoas que realmente sabem sobre data science e todas as pesquisas mais recentes.

Recebendo Ajuda com Tópicos Avançados no Conductrics

O site Conductrics (`https://conductrics.com/`), como um todo, é dedicado à venda de produtos que o ajudam a realizar várias tarefas de data science. No entanto, ele inclui um blog que contém alguns posts úteis que respondem aos tipos de perguntas avançadas que você pode achar difícil de serem respondidas em outros lugares. Os dois posts aparecem em `https://conductrics.com/data-science-resources/` e `https://conductrics.com/data-science-resources-2`.

O autor dos posts, Matt Gershoff, deixa claro que as listagens são o resultado de ter respondido a perguntas de outras pessoas no passado. A lista é enorme, e é por isso que aparece em dois posts, em vez de um, então Matt deve responder a muitas perguntas. A lista foca principalmente o aprendizado de máquina, em vez de questões de hardware ou específicas de programação. Portanto, espere ver entradas para tópicos como Indexação Semântica Latente (LSI), Decomposição de Valores Individuais (SVD), Análise Discriminatória Linear (LDA), abordagens bayesianas não paramétricas, tradução automática estatística, Aprendizado por Reforço (RL), aprendizado por Diferença Temporal (TD) e context bandits.

DICA

A lista continua. Muitas dessas entradas não farão sentido para você agora, a não ser que já esteja muito envolvido com data science. Contudo, os autores escrevem muitos dos artigos de modo que você consiga compreender as informações mesmo que não esteja completamente familiarizado. Em muitos casos, o melhor a fazer é pelo menos dar uma olhada nos artigos para ver se consegue entendê-los. Se o artigo começar a fazer sentido, leia-o completamente. Caso contrário, guarde-o como referência para uso posterior. Você pode se surpreender ao descobrir que o artigo que você não consegue entender completamente hoje se torna algo facilmente compreensível amanhã.

Obtendo os Fatos com um Mestrado em Open Source Data Science

Muitas organizações se concentram agora no código aberto para soluções de data science. O foco é tão predominante, que você pode fazer agora um curso Open Source Data Science Masters (OSDSM) em `http://datasciencemasters.org/`. A ênfase é em fornecer materiais que normalmente faltam em uma educação puramente acadêmica. Ou seja, o site fornece indicações de cursos que preenchem as lacunas em sua educação para que você possa ser mais vendável no ambiente computacional atual. Os diversos links fornecem acesso a cursos online, livros e outros recursos que o ajudam a compreender melhor como funciona o OSDSM.

Visando Recursos para Desenvolvedores com Jonathan Bower

Existem vários recursos interessantes no GitHub (`https://github.com/`), um site dedicado à colaboração, revisão de código e gestão de código. Um dos sites que você precisa conferir é a listagem de recursos de data science de Jonathan Bower, em `https://github.com/jonathan-bower/DataScienceResources`. A maioria desses recursos chama a atenção de desenvolvedores, mas praticamente todo o mundo se beneficia deles. Há recursos categorizados nos seguintes tópicos:

- Data science, começando.
- Pipeline de dados e ferramentas.
- Produto.
- Recursos de carreira.
- Recursos de data science de código aberto.

A formatação hierárquica dos diversos tópicos facilita encontrar aquilo de que precisa. Cada categoria principal se divide em uma lista de tópicos. Dentro de cada tópico há uma lista de recursos que se aplicam a ele. Por exemplo, dentro de Data Pipeline & Tools há o Python, que inclui um link para Anyone Can Code [Qualquer um Consegue Programar, em tradução livre]. Esse é um dos sites mais úteis da lista.

NESTE CAPÍTULO

» Localizando desafios iniciais

» Trabalhando com tipos específicos de dados

» Realizando análises, reconhecimento de padrões e classificação

» Lidando com conjuntos de dados online enormes

Capítulo **22**
Dez Desafios de Dados que Você Deve Topar

O data science é puro trabalho com dados. Trabalhando no decorrer do livro, usamos vários conjuntos de dados, incluindo os conjuntos de brinquedo que vêm com a biblioteca Scikit-learn. É claro que esses conjuntos são ótimos para começar, mas, assim como um corredor não para depois de terminar a primeira corrida de rua de 5km, você também precisa treinar para as maratonas de data science trabalhando em conjuntos de dados maiores.

Este capítulo apresenta uma variedade de conjuntos de dados desafiadores que o ajudarão a se transformar em um cientista de dados de alta qualidade. Combinando o que descobriu neste livro com esses novos conjuntos de dados, você fará coisas incríveis. Na verdade, algumas pessoas podem vê-lo como um mágico enquanto tira da cartola padrões de dados aparentemente impossíveis. Cada um dos conjuntos de dados a seguir fornece habilidades específicas e o ajuda a alcançar objetivos diferentes.

LEMBRE-SE

Há muitos conjuntos de dados na internet, mas eles não são criados da mesma forma, e é preciso escolher seus desafios com cuidado. Estes dez conjuntos de dados fornecem funcionalidades bem conhecidas, e muitas vezes oferecem tutoriais e aparecem em artigos científicos. Esses três atributos destacam os conjuntos de dados dos concorrentes. Sim, há outros bons conjuntos disponíveis, mas estes dez fornecem as habilidades necessárias para conquistar desafios ainda maiores, como o banco de dados escondido no servidor de sua empresa.

Conhecendo o Data Science London + Scikit-learn Challenge

Utilizamos bastante o Scikit-learn ao longo deste livro, então você já deve entendê-lo um pouco. A competição Kaggle em `https://www.kaggle.com/c/data-science-london-Scikit-learn` (a atual terminou em dezembro de 2014, mas deve haver outras ainda) fornece um local prático para tentar, compartilhar e criar exemplos usando os algoritmos de classificação Scikit-learn. Todas as ferramentas da competição anterior ainda estão lá, e ainda vale a pena explorá-las. Encontre os dados usados na competição em `https://www.kaggle.com/c/data-science-london-scikit-learn/data`. As regras estão em `https://www.kaggle.com/c/data-science-london-scikit-learn/rules`. E descubra como o Kaggle avalia os envios em `https://www.kaggle.com/c/data-science-london-scikit-learn/details/evaluation`.

É claro que você pode não ter nenhuma vontade de competir. Observar o placar (`https://www.kaggle.com/c/data-science-london-scikit-learn/leaderboard`) evita que você considere competir, pois o campeonato atraiu muitos cientistas de dados de peso. No entanto, ainda é possível aproveitar a chance de descobrir como resolver um problema de dados desafiador e, ao mesmo tempo, aprender algo novo sem precisar enviar uma solução sua para avaliação.

LEMBRE-SE Como o site baseia conhecimento no que você já aprendeu com o livro, é realmente o melhor lugar para começar a construir novas habilidades. É por isso que esse site aparece em primeiro lugar neste capítulo: você tem um bom ponto de partida para usar outros conjuntos de dados com as técnicas que já conhece.

Prevendo a Sobrevivência no Titanic

Você trabalhou com os dados do Titanic até certo ponto no livro (Capítulos 6 e 20) usando `Titanic.csv` e `Titanic3.csv` da Escola de Medicina da Universidade Vanderbilt. Esse desafio é muito mais fácil do que o descrito na seção anterior, pois o Kaggle o projetou para iniciantes. Ele está em `https://www.kaggle.com/c/titanic`. O modelo de dados, presente em `https://www.kaggle`

com/c/titanic/data, é diferente do que está no livro, mas os conceitos são os mesmos. Encontre as regras para a competição em https://www.kaggle.com/c/titanic/rules e o método de avaliação em https://www.kaggle.com/c/titanic#evaluation.

O placar dessa competição está em https://www.kaggle.com/c/titanic/leaderboard. O número de pessoas que já alcançou a pontuação máxima vai deixá-lo muito confiante.

DICA

O maior desafio neste caso é que o conjunto de dados é bem pequeno e requer que você crie novos atributos para obter um escore preciso. A competição o ajuda a aplicar as habilidades aprendidas na seção "Considerando a Arte da Criação de Atributos", do Capítulo 9 e demonstrada no Capítulo 19.

Encontrando uma Competição Kaggle que Atenda a Suas Necessidades

As competições são ótimas para ajudá-lo a pensar em soluções em um ambiente em que outros estão fazendo o mesmo. No mundo real, a concorrência é regular, então as competições fornecem boas experiências para pensar de maneira crítica e rápida. Elas também apresentam uma oportunidade de aprender com outras pessoas. O melhor lugar para encontrar tais competições é no site do Kaggle em https://www.kaggle.com/competitions.

Esse site o ajudará a localizar qualquer competição passada ou presente do Kaggle. Para encontrar uma competição presente, clique no link Active Competitions. Para encontrar uma competição passada, clique no link All Competitions. Todos os conjuntos de dados estão disponíveis gratuitamente, então você terá a oportunidade de experimentar suas habilidades em qualquer cenário real que queira selecionar. A comunidade Kaggle oferecerá muitos tutoriais, padrões e posts para vencê-los.

LEMBRE-SE

Não é preciso selecionar uma competição corrente. Por exemplo, você pode ver uma competição passada que atenda a uma necessidade e queira tentá-la (beneficiando-se com as soluções publicadas). Se topar com uma competição ativa, poste suas perguntas e dúvidas no fórum para que alguns dos cientistas de dados mais habilidosos do mundo as respondam. Por causa do grande número de competições no site, é provável encontrar uma que é adequada a seus interesses!

É interessante notar que as competições Kaggle vêm de empresas que normalmente não têm acesso a cientistas de dados, então você realmente trabalha em um ambiente real. Esse site também é útil para encontrar empregos. Basta acessar https://www.kaggle.com/jobs e clicar no link Jobs, na página principal.

Aperfeiçoando as Estratégias de Sobreajuste

O Madelon Data Set, em `https://archive.ics.uci.edu/ml/datasets/Madelon`, é um conjunto de dados artificial contendo um problema de classificação de duas classes com variáveis de entradas contínuas. Esse desafio de seleção de atributos NIPS 2003 testará seriamente suas habilidades com modelos de validação cruzada. A ênfase principal desse desafio é inventar estratégias para evitar o sobreajuste — um problema que você confrontou pela primeira vez na seção "Descobrindo mais coisas que podem dar errado", do Capítulo 16. Os problemas de sobreajuste também são mencionados nos Capítulos 18, 19 e 20. Para obter o conjunto de dados, entre em contato com Isabelle Guyon no endereço encontrado na seção Source da página `https://archive.ics.uci.edu/ml/datasets/Madelon`.

DICA

Esse conjunto de dados em particular chamou a atenção de muitas pessoas, que criaram artigos sobre ele. Os melhores estão no livro *Feature Extraction, Foundations and Applications* [sem versão em português], em `https://www.springer.com/us/book/9783540354871`. Ou faça o download de um relatório técnico associado em `https://clopinet.com/isabelle/Projects/ETH/TM-fextract-class.pdf`. O Advances in Neural Information Processing Systems 17 (NIPS 2004), em `https://papers.nips.cc/book/advances-in-neural-information-processing-systems-17-2004`, também contém links úteis para artigos que o ajudarão com esse conjunto de dados específico.

Batalhando com o Conjunto de Dados MovieLens

O site MovieLens (`https://movielens.org/`) o ajuda a encontrar um filme de que goste. Afinal de contas, com milhões de filmes por aí, encontrar algo novo e interessante demora mais tempo do que você está disposto a perder. A configuração funciona pedindo entradas de notas para filmes que você já conhece, então o site MovieLens faz recomendações com base em suas classificações. Resumindo: suas notas ensinam ao algoritmo o que procurar, e então o site aplica esse algoritmo ao conjunto todo de dados.

O conjunto de dados MovieLens está em `https://grouplens.org/datasets/movielens/`. O interessante nesse site é que é possível baixar todo o conjunto de dados ou parte dele baseado no que deseja utilizar. Existem downloads dos seguintes tamanhos:

- » 10 mil classificações de mil usuários sobre 1.700 filmes.
- » 1 milhão de classificações de 6 mil usuários sobre 4 mil filmes.
- » 10 milhões de classificações e 100 mil aplicações de tag para 10 mil filmes por 72 mil usuários.
- » 20 milhões de classificações e 465 mil aplicações de tag para 27 mil filmes por 138 mil usuários.
- » O conjunto de dados do MovieLens mais recente em tamanho pequeno ou completo (o completo continha 21 milhões de classificações e 470 mil aplicações de tag para 27 mil filmes por 230 mil usuários quando escrevi o livro, mas isso aumentará com o tempo).

Esse conjunto de dados apresenta uma oportunidade de trabalhar com dados gerados por usuários com técnicas supervisionadas e não supervisionadas. Os conjuntos de dados grandes apresentam desafios especiais que apenas o big data oferece. Há informações básicas sobre como trabalhar com técnicas supervisionadas e não supervisionadas nos Capítulos 15 e 19.

Livrando-se de E-mails de Spam

Todo o mundo quer se livrar de e-mails de spam — aqueles que contêm desde convites para participar de uma nova aventura fantástica até pornografia. É claro que o melhor jeito de fazer isso é criar um algoritmo que faça a classificação para você. No entanto, você precisa treinar o algoritmo para realizar esse trabalho, e é aí que entra o Spambase Data Set. Encontre-o em `https://archive.ics.uci.edu/ml/datasets/Spambase`.

Essa coleção de e-mails de spam veio de postmasters e indivíduos que submeteram relatos de spam. Isso também inclui e-mails que não são spam de várias fontes para possibilitar a criação de filtros que deixam e-mails bons passarem. Este é um desafio complexo que lida com dados textuais e alvos diferentes e complicados.

Há vários artigos que citam esse conjunto de dados específico. A lista a seguir fornece um panorama rápido de artigos pertinentes e seus sites:

- » Los Alamos National Laboratory Stability of Unstable Learning Algorithms (`http://rexa.info/paper/a2734ae038cae7393159934e860c24a52dc2754d`).

- » Modeling for Optimal Probability Prediction (http://rexa.info/paper/631197638c7e0317c98e1a8d98e5fce8921aa758).
- » Visualization and Data Mining in an 3-D Immersive Environment: Summer Project 2003 (http://rexa.info/paper/48d6beec2a36a87d9d88b6de85dd85a75e5ed24d).
- » Online Policy Adaptation for Ensemble Classifiers (http://rexa.info/paper/3cb3fbd5512e3cd12111b598fece53fcb42c484b).

Trabalhando com Informações Manuscritas

O reconhecimento de padrões, especialmente o trabalho com informações manuscritas, é uma tarefa importante de data science. O conjunto de dados Mixed National Institute of Standards and Technology (MNIST) de dígitos manuscritos, em http://yann.lecun.com/exdb/mnist/, oferece um conjunto de treinamento de 60 mil exemplos e um conjunto de teste de 10 mil exemplos. Isso é um subconjunto do conjunto de dados National Institute of Standards and Technology (NIST) original encontrado em https://srdata.nist.gov/gateway/gateway?keyword=handwriting+recognition. Ele é ótimo para aprender como trabalhar com dados manuscritos sem ter de fazer muito processamento no princípio.

DICA O conjunto de dados aparece em quatro arquivos. Os dois de treinamento e os dois de teste contêm imagens e rótulos. Você precisa dos quatro arquivos para criar um conjunto de dados completo para trabalhar com dígitos. Um problema em potencial ao trabalhar com o MNIST é que os arquivos de imagem não estão em um formato específico. O formato usado para armazenar as imagens aparece no final da página. É claro que você sempre pode criar a própria aplicação Python para lê-las, mas usar o código que alguém já criou é muito mais fácil. A lista a seguir elenca locais nos quais obter um código para ler o conjunto de dados MNIST usando o Python.

- » https://cs.indstate.edu/~jkinne/cs475-f2011/code/mnistHandwriting.py.
- » https://martin-thoma.com/classify-mnist-with-pybrain/.
- » https://gist.github.com/akesling/5358964.

A página host também contém uma listagem importante dos métodos usados para trabalhar com os conjuntos de treinamento e teste. A lista contém um número impressionante de classificadores que devem dar ideias para os próprios experimentos. O objetivo é que esse conjunto de dados específico seja útil para todos os tipos de tarefas diferentes.

LEMBRE-SE Você trabalhou com o conjunto de dados brinquedo digits do Scikit-learn em vários capítulos deste livro. Para usá-lo, importe o banco de dados usando `from sklearn.datasets import load_digits`. Esse conjunto de dados em particular aparece nos Capítulos 12, 15, 17, 19 e 20, então você obtém uma experiência considerável ao trabalhar com um banco de dados digits muito menor ao trabalhar nos exemplos desses capítulos.

Trabalhando com Fotos

O conjunto de dados Canadian Institute for Advanced Research (CIFAR), em https://www.cs.toronto.edu/~kriz/cifar.html, fornece conteúdo gráfico para trabalhar de diversas formas. Os conjuntos CIFAR-10 e CIFAR-100 contêm subconjuntos de dados rotulados de um conjunto de dados com 80 milhões de pequenas imagens (leia sobre como ele funciona com o conjunto de imagens original no relatório técnico Learning Multiple Layers of Features from Tiny Images em https://www.cs.toronto.edu/~kriz/learning-features-2009-TR.pdf). No CIFAR-10, você encontra 60 mil imagens coloridas de 32x32 em dez classes (com 6 mil imagens em cada classe). Estas são as classes encontradas:

» Airplane
» Automobile
» Bird
» Cat
» Deer
» Dog
» Frog
» Horse
» Ship
» Truck

O CIFAR-100 contém mais classes. Em vez de 10, você tem 100 classes com 600 imagens cada uma. O tamanho do conjunto de dados é o mesmo, mas o número de classes é maior. O sistema de classificação é hierárquico neste caso. As 100 classes se dividem em 20 superclasses. Por exemplo, na superclasse aquatic mammals, você encontrará as classes beaver, dolphin, seal e whale.

CUIDADO Ambos os CIFAR vêm em versões Python, MATLAB e binária. Certifique-se de fazer o download da versão correta e seguir as instruções para usá-las na página de download. Sim, as outras versões são compatíveis com o Python, mas demandam mais programação, e como você já tem acesso à versão Python, não ganharia nada com esse exercício.

Esse é um desafio excelente para depois de ter trabalhado com o conjunto de dados digits descrito na seção anterior. Ele o ajuda a lidar com imagens coloridas e complexas. Se você trabalhou nos exemplos do Capítulo 14, já tem alguma experiência em trabalhar com imagens usando o conjunto de dados brinquedo Olivetti Faces.

Analisando Críticas da Amazon.com

Se quiser trabalhar com um conjunto de dados realmente grande, experimente o de críticas da Amazon.com em `https://snap.stanford.edu/data/web-Amazon.html`. Ele consiste em críticas da Amazon.com obtidas em um período de 18 anos, incluindo aproximadamente 35 milhões de críticas até março de 2013. Elas incluem informações sobre o produto e o usuário, notas e uma crítica em texto puro. Ataque esse conjunto de dados depois de ter trabalhado com conjuntos menores, como o MovieLens. Ele o ajuda a entender como trabalhar com dados gerados por usuários em um contexto de negócios.

Diferente de muitos dos conjuntos de dados neste capítulo, o da Amazon.com vem em vários formatos. Sim, basta baixar em `all.txt.gz` o conjunto de dados completo (11GB de dados), mas também tem a opção de baixar apenas partes dele. Por exemplo, escolha baixar apenas 184.887 críticas associadas a produtos de bebê obtendo o `Baby.txt.gz` (um download de 42MB).

> **DICA** Certifique-se de conferir o final da página. O proprietário do site forneceu atenciosamente o código Python exigido para interpretar os dados. Usar essa simples função facilita muito o trabalho com o imenso conjunto de dados. Mesmo que você escolha criar uma versão modificada da função, pelo menos terá um bom ponto de partida.

Interagindo com um Grafo Gigante

Imagine tentar trabalhar com conexões entre 3,5 bilhões de páginas web. Baixe o imenso conjunto de dados `https://www.bigdatanews.com/profiles/blogs/big-data-set-3-5-billion-web-pages-made-available-for-all-of-us`, o maior, mais rico e mais completo de toda a internet. Comece com uma subamostra oferecida pelo web corpus Common Crawl 2012 (`https://commoncrawl.org/`) e aprenda a extrair e elaborar dados de sites. Os usos principais para este conjunto de dados são:

» Algoritmos de busca.
» Métodos de detecção de spam.

> » Algoritmos de análises de grafos.
> » Pesquisa científica web.

Preste muita atenção na seção Contents, próximo da metade da página. Clicar em um link o leva a uma entrada em `http://webdatacommons.org/hyperlinkgraph/` que explica mais detalhadamente o conjunto de dados. Você precisa de mais informações para realizar a maioria das tarefas de data science. Perto do final da página estão os links para baixar vários níveis do grafo completo (felizmente você não precisa baixar tudo, que seria um download de 45GB para o arquivo index e de 331GB para o arquivo arc).

Não deixe que a ideia de realizar uma análise em um conjunto de dados tão grande o assuste. Se você trabalhou nos exemplos do Capítulo 7, já trabalhou em dados simples de grafo. Este conjunto de dados é parecido, mas em uma escala significativamente maior. Sim, o tamanho é importante até certo ponto, mas você já conhece algumas das técnicas necessárias para realizar o trabalho.

DICA Este site em particular fornece acesso a vários outros conjuntos de dados. Links para eles estão no final da página. Por exemplo, você encontra "Great statistical analysis: forecasting meteorite hits" em `https://www.analyticbridge.com/profiles/blogs/great-statistical-analysis-forecasting-meteorite-hits`. Resumindo: se analisar a internet inteira não chamar sua atenção, tente outros conjuntos de dados incríveis (e enormes).

Índice

A

administradores de bancos de dados (DBAs), 11
agregação de dados, 154
agrupamento fuzzy, 308
ajuda
    aprimorada, 91
    do IPython, 96
    interativa, 96
Alcindi, 12
algoritmo
    escolhendo, 36
alinhamento de dados, 131
ambiente de desenvolvimento integrado (IDE), 33
amostragem
    aleatória, 113
    de dados, 112
amplitude interquartil (IQR), 267-284
Anaconda
    IDE Spyder, 33
    IPython, 31, 37
    Jupyter QTConsole, 32
    prompt de comando, 29
análise
    de componentes principais (ACP), 292-306
    de dados inicial (ADI), 262-284
    de variância (ANOVA), 273-284
    discriminatória linear (LDA), 454-456
    exploratória de dados (AED), 262-284, 386-426
    fatorial, 291-306
anotação, 205-208
Apache Spark, 11
aplicações
    Component Object Model (COM), 125
    de IA, 14
aprendizado
    por reforço (RL), 454-456
    profundo, 40, 421-426

área sob a curva característica de operação do receptor (ROC AUC), 367-384
argumentos do método read_table, 115
arquivo
    de dados desestruturados, 119
    Excel, 114
    flat, 114
        arquivo de texto, 114
    Microsoft Office, 117
    pickle, 163
array
    aritmética, 188
    multiplicando, 188
    operações, 187
árvores
    de classificação, 432-446
    de regressão, 432-446
atributo, 109, 178
    criação, 183
    deprecated, 226-234

B

banco de dados
    AskSam, 121
    MongoDB, 124
    MySQL, 123
    NoSQL, 123
    PostgreSQL, 123
    relacionais, 122
    SQLite, 123
    SQL Server, 123
biblioteca
    Beautiful Soup
        analisar dados HTML, 42
    Keras, 40
    matplotlib, 41
    MySQLdb, 26
    NetworkX, 41
    NumPy, 39
        funções, 39

pandas, 39, 114
PyMongo, 124
Scikit-learn, 40, 61, 109
SciPy, 39
sqlalchemy, 123
statsmodels, 39
TensorFlow, 40
Theano, 40
bigodes, 214–234
bin, 185, 213–234
bucket, 185
bunch, 168
busca em grade, 378

C

cálculo lambda, 18
captura de dados, 13
casos, 109, 178
célula Markdown, 57
classificação
    e a mistura de dados, 153
    não supervisionada, 308–324
classificadores, 166
codificação, 42
codificador one hot, 252–260
código de máquina, 23
código finalizado, 11
cognitive toolkit da microsoft (CNTK), 40
comma-separated value (CSV), 114–115
compartimentalização, 131, 185
concatenando dados, 150
    novos casos ou variáveis, 150
conjuntos de dados, 37
    20 Newsgroups, 167
    chaves, 37
    de brinquedo, 108
    download, 53
    entendendo, 61
    esparços altamente dimensional, 168
    valores, 37
contagem, 154
contexto, 178
correlação
    de Pearson, 280–284
    de Spearman, 280–284
    multivariada, 183
correspondência de padrões, 164
criação de atributos, 183

D

dados
    ausentes, 131
        codificando, 145
        encontrando, 144
        inserindo, 146
    baseados na web, 124
    bunch, 37
    de imagem
        variações, 111
    grafos
        direcionado, 173
        não direcionado, 173
    preparando, 183
dataframe, 131
datas, 141
data science
    big data, 13
    combinado com Python, 17
    competências do cientista de dados, 13
    história, 12
    IA, 13
    linguagens de programação, 14
    papel de Python, 16
    pipeline, 15
        análise de dados exploratória, 15
        aprendendo com os dados, 15
        preparando dados, 15
        significado dos dados, 16
        visualização, 16
    Python
        razões de escolha, 18
    visão geral, 9
decision stump, 442–446
decomposição
    de valores individuais (SVD), 454–456
    em valores singulares (SVD), 286–306

dendrograma, 317-324
deprecation warnings, 225-234
depurando código, 37
descida de gradiente estocástico (SGD), 398-426
desigualdade de Chebyshev, 332-340
desvio de conceito, 329-340
diagrama
    de caixa, 266-284
    de caixa de Tukey, 331-340
diagramação
    backend, 103
diferença temporal (TD), 454-456
digrafos, 174
discretização, 185-186
distância
    euclidiana, 310-324
    Manhattan, 359-360
distribuição
    gaussiana, 268-284
    transformação, 186
documentação Python, 182
duplicatas, 132, 134

E

Enthought Canopy Express, 45
Epsilon, 415-426
estilo Markdown, 100
estimator, 239-260
expressões regulares, 164
Extremely Randomized Trees, 338-340

F

fatiar e picar os dados
    colunas, 148
    linhas, 148
    picando, 149
fatoração de matrizes não negativas (NMF), 300-306
ferramentas
    Informatica, 14
    MS SSIS, 14
    Teradata, 14
filtragem colaborativa, 302-306

formatação Raw NBConvert, 101
formato dos dados, 129
função
    DataFrame.to_sql(), 123
    de ligação, 349-360
    mágica, 97
        acessando listas, 97
        trabalhando, 97
    print, 28

G

GitHub, 74
Gradient Boosting Machine (GBM), 443-446
gráficos
    carregando exemplos online, 103
    de barra, 211-234
    de pizza, 210-234
    incorporando gráficos, 103
    incorporando imagens, 103
grafos, 157
groupby, 131
Guido van Rossum, 24

H

hairball, 173-174
handle, 198-208
hipótese
    de independência, 281-284
    formulando, 182
horas, 142

I

imagem
    achatar, 121
    cortar, 120
    redimensionar, 120
imputer, 146
indentação, 28-42
indexação semântica latente (LSI), 290-306, 454-456
interface
    de programação de aplicações (APIs), 40, 125, 239-260
    gráfica do usuário (GUI), 32

inverdades
    cometimento, 180
    omissão, 180
    parcialidade, 181
    perspectiva, 180
    referencial, 181
IPython
    console Jupyter, 90
        ajuda com Python, 94
        descobrindo objetos, 98
            ajuda de objeto IPython, 99
            obtendo ajuda, 98
            obtendo especificidades, 98
        mudar a aparência da janela, 92
        texto na tela
            interagindo, 90

J

janela do Anaconda Prompt, 92
JavaScript Object Notation (JSON), 127
John Tukey, 262-284
join, 131
Journal of Data Science, 12
jQuery, 125
Jupyter Notebook, 19
    célula, 55
    checkpoints, 102
    começando, 53
    estilos, 100
    interrompendo o servidor, 54
    reiniciando kernels, 101
    repositório de código
        adicionando conteúdo, 57
        definindo nova pasta, 54
        exportando notebooks, 59
        importando notebooks, 60
        novo notebook, 55
        removendo notebooks, 59

K

Kaggle, 184
K-means, 308-324

L

legenda, 205-208
linguagem de programação
    ABC, 24
    C/C++, 10
    escolhendo, 10
    Fortran, 10
    Java, 11
    R, 11
    Scala, 11
    SQL, 11
linhas, 109
links, 173
listagem, 117

M

maldição da dimensionalidade, 357-360
manipulação de dados, 237
mapa de dados, 134
máquina virtual java (JVM), 11
MATLAB, 14, 193
matplotlib
    analisando dados de imagem, 111
MatPlotLib, 10, 193
matriz
    2D, 148
    3D, 148
    de adjacência, 173
    multidimensional, 39
    multiplicando, 189
máximo, 154
média, 154
mediana, 154
memória
    carregando dados, 109
    streaming, 110
mensagem de erro
    indentação, 28
merge, 131
método
    de Nelder-Mead, 379-384
    read_sql(), 122

read_sql_query(), 122
read_sql_table(), 122
microsserviço, 124
mínimo, 154
mínimos locais, 378
mínimos quadrados, 220-234
model, 241-260
modelo de efeitos principais, 389-426
modo, 154
    ajuda Python
        entrando, 94
        pedindo ajuda, 95
        saindo, 95
    insert, 93
moldagem de dados, 130
MongoDB, 124
multigrafos, 174

N

natural languate toolkit (NLTK), 162
navegador Firefox, 19
NetworkX, 174
n-grama, 169, 354-360
níveis
    combinando, 140
    renomeando, 139
nodo, 173, 230-234
    raiz, 126
not a number (NaN), 139
NumPy, 10, 130, 187

O

objetos dataframe, 122
open database connectivity (ODBC), 123
open source data science masters (OSDSM), 454-456
outliers, 16, 185, 267-284

P

páginas HTML, 158
palavras vazias, 162
pandas, 10, 131
parser, 115

PATH environment variable, 49
plano de dados, 135
portable network graphic (PNG), 196-208
PowerPoint, 14
predictor, 241-260
preparação dos dados, 131
programação
    funcional, 18
    imperativa, 18
    orientada a objetos, 18
    procedural, 18
propostas de melhoria do Python, 27
prototipagem, 34
    análise dos dados, 35
    apresentando resultados, 35
    modelagem, 35
    pipeline, 35
psicometria, 291-306
Python
    2.x, 24
    3.x, 24
    carregando dados, 19
    contribuições, 25
    declarações, 27
    filosofia, 25
    indentação, 28
    interpretador, 30
    licenças, 24
    linhas de desenvolvimento, 24
    metas, 26
    trabalhando, 27
    treinando modelos, 20
    visão geral, 9
    visualizando dados, 37
    visualizando resultados, 20
pythonclock.org, 24
python-history.blogspot, 25
Python Software Foundation (PSF), 24
Python(x,y), 46

Q

quartis, 214-234
Quixote framework, 26

R

Random Forests, 338–340
r de Pearson, 280–284
redução de dimensionalidade não linear, 294–306
redundância de informação, 279–284
removendo casos ou variáveis, 152
representações
    direcionadas, 229–234
    nao direcionadas, 229–234
rótulo, 205–208

S

saco de palavras, 166
Scikit-learn, 10
SciPy, 10
séries temporais, 131
serviço web, 124
sistemas de gerenciamento de banco de dados (SGBD), 11, 122
sistema Windows 7, 19
soluções
    pesquisando, 182
soma, 154
stemização, 162
structured query language (SQL), 11, 122
suporte visual studio, 49

T

termos de interação, 348–360
texto puro, 161
Thomas Bayes, 351–360
tipos de container, 157
título de terceiro nível, 58
tokenização, 162
transformação TF-IDF, 170
transformando tempos, 143
trigrama, 169
truque do hashing, 243–260
Tucídides, 12

U

unicode, 42, 161
unigrama, 169
UTF-8, 161

V

validação de dados, 132
variáveis, 19, 178
    categóricas, 137
    criando, 138
    combinando, 184
    dummy, 186
    indicadoras, 186
velocidade de execução
    fatores que afetam
        algoritmo, 36
        capacidade, 36
        carregamento, 36
        estilo de programação, 36
        tamanho, 35
versão da pandas, 137
vetores de suporte, 404–426
vetorização, 187

W

William S. Cleveland, 12
WinPython, 46
winsorização, 333–340

X

XML, 42, 158
XPath, 158
    extração de dados, 159

Y

yet another markup language (YAML), 127–128